Staat – Souveränität – Nation
Beiträge zur aktuellen Staatsdiskussion

Herausgegeben von
R. Voigt
Netphen, Deutschland

S. Salzborn
Göttingen, Deutschland

D1698584

Weitere Bände in dieser Reihe:
http://www.springer.com/series/12756

Zu einem modernen Staat gehören Staatsgebiet, Staatsgewalt und Staatsvolk (Georg Jellinek). In Gestalt des Nationalstaates gibt sich das Staatsvolk auf einem bestimmten Territorium eine institutionelle Form, die sich über die Jahrhunderte bewährt hat. Seit seiner Etablierung im Gefolge der Französischen Revolution hat der Nationalstaat Differenzen in der Gesellschaft auszugleichen vermocht, die andere Herrschaftsverbände gesprengt haben. Herzstück des Staates ist die Souveränität (Jean Bodin), ein nicht souveräner Herrschaftsverband ist kein echter Staat (Hermann Heller). Umgekehrt ist der Weg von der eingeschränkten Souveränität bis zum Scheitern eines Staates nicht weit. Nur der Staat ist jedoch Garant für Sicherheit, Freiheit und Wohlstand der Menschen. Keine internationale Organisation könnte diese Garantie in ähnlicher Weise übernehmen.

Bis vor wenigen Jahren schien das Ende des herkömmlichen souveränen Nationalstaates gekommen zu sein. An seine Stelle sollten supranationale Institutionen wie die Europäische Union und – auf längere Sicht – der kosmopolitische Weltstaat treten. Die Zustimmung der Bürgerinnen und Bürger zu weiterer Integration schwindet jedoch, während gleichzeitig die Eurokratie immer mehr Macht anzuhäufen versucht. Die demokratische Legitimation politischer Entscheidungen ist zweifelhaft geworden. Das Vertrauen in die Politik nimmt ab.

Wichtige Orientierungspunkte (NATO, EU, USA) haben ihre Bedeutung für die Gestaltung der Politik verloren. In dieser Situation ist der souveräne Nationalstaat, jenes „Glanzstück occidentalen Rationalismus" (Carl Schmitt), der letzte Anker, an dem sich die Nationen festhalten (können). Dabei spielt die Frage nur eine untergeordnete Rolle, ob die Nation „gemacht" (Benedict Anderson) worden oder ursprünglich bereits vorhanden ist, denn es geht nicht um eine ethnisch definierte Nation, sondern um das, was Cicero das „Vaterland des Rechts" genannt hat.

Die „Staatsabstinenz" scheint sich auch in der Politikwissenschaft ihrem Ende zu nähern. Und wie soll der Staat der Zukunft gestaltet sein? Dieser Thematik will sich die interdisziplinäre Reihe Staat – Souveränität – Nation widmen, die Monografien und Sammelbände von Forschern und Forscherinnen aus unterschiedlichen Disziplinen einem interessierten Publikum vorstellen will. Das besondere Anliegen der Herausgeber der Reihe ist es, einer neuen Generation von politisch interessierten Studierenden den Staat in allen seinen Facetten vorzustellen.

Rüdiger Voigt
Samuel Salzborn

Aristotelis Agridopoulos
Ilias Papagiannopoulos (Hrsg.)

Griechenland im europäischen Kontext

Krise und Krisendiskurse

 Springer VS

Herausgeber
Aristotelis Agridopoulos
Universität Siegen
Siegen, Deutschland

Ilias Papagiannopoulos
Universität Piräus
Piräus, Griechenland

Staat – Souveränität – Nation
ISBN 978-3-658-07239-1   ISBN 978-3-658-07240-7 (eBook)
DOI 10.1007/978-3-658-07240-7

Die Deutsche Nationalbibliothek verzeichnet diese Publikation in der Deutschen Nationalbibliografie; detaillierte bibliografische Daten sind im Internet über http://dnb.d-nb.de abrufbar.

Springer VS
© Springer Fachmedien Wiesbaden 2016

Lektorat: Dr. Jan Treibel, Kerstin Hoffmann

Gedruckt auf säurefreiem und chlorfrei gebleichtem Papier

Springer Fachmedien Wiesbaden ist Teil der Fachverlagsgruppe Springer Science+Business Media
(www.springer.com)

Inhaltsverzeichnis

Einleitung:
Griechenland und Europa in Zeiten der Krise

Ilias Papagiannopoulos und Aristotelis Agridopoulos

1 Krisenkonstellation und Krisendiskurse

Der Begriff der Krise ist seit geraumer Zeit in die europäischen Diskurse zurückgekehrt und einem inflationären Gebrauch ausgesetzt. Aus einer ökonomischen
Krise, die der Finanzmarktkapitalismus auslöste, folgte eine soziale, politische
und auch symbolische Krise in Europa. *Krísis* (gr. κρίσις) entstammt aus dem
Altgriechischen und bedeutet ursprünglich die Beurteilung, die Unterscheidung
oder die Entscheidung. Demzufolge ist es wichtig zu fragen, *was* eigentlich der
Gegenstand einer Krise ist, über welchen zu urteilen und zu entscheiden sei; *wer*
darüber bestimmt, dass ein Zustand überhaupt als *Krise* zu bezeichnen sei; und
wie letztlich dieser *Akt des Entscheidens* bzw. *Bearbeitens* durchgeführt wird.
Gleichermaßen scheint es in Europa Räume zu geben, die weniger von Krisen betroffen sind als andere. Dabei ist es entscheidend, sich dem Objekt zu nähern, das
dem radikalsten Wandel seiner Form und seines Inhalts zugleich unterworfen ist,
um daraus Rückschlüsse auf die Veränderung des gesamten europäischen Raumes
gewinnen zu können. Diese Fragen kulminieren im paradigmatischen Falle Griechenlands als ein Knotenpunkt, der den politischen Charakter Europas in Zeiten
der Krise und des Wandels betrifft.

Griechenland befindet sich in den letzten Jahren in einer *mehrdimensionalen
Krisenkonstellation*, in der die vielfältigen Ursachen, die Metamorphosen des
Alltags und die Ausdrucksformen der Erfahrungen zur Untersuchung ausstehen.
Diese Konstellation weist auf eine Komplexität der Krise hin, weil in ihr mehrere ·
Dimensionen ineinander verwoben sind, wie z.B. die staatlich-institutionelle (auf
inter- und nationaler Ebene), die wirtschaftliche, die soziale und die Krise der

subjektiven Lebenswelten. Neben der Komplexität aber stellt die Krise auch ein politisch-historisches Feld dar, das durch Offenheit und Dynamik gekennzeichnet ist. Hier soll der sich *wandelnde Moment des Sichtbaren* festgehalten werden (vgl. Rancière 2008). Diese offenen Dynamiken bedeuten eine Umwandlung der Strukturen, der Diskurse und der Dispositive an sich, die den Lebensraum Griechenlands bislang geprägt haben. Dieser doppelte Charakter von Komplexität und Dynamik zugleich, so wie er sich in einem bestimmten historischen Augenblick herauskristallisiert, kennzeichnet zugleich den roten Faden der unterschiedlichen Beiträge dieses interdisziplinären Sammelbandes. Dabei verwenden wir einen sehr weiten bzw. offenen Diskursbegriff, welcher in Anlehnung an Laclau und Mouffe keine „Unterscheidung zwischen diskursiven und nicht-diskursiven Praxen" vornimmt (Laclau/Mouffe 2012: 143).

Der Diskursprozess über die Krisenphänomene erweist sich in Griechenland als sehr vielfältig und -gestaltig: Er drückt sich nicht nur, wie üblich, in den Medien und im Alltag eines jeden Subjekts aus, sondern findet sich auch in neuartigen Formen von Literatur, Kunst, Film und solidarisch-kooperativen Ökonomien (vgl. Liakos 2011, Tsomou 2014). Dieser Sammelband soll daher primär die aktuellen Reflexionen über die Krise abbilden und gleichzeitig die These bestärken, dass der Gegenstand und der Charakter der Krise noch nicht erschöpfend erfasst wurden, weil wir uns immer noch *innerhalb* der Krise befinden. Vielmehr existieren stets diverse kontingente Möglichkeiten von Verarbeitungsformen und Auswegen. Der Krisenbegriff besitzt dabei einen doppelten Charakter bzw. ein doppeltes Verhältnis zur Vergangenheit und zur offenen Zukunft inmitten ihrer aktuellen Gegenwart (vgl. Makropoulos 2013).

In erster Linie werden die Einleitung und die Beiträge dieses Bandes von zweierlei Erkenntnisinteressen geleitet: Die Autoren/-innen geben einerseits die gegenwärtigen Tendenzen des griechischen Diskurses wieder, und andererseits hinterfragen sie diese auf ihre Ursachen- und Wirkungszusammenhänge. Diese Wiedergabe und die anschließende selbstkritische Reflexion über die aktuellen Narrative (wie z.B. die Krisen-, Identitäts- und Schuldnarrative), die die Krisendiskurse bestimmen, sind entscheidend für die *Momentaufnahme*, die dieser Band insgesamt festhalten will. Die Autoren/-innen versuchen daher, die Gegenstände und die Perspektiven dieser krisenhaften Momente sichtbar zu machen. In diesem Sinne ist dieser Band als Medium selbst eine *performative Geste*, die als solche Ausdruck der Krise ist. Die Fragen, die die griechische und europäische Krise aufgeworfen hat, können hier nicht abschließend beantwortet werden, jedoch sollen ihre Entstehungszusammenhänge und ihre gegenwärtigen Konturen angemessen beleuchtet werden. Die mehrdimensionale Krisenkonstellation und ihre offenen Dynamiken führen auch zur inhaltlichen Offenheit und zur Interdisziplinarität dieses Sammelbandes. Infolgedessen eröffnet er Räume für deskriptive und normative Elemente, die voneinander zu unterscheiden, aber nicht zu trennen sind.

Der Band bewegt sich auf zwei Ebenen: Zum einen werden „objektive Phänomene" (Wahlergebnisse, Daten zur Gesellschaft und Wirtschaft) beschrieben und analysiert, zum anderen werden darüber hinaus auch Interpretationen entworfen, die diese Phänomene in einen größeren historischen, ideologischen und symbolischen Kontext stellen.

Die griechische Gesellschaft ist seit 2010 in einer tiefgreifenden strukturellen Transformation, die zur enormen Verschlechterung der Wirtschaftslage und der damit verbundenen drastischen Steigerung der Arbeitslosen-, Armuts-, Kranken- und Suizidquote geführt hat (vgl. Stuckler/Basu 2013). Die „Rettungspolitik" der Austerität, die vor allem durch radikale Strukturreformen zu Fortschritten führen sollte, hat an der heutigen Gesamtlage Griechenlands nichts verbessern können, vielmehr hat diese „Schocktherapie" Griechenland bislang noch tiefer in die Krise, vor allem in eine soziale, befördert. Ein Ergebnis davon ist die Radikalisierung bzw. die Repolitisierung der Gesellschaft: Verzweiflung, Enttäuschung, Elend und Gewalt führten infolgedessen zu regressiven als auch zu progressiven Bewegungen innerhalb der griechischen Öffentlichkeit. Zugleich macht sich auch eine radikale Infragestellung der tradierten Werte und der etablierten Lebensmuster bemerkbar, die insgesamt in eine breite materielle und psychische Unsicherheit der Subjekte mündet. Diese innere Dialektik kann jedoch gleichzeitig einen Moment der symbolischen Kreativität in sich tragen. Die Krise selbst bzw. die Krisennarrative modifizieren das aktuelle Selbstverständnis der Bürger/-innen und ihre Perspektiven auf die Vergangenheit und die Zukunft. Die politische Zeit (vgl. Osborne 2010), d.h. die Verknüpfung von politischer Subjektivität und historischem Bewusstsein, befindet sich in einem radikalen Wandel. Dadurch entstehen neuartige politisch-historische Subjektivitäten, die im Ganzen die herkömmlichen Alltagspraxen und hegemoniale Selbstverständnisse verändern können.

2 Griechenland im europäischen Kontext

In dem vorliegenden Band wird es sich auch um diese Doppelseitigkeit der Selbstverständnisse handeln, die erstens auf der Ebene des Politischen und zweitens dann auf einer tieferen historischen Dimension, der Kultur, anzusiedeln sind.

Wie steht es in heutigen Krisenzeiten um die Zukunft des europäischen Projekts und sein ambivalentes Verhältnis zu Demokratie und Kapitalismus? Die liberale Demokratie scheint zu einem problematischen Begriff in Europa geworden zu sein (vgl. Agamben et al. 2012). In dieser Hinsicht wird ein Blick auf den Zustand der repräsentativen Demokratie innerhalb Europas geworfen, der eine offene Debatte um die Postdemokratie in Gang gesetzt hat (vgl. Crouch 2008, Mouffe 2007, Rancière 2011). Es ist festzustellen, dass sich, nicht nur innerhalb der EU-Staaten, sondern vor allem auf der EU-Ebene selbst, immer größer werdende Legitimations- und Repräsentationskrisen aufzeigen lassen (vgl. Abbas et al. 2015, Linden/Thaa 2011). Damit verbunden sind auch deutliche Ungleichgewichte innerhalb der hegemonialen Strukturen der Europäischen Union (Forschungsgruppe „Staatsprojekt Europa" 2012). Hierbei geht es um die zentrale Frage der Demokratie in hochmodernen Gesellschaften, ihrer gegenwärtigen Ausformungen und ihrer zukünftigen Entwicklungen innerhalb des Finanzmarktkapitalismus (vgl. Blätter 2013, Dörre et al. 2009, Habermas 2011, 2013, Streeck 2013). Die andauernde Staatsschuldenkrise, von der sehr viele EU-Staaten betroffen sind, und die damit verbundene Austeritätspolitik haben zu großen Spannungen und Umgestaltungen innerhalb der EU und der Eurozone geführt. Innerhalb dieser Politiken höhlen immer mehr techno- und expertokratische Maßnahmen die Demokratien in Europa weiter aus. Der Fall Griechenland stellt diesbezüglich einen besonderen Brennpunkt der gesamten europäischen Krise dar. In diesem Zusammenhang wird auch auf die moderne Entwicklung der Demokratie in Griechenland und ihre historischen Besonderheiten und Defizite eingegangen. Dieser Band hat somit das Anliegen, diesen ambivalenten und spannungsvollen europäischen Zustand *durch* den und *mit* dem Blick *auf* Griechenland(s) gleichzeitig zu problematisieren und zu hinterfragen.

Die Krise hat zu einer Wiederholung der Fragen Anlass gegeben, die schon die Entstehung des modernen griechischen Staates begleitet haben. Gleichzeitig geht damit auch die Frage einher, wie das heutige Europa seine zeitgenössische Geschichte auslegt. Welches Verhalten zeigen Europa und Griechenland im Lichte der aktuellen Krise auf? Das untersuchte Fallbeispiel wird als ein *europäisches* angesehen, es handelt sich nicht nur darum, wie Griechenland Europa betrachtet, sondern auch wie Europa sich selbst durch Griechenland wahrnimmt. Das griechische Staatsverständnis vermittelt sich seit Anbeginn seiner Entstehung durch das europäische, aber in einer ebenso neuralgischen Stelle scheint „Griechenland" immer für das europäische Selbstbewusstsein gewesen zu sein. Die Frage die sich hier ergibt ist, ob dieses „Griechenland" etwas mehr als ein spektrales Feld der Vergangenheit sein kann. Griechenland ist zurzeit ein europäisches Subjekt mit besonderen, aber auch unklaren Merkmalen (vgl. Triandafyllidou et al. 2013). Dieses besondere Verhältnis von Europa und Griechenland soll an die Frage anknüpfen, ob die heutige Krise in Europa sich nicht gerade jetzt an einer besonderen Schwelle zu etwas Anderem befindet. Die ursprünglichen Fragen des europäischen Projekts und des internen Verhältnisses zwischen seinem Zentrum und seiner/n Peripherie/n stellen sich hiermit erneut.

Der europäische Diskurs sieht Griechenland derzeit als etwas substanziell Andersartiges und Rückständiges. Wobei die Andersartigkeit für die europäische Identität konstitutiv ist, nämlich als Ideal eines Europas der diversen Kulturen als Quelle ihrer (post)modernen Physiognomie und sogar als Unmöglichkeit, mit sich selbst identisch zu werden (vgl. Derrida 1992, Patočka 2010). Folglich sollte diese Andersartigkeit als Spiegel für ein gemeinsames Europa anerkannt werden. In diesem Fall wäre es für Europa und Deutschland von Bedeutung, wenn die europäische Peripherie als entscheidender Teil ihrer Geschichte einen Spiegel zur Selbstreflexion für die gesamte europäische Idee darbieten könnte. Es wäre von Bedeutung, hier von einer Gemeinschaft zu sprechen, die die Zugehörigkeit in und zu den europäischen Gesellschaften in einer anderen Art und Weise bewertet als bislang vorherrschend (vgl. Agamben 2003, Nancy 2015). Die Frage nach der Demokratie impliziert auch die Frage nach dem ursprünglichen Projekt der Moderne. Dass die gesamte Moderne an sich als „Krise" oder als krisenhafte Epoche definiert werden kann, soll hier in Erinnerung gerufen werden (vgl. Koselleck 1973). Diese Offenheit, von der hier gesprochen wird, weist genau auf jenen ambivalenten Moment zwischen Destruktion und Neusetzung innerhalb einer dezentrierten und pluralistischen „krisenhaften Moderne" hin (vgl. Blumenberg 1966, Koselleck 1979, Habermas 1990, Derrida 2002).

Die Krisenbearbeitung und ihre bisherigen Ergebnisse stellen die vorgefertigten Leitsätze der „Krisenstrategie" selbst (z.b. die Austeritätspolitik und die Wettbewerbsstaatlichkeit etc.) in Frage. Nicht der Rückgriff auf einen Sinnhorizont vor der Krise wäre als geeignete Reaktion von Nöten, sondern der Aufbruch zu einem neuen Sinnhorizont, der die Bedingungen der Spätmoderne mit der Frage nach den Möglichkeiten der Demokratie und einer nachhaltigen Ökonomie im 21. Jahrhundert zusammendenkt. Die Krise lehrt uns *etwas* und mit diesem *etwas* müssen wir anfangen, das symbolisch-historische Feld Europas neu zu denken, um es fortan anders gestalten zu können. Die ursprünglichen Fragen des europäischen Projekts müssen neu gestellt werden. Die Möglichkeit zu einer Neuformulierung der soziopolitischen und ökonomischen Ordnung ist jedoch nicht nur eine narrative, sondern auch eine Frage von materiellen Kräfteverhältnissen.

Insgesamt ergeben sich innerhalb dieser Narrative über die Post-/Moderne, die Demokratie und die Zukunft des europäischen Projekts differentielle Polaritäten und Spannungen, die in den unterschiedlichen Beiträgen sichtbar werden.

3   Vorstellung der Kapitel

Dieser interdisziplinäre Sammelband soll die aktuellen Krisen- und multiplen Diskursphänomene in Griechenland und in Europa aus einer griechisch-deutschen Perspektive skizzieren. Der Fokus aller Beiträge bewegt sich auf der Analyse und der Reflexion diverser Krisendiskurse und -phänomene. Die aktuelle griechische Krise hat zwar aufgrund der Staatsschulden- und Eurokrise ein enormes Forschungsinteresse in verschiedenen Disziplinen geweckt, trotz alledem hinkt der deutsche sozialwissenschaftliche Forschungsstand aber hinter den aktuellen Entwicklungen und Debatten in Griechenland hinterher. Es ist erstaunlich, dass bislang innerhalb der Sozialwissenschaften nur randständige Projekte entstanden sind, um dieses hochinteressante Forschungsfeld näher zu untersuchen. Unser Anliegen ist es daher, einen ersten Schritt in diese Richtung zu wagen, da sich die Lage in Griechenland gerade jetzt in einer brisanten Phase befindet. Damit soll auch ein Beitrag für den wissenschaftlichen Austausch zwischen griechischen und deutsch-griechischen Sozialwissenschaftler/-innen und Forscher/-innen aus benachbarten Disziplinen geleistet werden, da dieser oft schon aus sprachlichen Gründen scheitert. Er soll insbesondere auch dem deutschen Diskurs einen *anderen Einblick* in die griechische „Büchse der Pandora" ermöglichen und zugleich kritische Anregungen zu Griechenland und Europa liefern. Obwohl es sich um eine „griechische" Perspektive handelt, so ist auch diese Perspektive bei den meisten Autoren/-innen eine, die den Bezug zum kulturellen und historischen Anderen in sich trägt. Dies gilt nicht nur für das diasporische Griechenland, sondern auch für das modern-nationale griechische Feld, für das europäische und orientalische Vorbilder konstitutiv waren. Der Diskurs über das moderne Griechenland scheint in Deutschland ungenügend Berücksichtigung zu finden. Leider überwiegen seit Ausbruch der Krise oberflächlich konstruierte Feindbilder und wechselseitige Diffamierungen innerhalb massenmedialer und sogar intellektueller Diskurse beider Länder, die das gute Verhältnis zwischen Deutschland und Griechenland im öffentlichen Diskurs erstaunlich beeinträchtigen konnten (vgl. Bickes et al. 2012). Unser Bemühen zur besseren Verständigung soll aber nicht als ein Versuch eines „künstlichen Konsenses" missverstanden werden. Das polemische und politische Element der aktuellen Diskurse, welches in beiden Ländern vorzufinden ist, wird ebenso in einigen Aufsätzen sichtbar. Dabei darf auch die Gefahr der Rückkehr zu nationalen Feindschaften und das Erstarken rechtsnationalistischer Tendenzen innerhalb Europas und auch in Griechenland nicht unterschätzt werden (vgl. Markantonatou 2013).

Infolgedessen ist es unser Anliegen, griechische und deutsch-griechische Forscher/-innen in Griechenland und Deutschland zur aktuellen Krise in Griechenland zusammenbringen, um aus der Perspektive ihrer jeweiligen Fachdisziplin wichtige Forschungsergebnisse darzulegen und weitere Fragestellungen anzuregen. Damit reiht sich auch dieser Sammelband zu den ersten bislang wenigen deutschsprachigen Publikationen, die die Krise in Griechenland in ihren Fokus rücken (vgl. Schwarz et al. 2012, Link/Parr 2014, Klemm/Schultheiß 2015). Innerhalb Griechenlands ist demgegenüber eine enorme Vielzahl an fachwissenschaftlicher Literatur über die Krise in den letzten Jahren veröffentlicht worden. In diesem Rahmen kann nur auf einige Werke hingewiesen werden, die keinen Gesamtüberblick geben können, aber zugleich wesentliche Analysen anbieten und Debatten angestoßen haben (vgl. Vradis/Dalakoglou 2011, Sevastakis/Stavrakakis 2012, Tsoukalas 2012, Doxiadis 2013, Papakonstantinou 2013, Georgarakis/Demertzis 2015).

Die Autoren/-innen dieses Bandes interpretieren aus ihrer eigenen theoretischen Perspektive die aktuelle Krise in Griechenland und analysieren die Krisensymptome sowie die Metamorphosen des griechischen Staats- und Krisenverständnisses an Hand verschiedener Forschungsgegenstände. Der interdisziplinäre Ansatz verfolgt dabei einerseits verschiedene Theorie- und Denktraditionen, die sich gegenseitig ergänzen, um den komplexen griechischen und europäischen Wandlungsprozess besser verstehen zu können. Andererseits sollen auch einige Debatten, die die Kriseninterpretationen betreffen, innerhalb und zwischen den Fachdisziplinen präsentiert werden. Gemeinsam bilden alle Beiträge eine Art *Landkarte*, die, ohne Anspruch auf Vollständigkeit, eine zeitdiagnostische *Momentaufnahme* sowohl kritisch-wissenschaftlicher als auch linker politischer Diskurse der Krise *in* und *über* Griechenland darbieten soll. Dabei ist zu erwähnen, dass die meisten Beiträge in der zweiten Hälfte des Jahres 2014 entstanden sind und nur einige auf den Politikwechsel im Januar 2015 in Griechenland eingehen. Viele Beiträge erklären und zeigen jedoch die Ursachen für diesen radikalen Politikwechsel auf. Trotz der vorherrschenden gesellschaftlichen Dynamik mitsamt ihrer historischen Veränderungen haben alle Beiträge über die anhaltenden Diskurse und Phänomene der Krise in Griechenland und Europa nicht an Aktualität verloren.

Die im Folgenden kurz vorzustellenden fünf Kapitel kartographieren die *Orte* und *Grenzen* der aufzuzeichnenden *Landkarte* dieses interdisziplinären Bandes. Wir sehen davon ab, jeden einzelnen Beitrag umfangreich vorzustellen, da jeder innerhalb seiner Sektion für sich spricht. Alle hier vertretenen Aufsätze der Autoren/-innen geben ausschließlich die Thesen bzw. die Ansichten des/r jeweiligen Autors/-in wieder. Als Herausgeber eröffnen wir hiermit eine Bühne für die Aufführung verschiedener kritischer *Diskursstimmen*.

Im ersten Kapitel *Ursachen und Auswege der Krise im europäischen Kontext* werden zentrale Merkmale des politischen Systems Griechenlands und seiner

Transformation (Terizakis), der griechischen Staatsschuldenkrise (Kotzias) sowie Schwächen und geheime Stärken des Wirtschaftsmodells (Kritikos/Konrad,
Kompsopoulos) vorgestellt.

Im zweiten Kapitel *Diskursphänomene der Krise* werden drei Phänomene
des Wandels seit Ausbruch der Krise präsentiert: die Rückkehr des Populismus
in Europa und Griechenland (Stavrakakis), der Aufstieg des Rechtsextremismus
(Kritidis) und das südeuropäische Phänomen des Auswanderns bzw. des Brain-
Drains aus den „Krisengebieten" (Gkolfinopoulos).

Im darauffolgenden Kapitel *Kulturhistorische Narrative der Krise* setzen sich
die ersten zwei Beiträge auf unterschiedliche Weise mit dem Narrativ der Krise innerhalb eines Rahmens von zwei bedeutenden neugriechischen Kulturverständnis-
sen, einerseits auf der politisch-theologischen Ebene der Griechisch-Orthodoxen
Kirche (Miliopoulos) und anderseits auf der philosophischen Ebene der modernen
griechischen Subjektivität (Papagiannopoulos), auseinander. Ein Beitrag, der sich
mit Entscheidungs- und Rationalitätskriterien dem abweichenden Verhalten der
griechischen Gesellschaft nähern will (Gerogiorgakis) und daher auch auf kulturelle Subjektivitätsstrukturen hinweist, schließt diese Sektion ab.

Im vierten Kapitel *Die europäische Troika-Politik und ihre Folgen – Kritische
Gegenwartsanalysen* werden jüngste Entwicklungen in Griechenland im Kontext
der europäischen Krisenstrategie kritisch untersucht und auf ihre politischen Ursachen und Folgen beleuchtet. Dabei werden die Auswirkungen auf die griechische
Verfassung (Chrysogonos), die Einführung von Austeritätsmechanismen (Markantonatou) und die Umbrüche im politischen Parteiensystem (Agridopoulos) anhand von drei Fallbeispielen näher analysiert.

Im letzten Kapitel *Urbane Räume der Krise und ihre Metamorphosen* steht die
Stadt Athen im Blickpunkt von zwei künstlerischen Interventionen. Zum einen
werden aus architekturtheoretischer und philosophischer Perspektive neue Sou-
veränitätsformen in Verbindung mit den allgegenwärtigen digitalen Dateninfrastrukturen erörtert und ihr Einfluss auf die sich wandelnden städtischen Räume
der Gegenwart projiziert (Antonas). Zum anderen wird der Höhepunkt der sozialen
Proteste mit der Besetzung des Athener Syntagmaplatzes im Juni 2011 anhand
dreier Bilder, mit denen politische Subjektivierungspraxen vorgestellt werden, por-
traitiert (Tsomou).

Wir bedanken uns sowohl bei den Herausgebern der Reihe *Staat – Souveränität –
Nation* Prof. Dr. Samuel Salzborn und Prof. (em.) Dr. Rüdiger Voigt als auch bei
dem Springer VS Verlag für die Veröffentlichung dieses interdisziplinären Sammelbandes. Ebenfalls bedanken wir uns sehr herzlich bei allen, die zum Zustandekommen dieses Bandes wesentlich beigetragen haben, sowohl bei allen Autor/-

innen für ihre wichtigen Beiträge und die gute Zusammenarbeit als auch für die intensive Unterstützung bei den Korrekturlektüren und den Übersetzungsarbeiten bei Thomas Ristow, Dennis Daniel, Fabian Eckel und Maurits Heumann.

Athen und Siegen, im Juni 2015
Die Herausgeber
Ilias Papagiannopoulos und Aristotelis Agridopoulos

Literatur

Abbas, N./Förster, A./Richter, E. (Hg.) 2015. *Supranationalität und Demokratie. Die Europäische Union in Zeiten der Krise.* Wiesbaden: Springer VS.

Agamben, G. et al. 2012. *Demokratie? – Eine Debatte.* Frankfurt a. M.: Suhrkamp.

Agamben, G. 2003. *Die kommende Gemeinschaft.* Berlin: Merve.

Bickes, H. et al. 2012. *Die Dynamik der Konstruktion von Differenzen und Feindseligkeit am Beispiel der Finanzkrise Griechenlands: Hört beim Geld die Freundschaft auf? Kritisch-diskursanalytische Untersuchung der Berichterstattung ausgewählter deutscher und griechischer Medien.* München: Iudicium.

Blätter für deutsche und internationale Politik (Hg.) 2013. *Demokratie oder Kapitalismus? Europa in der Krise.* Berlin: Blätter Verlagsgesellschaft.

Blumenberg, H. 1966. *Die Legitimität der Neuzeit.* Frankfurt a. M.: Suhrkamp.

Crouch, C. 2008. *Postdemokratie.* Frankfurt a. M.: Suhrkamp.

Derrida, J. 2002. *Politik der Freundschaft.* Frankfurt a. M.: Suhrkamp.

Derrida, J. 1992. *Das andere Kap. Die vertagte Demokratie – Zwei Essays zu Europa.* Frankfurt a. M.: Suhrkamp.

Dörre, K./Lessenich, S./Rosa, H. 2009. *Soziologie – Kapitalismus – Kritik. Eine Debatte.* Frankfurt a. M.: Suhrkamp.

Doxiadis, A. 2013. *Der unsichtbare Bruch. Institutionen und Handlungen in der griechischen Ökonomie.* Athen: Ikaros. (gr.).[1]

Forschungsgruppe „Staatsprojekt Europa" (Hg.) 2012. *Die EU in der Krise. Zwischen autoritärem Etatismus und europäischen Frühling.* Münster: Westfälisches Dampfboot.

Georgarakis, N. G./Demertzis, N. (Hg.) 2015. *Das politische Portrait Griechenlands. Krise und Dekonstruktion des Politischen.* Athen: Gutenberg/Dardanos. (gr.).

Habermas, J. 2013. *Im Sog der Technokratie. Kleine Politische Schriften XII.* Berlin: Suhrkamp.

Habermas, J. 2011. *Zur Verfassung Europas. Ein Essay.* Berlin: Suhrkamp.

Habermas, J. 1990. *Die Moderne – Ein unvollendetes Projekt. Philosophisch-politische Aufsätze 1977–1990.* Leipzig: Reclam.

Klemm, U.-D./Schultheiß, W. (Hg.) 2015. *Die Krise in Griechenland. Ursprünge, Verlauf, Folgen.* Frankfurt a. M./New York: Campus.

Koselleck, R. 1979. *Vergangene Zukunft. Zur Semantik geschichtlicher Zeiten.* Frankfurt a. M.: Suhrkamp.

Koselleck, R. 1973. *Kritik und Krise – Eine Studie zur Pathogenese der bürgerlichen Welt.* Frankfurt a. M.: Suhrkamp.

Laclau, E./Mouffe, C. 2012. *Hegemonie und radikale Demokratie. Zur Dekonstruktion des Marxismus.* 4. Aufl. Wien: Passagen.

Liakos, A. 2011. Griechenland und Europa. Im Knäuel der Krisenreaktionskräfte – Vorurteile und Richtigstellungen. A. Liakos im Dialog. *Lettre International*, 095/Winter 2011, 19–24.

---

1 Hinweis: Alle griechischen Literaturangaben sind in allen Sammelbandbeiträgen mit der Abkürzung (gr.) vermerkt. Dabei werden die griechischen Titel nur als deutsche Übersetzungen wiedergegeben.

Linden, M./Thaa, W. 2011. *Krise und Reform politischer Repräsentation.* Baden-Baden: Nomos.

Link, J./Parr, R. (Hg.) 2014. Krisenlabor Griechenland (Themenschwerpunkt). *kultuRRevolution. zeitschrift für angewandte diskurstheorie,* Nr. 66/67.

Makropoulos, M. 2013. Über den Begriff der „Krise". Eine historisch-semantische Skizze. *INDES, Zeitschrift für Politik und Gesellschaft,* 2013-1, 13–20.

Markantonatou, M. 2013. Die Konstruktion des „Feindes" in der Zeit der Finanzkrise. Neoliberalisierung und Ausnahmezustand in Griechenland. In: Friedrich, S./Schreiner, P. (Hg.): *Nation. Ausgrenzung. Krise. Kritische Perspektiven auf Europa.* Münster: edition assemblage, S. 128–138.

Mitsopoulos, M./Pelagidis, T. 2012. *Understanding the Crisis in Greece: From Boom to Bust.* Hampshire: Palgrave.

Nancy, J.-L. 2015. *Demokratie und Gemeinschaft.* Im Gespräch mit P. Engelmann. Wien: Passagen.

Osborne, P. 2010. *The Politics of Time. Modernity and Avant-Garde.* London: Verso.

Papakonstantinou, P. 2013. *Die Krise, die Linke, die Macht. Die große Herausforderung.* Athen: Livanis. (gr.).

Patočka, J. 2010. *Ketzerische Essays zur Philosophie der Geschichte.* Berlin: Suhrkamp.

Rancière, J. 2011. *Der Hass der Demokratie.* Berlin/Köln: August Verlag.

Rancière, J. 2008. *Die Aufteilung des Sinnlichen.* Berlin: b_books.

Schwarz, O./Altmann, F.-L./Brey, H. (Hg.) 2012. *Griechenland in der Schulden- und Staatskrise? Ursachen, Folgen und Auswege.* München/Berlin: Verlag Otto Sagner.

Sevastakis, N./Stavrakakis, Y. 2012. *Populismus, Anti-Populismus und Krise.* Athen: Nefeli. (gr.).

Stuckler, D./Basu, S. 2013. *The Body Economic. Why Austerity kills: Recessions, Budget Battles, and The Politics of Life and Death.* New York: HarperCollins.

Streeck, W. 2013. *Gekaufte Zeit. Die vertagte Krise des demokratischen Kapitalismus.* Berlin: Suhrkamp.

Vradis, A./Dalakoglou, D. (Hg.) 2011. *Revolt and Crisis in Greece: Between a Present Yet to Pass and a Future Still to Come.* London: AK Press/Occupied London.

Triandafyllidou, A./Gropas, R./Kouki, H. (Hg.) (2013): *The Greek Crisis and European Modernity.* Hampshire: Palgrave.

Tsomou, M. 2014. Das Versuchskaninchen baut am eigenen Labor…! Zum Aufschwung solidarischer Ökonomien als Exoduspraktiken im Griechenland der Krise. *kultuRRevolution. zeitschrift für angewandte diskurstheorie,* Nr. 66/67. 7–17.

Tsoukalas, K. 2012. *Das Griechenland der Vergessenheit und der Wahrheit.* Athen: Themelio. (gr.).

Teil I
Ursachen und Auswege der Krise im europäischen Kontext

Krise und Transformation des politischen Systems Griechenlands: Konzeptuelle und forschungsleitende Überlegungen im Anschluss an Wolfgang Streeck

Georgios Terizakis

1 Griechenland – Täter oder Opfer der Krise?

Die europäische Wirtschafts- und Finanzkrise kristallisiert sich in besonderer Weise an dem hier diskutierten Fallbeispiel Griechenlands und bestimmt seit nunmehr über fünf Jahren politische und wirtschaftliche Vorgänge dieses EU-Mitglieds, und je nach diskursivem Kontext ist Griechenland Opfer oder Täter in dieser nicht enden wollenden Erzählung.[1] Besonders zwischen deutscher und griechischer Öffentlichkeit entstand ein gegenseitiges Überbieten an Vorwürfen, Beleidigungen und Verletzungen, vor allem in der Anfangszeit der Krise (vgl. Bickes et al. 2012). Die Unterscheidung zwischen Opfer und Täter in der Krise wurde prägend sowohl für medial-öffentliche als auch für wissenschaftliche Debatten.

Die Opferposition argumentiert im Kern, dass Griechenland, und vor allem seine Regierungen, als kleines EU-Mitglied kaum über Ressourcen und Macht verfügt, um sich im heutigen Spätkapitalismus oder demokratischen Kapitalismus, wie es bei Wolfgang Streeck (2013) heißt, erfolgreich gegen externe Ansprüche zur Wehr zu setzen oder eigene wirtschaftspolitische Steuerungsversuche zu unternehmen. Internationale Finanzströme und deren Akteure können ungehindert die griechische Wirtschaft und Politik vor sich her treiben und sogar auf den Bankrott des Landes wetten. Der Spätkapitalismus hat ein System der Einflussnahme zugelassen, der einzelne Staaten zu Spielbällen internationaler Wirtschaftsakteure degeneriert und ihnen die Souveränität raubt. Die Rettungs-

---

1 Mein ausdrücklicher Dank geht an Philipp Stolzenberg und Katharina Kleinschnitger für Kommentare und Unterstützung.

versuche der Europäischen Union sind hier systemisch kongruent, denn auch hier wird die griechische Regierung quasikolonial bevormundet und zu Reformen gezwungen, die sie selbst nicht ergriffen hätte. Griechenland wurde zu einem Land der kapitalistischen Peripherie stilisiert – Vergleiche mit Argentinien und anderen Ländern Mittel- und Südamerikas wurden wieder aktuell –, das mehr Solidarität benötige und deshalb die Austeritätspolitik der Troika kritisiert und/oder abgelehnt werden sollte.

Die Täterposition verweist vor allem auf die Versäumnisse der griechischen Regierungen und auf die Missstände im politischen System. Die griechischen Regierungen wurden und werden ob der gefälschten Bilanzzahlen im ersten 2000er-Jahrzehnt als unzuverlässig und betrügerisch eingestuft. Die über Jahre hinweg geduldete Laissez-faire-Politik der geschönten und „kreativen" Haushaltszahlen ist unter dem Druck finanzmarktpolitischer Veränderungen nicht mehr möglich.[2] Der Handlungsdruck erhöhte sich in Richtung Politik, die selbstgesetzten Regeln einzuhalten und nicht mehr zu umgehen. Das Besondere an Griechenland sind jedoch die Missstände im politischen System selbst, die gravierender als in den vergleichbaren Krisenländern, die zynischerweise als PIGS bezeichnet werden (Portugal, Irland, Griechenland, Spanien), bewertet werden. Vor allem die überbordende Verwaltung, die hohe Staatsquote und „the rent-seeking approach" der griechischen Bevölkerung (Markantonatou 2013) werden in den Vordergrund gestellt. Kaum eine Zeitschrift und Zeitung kommt in den letzten fünf Jahren in Deutschland ohne ein „Griechenland-Spezial" aus, in dem anhand von Fallbeispielen wie den Problemen im Renten- und Gesundheitssystem oder in der Einwanderungs- und Gewerkschaftspolitik der griechische Patient seziert wird. Die Fülle an journalistischem Material ist nicht mehr überschaubar oder kaum dokumentierbar. Auch die Fülle an neuen Griechenlandexperten ist außergewöhnlich.[3] Entsprechend argumentiert diese Position, dass nur eine straffe Austeritätspolitik die nötigen Re-

---

2   Bezeichnender Weise spricht der ehemalige griechische Finanzminister Christodoulakis in seinem Interview mit dem Handelsblatt davon, dass alles legal war, also im Rahmen des Rechtlichen möglich. Ob es legitim war, ist eine andere Frage, siehe Handelsblatt vom 21.01.2014.

3   Selbst ein kritischer Sozialwissenschaftler wie Oskar Negt verdichtet Reiseiendrücke zu generellen, natürlich ob der Missstände „geschockten" Einschätzung: „[...] wir hier [in Deutschland, GT] alle viel mehr von Griechenland wissen als die Griechen selbst – also von dem, was wir uns unter Griechenland vorstellen, Wiege der Demokratie und so [...]", Der Freitag vom 04.01.2013.

formen für das politische System Griechenlands durchsetzen kann und jenes ein Sonderfall von Verschuldungspolitiken darstellt.[4]

In diesem Beitrag werden zwar Aspekte beider Positionen beachtet, beide aber als schematisch und nicht zielführend verworfen. Eine kritische Sicht auf die Krisendiskussionen in Griechenland muss vor allem neue analytische Perspektiven eröffnen, die vorhandenes „nomologisches Wissen" der Sozialwissenschaften (Habermas) sichert und die schon identifizierten Forschungsdesiderate herausstreicht und prononciert. Deshalb wird zunächst die richtungsweisende und scharfe Analyse des Soziologen und Politikwissenschaftlers Wolfgang Streeck in aller Kürze rekonstruiert, um neue Anknüpfungspunkte für die eigene Perspektive zu gewinnen. Interessant ist vor allem der Aspekt der Krisendiskussion: Können wir noch von Krise sprechen, wenn, je nachdem wann angesetzt wird, das sechste Jahr nach Krisenbeginn angebrochen ist? Ist dies nicht vielmehr Zeichen einer grundsätzlichen Transformation, wie Streeck im Kern vermutet? Diese Fragen sollen vor allem im Hinblick auf das politische System in Griechenland besprochen werden und lang- und kurzfristige Transformationen herausgearbeitet werden. Dabei wird konzeptionell-methodologisch ein Wechsel von der leitbildorientierten Position Streecks zu einer vermittlungsorientierten Position vorgenommen, um mögliche, neue Perspektiven zu gewinnen (vgl. Terizakis 2006: 34ff, Nullmeier 1991). Abschließend werden anhand von sechs Hypothesen Perspektiven für die weitere Forschung eröffnet.

Leitend wird die These verfolgt, dass seit der Offenbarung der griechischen Regierung im Oktober 2009 eine massive Transformation des Politischen, des Wirtschaftlichen und des Gesellschaftlichen beobachtet werden kann. Dabei können zwei Perspektiven unterschieden werden, eine systemische und eine lebensweltliche: Zum einen kann eine Verstärkung und Reaktualisierung von Fehlfunktionen des politischen Systems festgestellt werden. Zum anderen ist eine „Kolonisierung der Lebenswelt" durch neue Imperative zu bemerken: Sparen als Selbstzweck hat die Vorstellungen von Modernisierung, Demokratisierung und Europäisierung als Selbstzweck überlagert und verdrängt. In dieser Spannung und unter Beachtung des allgemeinen Krisenkontexts als konzeptuell anleitenden Diskursrahmen können neue Perspektiven für die Griechenlandforschung eröffnet werden.

4　Mit Blick auf die kommunale Haushaltslage in Deutschland konnte sich The Economist vom 20.04.2011 die ironische Überschrift „Hunderts of mini-Greeces" nicht verkneifen.

2   Der Diskurs der Krise bei Wolfgang Streeck

Das Wort „Krise" bedeutet etymologisch „Entscheidungssituation"; also eine
Situation in der Zeit, die viele oder gar alle routinemäßige Abläufe anhält und
durch bewusste oder unbewusste Entscheidung zu einer grundsätzlichen Veränderung führt. Bei der gegenwärtigen Wirtschafts- und Finanzkrise erhärtet sich
der Eindruck, dass das Gegenteil der Fall ist: Seit September 2008 – eventuell
schon früher ansetzend – und dem Konkurs der Investmentbank Lehman Brothers
ist die „Krise" zum ständigen Begleiter der Politik und der öffentlichen Debatten
und damit zum Normalfall geworden. Griechenland wurde im medialen Diskurs
zur Chiffre für Probleme, Unsicherheit und Gefahr, die mittlerweile in jedem verwandten inhaltlichen Zusammenhang, wenn es also um Krisen geht, benutzt wird.
So konnte der europäische Medienkonsument „von der Couch aus" erleben, wie
aus einem „europäischen Kernland" innerhalb von zwei Jahren ein „Krisenland",
ein „Entwicklungsland", wurde. Krise ist also kein Zeitpunkt mehr, sondern ein
Dauerzustand des Politischen, Wirtschaftlichen und Gesellschaftlichen geworden
(zu den älteren Krisentheorien vgl. Streeck 2013: 10ff, 23ff). Es sind Diskussions-
räume geöffnet worden, die vor einigen Jahren noch undenkbar waren, so zum
Beispiel, dass über europäische Grenzen hinweg konfliktartig diskutiert wird, oder
dass einmal erreichte sozialstaatliche Niveaus deutlich abgesenkt werden können.

In seiner Adorno-Vorlesung aus dem Jahr 2012 thematisiert Wolfgang Streeck
eben jene Krise der europäischen Wirtschaft und Finanzen, die auch eine politische Krise ist, unter der Perspektive gekaufter Zeit; also als ein Verschieben des
Absterbevorgangs des demokratischen Kapitalismus, wie wir ihn in Europa seit
dem Ende des Zweiten Weltkriegs kennen. Dabei wird die These von den „Legiti-
mationsproblemen im Spätkapitalismus" (Habermas 1973) noch einmal radikalisiert, da der Spätkapitalismus freilich einen gesellschaftlichen Konsens produzierte, der die demokratische Regelungsmacht des Staatsvolkes nicht untergrub. Die
heutigen Demokratien hingegen erkaufen sich Zeit, um das Vertrauen des sogenannten Marktvolkes nicht zu verlieren und damit potentielles Kapital zu locken.
Legitimation wird durch „demokratische Unterhaltung" produziert.

Der Beginn dieses Prozesses setzt Streeck bereits an das Ende der 1960er-Jah-
re, also just zu dem Zeitpunkt, als der gerade geschmiedete Nachkriegskonsens
aus sozialer Marktwirtschaft seine Wirkung entfaltet hatte. Schon ältere Krisentheorien Frankfurter Provenienz haben zu diesem Zeitpunkt auf die Spannung
zwischen Lebenswelt und Kapitalverwertung hingewiesen (Streeck 2013: 11) sowie auf die daraus erwachsenen Legitimationsprobleme (ebd.: 39ff). Spätestens
mit den Ölkrisen sind die westlichen Demokratien, die im Fokus der Streeck'schen
Betrachtungen stehen, vor enorme Herausforderungen gestellt und der staatliche

Steuerungsoptimismus ins Wanken geraten. Dabei stehen die Länder in einer Wechselwirkung (ebd.: 13), die ihr wirtschaftliches und finanzielles System prägt. Jedoch hat die aktuelle Krise eine neue Dimension, die es zu entschlüsseln gilt. Die „Zwangsheirat" (Streeck) aus Kapitalismus und sozialstaatlicher Demokratie steht auf dem Prüfstand. Die Krise neuen Typs besteht, laut Streeck, in dem Zusammenwirken von drei Krisen: der Krise der Staatsfinanzen, einer Bankenkrise und einer Krise der Realökonomie (ebd.: 29). Die Krise der Staatsfinanzen besteht vor allem in einem stetigen Anwachsen der Staatsschulden seit den 1970er-Jahren. Dies kann in allen OECD-Ländern beobachtet werden. Damit sind unmittelbar Auswirkungen auf die Realwirtschaft verbunden: Bruttoinlandsprodukt, Beschäftigungsquote und Arbeitslosigkeit divergieren in der westlichen Welt deutlich. Während einige Länder offensichtlich von der Situation profitieren können, verlieren die europäischen Krisenländer stetig an Leistungsfähigkeit in diesen Bereichen (ebd.: 35). Die Bankenkrise ist der Auslöser der fundamentalen Krisensituation seit 2009. Diese Dreifachkrise fordert die Legitimität der kapitalistischen Produktion in demokratischen Regimen dergestalt heraus, dass sie zentrale gegenseitige Ansprüche von Kapital (Eigentum und Gewinnmaximierung durch dieses) und Lohnarbeit (nichtprekäre Arbeitsverhältnisse und Entlohnung hierfür) herausfordert. Bedeutsam ist dabei, dass diese Balance durch demokratische Wahlen und liberale Verfassungen gerahmt und garantiert wird. Eine hohe Sockelarbeitslosigkeit und zunehmende gewerkschaftliche Desorganisation münden jedoch in höhere Staatsschulden (statt Steuererhöhung), um diesen Konsens zu halten (ebd.: 64f). Aus Steuerstaaten werden Schuldenstaaten.

Die Entwicklung bleibt jedoch nicht auf der sozialen und wirtschaftlichen Ebene isoliert. Auch auf der politischen Ebene sind die Auswirkungen enorm: Der Rückgang der Wahlbeteiligung ist nur ein Symptom. Eine generelle „*Entmachtung* der Massendemokratie" wird diagnostiziert (ebd.: 84, kursiv im Original, GT).[5] Die neu entstandenen Schuldenstaaten „bedienen" letztlich zwei Völker: das alte Staatsvolk und das neue Marktvolk, welches aus internationalen Gläubigern mit Forderungen gegen den Schuldnern auftritt (ebd.: 121). Das neue Volk ist bemüht, „in Gefahr geratene Schuldenstaaten davon abzuhalten, von ihrer Souveränität Gebrauch zu machen und ihre Zahlungen einzustellen" (ebd.: 135, 221). Es geht also nicht um Rettung der Schuldenländer, sondern „die Portfolios der Gläubiger derselben zu retten" (ebd.: 136). Solidarität innerhalb der EU-Länder wandelt sich zu einer Strafe, die stärkere Austeritätsmaßnahmen durchsetzt und

---

5   An späterer Stelle wird Politik von Streeck als „Unterhaltung der Mittelschicht" bezeichnet, was im Kern auf eine Aushöhlung der Massendemokratie durch Massenmedien hinausläuft (ebd.: 165).

damit Steuer- durch Schuldenpolitik ersetzt und die Spirale der Verschuldung anheizt.[6] Was auf internationaler Ebene schon in Gang war, hat sich auf europäischer Ebene fortgesetzt. Auch hier ist eine Konsolidierung der Staatsfinanzen nicht mit einer Befreiung des Drucks von Finanzmarktakteuren gleichzusetzen. Im Gegenteil: Die Voraussetzung für eine Rückführung der Schulden würde dauerhaftes Wachstum erfordern, um die Schulden zu begleichen. Dies ist unter aktuellen Bedingungen der Austeritätspolitik kaum als realistische Perspektive einzustufen. Es bleibt damit nur die Aussicht, dass staatliche Funktionen zurückgefahren werden müssen (ebd.: 176).

„Heute ist das Einzige, was Griechenland von seiner Mitgliedschaft in der Währungsunion mit Sicherheit geblieben ist, ein gegenüber 1995 um fast sechzig Prozent seiner jährlichen Wirtschaftsleistung gestiegener öffentlicher Schuldenstand" (ebd.: 182). Dies ist der Ausgangspunkt der Streeck'schen Überlegungen zu Griechenland. Der Vergleich mit der Mezzogiornopolitik in Italien und mit der deutschen Wiedervereinigung stimmt darüber hinaus pessimistisch. Während im ersten Fall der Erfolg mäßig ist, gibt es im zweiten Fall einen „Sponsor". Die EU hat sich mit ihrem Vorhaben übernommen, „eine[r] Pazifizierung des Mittelmeerraums durch eurokapitalistische Modernisierung" bei gleichzeitiger „sozialer und politischer Konvergenz durch wirtschaftliches Wachstum" mit der eigenen Erweiterung und Vertiefung zu verknüpfen (ebd.: 201). Eine Fassadendemokratie (Streeck) übertüncht diese Zusammenhänge, welche Rettungen inszeniert.

Der Ausweg erscheint für Streeck in der stärkeren Kontrollierung der Märkte zu liegen (ebd.: 237). Voraussetzung für einen solchen Souveränitätszugewinn der Staaten ist, dass innerhalb der EU die nationalen Unterschiede wieder stärker beachtet werden müssen (ebd.: 242). Abwertung der nationalen Währungen kann und sollte wieder möglich sein, allein weil dieses Instrument „dem Totalitarismus eines einheitlichen Marktes ein Dorn im Auge" ist (ebd.: 247). Eine lockere Kopplung der Länder schwebt ihm dabei vor, statt einer Verschmelzung und „*One-size-fits-all*-Hybris" (ebd.: 251, kursiv im Original, GT).

Die interessante wie furiose Diagnose Streecks ist eine der schärfsten sozialwissenschaftlichen Analysen der aktuellen Krise, bei der sozialwissenschaftliche Einordnungen bislang eher rar geblieben sind. Seine Lesart in der Tradition älterer Krisentheorien unterstellt, dass die aktuelle Krise nicht aktuell, sondern

---

6   Auf dieses gescheiterte Tauschgeschäft weist auch der Ökonom Rudolf Hinkel hin: Senkung der Staatsausgaben als Voraussetzung für weitere Darlehen, die wiederum nicht automatisch zu mehr Einnahmen führen. Das Gegenteil ist der Fall, bedingt durch eine niedrigere gesamtwirtschaftliche Produktion, welche direkt oder indirekt Folge der Austerität ist, Frankfurter Rundschau vom 07.07.2014.

lediglich eine Verstärkung und Überlagerung der schleichenden Krise des demo-kratischen Kapitalismus ist. Gerade die am Schluss vorgeschlagene Perspektive, verstärkt auf nationalstaatliche Problemlösungspotentiale zu setzen, ruft jedoch berechtigte Kritik hervor, die auf einen Mangel an transnationalen und europäi-schen Momenten einer Demokratisierungsperspektive hinweisen (vgl. Habermas 2013). In diesem Zusammenhang soll aber vor allem auf eine andere problemati-sche Dimension hingewiesen werden. Die überzeugende methodologische Makro-perspektive verschließt den Blick auf die konkreten Problemfälle, in diesem Fall auf Griechenland. Die Krise macht Griechenland zum „Unterfall" einer größeren Krise und so werden „Details" vernachlässigt. Es geht um nicht weniger als die Krise des Nachkriegskonsenses zwischen Marktwirtschaft und parlamentarischer Demokratie, die sich seit den 1970er-Jahren in Auflösung befindet und sich zu-nehmend krisenhaft zuspitzt. Dadurch ist das politische System Griechenlands als Untersuchungsobjekt nicht zentral für die Erkenntnis, welche endogenen Gründe für schwerwiegende Art der Krise und deren Überwindung herangezogen werden müssen. Damit wird kulturalisierenden Ansätzen – mit einer Verengung auf die Schlagworte Klientelismus, Nepotismus, Korruption – oder stark marktorientier-ten Argumenten (Mangel an Wettbewerbsfähigkeit) als Erklärungen für die Krise im „Fall Griechenlands" die Tür weit geöffnet (vgl. Offe 2013). Anknüpfungs-punkte für die zweite Sorte von Argumenten finden sich in der neomarxistischen Griechenlanddebatte, die bis Mitte der 1990er-Jahre den wissenschaftlichen Dis-kurs dominierte (vgl. Mouzelis 1978, 1995) und Griechenland als Staat der Semi-peripherie konzeptualisierte, welcher sich zwar folgerichtig seit 1974 demokra-tisierte, allerdings in einem defizitären, weil den „Westen" imitierenden Modus. Indes gehen dabei die spezifischen Problemlösungsmöglichkeiten des politischen Griechenlands unter, da hier mit der Erklärung der Entwicklung vom Steuerstaat zum Schuldenstaat (Streeck) oder der staatlichen Semiperipherie (Mouzelis 1978) scheinbar alle Puzzleteile einer Erklärung holistisch, mit Blick „von oben", bereit liegen und lediglich auf die richtige Zusammenführung oder Operationalisierung warten.

    Hingegen kann ein genauerer Blick auf das politische System Griechenlands weiterführende Perspektiven öffnen und einen feingranularen Blick ermögli-chen, der die oben skizzierte Krisentheorie der Makroperspektive um eigensin-nige Handlungspotentiale auf der Mikro- und Mesoebene ergänzt. Dabei wird an die Komposition und Konzeptionalisierung des politischen Systems nach Heinelt (2008: 67ff) angeschlossen. Griechenland soll damit weder als Sonderfall konzep-tionalisiert werden (vgl. Markantonatou 2013: 27), noch soll auf die vage Hoffnung gesetzt werden, dass eine Veränderung des neoliberalen Elitenkonsenses hin zu einer Demokratisierung, die irgendwie und von irgendwem getragen, schon von-

stattengehen wird. Vielmehr werden mögliche Anknüpfungspunkte und Hinde-
rungsgründe für Veränderungen der jetzigen Situation durch eine politikwissen-
schaftlich orientierte Analyse angegeben.

3   Das politische System in Griechenland: Merkmale, Genese, Staatsverständnis

Das politische Systems Griechenlands wird in der vergleichenden politik- und sozialwissenschaftlichen Forschung in den letzten dreißig Jahren nahezu ausschließlich mit europäischen Ländern verglichen. Die Vergleiche zu lateinamerikanischen Ländern oder den ehemaligen Blockfreien gehören der Vergangenheit an,
auch wenn im Laufe der ersten Krisenjahre diese Vergleiche eine kleine Renaissance feierten (vgl. Mazower 2013). Trotz des etablierten europäischen Vergleichs
kann konstatiert werden, dass das politische System Griechenlands nicht zu zentralen Untersuchungsgegenständen zählt und randständig in der deutschsprachigen
Forschung behandelt wird (Egner/Terizakis 2009a: 9). Ein wichtiger Grund hierfür mag in der Sprachbarriere liegen. Entscheidender scheint jedoch zu sein, dass
Griechenland als randständig im politischen, wirtschaftlichen und sozialen Sinne
eingestuft wird und kein Erkenntnisgewinn für die Forschung erwartet wird. Die
Wirtschafts- und Finanzkrise ändert die Lage.[7]

Griechenland ist ein zentralistischer Einheitsstaat, dessen Einkammersystem
von einer starken Regierungspartei dominiert wird und Konflikte polarisiert,
sodass Konflikte konfrontativ ausgetragen werden, was wiederum entweder zu
schnellen Entscheidungen oder zu Blockaden führt. Darüber hinaus kann der Politikstil als zentralistisch und paternalistisch beschrieben werden und die politische
Kultur als oppositionsorientiert. Der griechische Staat gilt als einer der höchst zen-
tralisierten in Europa mit geringen Kompetenzen auf regionaler und kommunaler
Ebene, die als Untereinheit eines hierarchischen politischen Systems fungieren
(vgl. Auernheimer/Zervakis 2009, Egner/Terizakis 2009 b, Hlepas/Getimis 2011).

Das politische System wird zu großen Teilen von den politischen Parteien und
damit von der Regierungspartei bestimmt, die in der Regel als Einparteienregie-
rung das Parlament dominiert. Nur in Krisenzeiten sind Koalitionsregierungen
üblich, so 1989/90 und seit dem Ausbruch der aktuellen Krise. Diese auf Sta-

---

7   So resümieren die Journalisten Gammlin und Löw (2014: 95) die Lage des europäi-
     schen Krisenmanagements im März 2012: „Das Zentrum der Krise lässt sich beruhi-
     gen". Sicher ist dies nur ein metaphorisches Bild, lässt aber auf die geänderten Interes-
     senlagen rückschließen, die Griechenland als Krisenzentrum positionieren wollen.

bilität ausgerichtete Politik ist das Ergebnis der historischen Erfahrung mit der Instabilität des politischen Systems, vor allem mit der Obristendiktatur aus den Jahren 1967–1974, da das politische System auf einer Vielzahl heterogener und loser vernetzter Interessengruppen fußt. Diese neue Stabilität wiederum erlaubt den politischen Parteien, entlang ihrer Konfliktlinien und -logiken hochgradig polarisierte und personalisierte Konflikte um symbolische Güter zu führen.[8] Diese Machtposition der Parteien erlaubt es ihnen, Justiz, Verwaltung[9] und Verbände[10] zu beeinflussen. Die Zivilgesellschaft und die Medien befinden sich zum Teil in dieser Abhängigkeit, fungieren aber als Kontrollmechanismen und Opposition zur Parteienherrschaft (vgl. Terizakis 2006, 2009, Georgakis 2009). Der staatliche Apparat in Form der Verwaltung ist vor allem in der Krise zum Ziel reformerischer Aktivitäten geworden, aus Gründen, die weiter unten diskutiert werden. Auernheimer und Zervakis (2009: 835) resümieren mit Hinblick auf die Verwaltung: „Die hochzentralisierte, personell völlig übersetzte und von den Parteien kontrollierte öffentliche Staatsverwaltung zeichnet sich vor allem durch eine geringe Produktivität (langwierige Verfahren, übertriebene Formalitäten, Kompetenzanhäufungen, Ineffektivität), mangelnde Fachkenntnis und Obstruktion (bewusste Fehlinformation der Minister, Korruption) aus [...]".

Darüber hinaus besitzt das politische System fünf weitere distinkte Merkmale, die besonders im Vergleich zu den europäischen Partnern, also zu den westlichen spätkapitalistischen Demokratien, herausstechen (vgl. Egner/Terizakis 2009a: 12ff):

1. *Formalismus*: Die Modernisierungstheorie arbeitet dieses Merkmal als entscheidenden Unterschied heraus, welches Griechenland von Westeuropa und

---

8   Diese distinkte Form des Politischen hat ihre Fundierung in der Entstehung des Nationalstaates, aber auch in der Erfahrung des Bürgerkrieges nach dem Zweiten Weltkrieg. Die transformierte oder zivilisierte Logik des Bürgerkrieges und der Bipolarität wird in den zivilisierten Konflikt überführt.

9   Der Verwaltungsaufbau kennt in Griechenland drei Ebenen, die hierarchisch gegliedert sind: die nationale Ministerialbürokratie, die 13 Regionen und die lokale Ebene mit Stadt- und Landgemeinden. Die beiden Reformprogramme „Kapodistrias" (1997) und „Kallikratis" (2010) haben zum Teil drastische Auswirkungen auf die beiden unteren Ebenen gehabt, da erstens die Regionalebene aufgewertet und zweitens die große Anzahl der Stadt- und Landgemeinden radikal auf 325 reduziert wurde. Die Präfekturebene wurde abgeschafft.

10   Die Verbandslandschaft ist sehr vielfältig mit einem Hang zur Fragmentierung, vor allem im gewerkschaftlichen Bereich. Trotz dieser Vielfalt und zum Teil gelingender Einflussnahme im politischen System zeichnen sich die Verbände durch einen Mangel an Professionalität aus (vgl. Terizakis 2009).

den kapitalistischen Produktionszentren unterscheidet (Mouzelis 1978, 1986). Damit ist die Diskrepanz zwischen formaler Politikformulierung und realer Politikgestaltung angesprochen, die prägend ist, trotz institutioneller Innovationen (Terizakis 2006: 126ff) und Europäisierung dieser (vgl. u.a. Ioakimidis 2000). Exemplarisch sei auf das Verfassungsprinzip der Dezentralisierung bzw. der Dekonzentration einerseits und auf den hohen staatlichen Zentralisierungsgrad – der bei 96 % liegt – andererseits verwiesen (Auerheimer/Zervakis 2009: 834). Unabhängigkeit, Professionalität und Expertise der Verwaltung sind eingeschränkt, wodurch Eingriffe durch die Parteipolitik ermöglicht werden.

2. *Klientelismus/Korruption*: In der Forschung herrscht Konsens darüber, dass der Klientelismus ein langlebiges Phänomen des Politischen in Griechenland ist und eine konstitutive Funktion der politischen Teilhabe darstellt (vgl. Charalambis 1989). Er unterliegt einem permanenten Formwandel – z.b. als Massenphänomen in den 1980er- und 1990er-Jahren – und erlebt derzeit eine Renaissance, die der Finanzkrise geschuldet ist, in der individualistische ad-hoc-Lösungen gefunden werden müssen. Die Delegitimierung der politischen Eliten hat dieser Fehlfunktion zu neuer Stärke verholfen und diesen endgültig „demokratisiert": Jeder Bürger verschafft sich Zugang zu klientelistischen Lösungen, wenn es die Situation erfordert, wobei die unterschiedliche Zugangsmöglichkeit der verschiedenen gesellschaftlichen Gruppen nicht außer Acht gelassen werden darf.

3. *Politische Kultur*: Griechenland weist neben den „klassischen" Konfliktlinien eine spezifische Konfliktlinie innerhalb der politischen Kultur auf. Auf der einen Seite befindet sich die westlich-individuell orientierte Kultur und auf der anderen Seite die lokalistisch-gemeinschaftlich orientierte *Underdog-Kultur* (zuerst Diamandouros 1993). Vor allem mit letzterer wurde der kulturalistische Vorwurf verknüpft, dass Griechenland innerhalb des Westens „aus der Reihe tanzt" und den vermeintlichen ökonomisch-institutionellen Anschluss aufgrund einem selbsterzeugten Verschulden nicht bewältigen kann.

4. *Demokratischer Seiteneinsteiger*: Klaus Eder (1995) hat diesen Begriff in einem anderen Kontext verwendet, aber dieser ist für das politische System eine adäquate Beschreibung. Die zahlreichen Demokratisierungsversuche über 150 Jahre und das rasche Gelingen nach 1974 lassen keine andere Deutungsmöglichkeiten zu (vgl. Terizakis 2006: 51ff), auch im Vergleich zu den übrigen Transformationen der sogenannten dritten Welle der europäischen Demokratisierungen in der Mitte der 1970er-Jahre.

5. *Postmodernität*: Die hier dargestellte Liste von Merkmalen des politischen Systems erhebt keinen Anspruch auf Vollständigkeit. Sie verweist jedoch auf das Paradox der Gleichzeitigkeit von „Semiperipherie" – also einer randstän-

digen kapitalistischen Entwicklung, die sich im Politischen niederschlägt – bei gleichzeitiger Postmoderne – also einer politischen, wirtschaftlichen und sozialen Entwicklung im Rahmen zeitgleich stattfindender globaler und europäischer Prozesse. Die Melange von Tradition und Moderne wurde in der Stadtentwicklung eindrucksvoll untersucht, da das Erscheinungsbild griechischer Städte sich deutlich von anderen europäischen Städten unterscheidet (Chtouris et al. 1993).

Diese eigentümliche Konstellation ist verwoben mit der Genese des politischen Systems und des griechischen Staates. Der moderne griechische Staat ist das Ergebnis einer Aufstandsbewegung und der daraus resultierenden irregulären Kriege und Bürgerkriege. Entscheidenden Anteil hatten heterogene lokale Gruppen (zum Teil irreguläre Krieger mit fließendem Übergang zu Räuberbanden), nationale Vereinigungen (mit zum Teil aus der griechischen Diaspora stammenden Personen) sowie ausländische Großmächte,[11] vor allem deren finanzielle Mithilfe in Form von Geldanleihen für den noch nicht konstituierten griechischen Staat. Die erste Anleihe wurde 1824, also sieben Jahre vor der formalen Unabhängigkeit, von britischen Banken vermittelt, verliehen (Zelepos 2014: 45f). Weitere folgten und versickerten in den Wirren der irregulären Strukturen, sodass Zelepos (ebd.: 51) auf die kuriose Situation hinweist, dass „Griechenland das seltene Beispiel für einen Staat liefert, der schon vor seiner eigenen Unabhängigkeit in den Finanzbankrott geriet". Dieses Grundmuster der ungünstigen Kreditaufnahmen sollte sich wiederholen; selbst unter republikanischen Verhältnissen in den 1920er-Jahren (ebd.: 130f). Die damalige Lösung klingt überraschend aktuell: „Die relative Stabilisierung der Landeswährung ging mit einer Zementierung der öffentlichen Verschuldung einher, während der Industrialisierungsschub mit der Festschreibung struktureller Rückständigkeit verbunden war" (ebd.: 133f, vgl. Mazower 2013).

Inspiriert durch die Revolutionen der Zeit sowie der europäischen Aufklärung entwickelte sich eine Aufstandsbewegung im heutigen Zentralgriechenland, die an die sozialen, politischen und rechtlichen Missstände im Osmanischen Reich anknüpfen konnte. Diese Bewegung war heterogen und hatte lediglich die Gründung eines neuen Staates als gemeinsames Ziel. Die Republikaner waren dabei eine starke Gruppe unter vielen. Die schnelle Etablierung von Versammlungen/Parlamenten und die Ausarbeitung und Verabschiedung von republikanischen Verfassungen konnte dennoch durchgesetzt werden. Diese revolutionäre Errungenschaft konnte bei der Staatsgründung jedoch nicht eingelöst werden. Unter Umgehung

---

11 Zelepos (2014: 44) spricht von dem Aufstand als einem europäischen Medienereignis, welches die politischen Entscheidungen maßgeblich beeinflusste.

dieser wurde das moderne Griechenland als absolutistische Monarchie (mit einem nichtgriechischen Regenten) unter Durchsetzung der Großmächte gegründet, als „christliches Protektorat an der Südspitze der Balkanhalbinsel" (Zelepos 2014: 55). Dabei wurden Institutionen gestärkt und etabliert, die geringe Anknüpfungspunkte hatten und auf „europäischen" Standard gehoben wurden: Das nach bayrischem Vorbild entwickelte Militär und eine zentralistische Verwaltung.

Diese Spannung aus Modernisierung ohne Demokratisierung wurde sukzessive in konfliktreichen Prozessen mit Gründung der Republik 1922 wieder abgestreift. Die Instabilität des politischen Systems und die Abhängigkeit von externem Kapital wurden hierdurch nicht überwunden. Dieser sogenannte externe Faktor blieb konstant. Der EWG-Beitritt 1981 stand unter genau jenem Motto, der Stabilisierung der jungen Demokratie und der Überwindung relativer Schwächen auf den internationalen Märkten, sozusagen als selbstgewählter externer Faktor. Die pragmatische Orientierung auf den externen Faktor koexistiert mit einem republikanischen Pathos und markiert die Einstellungen der Bürger zum Staat. Als revolutionäre Errungenschaft ist es „unser Staat" im wahrsten Wortsinne, der dem direkten individuellen Zugriff untersteht.[12] Die Effekte auf der Einnahmeseite sind ein Mangel an Besteuerung inklusive des „Volkssports" Steuerhinterziehung. Diese anarchistisch-individuelle Entziehung staatlichen Zugriffs ist geduldet worden, gerade weil autoritäre Erfahrungen mit staatlicher Regulierung diesen zur falschen Zurückhaltung zwang. Diese Einstellung hat sich in der Krise potenziert und zu einer generellen staatlichen Unfähigkeit ausgebaut, Steuer einzutreiben. Vor allem aber Vermögende können sich stärker als zuvor entziehen, was nach Streeck systematisch mit dem Wandel vom Steuer- zum Schuldenstaat zusammenhängt. Hier deutet sich ein gravierendes Staatsversagen an. Auf der Ausgabenseite ist die aufgeblähte Verwaltung nur ein Effekt dieser Staatsvorstellung, der Klientelismus ein anderer Effekt, der hier als Beispiel diskutiert wird.

Die Auswirkungen übersetzen sich in manifeste Politikgestaltung, denn der Aufbau eines modernen Sozialstaats erscheint aus dieser Perspektive nicht notwendig, weil die Verwaltung das öffentliche Auffangbecken für alle Arbeitssuchenden ist. Neben der Verwaltung übernimmt die Familie die zweite Ausfallbürgschaft einer nur schwach institutionalisierten Sozialstaatlichkeit, die auf Rentenbezug fokussiert ist (Matsaganis 2011: 503, Markantonatou 2013). Symeonidou (1997: 68) resümiert die Merkmale des hochzentralisierten griechischen Sozialstaats folgendermaßen:

---

12   Umgekehrt bedeutet dies, dass dieser Antielitismus zu einer bequemen Ausrede für die geringe Steuermoral werden kann. „Wenn die da oben nicht zahlen, dann muss ich auch nicht", so die gängige Argumentation.

„Greece is an example par excellence of the southern welfare model

[...] and is characterized by fragmentation, dualism and ineffectiveness in income maintenance, near universalism in national health care [...] a particularistic-clintelistic welfare state and a peculiar mix between public and non-public actors and institutions." Dieser Sozialstaat fußt auf einem relativ breitgestreuten Landbesitz bei mäßiger Industrialisierung, Förderung des familialen Hausbesitzers (vgl. Terizakis 2012), starker Urbanisierung und einer institutionellen Modernisierung (z.b. Parlament und Verfassung) bei kleinteiliger Industriestruktur (Ausnahme ist die Reederei). Die aufgeblähte Verwaltung als Sozialstaatsersatz ist in der Modernisierungstheorie auf die semiperiphere Spätindustrialisierung Griechenlands zurückzuführen (Mouzelis 1978, 1986). Eine vom Staat ungeplante oder gar unvollständig nichtvollzogene Industrialisierung korrespondiert dabei mit einer frühen Einführung des Parlamentarismus und demokratischen Institutionen. Ein aufgeblähter Staatssektor und -quote und einer klientelistischen Politikvermittlung in Koexistenz mit demokratischen Institutionen gleichen bis dato Staatsversagen aus.

Der Klientelismus wirkt zudem regulierend im Verhältnis der verschiedenen staatlichen Ebenen zueinander. Als einheitlicher Zentralstaat sind keine intermediären Ebenen vorgesehen und die Regionen (gr. *peripheries*) sind auch in der aktuellen Konstruktion nach der Kallikrates-Reform hierzu nicht in der Lage. Die Rolle des Bürgermeisters wurde zum Verbindungsglied zwischen nationaler Ebene und Wahlvolk. Es entwickelte sich eine eigentümliche Konstellation von klientelistischen Bürgermeistern und populistisch agierenden Parlamentariern, die dieser klientelistischen Rückkopplung sowie einer korruptionsanfälligen und expertisenschwachen Verwaltung bedurften (vgl. Terizakis 2006: 114ff). Die Parlamentarier hatten und haben einen direkten Zugriff auf die Klientelnetze vor Ort, die damit eine dominante Rolle spielen. Christopoulos (1998: 9) verweist darauf, indem er diesen eigentümlichen Lokalismus als defizitäre Demokratisierung deutet. Mavrogordatos (1997) prägte den Ausdruck der „machine politics", die durch die sozialdemokratische PASOK in den 1980er-Jahren durchgesetzt worden sei. Damit ist gemeint, dass die klientelistische Politikvermittlung geöffnet wurde und kein exklusiver und vermittelnder Zugang zu Parlamentariern mehr notwendig ist. Alle Bürgerinnen und Bürger können nun an der klientelistischen Politikvermittlung teilnehmen. In Krisenzeiten ist diese „Demokratisierung" der Klientelbeziehungen zu einem Bumerang geworden, der zu einer unkontrollierten Ausweitung klientelistischer Scheinlösungen führt.

Kommunale und regionale Ebene sind, wie das politische System auf nationaler Ebene, auf effektive Entscheidungen und politische Stabilität ausgerichtet.

Im Prinzip werden die politischen Steuerungselemente von der nationalstaatlichen auf die lokale Ebene transferiert, ohne dass sie den lokalen Anforderungen entsprechen, sodass die üblichen Probleme der höheren Ebene dupliziert werden. Der Einfluss der Parteien ist nach wie vor hoch und Hlepas und Getimis (2009: 265) sprechen sogar von der „unsichtbaren Hand der Parteien", welche die lokale Ebene durchzieht. Die lokale Ebene ist in Griechenland ein traditionelles Sprungbrett für die politische Karriere. So haben immerhin 80 % der nationalen Parlamentarier kommunalpolitische Erfahrung (ebd.: 271).

Diese Formation hat der kommunalen Ebene geholfen, ihre Position zumindest informell auszubauen, denn die von den Parteien vermittelten klientelistischen Netzwerke ermöglichen es, über den Transmissionsriemen „Partei" auf nationaler Ebene Politikentscheidungen zu beeinflussen. Hlepas und Getimis (2011: 410) resümieren: „Through the last decades, local politics gained influence through informal networks that existed behind the scenes of central state power". Der Erfolg dieses informellen und effektiven Politikeinflusses ist nicht zu unterschätzen und verschafft dem verkappten Lokalismus, Erbe der Staatswerdungsprozesse, Geltung: symbolisch und informell, zugleich aber effektiv und machtvoll (vgl. Terizakis 2012). Diese Konstellation ist ein typisches endogenes Potential des politischen Systems, wie auch das Beispiel des effektiven Einflusses der zivilgesellschaftlichen Akteure zeigt (vgl. Terizakis 2006, 2007). Die Abhängigkeiten von den Machtfaktoren des politischen Systems lassen aber auch vermuten, dass solche Einflussnahmen von günstigen Gelegenheiten abhängen. Insofern kann eine Ambivalenz zwischen informell-effektivem Einfluss und formaler Abhängigkeit als konstitutiv unterstellt werden.

4   Veränderungen und Kontinuitäten im politischen System und in der Lebenswelt

Verkappter Lokalismus, ein eigentümliches republikanisches Pathos und externe Abhängigkeit (vor allem in wirtschaftspolitischer und finanzpolitischer Hinsicht): der Blick auf diese spannungsreiche Trias im Staatsverständnis des modernen Griechenlands wurde weiter oben als erklärende Trias herausgearbeitet. Diese Trias führt zu Eigentümlichkeiten im politischen System, wie einer peripheren wirtschaftlichen Entwicklung bei gleichzeitig funktionierenden (west)demokratischen Institutionen. Die skeptische Diagnose der peripheren Entwicklung sollte mit einer optimistischen, politischen und sozialen Handlungskapazität des politischen Systems zusammengedacht werden, die demokratische Problemlösungen möglich macht. Die angedeuteten endogenen Problemlösungskapazitäten des politischen

Systems Griechenlands sind jedoch eng mit dessen gesellschaftlicher Struktur verbunden. Bereits Heinelt et al. (1996: 23) haben darauf verwiesen, dass die konflikthafte auf symbolische und rhetorische Polarisierung orientierte Form des demokratischen Wettbewerbs eng mit einer nivellierten Mittelschicht zusammenhängt. Diese Mittelschicht zeichnet sich durch ein im ökonomischen Sinne an Egalität orientiertes breites Bürgertum aus, welches sich in einem materiellen und nicht „nur" rechtlichen Sinne als Gleiche versteht. So sind starke Konflikte möglich, ohne dass das politische System destabilisiert wird. Es gibt indes Anzeichen, dass diese Konstellation durch die Wirtschafts- und Finanzkrise erheblich erschüttert wird und prekär geworden ist (Terizakis 2012: 407). Blockaden des politischen Systems in Griechenland sind schon in zahlreichen Studien beschrieben worden (Heinelt et al. 1996). Die aktuelle Wirtschafts- und Finanzkrise birgt die Möglichkeit, dass solche Blockaden reaktualisiert und/oder verstärkt werden.

Seit dem Ausbruch der Krise sind Veränderungen als auch Kontinuitäten im politischen System zu beobachten. Die Herrschaft der Parteien ist delegitimiert worden, da die öffentliche Meinung die Parteieneliten als Urheber der Krise identifiziert hat. Überraschenderweise hat dies an der Machtposition der Parteien nicht gerüttelt. Veränderungen sind indes auf zwei Ebenen zu beobachten: Zum einen ist die Zweiparteienherrschaft erschüttert und ein Mehrparteiensystem hat sich etabliert. Freilich haben sich nicht die Bipolarität und damit der konflikthafte Modus aufgelöst. Vielmehr gruppieren sich die verschiedenen Parteien entlang der Frage pro Memorandum (Vereinbarungen mit der Troika) oder kontra Memorandum. Die sozialdemokratische PASOK wurde in ihrer Rolle vom linken Bündnis SYRIZA verdrängt und zahlreiche kleine Gruppen links und rechts der Mitte konnten sich etablieren. Zum anderen deutet das Aufkommen der nazistischen Partei „Goldene Morgenröte" auf einen Wandel hin. Als Splittergruppe in den 1980ern gegründet, konnte sie seit den Wahlen 2012 eine stabile Kraft werden, also erst drei Jahre nach Ausbruch der Krise. Rechtsradikale Parteien sind in Griechenland nicht unbekannt, der Nazismus ist jedoch eine neue Erscheinung. Dessen stabile Präsenz ist ein Krisensymptom – eine Transformation des Politischen – vor allem für die fehlgeschlagenen wirtschafts- und finanzpolitischen Lösungen, und bleibt ein herausragendes Problem für das politische System und für die demokratische Gesellschaft.[13]

Medien, Verbände und Zivilgesellschaft geraten in der Finanzkrise unter enormen Druck. Existenzängste und hohe Arbeitslosenraten lassen ein Engagement in diesem Bereich als Luxus erscheinen. Diese Bereiche sind zwar nicht kollabiert, aber ihre Funktionsfähigkeit ist eingeschränkt und in die Informalität abgetaucht

---

13   Siehe hierzu auch die Beiträge von Agridopoulos und Kritidis in diesem Band.

(für die Zivilgesellschaft siehe Sotiropoulos 2014). Auch die öffentliche Verwaltung ist stark abgebaut worden und ringt mit den von außen an sie herangetragenen Professionalisierungsanforderungen. Im Bereich der Sozialstaatlichkeit sind am deutlichsten Verschärfungen bzw. ein negativer Wandel zu erkennen. Die schon angespannte Lage beispielsweise im Bereich des Gesundheitssystems hat sich weiter verschärft. Während bis dato „lediglich" die steigenden Kosten des rentenorientierten Systems als Problem identifiziert waren, sind nun ernsthafte Probleme hinzugetreten, so zum Beispiel steigende HIV-Infektionen oder die ersten Fälle von Malaria seit vierzig Jahren (Kentikelis et al. 2014: 748f). Der Neoanglizismus „Denialism" soll erklären, dass die Effekte der Austeritätspolitik im Gesundheitsbereich fehleingeschätzt wurden, da mögliche soziale Kosten nicht einkalkuliert wurden und auch im Nachhinein nicht zur Kenntnis genommen werden (ebd.: 751). Die in der Lebenswelt desaströsen Auswirkungen werden zugunsten einer Rhetorik verdrängt, die auf fiskalische Erfolge verweist. Die dramatischen lebensweltlichen Auswirkungen mit einer nicht wettbewerbsfähigen Ökonomie zu begründen, sind wenig überzeugend.

Der auf Renten fokussierte Sozialstaat kann auf der anderen Seite die hohe Arbeitslosigkeit nicht auffangen (Matsaganis 2011: 506), die unmittelbare Folge der Austerität ist. Folgt man Streecks Argumentation wird eine Umstellung griechischer Sozialstaatlichkeit auf westliche Standards wenig hilfreich sein, weil so die Probleme der postfordistischen Staaten mit eingekauft werden. Nichtsdestotrotz ist der bestimmte (Interessen-)Gruppen bevorzugende, auf Renten orientierte Sozialstaat ein Grundproblem für das politische System (Matsaganis 2011, 2012). Empirische Studien zeigen gravierende Auswirkungen der Krise: Je weniger machtvoll eine soziale Gruppe ist, desto stärker ist sie von Armut betroffen (Matsaganis 2012: 412).

Wurden Europäisierung und Modernisierung des politischen Systems über die 1990er-Jahre und in der ersten Dekade der 2000er-Jahre als unhinterfragte Reformperspektiven angesehen, so wird die Europäisierung zunehmend skeptisch eingeschätzt. Die von der Troika mit geringer Legitimität oktroyierten „Reformen" und generell die europäische Krisenrettungspolitik haben die quasinatürliche Rechnung „Mehr Europa gleich Verbesserung der politischen und lebensweltlichen Situation" sowie die Legitimation der EU als Modernisierungsmotor nachhaltig beschädigt (vgl. Scharpf 2014: 37ff). Die aktuelle Krise gefährdet die gesellschaftlichen Bedingungen, den Konsens, auf dem griechische Staatlichkeit beruht: Die gesellschaftlich selbstregulierte, auf Wachstum ausgerichtete Entwicklung als Ausgleich für den reaktiven, statischen Staat, der auf diese Weise sein Staatsversagen löste (vgl. Terizakis 2012). Die gesellschaftliche, familienbasierte Entwicklung als Ersatz sozialstaatlicher Institutionen ist durch die Krise prekär geworden, bei gleichzeitigem Erodieren der Funktionsbedingungen des Staates. Zum Ausgleich benötigte der griechische Staat stets eine breite, sozial egalitäre Mittelschicht mit kleinbürgerlichem Besitz. Diese soziale Konstellation fundiert auch die politische, denn sie wirkt als demokratische Alltagspraxis, die auf lebensweltlich fundierten Sinn- und Handlungszusammenhängen basiert (Chtouris et al. 1993: 9) und als Basis des politischen Systems fungiert. Eine späte und unvollständige Entwicklung von Sozialstaatlichkeit hat die Einstellungen der kleinbürgerlich-ländlichen Schicht früh dominant werden lassen. Die Ausrichtung auf den sozialen Nahbereich machte die Familie zum „natürlichen" Ersatz für sozialstaatliche Leistungen. Vermittelt über Grundbesitz wurde die Familie jenes Netzwerk, das zum individuellen Überleben notwendig ist. Ab Mitte des 19. Jahrhunderts mündete das in eine „segmentierte und amöbenhafte Entwicklung der Stadt und ihrer Funktionen" (ebd.: 34), die auf das inkrementelle Wachstum urbaner Zentren ausgerichtet war. Auf diese Weise entstand ein familiengestützter Individualismus. Auch wenn diese soziale Basis des politischen Systems herausgefordert wird, so gibt es bis dato noch keine statistische Evidenz ihrer Auflösung: Es gibt zwar einen Anstieg der Armut, aber keine eindeutige statistische Erhöhung der sozialen Ungleichheit (Matsaganis/Leventi 2011: 27f). Dennoch kann als *annus mirabilis*, um es mit den Worten des Historikers Mark Mazower (2013) zu sagen, das Jahr 2004 genannt werden: Ein planerisches Großereignis, die Olympiade, welche um jeden politischen, sozialen und wirtschaftlichen Preis durchgeführt wurde und politisches System und Lebenswelt erschüttert hat (vgl. Terizakis 2012). Zu diesem Zeitpunkt muss eine präzisere Analyse ansetzen, die die Ursachen der aktuellen Krise verstehen und erklären will; freilich vor dem Hintergrund der oben skizzierten Wissensbestände über das Politische in Griechenland.

5   Sechs Hypothesen als Fazit

Nach Streecks Analyse ist ein Wandel vom Nachkriegssteuerstaat sozialstaatlicher Ausrichtung hin zu einem neoliberalen Schuldenstaat im Gange. Griechenland ist ein Unterfall dieser Transformation, an welchem sich besonders dramatisch, da es ein *test case* ist (Markantonatou 2013), die europäischen Wirtschafts- und Finanzpolitiken im neuen Zeitalter ablesen lassen.[14] Mit Blick auf Griechenland lässt sich wiederum resümieren, dass es weder das stilisierte Opfer noch der unmoralische Täter in der Finanzkrise ist. Es lassen sich zahlreiche langfristiges Fehlfunktionen zeigen, die durch die Krise verstärkt wurden: finanzielle und politische Abhängig-

---

14   Siehe dazu auch den Beitrag von Markantonatou in diesem Band.

keit durch externe Faktoren, mangelnde Professionalität in Teilen des politischen Systems, gesellschaftlicher Konsens über Zugriff auf den Staat (bspw. aufgeblähte Verwaltung und Rentensystem), statischer Staatsaufbau (starker Zentralismus, Formalismus). Es drohen aber auch endogene Potentiale in Gefahr zu geraten, die bisher eine funktionierende Demokratie westlichen Typs garantierten. Denn gerade in der Krise ist die politische Stabilität erstaunlich, da bei solch dramatischen Einsparungen und einem Wegsacken der Wirtschaftsleistung, wie sonst nur in Kriegszeiten, alles andere als Aufrechterhaltung politischer Routinen wie Wahlen zu erwarten wäre.

Als weiterleitende Hypothesen für die politik- und sozialwissenschaftliche Griechenlandforschung seien folgende sechs genannt, die keinen Anspruch auf Vollständigkeit erheben:

1. *Modernisierungstheorie*: Als Hilfsmittel für die Forschung sei eine erneute Auseinandersetzung mit Modernisierungstheorien anzuraten. Wenn Griechenland wieder als kapitalistische Peripherie wahrgenommen wird, dann müssen die problematischen methodologischen Implikationen dieses konzeptuellen Zugriffs herausgearbeitet werden, aber auch deren analytischer Nutzen.
2. *Gesellschaftliche Analyse und Lebenswelt*: Die „gesellschaftliche", familienbasierte Entwicklung als Ersatz sozialstaatlicher Institutionen ist durch die Krise prekär geworden, bei gleichzeitigem Erodieren der Funktionsbedingungen des Staates. Insofern können wir in Griechenland nicht nur die Unterhaltung der Massen beobachten (Streeck), sondern das Prekärwerden der breiten Mittelschicht. Wenn diese Basis sich verändert, hat dies enorme Auswirkungen auf das politische System und die Regulierung von Staatsversagen. Der Staat hat mit der Krise seinen Steuerungsanspruch nicht aufgegeben, sondern hat ihn neu ausgerichtet. Die auf permanentes Wachstum in den Bereichen Wirtschaft, Stadtentwicklung und Demographie ausgerichtete Politik ist an ihre Grenze geraten und bedarf einer Neuausrichtung.
3. *Finanzen:* Die notorische Finanzschwäche des griechischen Staates wird durch die europäische Krisenpolitik verschärft. Überspitzt bedeutet dies: Wenn die „Hilfskredite" weiter zentrales Mittel der Krisenpolitik bleiben, dann verstärkt sich die nicht selbstgewählte, notorische Finanzabhängigkeit des griechischen Staates.
4. *Politisches System:* Der Amateurismus in Verbänden und Teilen der Politik sowie die expertiseschwache Verwaltung sind Grundprobleme des politischen Systems. Wenn sich das politische System in den zentralen Funktionsbereichen nicht professionalisiert, dann werden endogene Problemlösungskapazitäten schwer zu heben sein. Trotzdem muss die Stabilität der parlamentarischen

Funktionen hervorgehoben werden. Historisch gesehen, alles andere als selbstverständlich und Zeichen demokratischer Reife.

5. *Europäisierung*: Die prinzipielle Offenheit für externe Lösungen lässt die
Möglichkeit einer transnationalen Perspektive offen. Das politische System
Griechenlands hat sich bezüglich eigener Souveränität am weitesten „europäi-
sieren" lassen und kann in diesem Sinne als Testfall fungieren. Wenn die Wirt-
schafts- und Finanzkrise in eine weitere Verdichtung europäischer Verflechtung münden soll, dann kann der griechische Souveränitätsverlust als positives
Beispiel dienen.

6. *Neue Wissenschaftsperspektiven*: Die Krisendiskussion verweist auf eine interpretative Lücke: Sind die perzipierten Probleme der Wirtschafts- und Finanzkrise „objektiv" erkennbar oder sind diese Ergebnisse von konflikthaften Deu-
tungsprozessen und letztlich damit Ausdruck von Machtverhältnissen. Wenn
die aktuelle Krise als Transformation gedeutet wird, dann kann sie nicht nur im
Rahmen von Krisentheorien erläutert werden, sondern als Ausdruck bestimmter Narrative und Diskurse verstanden werden, die sinnsuchend die Krise einzuordnen versuchen. Interpretative und argumentative Forschungsansätze sind
hierfür nötig, aber auch konkrete Untersuchungseinheiten, um das Abstraktum
„Krise" in seinen Auswirkungen kleingranular und als Erzählung/Narrativ aus-
arbeiten zu können. Damit werden die realen Auswirkungen nicht vernachlässigt, sondern im Kontext der spezifischen Erzählung illustriert und deren Auswirkungen untersucht. Die lokale, städtische Ebene bietet sich hierzu an, da sie
spezifische Einheiten bildet, in denen sich Narrative und deren Auswirkungen
konkret rekonstruieren lassen (vgl. Barbehön/Münch 2014).

Neben diesen Hypothesen bleibt die Frage, welcher Ausweg aus der Krise gebo-
ten scheint: Die pessimistische Position einer stärkeren (Re-)Nationalisierung bestimmter Politikbereiche (Streeck) oder die optimistische Position einer weiteren
Transnationalisierung der europäischen Demokratie (Habermas)? Die von Streeck
diagnostizierte Situation hat den „Flair der Unausweichlichkeit" (Habermas 2013:
80). Mit Blick auf das politische System Griechenlands werden dabei die endogenen Potentiale demokratischer Institutionen durchaus unterschätzt. Hier sollte
dafür plädiert werden, dass leitbildorientierte Positionen der Makroebene ver-
mittlungsorientierte Ergänzungen auf Ebene des politischen Systems ggf. seiner
Teilbereiche bedürfen, um mögliche Anschlussperspektiven für die Forschung
zu gewinnen. Gegenseitiges europäisches Lernen aus der Krise auf Mikro- und
Mesoebene scheint ein fruchtbarer Ansatz hierfür zu sein, weil kleinteiliger und
operativer an den verschiedenen „Baustellen" gearbeitet werden kann. Dennoch
sollte dies nicht zu einer nationalen Verengung der Perspektiven führen, denn

„offensichtlich reicht die politische Handlungsfähigkeit von Nationalstaaten, die über ihre längst ausgehöhlte Souveränität eifersüchtig wachen, nicht aus, um sich den Imperativen eines überdimensionalen aufgeblähten und dysfunktionalen Bankensektors zu entziehen" (Habermas 2013: 78). Diesbezüglich ist das politische System Griechenlands keine Ausnahme. „Gemeinsame europäische Fiskal-, Wirtschafts- und Sozialpolitik" (ebd.: 80) statt einer technokratischen und der demokratischen Selbstbestimmung entzogenen Krisenpolitik der Entpolitisierung könnten den Grundstein legen (vgl. Sturm 2013), um alte nationalstaatliche Probleme zu überwinden, auch wenn die aktuelle Schwäche der europäischen Outputlegitimation zur Krise beiträgt. Es bedarf sowohl der Ressourcen nationaler Demokratien als auch einer europäischen Kooperation zwischen den Bürgerinnen und Bürgern und deren Organisationen (Parteien, Verbände, Zivilgesellschaft), um Staats- als auch Marktversagen abzumildern. Das ist eine große Herausforderung für die demokratischen Staaten und Gesellschaften in Europa, da sich diese gerade in der Krise, salopp ausgedrückt, an die Gurgel gehen.

Literatur

Auernheimer, G./Zervakis, P. 2009. Das politische System Griechenlands. In: Ismayr, W. (Hg.): *Die politischen Systeme Westeuropas*, Wiesbaden: VS Verlag für Sozialwissenschaften, S. 819–868.

Barbehön, M./Münch, S. 2014. Die Stadt als Sinnhorizont: Zur Kontextgebundenheit politischer Narrative. In: Gadinger, F./Jarzebski, S./Yildiz, T. (Hg.): *Politische Narrative. Konzepte – Analysen – Forschungspraxis.*Wiesbaden: Springer VS, S. 149–171.

Bickes, H. et al. 2012. *Die Dynamik der Konstruktion von Differenzen und Feindseligkeit am Beispiel der Finanzkrise Griechenlands: Hört beim Geld die Freundschaft auf? Kritisch-diskursanalytische Untersuchung der Berichterstattung ausgewählter deutscher und griechischer Medien.* München: Iudicium.

Charalambis, D. 1989. *Klientelismus und Populismus. Die außerinstitutionelle Übereinkunft im politischen System Griechenlands.* Athen: Exandas. (gr.).

Christopoulos, D. 1998. Clientelistic Networks and Local Corruption. Evidence from Western Crete. *South European Society and Politics* 3(1), 1–22.

Chtouris, S./Heidenreich, E./Ipsen, D. 1993. *Von der Wildnis zum urbanen Raum: Zur Logik der peripheren Verstädterung am Beispiel Athen.* Frankfurt a. M./New York: Campus.

Diamandouros, P. N. 1993. Politics and Culture in Greece, 1974–91: An Interpretation. In: Clogg, R. (Hg.): *Greece, 1981–89. The Populist Decade,* London: Macmillan, S. 1–25.

Eder, K. 1995. Die Dynamik demokratischer Institutionenbildung. Strukturelle Voraussetzungen deliberativer Demokratie in fortgeschrittenen Industriegesellschaften. In: Nedelmann, B. (Hg.): *Politische Institutionen im Wandel,* Opladen: Westdeutscher Verlag, S. 327–345.

Egner, B./Terizakis, G. 2009a. Das politische System Griechenlands: Gleichzeitigkeit von Semiperiphere und Postmoderne?, In: Dies. (Hg.): *Das politische System Griechenlands. Akteure – Strukturen – Prozesse.* Baden-Baden: Nomos, S. 9–18.

Egner, B./Terizakis, G. (Hg.) 2009b. *Das politische System Griechenlands. Akteure – Strukturen – Prozesse.* Baden-Baden: Nomos.

Gammlin, C./Löw, R. 2014. *Europas Strippenzieher. Wer in Brüssel wirklich regiert.* Berlin: Econ.

Georgakis, N. 2009. „Der Großaktionär" oder: Politik und Medien in Griechenland im Spannungsfeld von Ware, Wahrheit und Brüssel. In: Egner, B./Terizakis, G. (Hg.): *Das politische System Griechenlands. Akteure – Strukturen – Prozesse,* Baden-Baden: Nomos, S. 173–202.

Habermas, J. 2013. Demokratie oder Kapitalismus? Vom Elend der nationalstaatlichen Fragmentierung in einer kapitalistisch integrierten Weltgesellschaft. In: Blätter für deutsche und internationale Politik (Hg.): *Demokratie oder Kapitalismus. Europa in der Krise.* Berlin: Blätter Verlagsgesellschaft, S. 75–86.

Habermas, J. 1973. *Legitimationsprobleme im Spätkapitalismus.* Frankfurt a. M.: Suhrkamp.

Heinelt, H. 2008. *Demokratie jenseits des Staates. Partizipatives Regieren und Governance.* Baden-Baden: Nomos.

Heinelt, H. et al. 1996. *Politische Steuerung in Griechenland. Modernisierungsblockaden am Beispiel der Arbeitsmarktpolitik.* Opladen: Leske + Budrich.

Hlepas, N.-K./Getimis, P. 2011. Greece: A case of fragmented centralism and 'behind the scenes' localism. In: Loughlin, J. et al. (Hg.): *The Oxford Handbook of Supranational Democracy in Europe*. Oxford: Oxford University Press, S. 410–433.

Hlepas, N.-K./Getimis, P. 2009. Mit dem Blick nach Athen: Lokalpolitik zwischen Staatszentrierung, Parteipolitisierung und sozialer Fragmentierung. In: Egner, B./Terizakis, G. (Hg.): *Das politische System Griechenlands. Akteure – Strukturen – Prozesse*. Baden-Baden: Nomos, S. 247–274.

Ioakimidis, P. C. 2000. The Europeanization of Greece: an Overall Assessment. In: Featherstone, K./Kazamias, G. (Hg.): *South European Society and Politics*, Special Issue: *Europeanization and the Southern Periphery*, 5(2), 73–94.

Kentikelenis, A. et al. 2014. Greece's health crisis: from austerity to denialism. *The Lancet* 2014, 383(9918), 748–753.

Markantonatou, M. 2013. Diagnosis, Treatment, and Effects of the Crisis in Greece. A "Special Case" or a "Test Case"?, MPIfG Discussion Paper 12/3.

Matsaganis, M. 2012. Social Policy in hard times: The case of Greece. *Critical Social Policy*, 23(3), 406–421.

Matsaganis, M. 2011. The welfare state and the crisis: the case of Greece. *Journal of European Social Policy*, 21(5), 501–512.

Matsaganis, M./Leventi, C. 2011. The Distributional Impact of the Crisis in Greece. In: Monastiriotis, V. (Hg.): *The Greek crisis in focus: Austerity, Recession and paths to Recovery*, Special Issue: Hellenic Observatory Papers on Greece and Southeast Europe, 5–43.

Mavrogordatos, G. Th. 1997. From Traditional Clientelism to Machine Politics. The Impact of PASOK Populism in Greece. *South European Society and Politics*, 2(3), 1–26.

Mazower, M. 2013. No exit? Greece's ingoing crisis. In: *The Nation*, 01.04.2013.

Mouzelis, N. 1995. Modernity, Late Development and Civil Society. In: Hall, J. A. (Hg.): *Civil Society. Theory, History, Comparison*. Cambridge: Cambridge University Press, S. 224–249.

Mouzelis, N. 1978. *Modern Greece: Facets of Underdevelopment*. New York: Holmes & Meier.

Nullmeier, F. 1991. Zivilgesellschaftlicher Liberalismus. *Forschungsjournal Neue Soziale Bewegungen*, 3, 13–26.

Offe, C. 2013. Europa in der Falle. *Blätter für deutsche und internationale Politik*, 1/2013, 67–80.

Scharpf, F. W. 2014. Legitimierung, oder das demokratische Dilemma der Euro-Rettungspolitik. In: ZBW – Leibniz-Informationszentrum Wirtschaft, Sonderheft, 35–41.

Sotiropoulos, D. A. 2014. Civil Society in Greece in the Wake of the Econimic Crisis. Report for Konrad Adenauer Stiftung und ELIAMEP.

Streeck, W. 2013. *Gekaufte Zeit. Die vertagte Krise des demokratischen Kapitalismus*. Berlin: Suhrkamp.

Sturm, R. 2013. Die Entdeckung einer Politik des Unpolitischen: Zur Institutionalisierung der „Liste der Vernunft" in der Fiskalpolitik. *PVS*, 54(3), 402–414.

Terizakis, G. 2012. Verkappter Lokalismus und selbstregulierte Urbanität: Stadtentwicklung in Griechenland (am Beispiel Athens). *Südosteuropa*, 60(3), 387–409.

Terizakis, G. 2009. Zivilgesellschaft, Verbände und dritter Sektor: zwischen informaler Effektivität und formaler Unprofessionalität, in: Egner, B./Terizakis, G. (Hg.): *Das po-

litische System Griechenlands. Akteure – Strukturen – Prozesse, Baden-Baden: Nomos, S. 141–172.

Terizakis, G. 2007. Umweltgruppen in Griechenland: Vom symbolischen Schutz zur Nachhaltigkeit?, *Südosteuropa-Mitteilungen*, 03/2007, 46–61.

Terizakis, G. 2006. *Zivilgesellschaft in Griechenland. Eine Untersuchung am Beispiel der Umweltgruppen*. Baden-Baden: Nomos

Zelepos, I. 2014. *Kleine Geschichte Griechenlands: Von der Staatsgründung bis heute.* München: C.H. Beck.

Schuldenkolonie Griechenland: Die EU als Imperium und Deutschlands Primat

Ein neuer Rahmen für die Interpretation der Krise in Südeuropa[1]

Nikos Kotzias

1   Einleitung

Die Krise in Europa bzw. in der EU ist nicht eindeutig das Ergebnis einer vorläufigen Störung der Kapitalakkumulation auf dem europäischen Kontinent oder etwa im Westen. Sie ist vielmehr das Resultat großer Veränderungen in der Welt, des Transfers von Reichtum und Macht vom Westen zum Südosten Asiens, der Unfähigkeit der EU-Führung, die Veränderungen in der Welt rechtzeitig zu erkennen[2] – eine Unfähigkeit, die auch die herrschenden Gruppen in Griechenland stark durchdrungen hat (Kotzias 2011) –, der Umlenkungsstrategie von der Inflationspolitik zur Politik der Staatsschulden und schließlich des Anhäufens der privaten Schulden (Streeck 2013) – eine Umlenkung, die in Griechenland besonders stark betrieben wurde.[3] Diese Strategie wurde auf jedes Land unterschiedlich

---

1   Nikos Kotzias ist seit dem 27.01.2015 amtierender Außenminister der Hellenischen Republik im Regierungskabinett von Ministerpräsident Alexis Tsipras. Er ist Professor für Politische Theorie und Internationale und Europäische Studien an der Universität Piräus. Dieser Beitrag stellt eine komprimierte Zusammenfassung seines Buches *Griechenland: Schuldenkolonie. Europäisches Imperium und das deutsche Primat* (Kotzias 2013) dar.

2   Die herrschenden Interessengruppen in der EU meinten zu Beginn des 21. Jahrhunderts, dass es „das europäische Jahrhundert" werde (charakteristisch dazu Leonard 2005).

3   In Griechenland erfolgte eine massive Kürzung von Löhnen und Renten. Darauf folgte die Abwertung des kleinen und mittleren Eigentums. Durch die Überbesteuerung des unbeweglichen Vermögens (innerhalb von drei Jahren hat sich der Besteuerungsbetrag

angewandt, entsprechend der Organisation und Intensität des sozialen Kampfes in jedem einzelnen Land und in jeder Region in Verbindung mit der Entwicklungs- und Umsetzungsweise der verschiedenen Varianten des Kapitalismus.

Zwei zentrale und wichtige Änderungen sind hierbei im Rahmen der EU-Krise zu benennen. Die erste, die uns hier nicht weiter beschäftigen wird,[4] hängt mit der Neuverteilung von Einkommen und Vermögen zusammen, nämlich mit dem Transfer des Reichtums sowohl von der lohnabhängigen Arbeit und von den mittleren und kleinen Unternehmen zu den internationalen Finanzmärkten als auch vom verschuldeten Süden zum europäischen Norden, also den Ländern mit hoher Kreditfähigkeit („AAA") und vor allem nach Deutschland. Diese Neuverteilung verstärkt weiterhin die bereits vorhandenen sozialen und politischen Ungleichheiten in der EU.

Die zweite große Änderung, die den Gegenstand vorliegender Untersuchung bildet, hängt mit der Umgestaltung der EU zu einem *Imperium* und der Umwandlung von Mitgliedstaaten, wie Griechenland, zu *Schuldenkolonien* zusammen, wie ich sie bereits beschrieben habe (Kotzias 2013). Nach Ausbruch der Krise im Jahr 2008 hat die EU sogar formell aufgehört eine Union gleichberechtigter Mitgliedstaaten zu sein. Am bezeichnendsten ist die Tatsache, dass die Mechanismen, die von den Mitgliedstaaten und den EU-Institutionen nach 2008 zur Bewältigung der Krise geschaffen wurden, intergouvernementalen Charakter haben. Sie funktionieren nicht nach dem Gleichheitsprinzip und nach den Verfahren, die das Gemeinschaftsrecht vorsieht, sondern auf der Grundlage der wirtschaftlichen und politischen Macht der beteiligten Staaten. Eigentlich wurde die formale, rechtlich festgelegte Gleichheit direkt durch die Ungleichheit von Macht ersetzt. In den gebildeten Mechanismen entwickelte sich die Rolle Berlins zu einem „Neuen Rom". An diesen Mechanismen ist das Europäische Parlament nicht beteiligt, eine Tatsache, die die Demokratie in der EU noch stärker untergräbt. Diese Änderungen haben meiner Ansicht nach als Resultat die Bildung eines *europäischen imperialen Dreiecks* zur Folge, in dessen Rahmen sich die EU zu einem *Imperium*, Deutschland zu einem *imperialen Staat (empire state)*[5] und Griechenland zu einer

---

von insgesamt 450 Millionen Euro auf 3,6 Milliarden Euro, d.h. um das Achtfache, erhöht) und die Kürzung der Löhne um durchschnittlich 45 % waren die Familienhaushalte plötzlich überbesteuert. Das Problem vergrößerte sich auch durch die Strategie der Auflösung des Sozialstaates, wobei der Durchschnittsbürger größere Beträge als in der Vergangenheit für öffentliche Güter bezahlen musste und dabei viel ärmer wurde.

4   Siehe für weitere ausführliche Einzelheiten Kotzias 2011.
5   Ein Terminus von Max Weber, wiederaufgenommen von Beck 2013.

Schuldenkolonie entwickelt. Diese Termini, die ich in die Diskussion einführe, werden nachfolgend in ihrem Zusammenhang erläutert.

2   Die Geschichte des kapitalistischen Kolonialismus: Das imperiale Dreieck

2.1   Der Kolonialismus als Dreiecksverhältnis

Die Geschichte der Imperien nach jener des Spanischen Imperiums und der Zeit der Entstehung und weltweiten Verbreitung des Kapitalismus ist nicht bloß die Geschichte der Eroberung von Territorien hauptsächlich außerhalb Europas, wie die meisten meinen.[6] Ganz im Gegenteil handelt es sich um die Geschichte eines Dreiecksverhältnisses zwischen a) Unternehmen mit weltweiten Aktivitäten, wie etwa die portugiesische und britische „Ostindien-Kompanie" (Bruijn/Gaastra 1993, Chauduri 1965, 1978), b) der Bürokratie, die sich nachträglich in diesen eroberten neuen Gebieten[7] bildete und c) der zunehmenden Präsenz der europäischen Staaten in den Kolonien. Diese Präsenz wurde aus zwei Gründen im Nachhinein verstärkt: erstens, weil ab einem gewissen Zeitpunkt die Kräfte und Ressourcen der Unternehmen nicht mehr ausreichten, und zweitens, weil die imperialen Staaten in der Zwischenzeit stärker wurden.

Das Studium der Geschichte der Imperien in der Zeit der primären Kapitalakkumulation zeigt, dass die sich damals herausbildenden Nationalstaaten relativ schwach waren und beschränkte Funktionen hatten. Ihren Unternehmen mit internationaler Aktivität gewährten sie Rechte, die später ein Monopol des Nationalstaates darstellten. Solche Rechte waren etwa die Zusammenstellung einer Armee, die Gründung von Gerichtshöfen, von diplomatischen Behörden. Erst in der weiteren Entwicklung, als der Nationalstaat verstärkt wurde, während die Unternehmen auf geopolitische Schwierigkeiten stießen, implementierten die Nationalstaaten selbst besondere bürokratische Prozeduren, um die Kontrolle über die Aktivitäts- und Herrschaftsgebiete ihrer Unternehmen zu erlangen. Der in der Geschichte bezeichnendste Fall ist derjenige Großbritanniens, welches Indien als Kronkolonie

---

6   Siehe zur Geschichte des kapitalistischen Kolonialismus und der Imperien Burbank/ Cooper 2010.

7   Besonders charakteristisch ist die niederländische Bürokratie im heutigen Indonesien, siehe dazu Maddison 1989.

von der Ostindien-Gesellschaft übernahm, die dort schon ein Jahrhundert tätig
war und großenteils die Ökonomie und die Politik Indiens beherrschte.[8]

Nach der Geburt des Kapitalismus teilen alle Varianten des Imperiums einige
gemeinsame Merkmale (Kupchan 1996, Howe 2000, Münkler 2005, Osterhammel
2006: 56f, Colomer 2007: xi, 3ff, Leonhard/Hirschhausen 2009: 10). Einige dieser
Merkmale begegnen uns auch in vorkapitalistischen Imperien. Ich beziehe mich
hauptsächlich auf das Imperium Roms, das Imperium der Mongolen und dasjenige
der Azteken. Alle Imperien der kapitalistischen Ära sind in ihrer internen Verwaltung gekennzeichnet durch eine Differenzierung von Rechten und Pflichten
sowohl ihrer eigenen Einwohner als auch der Einwohner der äußeren Territorien,
über die sie bestimmen. Die Imperien waren keine multikulturellen Gesellschaften
modernen Typs, sondern politische Entitäten, in denen die Anerkennung verschiedener Gemeinschaften keine Gleichheit von Rechten implizierte, sondern differenzierte Rechte: Das Imperium ist keine multikulturelle Entität, die Gleichheit zwischen Verschiedenartigen gewährt. Im Gegenteil dazu erkennt das Imperium diese
Unterschiede an, um deren differenzierte Handhabung zu unterstützen. Es besteht
ein Zentrum mit mehr Rechten als die Peripherie. Es wird angenommen, dass das
Zentrum „höhere Eigenschaften" hat, wie etwa bezüglich der Rasse, der Religion,
der Kultur, der Geschichte, der wirtschaftlichen Leistung und Organisation.

In allen Fällen zeigt die Untersuchung der kolonialen Imperien zur Zeit des Kapitalismus, dass, im Gegensatz zur weit verbreiteten Meinung, die Kolonien kein
Konstrukt der eindeutigen Ausbreitung von Nationalstaaten seien, sondern das
Ergebnis der Wirkung eines Dreiecks von Interessen und Ressourcen – ein Dreieck von Unternehmen, einer besonderen Bürokratie und von einem oder mehrerer
Nationalstaaten. Dieses Dreieck bezeichne ich als *das imperiale Dreieck*. Wie ich
nachfolgend zeigen werde, stützt sich ebenfalls die Weiterentwicklung der EU zu
einem Imperium in der Zeit der Krise auf ein imperiales Dreieck, das ich das
europäische imperiale Dreieck nenne. Seine drei Seiten bilden: die Finanzunter-
nehmen und -märkte, deren Aktivitäten sich über die EU hinaus erstrecken, die eigentümliche EU-Bürokratie (insbesondere mit der Europäischen Kommission und
der Europäischen Zentralbank) mit der vorläufigen Unterstützung des Internationalen Währungsfonds (IWF) und weiterer EU-Mitgliedsländer mit ausgewiesener
„AAA"-Kreditfähigkeit, unter denen Deutschland die leitende Position innehat.

---

8   Bei der Übernahme Indiens seitens des Vereinigten Königreichs hatten die Schotten
     eine besondere Rolle eingenommen, die nach dem Verlust der Souveränität Schott-
     lands, das inzwischen dem Vereinigten Königreich unterworfen war, nun die Verwal-
     tung eines Imperiums übernahmen. Siehe zum Britischen Imperium Kautsky 1982,
     Darwin 1991.

2.2 Die Besonderheit Deutschlands hinsichtlich der Kolonien

Im Übergang vom 19. zum 20. Jahrhundert ist Deutschland im Vergleich zu anderen europäischen Ländern von einigen Besonderheiten, darunter die verspätete Bildung eines Nationalstaates und die verspätete Bildung eines kolonialen Imperiums, gekennzeichnet. Diese Verspätungen brachten den deutschen Kolonialismus unter Zeitdruck. Sie führte viel schneller und breiter als bei anderen Kolonialmächten zur Anwendung von Gewalt und zum Völkermord. Dazu kam, dass die Niederlage im Ersten Weltkrieg die Auflösung des deutschen Kolonialsystems beschleunigte.

Die erste Besonderheit Deutschlands besteht darin, dass Deutschland verspätet zu einem Nationalstaat wurde. Meiner Meinung nach ist diese Verspätung begründet erstens durch die verspätete Auflösung des „Heiligen Römischen Reiches Deutscher Nation" (Bollmann 2012, Buschmann 2006) und durch das Ausbleiben von entwickelten Formen des Kapitalismus im Inneren. Zweitens ist sie verbunden mit der Tatsache, dass das System der Hansestädte (Pichierri 2000, Selzer 2010, Brand 2007) weder auf die Bildung eines Nationalstaates zielte noch sich dazu entwickelte, obwohl es die stärkste Form des deutschen Handelskapitalismus darstellte. Gleichzeitig war das Ausbleiben eines Nationalstaates ein wichtiger Faktor für den Verfall des Systems der Hansestädte.[9] Drittens führten die beiden genannten Gründe dazu, dass sich zwischen den verschiedenen deutschen Kleinstaaten ein „Binnenmarkt" erst in der Mitte des 19. Jahrhunderts durch die Zollvereinigung herausbildete (List 1950, 1961). Viertens ist die verspätete Gründung eines deutschen Nationalstaates und dessen ursprünglicher autoritärer Charakter auch mit der Niederlage der demokratischen Bewegung um 1848 verbunden. Fünftens spielte schließlich die Konkurrenz zwischen Preußen und Österreich sowie die österreichische Entscheidung, im damals eher gesichert erscheinenden Rahmen des austro-ungarischen Reiches zu verharren, eine wichtige Rolle (Eisenmann 1910, Sluga 2001). Das Ergebnis war, dass Deutschland sich zu einem Staat preußischer Prägung (Gelfert 2005) und mit einem besonderen Typ von Nationalismus (Chatterjee 1993) herausbilden konnte.

Die Bedeutung dieser Verspätung für das von mir hier behandelte Thema ist, dass Deutschland sich erst später 19. Jahrhundert zu einem Nationalstaat formier-

---

9   Diese verspätete Staatsgründung hat mehrere gemeinsame Merkmale mit Italien. In Italien hatten die Stadtstaaten eine Dekadenz erfahren, ebenso wie die Hansestädte, und entwickelten sich nicht zu Nationalstaaten. Sowohl in Deutschland als auch in Italien wurde erst die „literarische Nation" von Verdi, Schiller und Goethe gebildet und erst später der Nationalstaat selbst.

te als seine Konkurrenten (Mann 1992). Diese sind auch größtenteils heute noch seine Konkurrenten, sei es innerhalb oder außerhalb der EU. Deutschland wurde zu einem Nationalstaat, als der Kapitalismus sich in der Phase seiner Internationalisierung befand und bereits in großem Maße Kolonien existierten. Die „deutsche Verspätung" hatte als Ergebnis auch das verspätete Erscheinen Deutschlands im Kolonialsystem (Fenske 1991), eine weitere Besonderheit Deutschlands, die von Interesse in der vorliegenden Untersuchung ist. Entsprechend verspätet vollzog sich auch die Vereinigung Deutschlands nach dem Zweiten Weltkrieg. Diese verwirklichte sich 1990/91, in der Zeit der Globalisierung und nachdem die EU bereits gegründet worden war.

Deutschland kam in den Besitz von Kolonien erst in den 80er-Jahren des 19. Jahrhunderts, als nämlich die Nationalstaaten ziemlich stark waren und der Zeitenrhythmus an Dichte gewann. Seine Kolonien in Afrika, im Pazifik und auf chinesischem Territorium verlor Deutschland relativ früh: nach Ende des Ersten Weltkriegs. Dementsprechend schnell vollzog sich die Bildung des deutschen imperialen Dreiecks: Die Kolonialstrukturen wurden zunächst von Privatleuten/ Unternehmen gebildet, und nachträglich schaltete sich der Nationalstaat ein, was im Fall Deutschlands in relativer Kürze stattfand. So dauerte der Übergang von der Landaneignung seitens deutscher Unternehmer bis zur Deklarierung dieser Landesgebiete zu Schutzgebieten des deutschen Staates und nachfolgend zu deutschen Kolonien gerade etwa zwei Jahre (Gründer 2004, Graichen/Gründer 2005, Knopp 2011). Die deutschen Kolonien entstanden mit einer geschichtlichen Verspätung im Vergleich zu anderen Kolonialmächten und wurden von einer ganz besonderen Barbarei begleitet (außer derjenigen im Pazifik).

3   Die EU als Imperium: die Verbreitung der deutschen Wirtschaftskultur und des deutschen Wirtschaftsnationalismus

Wie in allen anderen Fällen der Entwicklung des Kapitalismus im 18. und 19. Jahrhundert verfügt die EU als Imperium über ein herrschaftliches Zentrum, das *europäische imperiale Dreieck*: a) die Finanz- bzw. Kapitalmärkte, b) die EU-Bürokratie in Brüssel (Europäische Kommission) und Frankfurt (Europäische Zentralbank (EZB) und c) Deutschland. Dieses Dreieck bildet das eigentliche Herrschaftszentrum in der EU und deshalb ist es keineswegs wahr, dass die EU „über kein Zentrum verfügt" (Zielonka 2006).[10] Da Politik aus wirklichen und

---

10   Der Ortswechsel der Gipfeltreffen des Europäischen Rates von Hauptstadt zu Hauptstadt hat inzwischen abgenommen und ist nicht mehr, nicht einmal formal, ein Beweis

nicht aus virtuellen Handlungen konstituiert wird, habe ich aufgezeigt, dass inzwischen die wichtigsten Treffen diejenigen sind, die in Berlin stattfinden. Wer das EU-System benötigt, um die Probleme zu bewältigen, die die Krise hervorbringt, wendet sich zunehmend an die Hauptstadt Deutschlands, an das „Neue Rom" und sekundär und erst nachträglich an Brüssel, um das in Berlin Vereinbarte abzusichern. Gleichzeitig werden immer häufiger die wichtigen institutionellen Faktoren der EU und deren mächtiger Mitgliedstaaten nach Berlin zur Konsultation vor den Entscheidungstreffen geladen, häufig geheim und außerhalb der legitimen EU-Verfahren.

Andererseits unterscheidet sich heute die EU als Imperium von den älteren Imperien der Zeit des Kapitalismus, vor allem der kolonialen Imperien. In Zeiten der Globalisierung, in der die Rolle der Märkte stärker denn je ist, breitet sich das Imperium nicht auf relativ unstrukturierte Regionen aus, sondern setzt sich aus modernen Nationalstaaten zusammen, deren Mehrheit in der Vergangenheit auch selbst Imperien waren! Die Art der Regelung der Beziehungen innerhalb der EU als eines Systems im Werden basierte ursprünglich auf dem Prinzip der Gleichheit und auf dem Recht, während sie in der nachfolgenden Entwicklung zunehmend auf dem Prinzip der Macht beruht, gerade wegen der deutschen Besonderheiten und dem „Wesen" der EU selbst, nämlich der Priorität der Wirtschaftspolitik und nicht der Verteidigungspolitik. Es handelt sich um ein Imperium, das unter dem Schutzschirm des globalen Herrschers der Stabilität, der USA, steht, auch wenn zur Zeit viele interne Kräfte – insbesondere Berlin – mehr Autonomie anstreben, wenn nicht gar von Selbständigkeit träumen. Schließlich ist sie ein westlich-kapitalistisches Imperium im Werden gerade in einer Zeit, in der der Westen insgesamt sich im Rückzug gegenüber Südost-Asien befindet.

In den Imperien der Vergangenheit gab es konstant eine dominante Beziehung zwischen Zentrum und Peripherie, wobei das Zentrum der Aufoktroyierung seiner Interessen auf die „unterentwickelten Regionen" den Anschein der Verbreitung seiner religiösen und weltanschaulichen Ansichten verlieh, nämlich als Verbreitung von Mentalitäten, Institutionen und Methoden eines entwickelteren Systems. In der heutigen Zeit – vor allem in der EU der Krise – haben die Märkte Priorität vor dem Staat, das Private hat Priorität vor dem Öffentlichen. Während der Krise

---

für die Abwesenheit eines EU-Zentrums. Sogar die geographischen Argumente für die Abwesenheit eines EU-Zentrums können die Tatsache selbst, dass es nämlich eindeutige Machtzentren gibt, nicht entkräften. Die zunehmenden Aktivitäten zum Beispiel, die früher in der Hauptstadt des Mitgliedslandes stattfanden, das die Präsidentschaft im Rat innehat, und inzwischen und auf Dauer nach Brüssel verlegt werden oder die Einrichtung von Kollektivpräsidentschaften selbst mit der Tendenz, die ständige Beteiligung eines starken Mitgliedslandes zu sichern, zeugen davon.

werden vom Zentrum der EU, vom *europäischen imperialen Dreieck*, und vor allem von Deutschland Interessen in der Form einer Wirtschaftskultur vertreten. Die Wirtschaftskultur Deutschlands dominiert in der EU, aber auch in vielen Ländern im Umkreis der EU, mit denen Deutschland mehrfach differenzierte Beziehungen pflegt (die Gesamtheit dieser Beziehungen und Länder bezeichne ich mit dem Kürzel *AusEU+*).

Der Vorrang der deutschen Wirtschaftskultur ist der Hebel für die Verbreitung des deutschen Modells in der übrigen EU und in den *AusEU+*-Ländern. Diese Verbreitung vollzieht sich auf zwei Weisen: Die erste Weise besteht in der Implementierung von Strukturen deutschen Typs auf die Institutionen der EU (mit Ausnahme der gemeinsamen Agrarpolitik). Betroffen sind sowohl regionale Strukturen und Institutionen, wie etwa der Ausschuss der Regionen, sowie fundamentalere Institutionen, wie etwa die Europäische Zentralbank selbst und die Regionalpolitiken. In allen diesen Strukturen und Institutionen dominieren die deutsche Institutionstradition und -kultur und sie sind auf der Grundlage deutscher Vorbilder konstituiert: Die EZB ist nach der Deutschen Bundesbank strukturiert und hat dieselben Ziele wie diese und nicht jene der FED (US-Notenbank: Federal Reserve System) (Kotzias 2013). Diese Tatsache nenne ich strukturelle Macht, in dem Sinne, dass Deutschland die institutionellen Regeln, Strukturen und Verhalten aufgezwungen hat, die es besser als jeder andere in der EU kennt. Diese institutionellen Regeln hat Deutschland in der EU als europäische Strukturen, Ansichten und Ideologie, als vorherrschende Ansichten implementiert. Das politische Spiel in der EU und vor allem in der Eurozone spielt sich ab auf einem Feld und nach Regeln, die in gewissem Sinn vorherrschend deutsch sind.

Die Ausbreitung der deutschen Wirtschaftskultur enthält starke Elemente eines deutschen Wirtschaftsnationalismus, aber auch Varianten eines Wirtschaftsrassismus, wie ihn Deutschland an der Schwelle vom 19. zum 20. Jahrhundert zeigte. Unter den Kolonialimperien gehörte das deutsche zu den gewalttätigsten. Insbesondere in den afrikanischen Kolonien behandelte Deutschland die ansässige Bevölkerung mit Gräueltaten. Häufig wurden Methoden eines extremen Genozids angewandt, wie im Fall des nomadischen Stammes Herero in Südwestafrika, im heutigen Namibia (Petschull 1984, Conrad 2008). In der ostafrikanischen Kolonie, im heutigen Tansania, verwarf Deutschland entsprechend das Wirtschaftsmodell des Landes, das auf der Tierzucht beruhte, und bemühte sich darum, die Transformierung aller Tierzüchter zu Landwirten durchzusetzen (Drechsler 1984, Melber 2005).

Für das Deutschland des 19. Jahrhunderts konnte es, so wie heute (das sahen wir auch im Fall der Zypern-Krise), keine anderen Wirtschaftsmodelle als die eigenen geben und der gesamte europäische Süden hat sich heute an die deutschen

Vorbilder bzw. Interessen anzupassen. Damals und heute betrachtet Deutschland mit Überheblichkeit die ansässige Bevölkerung der Kolonien und der *Schuldenkolonien* als „Diebe", „Faule", „Korrupte", als unfähig, die rechte deutsche Handlungsweise im Bereich der Wirtschaft zu verstehen sowie die dazu erforderlichen Institutionen zu fördern.

Von Interesse ist, dass die deutschen Kolonialherren, insbesondere diejenigen, die später aktive Parteimitglieder der NSDP wurden, die Eingeborenen in Afrika als drittklassige ökonomische Wesen betrachteten, die die ausschließliche Verantwortung für ihre geschwächte Lage trugen. Die negativen Eigenschaften, die man den Eingeborenen zuschrieb (wie etwa faul, bequem, auf Kosten der anderen lebend), sind ganz ähnlich mit jenen, die die deutsche Seite heute den Völkern von Staaten des europäischen Südens ankreidet (Kotzias 2012, 2013). Die Denkweisen der damaligen deutschen Kolonialherren in der Afrika-Politik sowie ihre Experimente im Pazifik, besonders in China (Herold 2006), unterscheiden sich dementsprechend nicht von der heutigen Politik Deutschlands gegenüber Ländern wie Portugal, Griechenland und Zypern, es handelt sich nämlich in beiden Fällen um eine Ablehnung der Eigentümlichkeiten, der Geschichte, der Kultur und der Vorzüge der Staaten, auf die Deutschland sein Primat ausübt.

3.1 Wandlungen in der EU

Die EU (EWG) wurde ursprünglich als ein System sui generis konstituiert. Von Anbeginn wurde sie als ein Rechtssystem konzipiert, in dem alle Mitgliedstaaten gleichberechtigt sind, also gleiche Rechte und Pflichten haben. Nach 2008, in den Jahren der Krise, haben wesentliche Änderungen stattgefunden. Durch die Mechanismen und Institutionen zur Stabilisierung der Eurozone wurde die Gleichberechtigung von der unmittelbaren wirtschaftlich-politischen Macht abgelöst. Die Mitgliedstaaten wurden hinsichtlich der Probleme hierarchisiert, die sie in der Zeit der Krise hatten und haben, hinsichtlich ihrer Anpassung an die „Zahlen" des Maastricht-Protokolls und hinsichtlich ihrer Bewertung von spezialisierten Ratingagenturen.

Die EU tendiert nunmehr zunehmend zu einer senkrechten Kette mit einer Spitze und zahlreichen „Untergeschossen" zu werden. An der Spitze befindet sich Deutschland, das von Wirtschaftsnationalismus und von der Fähigkeit gekennzeichnet ist, durch das Vertagen von Entscheidungen die Probleme der überverschuldeten Staaten zu vergrößern und seine eigene strukturelle Macht zu stärken. Sogar die deutsch-französische Achse unterliegt dieser Differenzierung. Frankreich ist nicht mehr am ersten Kettenteil der EU beteiligt. In diesem hat sich ausschließlich Deutschland etabliert.

Die EU entwickelt sich zu einer Staatlichkeit (d.h. sie verfügt über eine Staatlichkeit, ohne ein Staat zu sein), in der ihre Mitgliedstaaten hierarchisiert werden – hinsichtlich sowohl ihrer Rechte als auch ihrer Pflichten. Im Rahmen dieser Hierarchisierung treten einige Staaten wie Griechenland, Portugal, Zypern ihre Souveränitätsrechte ab, während manche andere, wie vor allem Deutschland, aber auch andere mit ihm alliierte Länder wie die Niederlande, sich Rechte erwerben, nämlich Aufsichtsrechte über die ersteren. Das Abtreten von Souveränität vollzieht sich nicht mehr auf der Grundlage des ursprünglichen europäischen Modells, nach dem alle Länder Souveränitätsrechte derselben Funktionalität und Bedeutung den gemeinschaftlichen Organisationen abtreten und sodann alle gemeinsam die Gesamtheit dieser Abtretungen verwalten. Umgekehrt ist es während der Krise so, dass nur die Länder mit großen Schulden ihre Rechte abtreten. Und dies geschieht nicht nur gegenüber den gemeinschaftlichen Organen, sondern auch gegenüber den relativ stärkeren Mitgliedsländern der EU. Es handelt sich also um keinen Transfer von Souveränität und Macht an übernationale Organe, innerhalb dessen ein Win-win-Spiel ausgehandelt werden kann, sondern um einen Transfer der Souveränität und Macht der schwächeren Staaten an andere mächtigere Nationalstaaten auf der Grundlage einer Lost-win-Formel.

Die EU kennt zunehmend mehrere Abstufungen, die die Unterschiedlichkeit und nicht die Gleichheit des Verschiedenen anerkennen (IBF 1997, Kotzias 1996, 1998). Dies hat erstens zur Folge, dass sie bei ihrer Entwicklung keine unbeweglichen Grenzen besitzt. Diese befinden sich nämlich in einer ständigen Neugestaltung. Zugleich ist der Raum der weiteren Regionen, an die die EU angrenzt, nicht bloß ein geostrategisch abgesteckter Raum, sondern auch durch den Verkehr und durch Netzwerke und Strömungen definiert (wie etwa die Immigrantenflut, der illegale Waffenhandel und der Terrorismus). Eine weitere Folge ist, zweitens, dass der innere und äußere Raum auf dreifache Weise hierarchisiert wird (für ein Gesamtbild siehe Tekin 2012). Die erste Hierarchisierung betrifft die interne Struktur der EU selbst: mit der ursprünglichen Einführung der Flexibilitätsklausel während der Regierungskonferenz von Amsterdam (Perrakis/Kotzias 1999) und der daraus resultierenden Möglichkeit der verstärkten Kooperation innerhalb der EU wurden innerhalb der EU Teilintegrationen von unterschiedlicher Qualität und Intensität gestaltet, an denen nicht alle Mitgliedstaaten beteiligt sind (Stubb 1996, 1997, Jensen/Slapin 2012, Holzinger/Schimmelfennig 2012). Diese Kooperationen führen de facto zur Hierarchisierung der Beteiligung hinsichtlich des gesamten Prozesses der europäischen Einigung (Stubb 2012). Unter den 28 Mitgliedstaaten sind beispielsweise 18 an der Wirtschafts- und Währungsunion beteiligt. Irland und das Vereinte Königreich sowie andere Länder sind jedoch gleichzeitig nicht Mitglieder des Schengen-Abkommens. Die Eurozone hat sogar ein besonderes Institutionssystem parallel zu demjenigen der EU in ihrer Gesamtheit gebildet, nämlich die Eurogruppen- und die Ecofin-Konferenz.

Die zweite Hierarchisierung bezieht sich auf die Außenbeziehungen der EU: besondere bilaterale Abkommen, wie etwa mit der Schweiz, die Euromediterrane Partnerschaftskooperation, die entsprechenden Partnerschafts- und Kooperationsabkommen mit Staaten in Osteuropa, im Südkaukasus und in Zentralasien, die Politik der Assoziierungsabkommen mit den Ländern der Europäischen Freihandelszone, aber auch interne Abstufungen bezüglich dieser Kooperationsbeziehungen (Lavanex 2004, 2009, Lavanex/Schimmel-fennig 2009), welche Tovias (2006) als „neo-koloniale Beziehungen" betrachtet.

Schließlich bezieht sich die dritte Hierarchisierung auf den Grad der Beteiligung von Ländern mit Abkommen „besonderer Kooperation/Hierarchisierung" an Entscheidungen der EU. Im besten Fall, wie bei den Beziehungen mit der Schweiz, können Länder an den Beratungen teilnehmen, die den politischen Entscheidungen vorausgehen, die sie anschließend befolgen müssen, ohne sich jedoch an den eigentlichen Entscheidungsverfahren selbst zu beteiligen. Wie es früher der Vorsitzende der Europäischen Kommission Prodi formuliert hatte, handelt es sich um eine Beteiligung „an allem, außer an den Institutionen" (Prodi 2002). Auch hier sind die Abstufungen vielfältig. In all diesen Fällen „fusioniert" die EU nicht mit den abgestuften Ländern auf dem einen oder anderen Gebiet oder im entsprechenden Themenbereich, sondern viele dieser Länder verpflichten sich in jeweils unterschiedlichem Grad dazu, die Gesamtheit der europäischen Optionen bzw. die juristischen Konstruktionen zu übernehmen und umzusetzen (Kotzias 2013). Es besteht ein imperialer Unilateralismus: Die Drittländer werden verpflichtet, die gemeinschaftlichen Regeln zu übernehmen, aber die EU übernimmt nichts von den Drittländern.

Neben den instabilen bzw. beweglichen Grenzen und der vielfältigen Abstufung in den Außen- bzw. Innenbeziehungen der EU beobachten wir noch ein weiteres grundsätzliches Merkmal eines Imperiums in Zeiten des entwickelten Kapitalismus, nämlich den Versuch der Verbreitung der ökonomischen bzw. juristischen Kultur Deutschlands. Bekanntestes Beispiel ist die Integrierung der deutschen Vorstellungen über die Implementierung einer „Schuldenbremse" im EU- bzw. im nationalen Recht aller EU-Mitglieder.

3.2   Primat (primacy) statt Hegemonie (hegemony)

Dieses neue Deutschland besitzt zwar ein Primat innerhalb der EU, aber es ist weder ein Hegemon als solcher, noch Teil einer kollektiv-strukturellen Hegemonie, wie es Ian Clark (2011) beschreibt. Es verfügt nicht über die dazu notwendige

Kultur, während es durch einen wirtschaftlichen Nationalismus geprägt wird, der einen wirtschaftlichen Rassismus auf Kosten von Ländern wie Griechenland erzeugt (Kotzias 2013). Deutschland mag sich zwar an der Spitze der Hierarchisierungskette in der EU befinden oder das Primat innerhalb der EU innehaben, aber gleichzeitig ist Deutschland ein Teil dieser Kette und damit an sie gebunden. Es besteht ein bedeutsamer Unterschied zwischen dem Primat und der Hegemonie; Deutschland ist sich dessen bewusst.

Das Primat ergibt sich aus der Tatsache, dass eine Macht über quantitativ und qualitativ bessere Ressourcen als die anderen Mächte verfügt, über die sie dann das Primat ausübt. In der Regel hat keine Macht in allen Bereichen Vorteile. Deshalb bemüht sich jede Macht, die ein Primat innehat, ihre Defizite in einem bestimmten Bereich durch den Vorsprung in einem anderen Bereich zu kompensieren. Deutschland verfügt zum Beispiel über eine relativ begrenzte militärische Stärke und kaum über Atomwaffen. Infolgedessen bemüht sich Deutschland, diesen Mangel mit einer noch stärkeren strukturellen Stellung seiner wirtschaftlichen Macht zu kompensieren. Das Primat Deutschlands betrifft erstens seine strukturelle Macht innerhalb der EU, auf die ich mich vorhin bezogen habe. Das bedeutet, der hauptsächliche Bereich innerhalb der EU ist ein Terrain, das Deutschland besser als jeder andere kennt: die europäischen Regeln und ihre Nutzungsmöglichkeiten. Zweitens hat Deutschland auf diesem Terrain das Primat der wirtschaftlichen Macht, vor allem der Währung. Der Euro ist eine fremde Währung für alle Mitglieder der Eurozone, aber nicht in der gleichen Intensität für Deutschland. Drittens – und was am wichtigsten bei diesen Entwicklungen ist – konnte Deutschland sein institutionelles System als letzte Genehmigungsinstanz etablieren, was bei den Entscheidungen über Politiken der EU notwendig ist. Der Deutsche Bundestag und noch stärker das Bundesverfassungsgericht kontrollieren und beschränken bzw. genehmigen die Entscheidungen der Gesamtheit des institutionellen Systems der EU. Durch diese Einschaltung haben die deutschen nationalen Institutionen eine Vormacht gegenüber den anderen entsprechenden nationalen Institutionen aber auch jenen der EU. Viertens hat die Führung Deutschlands ein größeres Bewusstsein der neuen Möglichkeiten und der Lage, die sich in der EU herausgebildet haben, auch wenn die Führung diese Möglichkeiten erst verspätet eingesehen hat und ein großer Teil dieser Führung diese noch nicht ganz wahrgenommen hat.

In diesem Rahmen fungiert Deutschland nicht als „edler Hegemon", der die Interessen aller zu sichern trachtet, sondern vielmehr als ein „disziplinierender Hegemon", der vor allem die Notwendigkeit der Bestrafung des europäischen Südens betont (Issing 2010, Lübberding 2011). Deutschland zwingt den verschuldeten Ländern kredit- und wirtschaftspolitische Bedingungen auf, die zur Rezession und zur politischen und wirtschaftlichen Kontrolle über diese Länder führen.

Deutschland strebt an, für sich Gewinne zu sichern (ich schätze sie bis Sommer 2014 auf ca. 68 Milliarden Euro), während es sich selbst als Opfer darstellt. Dieses Schauspiel hat Deutschland auch im Rahmen des Zweiten Weltkrieges veranstaltet, wobei es sich als Opfer von Hitler und der Alliierten-Bombardierungen stilisierte, während sich die extremsten Kreise in der regierenden Partei Deutschland als Opfer von Verfolgungen seitens der Länder darstellen, denen Deutschland eine barbarische Besatzung im Laufe des Zweiten Weltkrieges aufzwang (Frei 2005, Stuckrad-Barre 2010).

Aus der obigen Perspektive erwies sich Deutschland als ein „undankbarer Hegemon". Die Bedingungen, die Deutschland zur Regelung der Schulden Ländern wie Griechenland aufzwingt, erinnern keineswegs an die Bedingungen, die zur Erleichterung Deutschlands während der Londoner Konferenz im Jahr 1953 vereinbart wurden (für Einzelheiten und Belege siehe Abs 1991, Ritschl 1996, 2011a, 2011b, 2012, Rombeck-Jaschinski 2005). Damals wurde ein großer Teil von Deutschlands Schulden wegen der beiden Weltkriege gestrichen, während die Auszahlung der restlichen Schulden an zwei Klauseln gekoppelt wurde: a) Wachstum und b) Handel. Mit diesen Klauseln wurden das Wachstum und die Exportausrichtung Deutschlands gesichert. Gleichzeitig, und dies ist die Hauptsache, wurden die Interessen der Kreditländer an diejenigen Deutschlands (Wachstum und Exporte) angepasst: Damit die Kreditgeber ihr Geld zurückerhalten, sollte sich vorher die wirtschaftliche und soziale Lage in Deutschland gebessert haben.[11]

3.3 Die unmittelbaren Ziele Deutschlands gegenüber dem Süden

Als „undankbarer Hegemon" bekleidete sich Deutschland mit dem Gewand des Strafvollziehers. Berlin als „strafender Hegemon" impliziert inmitten der Krise zweierlei Sorgen: Erstens dürften durch die Griechenlandkrise der deutsche Staat, die deutschen Banken und die Versicherungsgesellschaften, die mehr als 72 Milliarden Euro griechische Wertpapiere besaßen und einen griechischen Schuldenschnitt nicht aushalten würden (Kotzias 2012), kein Kapital einbüßen. Hinsichtlich dieses Zieles war es notwendig, Zeit zu gewinnen, damit Griechenland nicht er-

---

11   Die Kredite, auf die ich mich beziehe, betreffen nicht die Zwangsanleihen der deutschen Besatzung, die Deutschland von Griechenland einnahm, auch nicht die Enteignung der Goldschätze von den Tresoren der Griechischen Zentralbank. Es geht um offizielle, sogar von Hitler-Deutschland anerkannte Kredite der Besatzungsmacht. Deutschland weigert sich bis heute systematisch, diese Kredite und Enteignungen mit den heutigen Schulden Griechenlands zu begleichen.

laubt werde, einen Schuldenschnitt vor der Neustrukturierung der Schuld vorzunehmen, und damit Deutschland deren Verlauf kontrollieren kann.

Die zweite Sorge Deutschlands bestand darin, ein Überwachungssystem über Institutionen zu schaffen und ökonomisch-soziale Bedingungen zu stellen, die Griechenland, wie ich bereits im Jahr 2009 bemerkt hatte, unmöglich erfüllen konnte (Kotzias 2009), weil die zu diesem Zweck herangezogenen mathematischen Modelle falsch waren, als auch weil vornehmlich nicht auf die Sicherung des Überlebens der griechischen Wirtschaft und noch weniger dessen Gesellschaft gezielt wurde, sondern vor allem auf die Bildung und Festigung eines kolonialartigen Überwachungssystems Griechenlands sowie auf die Sicherung der Finanzinteressen Deutschlands selbst.

Solche Interessen waren unter anderem: die Kontrolle über die Regierung Griechenlands, die langfristige Kontrolle über die Ressourcen der griechischen Wirtschaft, die Neustrukturierung der griechischen Wirtschaft zu einer Komplementärwirtschaft, wie man sie mit dem „Plan Kobra" bezüglich des damaligen Ostdeutschlands durchführte (Köhler 2011, Kotzias 2012). Deshalb war auch eines der Ziele der Memoranden die Kürzung der Gelder für die Bildung, die Forschung, die öffentlichen Investitionen und die Innovationen. Zusätzlich förderte Deutschland durch die Überwachung und „Bestrafung" Griechenlands eine entwürdigende Politik gegenüber den Griechen, indem Deutschland eine Oligarchie unterstützte. Nämlich eine kleine Gruppe von griechischen Familien, die einen speziellen Zugang zur politischen und wirtschaftlichen Macht haben. Sie stellen die Hauptverantwortlichen für die vielfältige Krise, die Griechenland aktuell erfährt, dar. Gerade diese Unterstützung wurde mit einer andauernden Erpressung der griechischen Oligarchen kombiniert. Zumal viele dieser Oligarchen auf den Korruptionslisten stehen, nämlich jene, die illegal von großen deutschen Firmen, wie Siemens, bestochen wurden. Es handelt sich um Informationen, die die Korruption betreffen und die die deutsche Justiz besitzt. Trotzdem weigert sich Berlin, diese an die griechischen Justizbehörden weiterzuleiten, um die deutschen Bestecher zu schützen, was für sich genommen schon sehr viel bedeutet.

Insgesamt ist die Haltung Deutschlands die Haltung eines Landes, das nicht die Reife und die erforderliche Kultur besitzt, um sich in der Rolle eines europäischen Hegemons zu bewähren. Umgekehrt erfüllt Deutschland die Rolle eines Landes, das das Primat innerhalb der EU innehat und zwar im sehr begrenzten Horizont seiner eigenen unmittelbaren Interessen, nämlich der Rettung seiner schwachen Banken, der Sicherung der Ausbeutung öffentlicher Ressourcen und Mineralressourcen der südeuropäischen Länder als auch der Sicherstellung seiner eigenen geopolitischen Stärke.

3.4 Gab es einen ursprünglichen Plan?

Entgegen der ziemlich verbreiteten Annahme in der griechischen öffentlichen Meinung und nach eingehender Analyse aller öffentlichen Dokumente der EU, die Deutschland und Griechenland betreffen, meine ich, dass Deutschland nicht von Anfang an einen vollständigen Plan hatte, um Griechenland unter Kontrolle zu stellen. Ganz im Gegenteil war Deutschlands Führung zu Beginn der Krise in Panik geraten. Deutschlands Banken, die nach internationalen Kriterien als schwach galten, besaßen griechische Wertpapiere, aber auch Wertpapiere anderer Länder des europäischen Südens in der Höhe von Hunderten von Milliarden Euro. Die Gefahr für Deutschlands Wirtschaft bestand unmittelbar. Man musste Zeit gewinnen. Im Laufe der „Verhandlungen" stellten die deutschen Eliten fest, dass die griechische Oligarchie Deutschlands Schutz suchte. Zu diesem Zeitpunkt wurde Deutschland bewusst, dass es, mit den Schulden als Hebel, Griechenland zu einer zeitgenössischen Kolonie verwandeln könnte und damit gleichzeitig in der Ära der Vorherrschaft des Finanzkapitals zu einer *Schuldenkolonie*, wie ich diesen Fall der Beaufsichtigung eines Landes bezeichne. Die Unfähigkeit und Schwäche der führenden Klassen und Gruppen in Griechenland wurden in der Zeit der Krise noch offensichtlicher. Die Krise äußerte und gestaltete sich als eine Krise der Politik, die die Überwindung der Krise blockierte, insbesondere als Krise des politischen Systems und des politischen Personals, als moralische und kulturelle Krise.

Deutschland wurde zunächst durch diese Umstände bedrängt. Eigentlich hatte Deutschland bloß „die Bestrafung und Disziplinierung der Sünder" vor, vor allem Athens. Deshalb schien Deutschland um 2009/2010 noch zu glauben, „Endlösungen auf Kosten Griechenlands" gemäß der eigenen Tradition aufzwingen zu können. Gleichzeitig reagierte Deutschland auf die Krise in sehr langsamen Rhythmen wegen mehrfacher Vetos innerhalb seines politischen Systems und wegen seiner relativen Unerfahrenheit in internationalen Angelegenheiten. Infolgedessen eilte Deutschland zugleich zum IWF. Die langsamen und verspäteten Reaktionen Deutschlands auf die Krise, insbesondere auf die Krise der Länder des Südens, war die Bilanz einer Schwäche. Das Paradoxe ist genau das heutige Ergebnis, das aus einer deutschen Schwäche entsprang: die Stärkung von Deutschlands Position in der EU und die Schaffung des *europäischen imperialen Dreiecks*. Ein Ergebnis, das sich aus den Änderungen ergibt, die ich vorhin nannte (die imperiale Struktur der EU, die Wandlung des Rahmens einer formellen Gleichheit unter den EU-Mitgliedsländern zu einer neuen Anordnung in einer hierarchisierten Kette, die Errichtung eines *europäischen imperialen Dreiecks*, die Umwandlung Deutschlands zu einem *imperialen Staat* und die Entwicklung Griechenlands zu einer *Schuldenkolonie*), kombiniert mit der Tatsache, dass ohne Deutschland keine Aktionen in der EU möglich sind, und zwar insbesondere bezüglich der Krise, in der Deutschland seine Vorrangstellung bzw. sein Primat in der EU offenbarte.

Das deutsche „Hinauszögern" zum Beginn des Krisenausbruchs verstärkte die Angst der Eliten im Süden Europas, sodass Deutschland sich nach jedem Tag der Aufschiebung von Lösungsstrategien stets in einer noch vorteilhafteren Position befand, auch wenn langfristig derartige Aufschiebungen der gesamten EU selbst große Probleme bereitet haben. Diese Paradoxie beschleunigte für Deutschland seine Möglichkeiten, das Primat innerhalb der EU auszuüben, um damit das erste und entscheidende Sagen innerhalb der EU insgesamt zu haben. Andererseits gab diese Paradoxie den Anlass dafür, dass sich Länder wie Griechenland und Zypern in *Schuldenkolonien* umwandelten.

Wie ich zu behaupten wage, neigte die EU zur imperialen Gestaltung lange vor ihrer Erweiterung in Zentral- und Osteuropa bereits im ersten Jahrzehnt des 21. Jahrhunderts (für überzeugende Belege siehe Zielonka 2006). Die EU-Erweiterung, die Art ihrer Durchführung, die Art, auf welche die erfolgten Beziehungen und Strukturen zur Ausübung einer EU-Politik gegenüber ihrer Peripherie genutzt wurden, all dies gab dieser imperialen Tendenz einen weiteren Schub. Diese Tendenz erfuhr eine entscheidende Wende, als die Krise 2008 ausbrach. Während der Krise wurde den Krisenstaaten auf Grundlage der bereits existierenden Überschuldung von Staaten wie Griechenland die „europäische" Aufsicht aufgezwungen. Es traten Interventionen von Ländern mit einer starken Wirtschaft und/oder mit Überschüssen in den inneren Angelegenheiten der überschuldeten Staaten auf, wie etwa seitens Deutschlands sowie auch anderer Währungs- und Bankinstitutionen. Auf diese Art wurde eigentlich die von den Verträgen vorgesehene Gleichheit der Mitgliedsstaaten der EU abgeschafft. Die Mitgliedsstaaten wurden in einer senkrechten Kette abgestuft, mit jeweils unterschiedlichen Rechten, Pflichten, relativen Autonomien bei Entscheidungsverfahren und Interventionsmöglichkeiten innerhalb europäischer Entwicklungen. Ich befasse mich hier nicht nur mit den Verantwortlichen, sondern vielmehr möchte ich die Tatsache selbst lokalisieren und analysieren.

In einer Zeit, in der sich Europa wandelt, befand sich Griechenland stets unter Regierungen, die diese Änderungen weder wahrgenommen noch eingesehen hatten. Die politischen Eliten Griechenlands hatten weder den aufsteigenden Wirtschaftsnationalismus Deutschlands noch dessen Umwandlung in einen *imperialen Staat*, der nun das Primat innerhalb der EU innehatte, verstanden. Dies war der Rahmen, innerhalb dessen die Krise von 2008 mit Wucht auf Griechenland traf. Die griechische Oligarchie betrachtete die Krise sowie die Hilfestellung des *europäischen imperialen Dreiecks* als eine Gelegenheit zur Umkehrung der internen Machtspiele mit Hilfe von Interventionen aus dem Ausland. Seinerseits bemühte sich das *europäische imperiale Dreieck* darum, einerseits die Auszahlungen an die Kreditgeber zu sichern, andererseits insgesamt Rechte über die innere politische Szene, die öffentlichen Ressourcen und Mineralressourcen in Griechenland zu erhalten. Es ging dem *europäischen imperialen Dreieck* vor allem darum, Rechte über Griechenlands Staatsverwaltung zu erhalten. Alle diese Maßnahmen wurden später in Varianten auch auf andere überschuldete Länder, wie Zypern und Portugal, angewandt (oder es wurde nachträglich eine Anpassung versucht).

In allen Fällen galt als Hauptsache nicht die Erholung der Wirtschaft und der Bevölkerung der durch die Krise geprüften Staaten, sondern deren Kontrolle mit Methoden, Instrumenten, Strukturen und Personal, was direkt auf die bekannten Konstrukte verweist, die ein Imperium impliziert und fördert. Je mehr ich die historische Erfahrung studierte und sie mit den Tatsachen und Praktiken in Griechenland, aber auch in anderen Ländern des Südens verglich, umso mehr wurde ich davon überzeugt, dass sich vor unseren Augen eine Tendenz zur Verwandlung der EU in ein *Imperium* und Griechenlands in eine *Schuldenkolonie* durchsetzte.

Die Krise manifestierte sich mit der größtmöglichen Gewalt in Griechenland als eine Krise von Defiziten, die „dank" der Troika-Politik in eine Schuldenkrise verwandelt wurde.[12] Griechenland als ein relativ kleines EU-Mitgliedsland wies eine Reihe von Merkmalen auf, die die Möglichkeit eines Versuchsobjekts für die neuen Politiken Deutschlands in der EU lieferte (Experimente, die Deutschland stets mit Kolonien und untergebenen Staaten durchführte, siehe Conrad 2006, Conrad 2008, Trotha 2004). Deutschland selbst verhielt sich anfänglich zur Krise mit der Absicht, keine Verluste von einem eventuellen Bankrott Griechenlands tragen zu müssen und sich des griechischen Problems zu entledigen. Im Nachhinein begann es aber, seine neuen imperialen Möglichkeiten zu entdecken. Die Sache „klappte bestens", weil Deutschland durch die Entscheidungen der herrschenden Gruppen in Griechenland unterstützt wurde.

An dieser Stelle sollte ich zwei Bemerkungen machen. Erstens haben viele die Ansicht, dass die Kolonien den Bildern entsprechen, die wir üblicherweise im Kino sehen: ein Militär erobert Gebiete, Reiter rücken gegen Eingeborene vor, körperliche Gewalt wird von den Eroberern gegen sie ausgeübt. Tatsächlich ist dies eine Form der Kolonialisierung. Hobson, ein links-liberaler Ökonom, notierte vor etwa 112 Jahren bezüglich der „britischen Eroberungen" (Hobson 1902) folgende

---

12 Während der gemeinsamen Konferenz der Vorsitzenden des Europäischen Parlaments zusammen mit der Kanzlerin Merkel am 07.11.2012 bezeichnete der österreichische Europa-Abgeordnete und damalige Fraktionsführer der Sozialdemokraten, Hannes Swoboda, die Troika als „Destroika", nämlich als eine „katastrophale und zerstörerische Troika".

Beobachtungen: Unter den Kolonien, auf die sich Hobson zu Beginn des 20. Jahrhunderts bezieht, waren diejenigen, über welche die Kolonialmacht ein Kontroll-
system innerhalb des bereits existierenden institutionalisierten Systems implementierte. Das heißt sogar eine im großen Maß scheinbar autonome Regierung blieb
weiterhin vorhanden, weil die Kolonialmacht eine Allianz mit den herrschenden
Klassen der Kolonie knüpfen konnte. Mit anderen Worten definiert sich eine Kolonie dadurch, dass sie von ausländischen Mächten kontrolliert wird. Die Kontrolle
beschränkt sich nicht auf deren Außenpolitik, wie es z.b. bei Stützpunktkolonien
und bei manchen Formen der Hegemonialherrschaft der Fall ist, sondern dringt
herrschaftlich in die internen Angelegenheiten der Kolonie ein, selbst in ihr inter-
nes, politisches, wirtschaftliches und soziales Leben.

Zweitens unterstützen manche das Argument, dass die Charakterisierung
Griechenlands als *Schuldenkolonie* und die Betonung des Primats Deutschlands
eigentlich die innere Oligarchie des Landes von deren Verantwortung für die Lage
des Landes befreit. Es handelt sich im besten Fall um eine Vereinfachung. Tatsache ist, dass die griechische Oligarchie eine Politik der intensiven Umverteilung
von Einnahmen und Besitz verfolgte. Sie nutzte den Staat aus und bildete eine
Gesellschaft der Mitschuldigen, in der die „Bürgerrechte" nur durch Klientelbeziehungen, Gunsterweisungen und Korruption gewährt wurden. Auf diese Weise
gewann sie für einen gewissen Zeitraum die Toleranz der Gesellschaft und ver-
festigte ihre Macht durch ein Zweiparteiensystem. Die Krise von 2008 offenbarte
alle Probleme des Landes, die Ergebnis der verfolgten Politik der herrschenden
Eliten waren. Letztere versuchten, die eigene Schuld auf die Gesellschaft abzu-
wälzen. Es war damals offensichtlich, dass Griechenland als erstes das Ende der
Oligarchie und des dekadenten politischen Systems benötigt hätte. Dies sah die
öffentliche Meinung in Griechenland von Tag zu Tag immer mehr ein. Die Kräfteverhältnisse innerhalb der Gesellschaft änderten sich im Laufe der Krise gegen
die alten etablierten Kräfte. Das Ende dieser jahrzehntelangen Herrschaft wurde
immer wahrscheinlicher. Entsprechend haben sich die griechische Oligarchie und
ihre Politiker den Kräften des *europäischen imperialen Dreiecks* ausgeliefert. Sie
suchten nach einer politischen Stütze außerhalb des Landes, um ihr eigenes Überleben zu sichern.

4 Der antidemokratische Anachronismus

Die Schuld als Instrument eines neuen Beherrschungssystems

Die hauptsächliche Verantwortung für die Situation in Griechenland tragen etwa 25 Familienclans (aus Politik und Wirtschaft) und deren Unterstützer. Um ihre Herrschaft zu retten, da sich ihre Machträume nur im Inland befanden, ergaben sie sich den ausländischen Mächten. Sie verkündeten von Anfang an, dass Griechenland weder Verhandlungen mit seinen Gläubigern führen könnte noch dazu berechtigt wäre, sodass das Land schließlich all deren Forderungen bedingungslos akzeptierte – Bedingungen, die vielfach an diejenigen erinnern, die von den Westmächten nach den beiden Opiumkriegen gegen China auferlegt wurden und ebenso vor 120 Jahren nach dem Sieg Japans über China (zu den Verträgen und ihren Bedingungen siehe Dillon 2012: 59ff, 130ff). Im weiteren Verlauf wurde aus der Position, dass „wir als Schuldner nicht verhandeln können", die Position entwickelt, dass „wir nicht verhandeln, weil das *Vertrauen* Priorität hat", das die ausländischen Gläubiger der griechischen Regierung gegenüber aufbringen sollen. Im Grunde hat das zerfallende System Athens das interne sozial-politische Kräftespiel durch die Auslieferung des Landes an die Troika völlig verändert. In diesem Klima merkte Deutschland, dass es Griechenland seine Forderungen stellen und die extremen Positionen und Anordnungen aufzwingen konnte, die in den Memoranden und mittelfristigen Programmen enthalten sind.

Während der Krise hat Deutschland bei jedem Schritt und bei jedem Misstrauensempfinden den „Galgenknoten" für die überschuldeten Länder immerzu enger gezogen. Die Zeit wurde zu einem Mechanismus der Unterwerfung der *Schuldenkolonie*. Die Behandlung der griechischen „Staatsschulden" wurde zu einem Kontrollmechanismus über Länder wie Griechenland und Zypern. In Griechenland wurde ein System von Aufsichts-, Beobachtungs- Kontroll- und Eingriffsapparaten des *imperialen Dreiecks* eingerichtet, dessen Größenkategorie in nichts hinter der Kolonialisierung Tansanias vor 120 Jahren zurücksteht (bei gleicher Bevölkerungszahl entspricht diese derselben Zahl von Beamten für die auswärtige Vormundschaft, für Daten siehe Pesek 2005, Knopp 2011) bzw. ähnliche Funktionen ausübte wie bei den sogenannten Handelskolonien – als solche galten Togo (Conrad 2008: 39) und Argentinien im 19. Jahrhundert, das als „Halbhandelskolonie" bezeichnet wurde.

Die Herrschaftsapparate des *Dreiecks* kontrollieren in Griechenland alle fundamentalen Mechanismen für die Gestaltung und Umsetzung der öffentlich verbindlichen Politiken, nämlich die Politik selbst. Dieses System von Apparaten des *imperialen Dreiecks* steht über dem Parlament und selbst über der Regierung. Oft ist die Regierung bloß dazu da, um die Entscheidungen dieser Vormundschaftsapparate umzusetzen. Gerade so wie in der Zeit des Kolonialismus, an der Schwelle vom 19. zum 20. Jahrhundert, werden in Griechenland als *Schuldenkolonie* die Richtlinien der auswärtigen Herrschaftsapparate sowie Wünsche und Optionen der griechischen Oligarchie berücksichtigt, insbesondere der Bankiers. Es werden Veränderungen durchgesetzt, die auf das Mittelalter verweisen (Einschränkung der Menschenrechte und der sozialen Rechte, vor allem der arbeitsrechtlichen Errungenschaften) und für deren Aufoktroyierung innerhalb der griechischen Gesellschaft während der „normalen" Vorkrisenperiode keine internen Kräfteverhältnisse bestanden. Veränderungen, wie etwa die Abschaffung der Verhandlungen für Tarifverträge und die Einführung neuer individueller Verträge, der Anstieg der Arbeitslosigkeit auf circa 30 % und insbesondere der Jugendarbeitslosigkeit auf 60 %. Die Tausende von Selbstmorden, die Verpflegung für hunderttausende von Notdürftigen durch die Kirche, die Abschaffung der elektronischen Bibliotheken an den Hochschulen, die Abschaffung der kostenlosen medizinischen Behandlung werden als „Modernisierungen" vorgestellt, obwohl sie tatsächlich eine Rückkehr in eine vormoderne Vergangenheit sind.

Manche Maßnahmen sind in der Tat Maßnahmen eines gewaltsamen Anachronismus und keineswegs einer Modernisierung, wie die griechische Regierung sowie die Troika behaupten. Ein Beispiel ist die gesetzlich verordnete Versetzung von spezialisiertem Informatik-Lehrpersonal des Lyzeums in die ersten Grundschulklassen, in denen sie Lesen und Religion unterrichten sollen. Andere Maßnahmen wiederum verweisen auf extreme Formen des Autoritarismus und der Postdemokratie (Crouch 2008, Deppe 2013), wie etwa der ständige Verstoß gegen den Parlamentarismus, die systematische Abwesenheit des Premierministers vom Parlament, die Verpflichtung, dass alle mit der Krise zusammenhängenden Gesetzesentwürfe vorerst von der Troika genehmigt und danach erst vom Parlament verabschiedet werden dürfen. Entsprechend verstößt gegen die demokratischen Regeln die eigentliche Abschaffung der Selbstverwaltung der Hochschulen und die Förderung von Maßnahmen, die im Namen der Regierung getroffen, aber von der Troika verkündet werden, wobei sie das Kabinett ignoriert (sehr charakteristisch ist der Fall der Privatisierungen, die in Griechenland von der Troika angekündigt wurden, siehe Kotzias 2012). Gegen die demokratischen Regeln verstößt ebenfalls die Umgehung der gesetzgebenden Legislative des Parlaments durch die kontinuierliche Unterzeichnung von Präsidialverordnungen und Präsidialakten legislativen Inhalts, die von der Verfassung für die Bewältigung von Natur- und Kriegskatastrophen vorgesehen werden und gewiss nicht, um die Reduzierung der Arbeitnehmerrechte durchzubringen.

Im Grunde genommen besteht ein Verstoß gegen die Demokratie, weil anstelle der repräsentativen Körperschaften der griechischen Demokratie die Entscheidungen von der Troika der auswärtigen Kreditgeber getroffen werden – eine Troika, die weder von einem Parlament noch von einem anderen demokratisch gewählten Organ Griechenlands noch anderer demokratischer Institutionen der EU-Mitgliedsländer oder vom Europäischen Parlament kontrolliert wird.[13] Die Aktivität von Institutionen wie der Troika ohne demokratische Kontrolle ist allerdings unvereinbar mit der modernen westlichen Demokratie.

Die Vormundschaft (die Kontroll- und Herrschaftsapparate) die Griechenland aufgezwungen wurde, hat eine vertikale Struktur, aber auch eine horizontale Struktur an der Spitze. Im Zentrum dieser Apparate befindet sich eine dreigliedrige Kontroll- und Herrschaftsstruktur, bestehend aus einem Repräsentanten des IWF, der Europäischen Kommission und der EZB. Die Troika und ihr Stab kontrollieren das Land gesamtheitlich, sogar die Finanzen und die Struktur des nationalen Verteidigungsetats.

Neben der Troika wirkt auf einer zweiten Ebene die Task-Force unter dem deutschen Diplomaten Horst Reichenbach. Diese Gruppe kontrolliert alle Ministerien und Institutionen, die für den griechischen öffentlichen Bereich von großer Bedeutung sind, wie etwa den Rechnungshof und den Ausschuss für die Privatisierungen. In jedem Ministerium sowie in den Banken (hier haben das Sagen die Niederländer als Alliierte der Deutschen) arbeiten vorgesetzte Kommissare sowie Arbeitsgruppen bestehend aus Ausländern (insgesamt 25, mit ungefähr 400 Mitarbeitern). Diese Gruppen haben die völlige Kontrolle und Kenntnis über die letzte Nische und Information des griechischen öffentlichen Bereichs, der Banken und der Unternehmen erlangt. Folglich verfügen sie über genügend Daten, um die Forderungen der Leihgeber-Staaten und Unternehmer zu orientieren, zu deren Gunsten sie arbeiten.

Auf einer dritten Ebene werden die Bezirke und Gemeinden von Fuchtel kontrolliert, dem bis zu den Septemberwahlen amtierenden Staatssekretär der deutschen Regierung, der die Gemeindeunternehmen, insbesondere im gemeinnützigen Bereich und im Bereich der Entsorgung kontrollierte. Hans-Joachim Fuchtel steht einer sogenannten „griechisch-deutschen Versammlung" vor (siehe gemeinsame Pressemitteilung der deutsch-griechischen Partnerschaft 2011), die darauf zielt, qualifizierte griechische Arbeitnehmer für deutsche Unternehmen zu finden, Mineralressourcen zu lokalisieren und Wasserressourcen zu kontrollieren. Zu bemerken ist, dass Fuchtel, wie auch alle anderen vorerwähnten Gruppen, von keiner

---

13 Erst gegen Ende des Jahres 2013 und angesichts der kommenden Europawahlen richtete das Europäische Parlament einen Ausschuss ein, damit es zu den Aktivitäten der Troika Stellung nehmen konnte, die sich bis dahin ohne die Zustimmung und Kontrolle des Europäischen Parlaments betätigt hatte.

repräsentativen nationalen oder europäischen Behörde kontrolliert werden. Sie bewegen sich also kontrollfrei und nach den Richtlinien eines EU-Kommissars und der Kanzlerin Merkel, ausdrücklich letzterer.

Schlussfolgernd lässt sich feststellen, dass die Vormundschaft durch die oben erwähnten Methoden und Apparate gleichzeitig ein Hebel zur Verwandlung Griechenlands in eine *Schuldenkolonie* des oben beschriebenen *europäischen imperialen Dreiecks* (IWF, Brüssel, Berlin) ist, aber auch ein Mechanismus, durch welchen gegen die griechische Verfassung und das europäische Recht ständig verstoßen wird, während das griechische Parlament bis hin zur Inexistenz umgangen und abgewertet wird.

Auf der Grundlage meiner vorausgegangenen Ausführungen schlage ich vor, Griechenland als eine *Schuldenkolonie* innerhalb der EU zu charakterisieren, das ich erstens als ein Land am untersten Ende der senkrechten EU-Kette ansiedle, zweitens als ein Land, dessen Souveränität in Zeiten der Globalisierung drastisch eingeschränkt ist und in hohem Maß bloß noch formell existiert, aber auch hierbei sehr reduziert ist, drittens als ein Land, das der unmittelbaren Aufsicht von dritten Mächten unterliegt, viertens als ein Land, bei dem die den Staat betreffenden Entscheidungen aus keinen eigenen internen legitimen Entscheidungsverfahren hervorgehen, wobei die inneren Institutionen eigentlich nur eingesetzt werden, um die von Dritten getroffenen Entscheidungen zu ratifizieren bzw. zu verwirklichen – Entscheidungen, die letztlich von Autoritarismus und wirtschaftlichem Nationalismus dritter Mächte gekennzeichnet sind. Fünftens ist es ein Land, in dem starke Mächte wie der deutsche Staat, die Brüsseler Bürokratie und das Finanzkapital in seine internen Belange intervenieren und somit das innere politische Leben und die Tagesordnung der *Schuldenkolonie* „mitgestalten". Sechstens kommen für die Kolonialkosten der *Schuldenkolonie* nicht die Kolonialmächte auf, sondern die *Schuldenkolonie* selbst. Siebtens steht die Wirtschaft der *Schuldenkolonie* unter der Kontrolle von Drittmächten. Dabei wird das Wachstum der Wirtschaft der *Schuldenkolonie* auf eine Weise gefördert, die die Bedürfnisse der Drittmächte deckt und nicht die eigenen Möglichkeiten des verschuldeten Staates berücksichtigt. Achtens werden in einer *Schuldenkolonie* die Schlüsselpositionen des Marktes, des Bankensystems und des öffentlichen Bereiches von Drittmächten kontrolliert und überwacht, welche in der Regel deren Gläubiger sind. Neuntens verwendet man die großen Darlehen, die Geldwucherei, die besonderen Darlehensverträge, in der Form, wie wir sie vor einem oder zwei Jahrhunderten kennengelernt haben, als Instrumente, mit denen ein bis vor kurzem formell gleichberechtigtes EU-Mitgliedsland in eine solche *Schuldenkolonie* verwandelt wird. In der *Schuldenkolonie* werden die Bestechungsdelikte seitens Dritter amnestiert, am Beispiel Griechenlands gilt dies insbesondere für deutsche Firmen. Ihnen wird unmittelbarer Zugang und Kontrolle über die Mineralressourcen gewährt. Es wird ein Präferenzsystem für die Privatisierungen vorgesehen. Es wird die Schaffung von (besonderen) Wirtschaftszonen auf den Territorien des Landes vorbereitet, falls dies sich als nötig erweist. Schließlich ist zehntens der Status der *Schuldenkolonie* weit mehr verdeckt, als es der Fall bei den traditionellen Kolonien war, was auf den systematischen Gebrauch und Missbrauch der ideologischen Mechanismen und der Systemelemente eines – nicht nur – wirtschaftlichen Rassismus seitens derjenigen Partien des *europäischen imperialen Dreiecks* zurückgeht, die über das Schicksal der *Schuldenkolonie* bestimmen.

Literatur

Abs, H. J. 1991. *Entscheidungen 1949–1953. Die Entstehung des Londoner Schuldenab-kommens.* Mainz: Hase & Koehler.

Bade, K. J. (Hg.) 1981. *Imperialismus und Kolonialmission. Kaiserliches Deutschland und koloniales Imperium.* Wiesbaden: Franz Steiner.

Beck, U. 2013. Über den Merkiavellismus, Interview in der FAZ vom 16.01.2013. http://www.faz.net/aktuell/feuilleton/debatten/im-gespraech-soziologe-ulrich-beck-ueber-den-merkiavellismus-12027300.html. Zugegriffen: 04.01.2015.

Bollmann, R. 2012. Heiliges Römisches Europa, FAZ vom 10.11.2012. http://www.faz.net/aktuell/wirtschaft/staatenbund-oder-bundesstaat-heiliges-roemisches-europa-11957028.html. Zugegriffen. 04.01.2015.

Brand, H. (Hg.) 2007. *The German Hanse in Past & Present Europe. A medieval League as a model for modern interregional cooperation?* Groningen: Hanse Passage/Castel International Publishers.

Bruijn, J. R./Gaastra, F. S. (Hg.) 1993. *Ships, Sailors and Spices. East India Companies and their Shipping in the 16th, 17th and 18th centuries.* Amsterdam: NEHA.

Burbank, J./Cooper, F. 2010. *Empires in World History. Power and the Politics of Differ-ence.* Princeton: Princeton University Press.

Buschmann, A. 2006. Heiliges Römisches Reich. Reich, Verfassung, Staat. In: Becker, H. J. (Hg.): *Zusammengesetzte Staatlichkeit in der Europäischen Verfassungsgeschichte.* Berlin: Duncker & Humblot, S. 9–40.

Chatterjee, P. 1993. *Nationalist Thought and the Colonial World. A Derivative Discourse.* Minneapolis: University of Minnesota Press.

Chauduri, K. N. 1978. *The Trading World in Asia and the English East India Company, 1660–1760.* Cambridge: Cambridge University Press.

Chauduri, K. N. 1965. *The English East-India Company: The Study of an Early Joint-Stock Company, 1600–1640.* London: Frank Cass.

Clark, I. 2011. *Hegemony in International Society.* Oxford: Oxford University Press.

Colomer, J. M. 2007. *Great Empires, Small Nations. The Uncertain Future of the Sovereign State.* London/New York: Routledge.

Conrad, S. 2008. *Deutsche Kolonialgeschichte.* München: C.H. Beck.

Conrad, S. 2006. *Globalisierung und Nation im Deutschen Kaiserreich.* München: C.H. Beck.

Crouch, C. 2008. *Postdemokratie.* Frankfurt a. M.: Suhrkamp.

Darwin, J. 1991. *The End of the British Empire. The Historical Debate.* Oxford: Blackwell.

Deppe, F. 2013. *Autoritärer Kapitalismus. Demokratie auf dem Prüfstand.* Hamburg: VSA.

Deutsch-Griechische Partnerschaft 2011. Gemeinsames Kommuniqué: Laufende Situation der Anwendung und zukünftige Perspektive, 17.03.2011. Athen. (gr.).

Dillon, M. 2012. *China. A Modern History,* London: I.B.Tauris.

Drechsler, H. 1984. *Aufstände in Südwestafrika. Der Kampf der Herero und Nama 1904 bis 1907 gegen die deutsche Kolonialherrschaft.* Berlin: Dietz.

Eisenmann, L. 1910. Austria – Hungary, in: Ward, A.W. et al. (Hg.): *The Cambridge Modern History,* Vol. 12, Cambridge: Cambridge University Press, S. 174–212.

Fenske, H. 1991. Ungeduldige Zuschauer. Die deutsche und die europäische Expansion 1815–1880. In: Reinhard, W. (Hg.): *Imperialistische Kontinuität und nationale Ungeduld im 19. Jahrhundert,* Frankfurt a. M.: Fischer, S. 87–123.

Frei, N. 2005. *1945 und wir. Das Dritte Reich im Bewußtsein der Deutschen*. München: C.H. Beck.

Gelfert, H.-D. 2005. *Was ist Deutsch? Wie die Deutschen wurden, was sie sind*. München: C.H. Beck.

Graichen, G./Gründer, H. 2005. *Deutsche Kolonien, Traum und Trauma*. Berlin: Ullstein.

Gründer, H. 2004. *Geschichte der deutschen Kolonien*. Paderborn: Ferdinand Schöningh.

Herold, H. 2006. *Deutsche Kolonial- und Wirtschaftspolitik in China 1840 bis 1914. Unter besonderer Berücksichtigung der Marinekolonie Kiautschou*. Köln: Ozeanverlag Herold.

Hobson, J. A. 1902. *Imperialism – A Study*. London: George Allen & Unwin.

Holzinger, K./Schimmelfennig, F. 2012. Differentiated Integration in the European Union: Many Concepts, Sparse Theory, Few Data. *Journal of European Public Policy*, 19(2), 292–305.

Howe, S. 2000. *Ireland and Empire: Colonial Legacies in Irish History and Culture*. Oxford: Oxford University Press.

IBF (International Bertelsmann Forum) (1997): Das neue Europa. Strategien differenzierter Integration. Gütersloh: Bertelsmann Stiftung.

Issing, O. 2010. Ein klarer Verstoß. Statt eines Fonds brauchen wir Strafen für die Sünder. FAZ vom 14.03.2010.

Jensen, C. B./Slapin, J. B. 2012. Institutional hokey-pokey: the politics of multispeed integration in the European Union. *Journal of European Public Policy*, 19(6), 779–795.

Kautsky J. H. 1982. *The Politics of Aristocratic Empires*. Chapel Hill: University of North Carolina Press.

Knopp, G. 2011. *Das Weltreich der Deutschen. Von kolonialen Träumen, Kriegen und Abenteuern*. München/Zürich: Piper.

Köhler, O. 2011. *Die große Enteignung. Wie die Treuhand eine Volkswirtschaft liquidierte*. Berlin: Das Neue Berlin.

Kotzias N. 2013. *Griechenland: Schuldenkolonie. Europäisches Imperium und das deutsche Primat*. Athen: Patakis. (gr.).

Kotzias N. 2012. Der deutsche „Kobra"-Plan und der Fall Griechenlands, *Axia. Ökonomische und politische Tageszeitung* vom 14.01.12. (gr.).

Kotzias, N. 2011. *Rettungspolitik gegen die Troika*. Athen: Livanis. (gr.).

Kotzias, N. 2009. Die wirtschaftliche Krise als Krise der Politik und der Ökonomie, Prolog zur griechischen Ausgabe von Krugman, P.: *The Return of Depression Economics and the Crisis of 2008*. Athen: Kastaniotis, S. 9–32. (gr.).

Kotzias, N. 1998. Die Regierungskonferenz und die flexible Förderung (?) der Integration. In: Breuss, F./Griller, S. (Hg.): *Flexible Integration in Europa –Einheit oder „Europe a la carte"?* Wien: Wien: Verlag Österreich S. 1–41.

Kotzias, N. 1996. Der europäische Bürger und die „differenzierte Integration". In: Milios, J. (Hg.): *Sozialpolitik und Sozialdialog*. Athen: Kritiki, S. 343–360. (gr.).

Kupchan, C. S. 1996. Regionalism and the Rise of Consensual Empire, Center for German and European Studies, University of California at Berkeley, Working Paper.

Lavanex, S./Schimmelfennig, F. 2009. EU rules beyond EU borders: Theorizing external governance in European politics. *Journal of European Public Policy*, 16(6), 791–812.

Lavanex, S. 2009. Switzerland's flexible integration in the EU. A Conceptual framework. *Swiss Political Science Review*, 15(4), 447–476.

Lavanex, S. 2004. EU external governance in 'wider Europe'. *Journal of European Public Policy* 11(4), 688–708.

Leonard, M. 2005. *Why Europe Will Run the 21st Century*. London: 4th Estate.

Leonhard, J./Hirschhausen, U. v. 2009. *Empires und Nationalstaaten im 19. Jahrhundert*. Göttingen: Vandenhoeck & Ruprecht.

List, F. 1961. *Das natürliche System der politischen Ökonomie*. Berlin: Akademie.

List, F. 1950. *Das nationale System der politischen Ökonomie*. Jena: Gustav Fischer.

Lübberding. F. 2011. Der Riese taumelt in sein Schicksal, FAZ 18.06.2011.

Maddison, A. 1989. Dutch Income in and from Indonesia, 1700-1938. *Modern Asian Studies* 23(4), 645–670.

Mann, G. 1992. *Deutsche Geschichte des 19. und 20. Jahrhunderts*. Frankfurt a. M.: Fischer.

Melber, H. 2005. *Genozid und Gedenken. Namibisch-deutsche Geschichte und Gegenwart*. Frankfurt a. M.: Brandes und Apsel.

Mühlhahn, K. 2000. *Herrschaft und Widerstand in der „Musterkolonie" Kiautschou: Interaktionen zwischen China und Deutschland, 1897–1914*. München: Oldenbourg.

Münkler, H. 2005. *Imperien. Die Logik der Weltherrschaft vom Alten Rom bis zu den Vereinigten Staaten*. Berlin: Rowohlt.

Offer, A. 1993. The British Empire, 1870–1914: a waste of money? *Economical Historical Review* 46(2), 215–238.

Osterhammel, J. 2006. Imperien. In: Budde, G./Conrad, S./Janz, O. (Hg.): *Transnationale Geschichte, Themen, Tendenzen und Theorien*, Göttingen: Vandenhoeck & Ruprecht, S. 56–67.

Pesek, M. 2005. *Koloniale Herrschaft in Deutsch-Ostafrika. Expeditionen, Militär und Verwaltung seit 1880*. Frankfurt a. M./New York: Campus.

Perrakis, S./Kotzias, N. 1999. Ziele und Taktik während der intergouvernementalen Konferenz der EU 1996–1997. Die Revision der Verträge der EG/EU. Athen: Sakkoulas. (gr.).

Petschull, J. 1984. *Der Wahn vom Weltreich. Die Geschichte der deutschen Kolonien*. Hamburg: Gruner und Jahr.

Pichierri, A. 2000. *Die Hanse – Staat der Städte. Ein ökonomisches und politisches Modell der Städtevernetzung*. Opladen: Leske + Budrich.

Prodi, R. 2002. A Wider Europe – A Proximity Policy as a Key to Stability (Vortrag), „Peace, Security and Stability – International Dialogue and the Role of the EU", Sixth ECSA World Conference, Brüssel 05./06.12.2002.

Ritschl, A. 2012. *The German Transfer Problem 1920–1933. A Sovereign Debt Perspective*. Centre for Economic Performance, LSE, London. Discussion Paper, http://cep.lse.ac.uk/pubs/download/dp1155.pdf. Zugegriffen: 04.01.2015.

Ritschl, A. 2011a. Deutschland ist der größte Schuldensünder des 20. Jahrhunderts, Spiegel Online, 21.06.2011. http://www.spiegel.de/wirtschaft/soziales/euro-krise-deutschland-ist-der-groesste-schuldensuender-des-20-jahrhunderts-a-769052.html. Zugegriffen: 04.01.2015.

Ritschl, A. 2011b. Das unwiderrufliche Ende der Nachkriegszeit, NZZ vom 22.09.2011.

Ritschl, A. 1996. Sustainability of High Public Debt: What the Historical Record Shows. *Swedish Economic Review*, 3, 175–198.

Rombeck-Jaschinski, U. 2005. *Das Londoner Schuldenabkommen. Die Regelung der deutschen Auslandsschulden nach dem Zweiten Weltkrieg*. München: Oldenbourg.

Selzer, S. 2010. *Die mittelalterliche Hanse*. Darmstadt: WBG.

Sluga, G. 2001. Bodies, souls and sovereignty. The Austro-Hungarian empire and the legitimacy of nations. *Ethnicities*, 1(2), 207–232.

Streeck, W. 2013. *Gekaufte Zeit. Die vertagte Krise des demokratischen Kapitalismus*. Berlin: Suhrkamp.

Stubb, A. C. 2002. *Negotiating Flexibility in the European Union. Amsterdam, Nice and Beyond*. Basingstoke: Palgrave.

Stubb, A. C. 1997. The 1996 Intergovernmental Conference and the management of flexible integration. *Journal of European Public Policy*, 4(1), 37–55.

Stubb, A. C. 1996. A categorization of differentiated integration. *Journal of Common Market Studies*, 34(2), 283–295.

Stuckrad-Barre, B. v. 2010. *Auch Deutsche unter den Opfern*. Köln: KiWi.

Tekin, F. 2012. Opt-Outs, Opt-Ins, Opt-Arounds? Eine Analyse der Differenzierungsrealität im Raum der Freiheit, der Sicherheit und des Rechts. *integration* 4/2012, 237–357.

Tovias, A. 2006. Exploring the 'Pros' and 'Cons' of Swiss and Norwegian Models of Relations with the European Union. What Can Israel Learn from the Experiences of Theses Two Countries? *Cooperation and Conflict*, 41(2), 203–222.

Trotha, T. v. 2004. Was war der Kolonialismus? Einige zusammenfassende Befunde zur Soziologie und Geschichte der Kolonialismus und der Kolonialherrschaft, *Saeculum*, 55/I, 49–95.

Wehler, H.-U. 1969. *Bismarck und der Imperialismus*. Köln: Kiepenheuer & Witsch.

Zielonka, J. 2006. *Europe as Empire: The Nature of the Enlarged European Union*. Oxford: Oxford University Press.

Investitionen in Innovationssysteme: Griechenlands Ausweg aus der Krise

Alexander S. Kritikos und Anne Konrad

1 Einleitung

Die von der Troika (bestehend aus EU-Kommission, EZB und IWF) der griechischen Regierung in den letzten Jahren auferlegten Reformen haben in Griechenland zu einer erheblichen Reduzierung des laufenden Staatsdefizits (EU-Kommission 2013) und der Lohnstückkosten geführt. Die Leistungsbilanz hat sich – vor allem wegen rückläufiger Importe – verbessert. Der freie Fall des griechischen Bruttoinlandsprodukts könnte im Jahr 2014 ein Ende finden. Gleichzeitig hat das Schrumpfen der Wirtschaftsleistung von bald 30 Prozent in den vergangenen sechs Jahren von der griechischen Bevölkerung einen harten Tribut gefordert. Die Arbeitslosenquote von aktuell 27 Prozent und die dramatisch hohe Jugendarbeitslosigkeit sind unmittelbare Folgen der Austeritätspolitik.

Seither wurden zahlreiche wirtschaftspolitische Handlungsempfehlungen ausgesprochen, um Griechenland einen Ausweg aus der Krise aufzuzeigen: Neben dem „Grexit", dem Austritt Griechenlands aus dem Euroraum, und institutionellen Reformen, reichen die Vorschläge von der Liberalisierung reglementierter Berufe, über weitere Lohnkürzungen bis hin zur Privatisierung staatlicher Wirtschaftsbereiche. Damit verbunden ist die implizite Vorstellung, dass „der Markt" alles Weitere richten wird. Wie wir in diesem Beitrag zeigen, werden Kostensenkungen und institutionelle Reformen allein nicht ausreichen, um Griechenland an die führenden Euro-Länder ökonomisch anschlussfähig zu machen.

Griechenland teilt sich, wenn wir an Länder mit ähnlicher Bevölkerungsgröße denken, einen Währungsraum mit Nationen wie Finnland, Belgien, Österreich oder der Niederlande. Diese Länder (und die größten Nationen im Euroraum wie

Frankreich oder Deutschland natürlich auch) haben eines gemeinsam: Sie investieren seit langem systematisch 3 Prozent ihres BIP, und manche sogar mehr, in
Forschung und Entwicklung (FuE) und damit in ihre Innovationssysteme. Und
das passiert in erster Linie eben nicht über den Markt. Was fast noch wichtiger
ist: Es gibt einen breiten politischen Konsens darüber, dass diese Investitionen von
herausragender Bedeutung und somit unantastbar sind, unabhängig davon, welche
Regierung das Land lenkt. Folge der Investitionen: Die Produktionsstruktur dieser
Länder ist nicht nur kosten-, sondern auch innovationsgetrieben. Die Ökonomien
dieser Länder entwickeln sich permanent weiter und sind vor allem aufgrund ihrer
neuen Technologien und nicht nur aufgrund ihrer niedrigen Lohnkosten im Wettbewerb erfolgreich. Die Kunden auf den Weltmärkten haben die hohen Industrie-
löhne in diesen Ländern als Qualitätsprämie offensichtlich akzeptiert.

Griechenland mangelt es hingegen an einer etablierten Industriestruktur sowie
an einem funktionierenden Innovationssystem. In Griechenland gibt es zwar einige Spitzenforscher und vereinzelte Hightechunternehmen. Aber die Mehrzahl der
griechischen Top-Wissenschaftler sind in führenden Forschungsinstituten in den
USA oder Europa beschäftigt und viele Unternehmer haben mit ihren Betrieben
die griechische Heimat verlassen und sich in die Diaspora begeben.

In diesem Beitrag zeigen wir auf, dass die griechische Wirtschaft in Zukunft
bestenfalls moderat wachsen wird, sollte sie weitermachen wie bisher. Ein Blick
in ihre Gliederung macht deutlich, warum: Die Wirtschaftsstruktur ist kleinteilig,
konzentriert sich auf wenig innovative Sektoren der Nahrungsmittel- und Geträn-
keindustrie sowie der Tourismusindustrie und der Privatsektor leidet immer noch
unter einer Last von Bürokratie, wie etwa der Weltbankindikator zum „Ease of
Doing Business" deutlich macht.

Das Land steht somit vor der Entscheidung: Entweder es schlägt einen neuen
Weg ein und baut sein Innovationssystem erheblich aus. Resultieren daraus in der
mittleren Frist innovative Industrien mit hoher Wertschöpfung, hat es die Chance
auf nachhaltiges Wirtschaftswachstum. Oder aber Griechenlands Spezialisierung
konzentriert sich weiterhin auf „Oliven, Retsina und Bettenburgen", dann wird das
Land auf unabsehbare Zeit am Transfertropf der EU hängen bleiben.

Was in Griechenland fehlt, sind eine schlüssige Innovationspolitik, institutionelle Reformen und erhebliche Investitionen insbesondere in unternehmensnahe
Forschung, aus der sich eine exportfähige griechische Produktionsstruktur entwickeln kann. Grundlegende Voraussetzung dafür ist die Implementierung eines
funktionsfähigen Innovationssystems. Zu dessen Implementierung sind, wie wir
in diesem Artikel ausführen werden, folgende politische Entscheidungen erforderlich: (i) die Weiterentwicklung existierender und, viel mehr noch, die Gründung
neuer Forschungsinstitute und Universitäten höchster Qualität sowie die Etablie-

rung einer Berufsausbildung, (ii) der Ausbau von Forschungsclustern basierend auf der in Griechenland existierenden Spezialisierungen, (iii) die Durchsetzung von Reformen zur Verbesserung des Geschäftsklimas in Griechenland und zur Stärkung geistiger Eigentumsrechte, (iv) die Schaffung von Finanzierungsinstrumenten für Innovationen im frühen Entwicklungsstadium sowie (v) die Umsetzung einer Diaspora-freundlichen Politik, um griechische Forscher, Investoren und Unternehmer in Zukunft besser mit ihrer Heimat zu verknüpfen.

2 Aktuelle Wirtschaftsstruktur

Die Griechen haben seit dem Einzug der Troika harte Reformen durchstehen müssen, die neben Steuererhöhungen und Sparmaßnahmen die deutliche Absenkung der Löhne in der Privatwirtschaft umfassten (Buti/Turrini 2012). Griechenlands nominale Lohnstückkosten zählen – nach einem Höchststand im Jahr 2010 – inzwischen zu den niedrigsten im Euroraum (Abbildung 1). Auch die Leistungsbilanz (Abbildung 2), die bereits *vor* der Finanzkrise negativ war, ist seit dem Jahr 2012 wieder ausgeglichen.

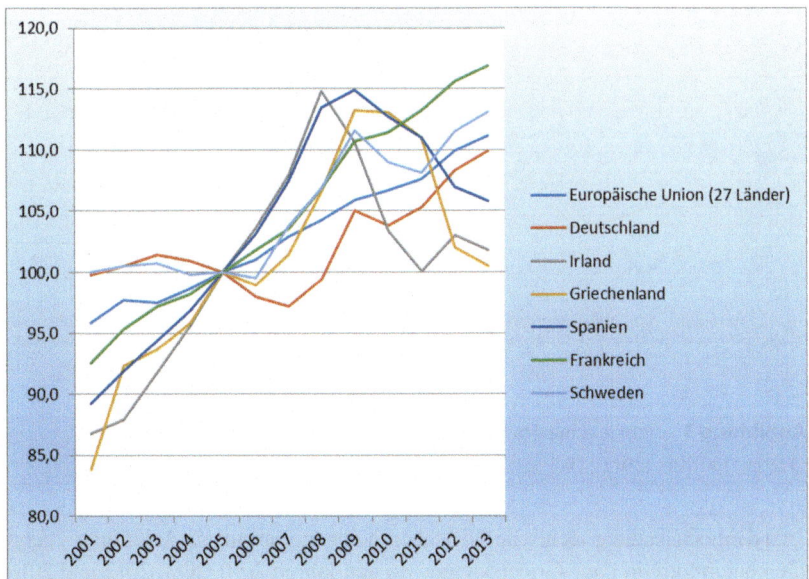

Abbildung 1   Nominale Lohnstückkosten
Quelle: Eurostat (2012).

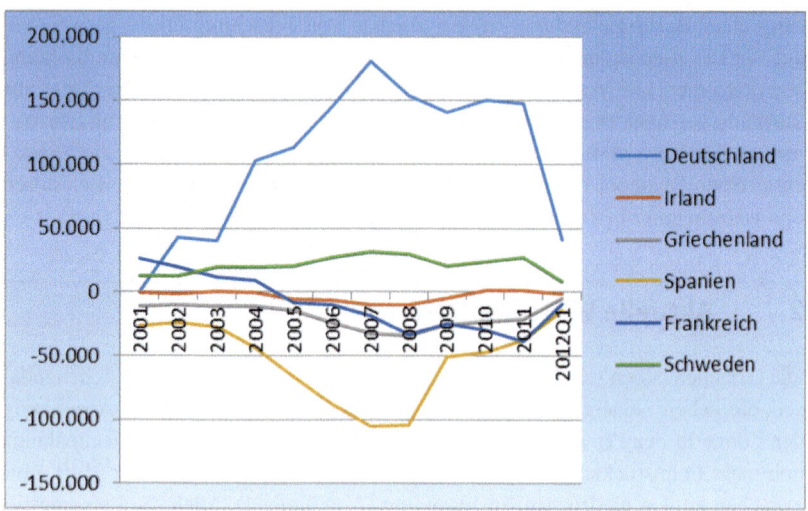

Abbildung 2 Leistungsbilanz
Quelle: Eurostat (2012).

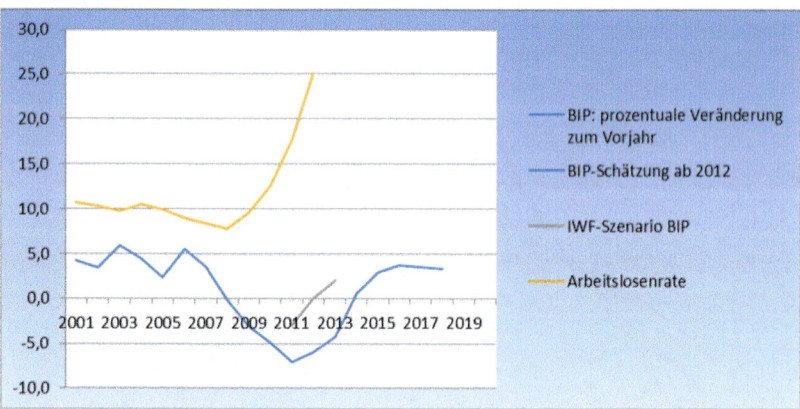

Abbildung 3 Entwicklung des BIP und der Arbeitslosenquote in Griechenland
Quelle: Eurostat (2012), IWF (2013).

Und dennoch ist die griechische Wirtschaft nicht angesprungen. Abbildung 3 zeigt
die konjunkturelle Lage Griechenlands: In den Jahren 2010, 2011, 2012 und 2013
ist das BIP jährlich rund 5 Prozent und mehr gesunken. Auch der Arbeitsmarkt
befindet sich in einem verheerenden Zustand: Zum Zeitpunkt des Jahresendes

2013 sind etwa 27 Prozent der erwerbsfähigen Bevölkerung arbeitslos. Hochqualifizierte Griechen verlassen das Land.[1] Die negative Entwicklung und die schlechte
Arbeitsmarktsituation müssen als Depression bezeichnet werden. Trotzdem erwarten viele Experten, dass sich die griechische Wirtschaft durch die Freisetzung
der freien Marktkräfte nach weiteren institutionellen Reformen erholen wird. Das
Reformprogramm der Troika beinhaltet folglich Privatisierungsmaßnahmen, die
Öffnung verschiedener regulierter Berufe und die Liberalisierung des Handels.

Ein Blick auf die Wirtschaftsstruktur lässt jedoch berechtigte Zweifel aufkommen, ob diese institutionellen Reformen allein Griechenland in absehbarer Zeit auf
einen Wachstumspfad führen werden. Tabelle 1 weist den Anteil der griechischen
verarbeitenden Industrie an der Bruttowertschöpfung aus. Sie liegt bei 10 Prozent,
während andere Länder wie Finnland oder Deutschland auf das Doppelte kommen. Auf der anderen Seite sind in Griechenland erwartungsgemäß die Anteile
der Sektoren Landwirtschaft und Tourismus (Catering und Hotelgewerbe) deutlich
über den EU-Durchschnitten.[2] Ein gewisser Hoffnungsschimmer: in Griechenland
existieren einige IT-Unternehmen und kleinere High-Tech Firmen, welche einen
wirtschaftlichen Aufschwung auslösen könnten, gäbe es mehr von ihnen.

Tabelle 1   Anteil ausgewählter Wirtschaftszweige an der Bruttowertschöpfung in %

	Land- und Forstwirtschaft, Fischerei	Verarbeitendes Gewerbe/ Herstellung von Waren	Gastgewerbe	Programmierungstätigkeiten, Erbringung von Dienstleistungen der Informationstechnologie	Architektur- und Ingenieurbüros; technische, physikalische und chemische Untersuchungen
	2010			2009	
EU	1.7	14.9	3.1	1.8	1.4
Griechenland	3.1	10.0	6.8	0.4	0.9
Deutschland	0.8	20.9	1.6	1.7	1.4
Finnland	3.0	18.0	1.7	2.2	1.7

1   Vgl. Bertoli et al. (2013). Für Deutschland beispielsweise zeigt diese Quelle, dass der Zu-
     fluss mit 30.000 Migranten fast doppelt so hoch ist wie im Vorjahr. Darüber hinaus verlieren
     Institutionen, wie die Bank von Griechenland oder die Regulierungsbehörde für Energie,
     qualifizierte Mitarbeiter, die zur Durchführung des Reformprozesses entscheidend sind.
     Siehe hierzu auch den Beitrag von Gkolfinopoulos in diesem Band.
2   Tsakanikas (2012) folgend, hat der Tourismus in 2010 15 Prozent zum BIP beigetragen und
     740.000 Arbeitsplätze bereitgestellt.

Quelle: Eurostat (2012), Berechnungen des DIW Berlin.

Tabelle 2   Struktur der Bruttowertschöpfung im verarbeitenden Gewerbe 2010 in %

	Griechenland	EU
Nahrungsmittel; Getränke, Tabak	33.3	13.7
Textilien, Bekleidung, Lederwaren	4.7	4.1
Holz und Papier, Druckerzeugnisse	10.3	7.3
Mineralöl	10.5	1.2
Chemische Erzeugnisse (ohne Mineralöl etc.)	4.3	6.9
Pharmazeutische Erzeugnisse	5.6	4.6
Gummi- und Kunststoffwaren, Glas, Keramik, Steine und Erden	8.0	9.0
Metall, Metallerzeugnisse	12.5	14.2
Datenverarbeitungsgeräte, elektronische, optische Erzeugnisse	0.6	4.4
Elektrische Ausrüstungen	2.5	5.4
Maschinen	2.0	10.9
Kraftwagen und -teile; sonstige Fahrzeuge	1.9	9.4
Möbel, Schmuck, Musikinstrumente, Spielwaren	3.8	9.0

Quelle: Eurostat (2012), Berechnungen DIW Berlin.

Bei weiterer Betrachtung der verarbeitenden Industrie werden Griechenlands strukturelle Schwierigkeiten noch deutlicher: Das Ernährungsgewerbe und die Tabakverarbeitung machen mit einem Drittel den größten Anteil an der Bruttowertschöpfung aus, im EU-Durchschnitt sind diese Bereiche bei rund 10 Prozent (Tabelle 2). Auf der anderen Seite ist die Produktion von Maschinen und elektronischer Ausrüstung mit 2 Prozent deutlich unterhalb des EU-Durchschnitts. Wesentliche Beiträge zur industriellen Fertigung werden in Griechenland noch vom Holz-, Papier- und Druckgewerbe, der Mineralölverarbeitung sowie der Metallerzeugung geleistet.

Tabelle 3   Verteilung der Erwerbstätigen im verarbeitenden Gewerbe auf Betriebsgrößenklassen 2007 (Anteile in Prozent)

	Betriebe mit … Beschäftigten				
	1 – 9	10 – 19	20 – 49	50 – 249	250 – mehr
Griechenland	46	4	9	20	21
Deutschland	7	8	7	25	53
Finnland	9	6	10	24	51

Quelle: Eurostat (2012), Berechnungen des DIW Berlin.

Weiteren Aufschluss über die Struktur der verarbeitenden Industrie liefert die Unternehmensgröße, gemessen durch die Anzahl der Mitarbeiter (Tabelle 3). Während in Finnland oder Deutschland die Mehrzahl der Unternehmen in der verarbeitenden Industrie über 250 Mitarbeiter beschäftigt, hat fast die Hälfte aller Unternehmen in der griechischen verarbeitenden Industrie weniger als 9 Mitarbeiter. Mit dieser Unternehmensgröße lassen sich kaum Skalenerträge erwirtschaften.[3]

Darüber hinaus nimmt man an, dass kleine Länder aufgrund von Spezialisierungsvorteilen höhere Exportraten aufweisen sollten. So sind die Exportraten in den Jahren 2001 bis 2010 von den Niederlanden (70 Prozent des BIP) und Finnland (40 Prozent des BIP) entsprechend größer (Tabelle 4). Griechenland hingegen exportiert gemessen am BIP lediglich 22 Prozent. Aktuelle Zahlen von Eurostat deuten auf einen Anstieg auf 27 Prozent hin. Trotz EU-Beitritt im Jahr 1981 verfolgt Griechenland demnach eher die Politik einer geschlossenen Volkswirtschaft. Gemessen an der Landesgröße und der Integration in die Europäische Gemeinschaft sollte Griechenland weitaus höhere Exportanteile ausweisen.

Die Verteilung der Konsumausgaben rundet das Bild über die wirtschaftliche Lage Griechenlands ab (Tabelle 4). So liegt der Anteil der Konsumausgaben am BIP mit 90 Prozent weit über dem EU-Durchschnitt (77 Prozent). Das Investitionsniveau – insbesondere für FuE – bleibt weit hinter dem der anderen EU-Länder zurück.

Ein weiterer Grund für die strukturellen Defizite Griechenlands ist die hochgradig ineffiziente und korrupte öffentliche Verwaltung. Einen Beleg hierfür liefern die zusammengesetzten Indikatoren der OECD, welche die Produktmarktregulierung bzw. die Markteintrittsbarrieren messen. Beide Indikatoren liefern für 2010 abstrakte Informationen über die Vielzahl von Regulierungen, bürokratischen Hürden und Restriktionen, mit denen Unternehmer in Griechenland konfrontiert sind. Griechenland ist eines der höchst regulierten Länder in der EU (OECD, 2010). Jede Entscheidung für eine Unternehmensgründung birgt das Risiko, bereits an den bürokratischen Hürden zu scheitern.[4] Drymiotis (2012) schätzt die durch die griechische Bürokratie verursachten Kosten auf 6,8 Prozent vom BIP, im EU-Durchschnitt sind es nur 3,5 Prozent.

---

3   Es gibt verschiedene Gründe für die Kultur der geringen Unternehmensgröße. So können kleine Unternehmen staatliche Eingriffe leichter verhindern und Steuereinsparung realisieren.

4   Als Beispiel siehe ein Start-up-Bericht aus der New York Times, Thomas (2011).

Tabelle 4 Informationen zu Konsumausgaben, Exporten, Produktmarktregulierung und
Markteintrittsbarrieren im Dienstleistungssektor

	Konsum-ausgaben (% am BIP) 2001–2010 Durchschnitt	Exporte (% am BIP) 2001–2010 Durchschnitt	Produktmarkt-regulierung 2008	Markteintritts-barrieren im Dienstleistungs-sektor 2008
Griechenland	89.38	22.33	2.3	4.0
Niederlande	73.04	70.06	0.9	3.132.20
Deutschland	76.79	41.63	1.3	4.03.50
Finnland	74.32	41.81	1.1	2.83.35
Portugal	85.1	29.38	1.4	3.53.90

Quelle: Eurostat (2012), OECD (2008), Berechnungen DIW Berlin.

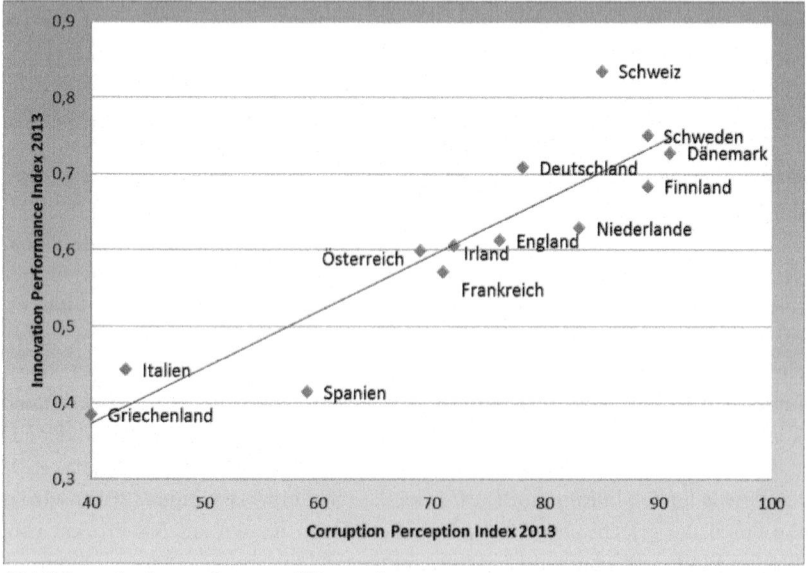

Abbildung 4 Innovationen und Korruption

Ein niedriger Corruption Perception Index indiziert ein hohes Maß an wahrgenommener
Korruption. Ein hoher Innovation Performance Index indiziert ein hohes Maß an Innovationsfähigkeit. Quelle: Innovation Union Scoreboard, 2013, Corruption Perception Index
2013.

Eng mit der Überregulierung ist ein anderer kritischer Punkt der griechischen
Verwaltung verbunden: Korruption stellt einen festen Bestandteil des tagtäglichen

Lebens dar, beispielsweise durch die Bestechlichkeit von Bürokraten, Finanzbe-amten und Richtern. Griechenland gilt als das korrupteste Land in der Eurozone (Abbildung 4). Korruption schadet insbesondere Innovationen und Entrepreneur-ship. Aktuelle Untersuchungen finden leider keine Evidenz dafür, dass die Korrup-tion in den letzten Jahren eingedämmt werden konnte.[5]

Zusammenfassend lässt sich festhalten: Griechenland hat nicht nur ein Kos-tenproblem, sondern auch fundamentale institutionelle und strukturelle Proble-me. Eine rigorose Kosteneindämmung würde zwar die Wettbewerbsfähigkeit in den bestehenden Industrien steigern, jedoch zu einem Lohnniveau weit unter dem europäischen Standard führen. Mit institutionellen Reformen allein – welche zweifelsfrei notwendig sind – wird Griechenland zwar in Zukunft ein gewisses Wachstum in Sektoren mit geringer Bruttowertschöpfung wie dem Tourismus, Landwirtschaft und Handel verzeichnen. Das reicht jedoch nicht aus, um das Land auf einen nachhaltigen Wachstumspfad innerhalb der europäischen Gemeinschaft mit breit gestreutem Wohlstand zu führen. Dafür sind nicht nur institutionelle Re-formen notwendig, vielmehr müssen weitere Investitionsentscheidungen getroffen werden, um Griechenland in eine innovationsgetriebene Wirtschaft zu transfor-mieren. Wie wir zeigen werden, existiert in Griechenland immerhin eine gewisse Basis für ein solches Modell.

3   Elemente eines funktionsfähigen Innovationssystems

Wenn auch der Tourismus immer eine wichtige Rolle in der griechischen Wirt-schaft spielen wird, kommt Griechenland nicht umhin, zusätzliche innovative Industriezweige zu etablieren, um auf lange Sicht nachhaltiges Wachstum zu generieren. Hinreichende Evidenz zeigt auf, warum sich die Entwicklung eines innovationsfreundlichen Umfelds lohnt, um neue innovative Unternehmungen zu unterstützen (siehe etwa Aghion/Howitt 1992). Baumol und Schilling (2008: 1) formulieren pointiert: „innovative entrepreneurs do make a substantial difference to a nation's growth rate, having introduced many breakthrough innovations".

Von der Analyse so genannter Innovationsketten wissen wir darüber hinaus, dass es zu Beginn einer Innovationskette eines funktionierenden Innovations-systems bedarf (Nelson 1993). Ziele eines solchen Innovationssystems sind die Schaffung forschungsstarker Institutionen im Bereich der Grundlagenforschung,

---

5   Nach dem aktuellen Bericht von Transparency International (2013), in dem Griechen-land den 80. Rang belegt, gibt es keine Anhaltspunkte für Verbesserungen. Für weitere Belege siehe Heyer (2012).

ihre Verlinkung mit angewandten Forschungsinstituten, sowie der weitgehend friktionslose Übergang von Forschungsideen und Inventionen zu Produktideen und Innovationen.

Ein funktionierendes Innovationssystem ist ein komplexes Gebilde. Es setzt sich zusammen aus hochwertigen Schulen und Universitäten, einem effizienten Berufsbildungssystem sowie exzellenter Forschung im öffentlichen Sektor. Darüber hinaus sind ein funktionsfähiger Finanzsektor, vertrauensvoll zusammenarbeitende Netzwerke (Freeman 1987) sowie eine angemessene Regulierung notwendig. In diesem Kapitel erläutern wir, wie diese Faktoren im Einzelnen dazu beitragen, ein funktionsfähiges Innovationssystem zu implementieren, während gleichzeitig für ein unternehmerfreundliches Geschäftsklima gesorgt werden muss.

Erste unentbehrliche Inputfaktoren für die Ausbildung von Forschern, Entrepreneuren und Manager sind *Schulen, Universitäten und ein Berufsbildungssystem* von hoher Qualität. Ein gut entwickeltes Bildungssystem erhöht das vorhandene Humankapital bzw. das aggregierte Wissen als wichtige Grundlage für die Innovationsfähigkeit eines Landes (Gennaioli et al. 2012). Investitionen in den Ausbau des Bildungssystems sind damit entscheidend für die Etablierung einer innovationsgetriebenen Volkswirtschaft (Baumol 2005).

Ohne *öffentliche und private Forschung* wird es nur wenige Innovationen geben (Ames 1961), wobei sich öffentliche nicht durch private Forschung substituieren lässt (vgl. Mazucatto 2011). Öffentliche Forschung wird häufig nach Grundlagen- und Anwendungsforschung unterschieden. Finanzielle Mittel und die Exzellenz der Forscher bestimmen die Quantität und Qualität von FuE. Von grundsätzlicher Bedeutung für die Attraktivität des öffentlichen Sektors als potentieller Arbeitgeber für Forscher ist die Umsetzung des Leistungsprinzip (Ariu/Squicciarini 2013). Wie die USA und die Schweiz demonstrieren, verspricht dabei die Fokussierung auf wenige, herausragende Forscher einen höheren Ertrag aus öffentlichen Investitionen in FuE.

Vor dem Hintergrund der Vielfalt möglicher Forschungsschwerpunkte lohnt die sorgfältige Planung der Ausrichtung von Forschungsinstituten. Die *Clusterung* von verschiedenen Institutionen am gleichen Ort und mit sich gegenseitig ergänzender inhaltlicher Ausrichtung erlaubt eine effizientere Forschung entlang der Innovationskette (Bettencourt et al. 2007). Wird dann auch die Ansiedlung von Unternehmern am gleichen Ort gefördert, erhöht sich die Wahrscheinlichkeit für die Generierung von Wissens-Spillover und Ausgründung in Form von Spin-offs aus Forschungsinstituten. Beispiele wie das Silicon Valley sowie seit Neuerem etwa Berlin-Adlershof und Tel Aviv, verdeutlichen den Erfolg ausgebauter und etablierter Cluster. Innerhalb dieser Cluster entstehen Netzwerke zwischen den verschiedenen Akteuren entlang der Innovationskette, insbesondere zwischen

Forschern im öffentlichen und im privaten Sektor. Die Interaktion und Kooperation innerhalb eines Netzwerks beschleunigen den Innovationsprozess (Porter 1998). So ermöglicht die Spezialisierung jedes Netzwerkmitglieds eine effizientere Nutzung knapper Ressourcen. Dies wiederum führt dazu, dass Geschwindigkeit und Erfolgswahrscheinlichkeit von Innovationen steigen. Allerdings erschwert der spezielle Charakter von Ideen die Kommerzialisierung, denn die Durchsetzung von Eigentumsrechten an Ideen erweist sich meist als schwierig (Arrow 1971: 152). Somit stellt Vertrauen die Basis für das Funktionieren eines Netzwerkes dar. Damit Vertrauen sich entwickeln und bestehen kann, sind informelle Institutionen notwendig, welche ein kooperatives und faires Verhalten gewährleisten.

Kann eine Innovationskette etabliert werden und sind gleichzeitig Entrepreneure in der Lage, Ideen in marktfähige Produkte umzuwandeln, stellt die *Verfügbarkeit von Risikokapital* die nächste notwendige Komponente dar. Das verfügbare Kapital aus internen Quellen (Privatvermögen oder Kredite von Freunden) reicht häufig nicht für die vollständige Finanzierung einer Unternehmensgründung im Hightechbereich (vgl. Veugelers 2011). Venture-Kapital ist die wichtigste weitere Finanzierungsquelle für junge Unternehmer.

Als weitere Komponente eines funktionsfähigen Innovationssystems sind die *Implementierung* und *Kommerzialisierung* von innovativen Produkten und Dienstleistungen zu nennen. Die Umsetzung der Forschungsergebnisse in marktfähige Produkte, welche im Heimatland produziert, implementiert und verkauft werden können, trägt entscheidend zur Stärkung der Innovatoren bei und schafft Anreize, in diesem Land zu bleiben. Für die erfolgreiche Kommerzialisierung von innovativen Produkten sind außerdem Kompetenzen im Management erforderlich.

Im Hinblick auf *Eigentumsrechte* spielen Politik und Gesetzgebung eine wichtige Rolle für die Stärkung des Innovationspotentials eines Landes. Definiert sind Eigentumsrechte als das Recht, etwas zu besitzen, das die Einkommensgenerierung ermöglicht (Fisher 2007). Folglich sichert die Durchsetzung von Eigentumsrechten, dass Entrepreneure die Erträge aus ihren Innovationen erhalten. Ohne hinreichende Eigentumsrechte würden Anreize für innovative Tätigkeiten fehlen. Fehlender Schutz von Ideen in Form von Eigentumsrechten führt generell zu verringerten Investitionen in Innovationen (vgl. Andersen 2003).

Darüber hinaus stellt das *Handelsrecht* eine wichtige Komponente für die Förderung von Innovationen und Entrepreneurship dar. Komplexe Regulierungen erschweren es, rechtliche Sachverhalte jedweder Investition zu verstehen. Daher ist eine umfassende Vereinfachung von Rechtsvorschriften wichtig. Überregulierung wirkt schädlich für Unternehmer, da die Kosten einer Unternehmensgründung steigen, die Flexibilität, schnell auf aktuelle Entwicklungen zu reagieren, sich verringert, und die Experimentierfreude reduziert wird (Gruenhagen/Berg 2011). Die

Möglichkeit zum Experimentieren ist im Innovationsprozess zwingend erforderlich. Eine geringe Regulierungsdichte unterstützt Experimentierfreude, wenn sich
unternehmerische Aktivitäten flexibler ausgestalten lassen.

Eine hohe Regulierungsdichte fördert hingegen *Korruption*, was wiederum jedes Innovationsklima nachhaltig schädigt. Der Markterfolg von innovativen Produkten ist im Allgemeinen unsicher. Wenn diese Unsicherheit zusätzlich durch ein
korruptes Umfeld erhöht wird, steigt die Gesamtunsicherheit deutlich an. In einem
solchen Umfeld verlieren gutgläubige Entrepreneure die Profite ihrer innovativen
Ideen häufig an opportunistische Gegenspieler (Anokhin/Schulze 2009) und wandern in weniger korrupte Länder ab.

Zusammenfassend lässt sich festhalten: ein innovatives Geschäftsklima setzt
zum einen die Existenz von geeigneten institutionellen Rahmenbedingungen mit
wenig regulatorischen Hürden voraus. Zum anderen bedarf es erheblicher, kost-
spieliger Investitionen in ein Innovationssystem, das gute Bildung, gute Forschung
und ein gutes Management ermöglicht. Entrepreneure werden dadurch in die Lage
versetzt, ihre Ideen in ihrem Heimatland in innovative Produkte umzuwandeln.

4   Aktuelles Innovationsumfeld und heimliche Stärken

Ein Blick auf das derzeitige Innovationsumfeld Griechenlands zeigt, dass die Voraussetzungen für eine innovationsgetriebene Volkswirtschaft nur zu einem geringen Teil gegeben sind. Im Industrial-Innovation-Scoreboard-Bericht 2014 belegt
Griechenland erst Rang 19 von 28 EU-Ländern. Dieses Ergebnis ist nicht überraschend. So investiert Griechenland lediglich 0,67 Prozent des jährlichen BIP in
FuE (mit Fokus auf die IT-Branche) (Abbildung 5) und liegt damit deutlich unter
EU-Durchschnitt. Auch private FuE- Investitionen ergeben nur einen Anteil von
0,2 Prozent vom BIP, in Schweden sind es zum Vergleich 3 Prozent des jährlichen
BIP. Forschungsnetzwerke und Kollaborationen mit der Industrie existieren derzeit
kaum. Weiter fehlt die finanzielle Basis für Risikokapital: Als Inhaber griechischer
Staatsanleihen sind die griechischen Banken unterkapitalisiert und Venture-Kapital ist nur begrenzt vorhanden. Erschwerend kommt hinzu, dass griechische Investoren als potenzielle Finanziers innovativer Investitionen ihr Vermögen außerhalb
Griechenlands oder gar außerhalb der Eurozone angelegt haben (Evans-Pritchard
2012). Auch wenn es um die Implementierung innovativer Produkte im Markt (gemessen durch Rankings über Managementpraktiken) geht, findet sich Griechenland am unteren Ende der Skala wieder (vgl. Bloom et al. 2012).

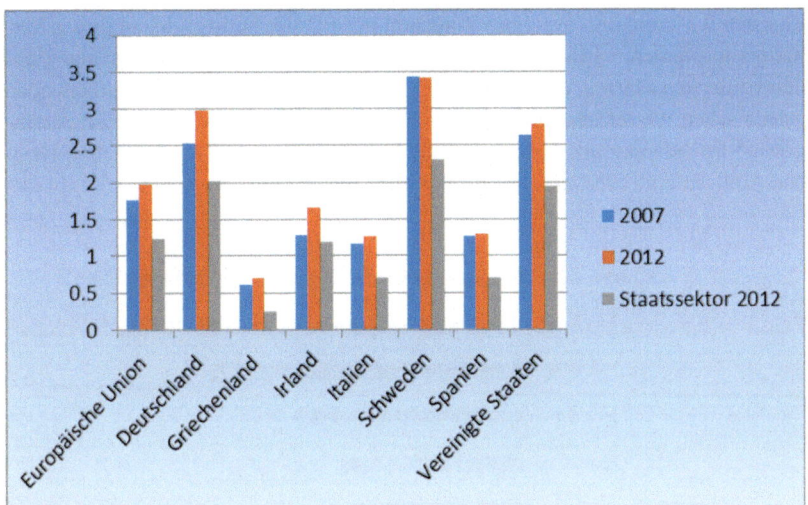

Abbildung 5 FuE-Ausgaben als Prozent am BIP in den Jahren 2007 und 2012
Quelle: OECD (2014).

Die griechische Überregulierung ist ein zentraler Grund für das Fernbleiben von Investoren. Der Indikator der Weltbank zum „Ease of Doing Business" zeigte für das Jahr 2010, dass der Rechtsrahmen zu erheblichen Belastungen und langwierigen Verfahren im Hinblick auf die Überwindung von Markteintrittsbarrieren, die Eintragung gewerblichen Eigentums, die Erlangung oder Verlängerung von Lizenzen und Genehmigungen, sowie im Hinblick auf die Berichtspflichten führt. Griechenland landete im Jahr 2010 auf Rang 109 aus 183 Ländern.

Wenngleich diese Fakten kein gutes Bild vom Zustand des griechischen Innovationssystems zeichnen, wurden in den letzten Jahren leichte Verbesserungen realisiert. Die Weltbank verzeichnet etwa gewisse Verbesserungen im Geschäftsklima. Im jüngsten Ranking der Weltbank belegt Griechenland zuletzt den 72. Rang (Abbildung 6). Hingegen ist laut Transparency International keine nennenswerte Reduzierung der Korruption auszumachen.

Darüber hinaus seien einige „heimlichen Stärken" Griechenlands für die weitere Ausgestaltung eines Innovationssystems herausgestellt. Eine erste Stärke sind die wenn auch in geringer Zahl bestehenden Forschungsinstitute, die in der Grundlagenforschung herausragende Forschungsergebnisse produzieren (vgl. Grant et al. 2011). Dies belegt etwa die Anzahl der bewilligten „ERC-Grants", das kompetitivste Forschungsförderprogramm der EU, die ein Indikator für Forschungsexzellenz ist. Setzt man die von Griechen im Inland und im EU-Ausland erhaltenen

Zusagen ins Verhältnis zur Einwohnerzahl des Landes und vergleicht dieses Verhältnis mit anderen EU-Ländern (siehe Abbildung 7), so liegt Griechenland auf den vordersten Plätzen, ohne dass dabei die überwiegend in den USA arbeitenden griechischen Wissenschaftler berücksichtigt sind.[6] Wenn es gelänge, diese „Brainpower" im Inland stärker zu nutzen als bisher, könnte die Transformation Griechenlands in eine Innovationswirtschaft deutlich an Fahrt gewinnen.

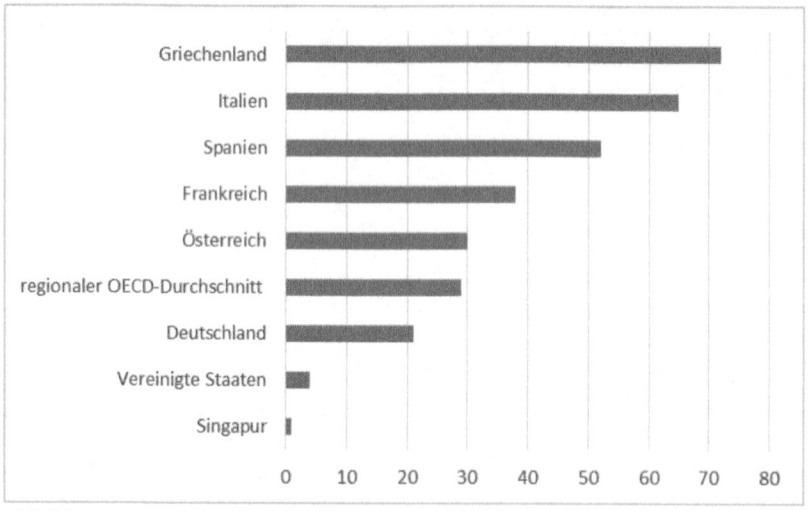

Abbildung 6   Ease of Doing Business-Index 2013
Quelle: Weltbank, 2012, http://www.doingbusiness.org/rankings.

---

6   John Ioannidis zeigte jüngst auf, dass der weltweit gemessene Anteil griechischer Spitzenwissenschaftler unter allen Spitzenwissenschaftlern der Welt 3 Prozent beträgt, obwohl die Griechen nur einen Anteil von weniger als 0,2 Prozent der Weltbevölkerung ausmachen (siehe Lakasas 2014).

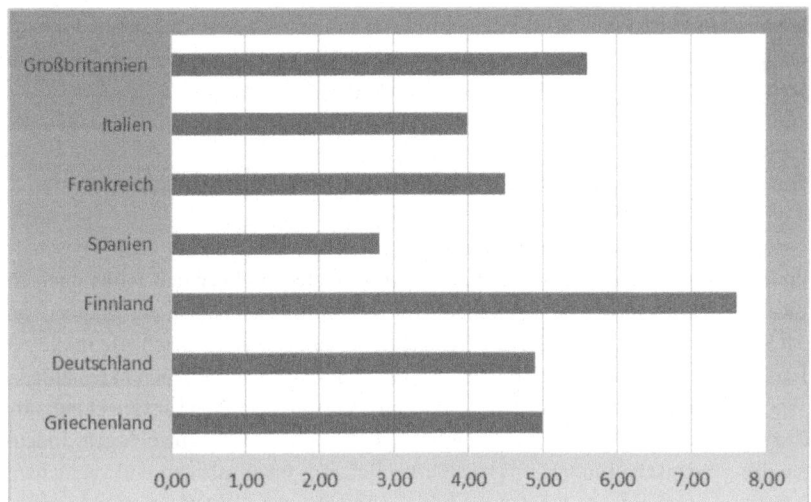

Abbildung 7 Verhältnis erhaltener ERC-Projektförderungen von Forschern einer Nation zur Bevölkerung der gleichen Nation

Quelle: ERC (2012), Eurostat (2013), Herrmann und Kritikos (2013)

Drittens gibt es eine beachtliche Anzahl von kleineren innovativen Unternehmen, die kurz vor der Markteinführung ihrer innovativen Produkte stehen (vgl. Tsiros 2011). In Athen hat sich jüngst eine lebendige Gründerszene entwickelt. Die vierte Stärke Griechenlands bezieht sich auf seine klimatische Attraktivität und Lebensqualität. Im globalen Wettbewerb um die besten Talente spielen auch Faktoren wie die Lebensqualität außerhalb der Labore eine zunehmende Rolle. Labore, Patentanwälte und Venture-Kapital sind mobil, im Gegensatz zu Klima, Landschaften und kulturellem Erbe. Einige herausragende Universitäten im Norden Europas und im Norden der USA stehen bereits im Wettbewerb mit Universitäten an Orten mit einer höheren Lebensqualität wie Kalifornien, Australien und Israel. In Europa hingegen gibt es bisher keinen Standort, an dem herausragende Forschung, ein attraktives Klima und Lebensqualität vereint sind. Griechenland kann hier von seinen komparativen Vorteilen profitieren und sich durch die Kombination aus Lebensqualität, exzellenter Forschung und öffentlicher Verwaltung zu einem attraktiven Standort für Talente entwickeln.

Derzeit werden diese heimlichen Stärken jedoch kaum genutzt. Stattdessen existieren weiterhin zahlreiche regulatorische Hürden, ein innovationsfeindliches Umfeld und nur wenige echte Hightechunternehmen. Wissenstransfer zwischen der Grundlagenforschung in den Forschungsinstituten und der Verwertung der Ergebnisse in Form von marktfähigen Produkten finden kaum statt. Und die vorhandenen Forschungsinstitute arbeiten einzeln anstatt in gemeinsamen Netzwerken, während Top-Forscher weiterhin das Land verlassen.

5   Eine Agenda für Innovation in Griechenland

Griechenlands Spezialisierung in den traditionellen Sektoren der Landwirtschaft und des Tourismus sind wenig wertschöpfungsintensiv. Dennoch ist es auch in diesen Sektoren möglich, leistungsfähiger zu werden (siehe auch den Report von McKinsey 2012). Aber es dürfte offensichtlich sein, dass solche Schritte in diesen traditionellen Sektoren nicht reichen werden, um das Land auf einen nachhaltigen Wachstumspfad zu bringen. Daher ist der aussichtsreichste Weg für Griechenlands Zukunft, wenn seine Entscheidungsträger einen neuen Weg einschlagen, indem sie das griechische Innovationssystem erheblich auf- und ausbauen und versuchen, kreative, ehrgeizige und gut ausgebildete Talente aus aller Welt zu gewinnen. Resultieren daraus in der mittleren Frist innovative Industrien mit hoher Wertschöpfung, hat Griechenland die Chance auf nachhaltiges Wirtschaftswachstum. Auch wenn diese Strategie Zeit benötigt, bis erste Renditen zu verzeichnen sind, kann sich Griechenland mit dieser Strategie zur führenden Innovationsökonomie in Südosteuropa transformieren. Andere Erfolgsmodelle wie die neuen Zentren für Hightechinnovationen in Tel Aviv oder Berlin können dabei als Vorbild dienen. Wichtig ist in diesem Zusammenhang, dass Griechenland auf den existierenden Forschungsinstituten und innovativen Entrepreneuren aufbauen kann. Insbesondere gilt es, die beschriebenen Lücken zu schließen, also massive Investitionen in öffentliche Forschung, exzellente Universitäten und Forschungszentren durchzuführen, die sich verstärkt auf angewandte Grundlagenforschung konzentrieren. Darüber hinaus sind Institutionen zu schaffen, welche Netzwerke und Cluster fördern, Eigentumsrechte schützen und bürokratische Hürden abbauen. Auch der angefangene Reformprozess muss fortgesetzt werden. Auf Grundlage der Komponenten eines funktionsfähigen Innovationssystems (Kapitel 3) sowie des derzeitigen Innovationsumfeldes Griechenlands (Kapitel 4) empfehlen sich folgende wirtschaftspolitischen Maßnahmen:

   1) **Weiterentwicklung und Etablierung von Forschungsinstituten und Universitäten:** Basierend auf den Spezialisierungen der existierenden Forschungsinstitute und Universitäten müssen durch *institution building* die Forschungskapazitäten mit Fokus auf die Generierung räumlicher *Wissens-spillover* (von Forschungsinstituten auf Hightechunternehmer) ausgebaut werden. Da die Umsetzung einen deutlichen Anstieg der öffentlichen Ausgaben nach sich zöge, ist

angesichts der aktuellen Situation des griechischen Staatshaushaltes die effiziente Inanspruchnahme des neuen EU-Rahmenprogramms Horizon 2020 und weiterer struktureller Forschungsförderungen der EU notwendig (Halme et al. 2012). Idealerweise werden diese Investitionen durch eine Umstrukturierung des öffentlichen Forschungssystems begleitet: Eine Bewertung auf Basis von international anerkannten Publikationen und Patenten würde die Umverteilung von knappen Ressourcen hin zu produktiven Forschern erleichtern. Die Nutzung der Strukturfonds und des Rahmenprogramms Horizon 2020 eröffnen Griechenland die Möglichkeit, die notwendigen Investitionen durchzuführen.

2) **Forschern Anreize schaffen:** Die wichtigste Ressource einer innovationsgetriebenen Wirtschaft sind hochqualifizierte Forscher. Sie sind die treibende Kraft hinter Spitzenforschung, neuen Entwicklungen und letztendlich Innovationen. Damit Griechenland im internationalen Wettbewerb um die besten Forscher weltweit bestehen kann, müssen die Hürden abgebaut werden, welche derzeit die Gewinnung (griechischer und ausländischer) Spitzenforscher erschweren. Folgende drei Bedingungen helfen den Brain-drain in *brain circulation* umzuwandeln: (a) eine unabhängige Forschung mit Schwerpunkt auf Qualität der Forschungsleistungen; (b) eine angemessene Vergütung vergleichbar mit anderen Forschungsstandorten Europas; (c) niedrige regulatorische Hürden für Forschungsprojekte.

3) **Ausbau von Forschungsclustern basierend auf existierenden Spezialisierungen:** *Neue* Forschungsinstitute sind in Forschungsfeldern zu gründen, in denen Griechenland bereits eine Spezialisierung ausweist. Wie Ellison und Glaeser (1999) zeigen, generieren Cluster insbesondere dann *Wissens-spillover*, wenn Forschungsinstitute, Universitäten und innovative Unternehmen geographisch konzentriert angesiedelt sind und komplementäre Themenausrichtungen haben. Für die Schaffung solcher Cluster wäre eine geographische Neuverteilung der verstreuten Forschungsinstitute erforderlich. Darüber hinaus ist die Infrastruktur von Technologieparks zu reaktivieren, die in der Vergangenheit mit Hilfe von Strukturfonds der Europäischen Kommission aufgebaut wurden. Zusammen mit herausragenden Forschungsinstituten können sich Technologieparks zu Zentren für die Entstehung von Innovationen verwandeln. Im Mittelpunkt muss dabei die Gestaltung des Übergangs von Forschungsideen zu neuen Produkten stehen.

4) **Unabhängigkeit der wissenschaftlichen Institutionen:** Investitionen in Forschungsinstitute und Universitäten werden nur dann wirkungsvoll sein, wenn diese Institutionen frei von jeglichem politischen Einfluss sein werden. Das bedeutet zum Beispiel, dass diese Institutionen autonom über ihre Budgets entscheiden können, die Auswahl von Wissenschaftlern ausschließlich nach ihrer wissenschaftlichen Qualität erfolgt und die Institutionen in der Lage sind, international kompetitive Gehälter zu zahlen. Unterstützt werden kann dieser Ansatz weiterhin

durch eine unabhängige Forschungsorganisation, die Forschungsmittel in Form von Drittmitteln ausschließlich nach Qualitätskriterien vergibt.

5) **Stärkung der beruflichen Ausbildung**: Parallel zum Ausbau der Forschung gilt es, eine adäquate Berufsausbildung zu schaffen, um die Umwandlung von Inventionen in neue Produkte und Dienstleistungen in Griechenland selbst zu ermöglichen. Zurzeit ist die Markteinführung nicht nur aufgrund von bürokratischen Hürden erschwert, sondern auch weil das praktische Fachwissen im griechischen Arbeitsmarkt kaum vorhanden ist. Dieses Potential kann Griechenland besser ausschöpfen, wenn es sich von anderen beruflichen Ausbildungssystemen (etwa der Schweiz) inspirieren ließe.

6) **Verbesserte Regulierung für Unternehmen und Umsetzung von Reformen**: Trotz der jüngst von der Weltbank berichteten Verbesserungen im Jahr 2014 sind die regulatorischen Anforderungen für griechische Unternehmen noch immer exzeptionell hoch. Der administrative Aufwand für das Betreiben von Unternehmen muss weiter reduziert werden. So sollten sich die bürokratischen Schritte für Unternehmensgründungen und -schließungen reduzieren, ebenso wie die Vorschriften für den laufenden Betrieb und die Berichtspflichten. Darüber hinaus werden alle Reformen, die bereits durch die Gesetzgebung abgesegnet sind, erst wirksam, wenn sie durch Gerichte um- und durchgesetzt werden. Als Ziel sollte sich Griechenland setzen, unter die Top 20 im „Ease Doing Business"-Ranking zu gelangen, wie es einige andere europäische Länder bereits vorgemacht haben. Um die Anpassungsprozesse zu unterstützen, ist die Schulung von Verwaltungsbeamten unverzichtbar.

7) **Kodifikation und Vereinfachung der Gesetzgebung**: Eine widersprüchliche Gesetzgebung verursacht Unsicherheiten und zusätzliche betriebliche Kosten. Eine Kodifizierung bedeutet in diesem Zusammenhang, dass sich widersprechende Gesetze zu einem und demselben Thema in einem einzigen neuen Gesetz vereint werden. Eine umfassende Kodifizierung der griechischen Gesetzgebung trägt dazu bei, die Verwaltungsgesetzgebung zu vereinfachen. Dieser Schritt sollte die Reduktion und Vereinheitlichung von Verwaltungsverfahren einschließen (für Details siehe EU-Kommission 2009).

8) **Weitere Verfeinerung der Kallikratis–Steuerreform**: Für eine erfolgreiche innovationsgetriebene Volkswirtschaft ist ein exzellentes lokales Geschäftsklima unerlässlich, d.h. nicht nur eine effiziente und schnelle Verwaltung, sondern auch eine gute Humanausbildung und Gesundheitsversorgung. In vielen erfolgreichen Innovationsökonomien haben die Kommunen einen Anspruch auf einen Teil der lokalen Steuereinnahmen, um mit diesen ein attraktives Geschäftsklima zu erzeugen. In Griechenland hingegen sind die Kommunen von den lokalen Steuereinnahmen ausgeschlossen. Stattdessen sollte die politische Führung auch den

griechischen Kommunen einen maßgeblichen Anteil der lokalen Steuereinnahmen überlassen, damit diese einen Anreiz erhalten, eigenverantwortlich in ihrer Region ein innovatives Umfeld zu schaffen.

9) **Start-up-Zuschüsse:** Um Gründungen aus der Arbeitslosigkeit zu unterstützen, ist es überlegenswert, Existenzgründer mit Zuschüssen zu unterstützen, welche die Lebenshaltungskosten der ersten Monate abdecken. Eine solche Maßnahme erhöht maßgeblich die Überlebenswahrscheinlichkeit junger Unternehmen in der kritischen Anlaufphase. (Vgl. Caliendo/Kritikos (2010) zu Details über eine Ausgestaltung von finanziellen Starthilfen, die keine Mitnahmeeffekte erzeugen.)

10) **Diaspora-freundliche Politik**: Eine Diaspora-freundliche Politik kann die Wirkung der bisher diskutierten Maßnahmen zur Etablierung eines funktionsfähigen Innovationssystems unterstützen. Neben einer aktiven Arbeitsmarktpolitik, welche dem Braindrain entgegenwirkt, kann eine Diaspora-Politik ergänzend die Interaktion und Kooperation zwischen Griechen im Ausland und im Inland aktivieren. Diese Politik könnte folgende Optionen enthalten: Austauschprogramme oder doppelte Anstellungen (im In- und Ausland) für Spitzenforscher, welche den *brain drain* in *brain circulation* verwandeln (vgl. Saxenian 2005) und den Wissenstransfer erhöhen (vgl. Kerr 2008). Darüber hinaus können Kooperationen dazu führen, dass FuE finanziert, Risikokapitalgeber gewonnen (Plaza 2013), und Führungskapazitäten erhöht oder sogar der Export von innovativen Produkten in die Diaspora angekurbelt werden (vgl. Rauch/Trindade 2002). Darüber hinaus argumentieren Saxenian und Sabel (2011: 107): „The increased salience of Diaspora networks to economic development does also lie in their role in the design and construction of new institutions in their home countries. Over time they have the potential to create a context that supports self-sustaining growth."

In Anbetracht der Partikularinteressen in Griechenland ist die Implementierung eines solchen Maßnahmenkatalog nicht einfach. Auch wird Griechenland sein Selbstverständnis ändern müssen, wenn ein Verbleib im Euroraum für alle Seiten sinnvoll sein soll: Weg von einer Volkswirtschaft, die sich lediglich auf Handel, Tourismus und Transfers stützt, hin zu einer innovationsgetriebenen Volkswirtschaft. Wenn die griechische Regierung es schafft, eine glaubwürdige Vision für ein prosperierendes Land zu entwickeln, kann sie jedoch die Zustimmung der Bevölkerung für einen solchen Ansatz gewinnen, und Griechenland langfristig auf einen nachhaltigen Wachstumspfad führen.

6   Schlussfolgerungen

Die Mitgliedschaft Griechenlands in der Eurozone vermittelt fälschlicherweise den Eindruck, Griechenland sei eine Innovationsökonomie. Tatsächlich leidet Griechenland nicht nur unter institutionellen, sondern auch unter strukturellen Defiziten. Die Wirtschaftsstruktur ist kleinteilig, mit niedrigen Exportquoten und konzentriert sich auf wenig innovative Sektoren der Nahrungs-, Getränke- sowie der Tourismusindustrie. Zudem leidet der Privatsektor immer noch unter zu viel Bürokratie. Bleiben die Senkung der Arbeitskosten sowie institutionelle Reformen die einzigen wirtschaftspolitischen Maßnahmen, droht Griechenland zu einem Niedriglohnland mit einer verlängerten Werkbank für andere innovative Volkswirtschaften zu werden. Wenn Griechenland hingegen seine komparativen Vorteile abseits von Tourismus, Handel und Landwirtschaft nutzt, kann es eine Perspektive entwickeln.

Für die Etablierung eines funktionsfähigen Innovationssystems kann Griechenland auf einer bereits existierenden Basis aufbauen. So sind herausragende Forschungsinstitute, einige innovative Unternehmen – welche trotz der regulatorischen Hürden in Griechenland geblieben sind – sowie eine beeindruckende Diaspora vorhanden. Im Hinblick auf die notwendigen Komponenten eines funktionsfähigen Innovationssystems und des derzeitigen Innovationsumfeldes sollte Griechenland substantielle Investitionen in den institutionellen Ausbau seiner Forschungsinstitute vornehmen, weitere Reformen durchsetzen und eine begleitende Diaspora-freundliche Politik verfolgen. Wenn sich jedoch die griechische Regierung auf den zum Teil durchgeführten Reformen der Rahmenbedingungen ausruht, werden Forscher, Unternehmen und Kapital weiterhin von Griechenland fernbleiben.

Der vorgeschlagene Zehn-Punkte-Plan kann Griechenland in eine innovationsgetriebene Ökonomie transformieren. Ein innovationsfreundliches Umfeld ermutigt Spitzenforscher, als Schlüsselfaktor einer Innovationswirtschaft, nach Griechenland zurückzukehren bzw. zu kommen. Bahnbrechende Forschungsergebnisse ziehen auch Venture-Kapital an. Die Schaffung neuer Arbeitsplätze und angemessene Gehälter für qualifizierte Kräfte können den allgemeinen Wohlstand fördern. Dennoch muss den griechischen Entscheidungsträgern klar sein, dass die Wachstumsprozesse aus einer erfolgreich implementierten Innovationspolitik erst in ein bis zwei Dekaden einsetzen werden. Der Handlungsbedarf ist jedoch akut. Je eher die vorgeschlagenen Reformen umgesetzt werden, desto früher kann das Land auf einen nachhaltigen Wachstumspfad einschwenken. Und falls Griechenland es schafft, alle heimlichen Stärken zu aktivieren, kann es zu einem Innovationsführer in Europa aufsteigen.

Literatur

Aghion, P./Howitt P. 1992. A Model of Growth through Creative Destruction. *Econometrica*, 60, 323–351.

Ames, E. 1961. Research, Invention, Development and Innovation. *American Economic Review*, 51, 370–381.

Andersen, B. 2003. The Rationales for Intellectual Property Rights in the Electronic Age. In: Jones, D. (Hg.): *New Economy Handbook*. San Diego: Elsevier Science & Academic Press, S. 985-1024.

Anokhin, S./Schulze, W.S. 2009. Entrepreneurship, innovation, and corruption. *Journal of Business Venturing*, 24, 465–476.

Ariu, A./Squicciarini M.P. 2013. The balance of brains - corruption and migration. *EMBO reports*, 14, 502–504.

Arrow, K. J. (Hg.) 1971. *Essays in the Theory of Risk-Bearing*. Amsterdam/Chicago: Markham Publishing Co. Binswanger.

Baumol, W. 2005. Education for Innovation: Entrepreneurial Breakthroughs vs. Corporate Incremental Improvements. *Innovation Policy and the Economy*, 5, 33–56.

Baumol, W./Schilling, M. 2008. Entrepreneurship. In: *The New Palgrave Dictionary of Economics*, Online Version, 1–9.

Bertoli, S./Brücker, H./Moraga, J.F.H. 2013. The European Crisis and Migration to Germany: Expectations and the Diversion of Migration Flows, IZA Disc. Paper No. 7170, Bonn.

Bettencourt, L.M.A./Lobo, J./Strumsky, D. 2007. Invention in the city: Increasing returns to patenting as a scaling function of metropolitan size. *Research Policy*, 36, 107–120.

Bloom, N./Genakos, C./Sadun, R./van Reenen, J. 2012. Management Practices across Firms and Countries. *Academy of Management Perspectives*, 26, 12–33.

Buti, M./Turrini, A. 2012. Slow but steady? External adjustment within the Eurozone starts working. VOX EU, 12.11.2012.

Caliendo, M./Kritikos, A.S. 2010. Start-ups by the Unemployed: Characteristics, Survival and Direct Employment Effects. *Small Business Economics*, 35, 71–92.

Drymiotis, A. 2012. The Monster of Bureaucracy and What it Costs. *Kathimerini*, 22.12.2012.

Ellison, G./Glaeser, E.L. 1999. The Geographic Concentration of Industry: does Natural Advantage Explain Agglomeration. *American Economic Review*, 89, 311–316.

Europäische Kommission 2013. The Second Economic Adjustment Programme for Greece, third review. Occasional Papers No. 159, Brüssel.

Europäische Kommission 2012. *Innovation Union Scoreboard*. http://ec.europa.eu/enterprise/policies/innovation/facts-figures-analysis/innovation-scoreboard/. Zugegriffen: 04.03.2015.

Europäische Kommission 2009. *Codification and recasting*. Progress Report, Brussels.

Eurostat 2012. http://epp.eurostat.ec.europa.eu/portal/page/portal/statistics/themes.

Evans-Pritchard, A. 2012. Debt Crisis: Greek Euro Exit Looms Closer as Banks Crumble. *The Telegraph*, 16.05.2012.

Fisher, I. 2007. *Elementary Principles of Economics*. New York: Cosimo, Inc.

Freeman, C. 1987. *Technology Policy and Economic Performance: Lessons from Japan*. London/New York: Frances Printer Publishers.

Gennaioli, N./La Porta, L./Lopez-de-Silanes, F./Shleifer, A. 2012. Human Capital and Regional Development In: *The Quarterly Journal of Economics*, online: http://scholar.harvard.edu/files/shleifer/files/human_capital_qje_final.pdf. Zugegriffen: 04.03.2015.

Grant, J./Ling, T./Potoglou, D./Culley, D.M. 2011. A rapid review of the Greek research and development system. Rand Europe, Discussion Paper, September 2011.

Gruenhagen, M./Berg, H. 2011. Modelling the antecedents of innovation-based growth intentions in entrepreneurial ventures – The role of perceived regulatory conditions in the German renewable energies and disease management industries. *International Journal of Technology Policy and Management*,11, 220–249.

Halme K./Cartalos, O./Lähteenmäki-Smit, K./Viljamaa, K. 2012. The Attractiveness of the EU for Top Scientists, ITRE Committee, European Parliament.

Herrmann, B./Kritikos, A. S. 2013. Growing out of the crisis: hidden assets to Greece's transition to an innovation economy. *IZA Journal of European Labor Studies*, 2(14), http://www.izajoels.com/content/2/1/14.

Heyer, J.A. 2012. Corruption Continues Virtually Unchecked in Greece. In: *Spiegel Online International*, 16.10.2012: http://www.spiegel.de/international/europe/corruption-continues-virtually-unchecked-in-greece-a-861327.html. Zugegriffen: 04.03.2015.

Kerr, W. 2008. Ethnic Scientific Communities and International Technology Diffusion. *Review of Economics and Statistics*, 90, 518–537.

Lakasas, A. 2014. Die besten griechischen Wissenschaftler wurden aus Griechenland verbannt, *Kathimerini*, 01.08.2014. (gr.)

McKinsey 2012. *Greece: 10 years ahead: Defining Greece's new growth model and strategy*. Athens.

Nelson, R. R. 1993. *National Innovation Systems: A Comparative Analysis*. Oxford: Oxford University Press.

OECD 2014. *Science and Technology Indicators*. http://stats.oecd.org/index.aspx?r=85052.

OECD 2010. *From European Economy*. Occasional Papers No. 68, August, Paris.

OECD 2008. *Product Market Regulation*. http://stats.oecd.org/Index.aspx?QueryId=28994.

Plaza, S. 2013. Diaspora Ressources and Policies. In: Constant, A.F./Zimmermann, K.F. (Hg.): *International Handbook on the Economics of Migration*, Cheltenham: Edward Elgar, S. 505–529.

Porter, M. E. 1998. Clusters and the New Economics of Competition. *Harvard Business Review*, 76, 77–90.

Rauch, J. E./Trindade, V. 2002. Ethnic Chinese Networks in International Trade *Review of Economics and Statistics*, 84, 116–130.

Saxenian, A. 2005. From brain drain to brain circulation: Transnational communities and regional upgrading in India and China. *Studies in Comparative International Development*, 40, 35–61.

Saxenian, A./Sabel, C. F. 2011. The new Argonauts and the Rise of Venture Capital in the Periphery. In: Audretsch, D. et al. (Hg.): *Handbook of Research on Innovation and Entrepreneurship*. Cheltenham: Edward Elgar, S. 104–118.

Thomas, L. 2011. What's Broken in Greece? Ask an Entrepreneur. New York Times, 29.01.2011, http://www.nytimes.com/2011/01/30/business/30greek.html?pagewanted=all&_r=0. Zugegriffen: 04.03.2015.

Transparency International 2012. Corruption Perception Index. Online: http://www.transparency.org/cpi2012/results.

Tsakanikas, A. 2012. The Greek Economy under Reform: a Sisyphean Task or a Victorious Way to Ithaka, IOBE Disc. Paper presented at the KAS Workshop December 2012.

Tsiros, G. (Hg.) 2011. *Greece innovates*. Joint publication by Eurobank Greece and SEV. Athen.

Veugelers, R. 2011. Mind Europe's Early-Stage Equity Gap. *Bruegel Policy Contribution*. Issue 2011/18, 1-10.

Weltbank 2014. Ease of Doing Business in Greece; Washington, http://www.doingbusiness.org/data/exploreeconomies/greece. Zugegriffen: 04.03.2015.

Zentrale Strukturelemente des griechischen Kapitalismusmodells

Ioannis Kompsopoulos

1 Einleitung

Griechenland hat seit 2010 einen beispiellosen wirtschaftlichen Einbruch erlebt, der zuerst durch die Weltwirtschaftskrise 2008 und die eigene hohe Staatsverschuldung bedingt war. Dies führte zu einem Anstieg der Zinsen auf Staatsanleihen, was wiederum die Zahlungsfähigkeit des Staates gefährdete. Dieser Einbruch wurde vertieft und verlängert durch die darauffolgende Krisenbearbeitungspolitik, die vorsah, Griechenland Kredite zur Aufrechterhaltung der Zahlungsfähigkeit zu gewähren. Dies geschah unter der Bedingung, dass sogenannte Konditionalitäten implementiert wurden. Diese wurden zwischen der Regierung und der Troika aus Europäischer Kommission, Europäischer Zentralbank und Internationalem Währungsfonds ausgehandelt. Ihr ausgegebenes Ziel war es, neben der fiskalischen Stabilität auch die Wettbewerbsfähigkeit des griechischen Staates wiederzugewinnen. Der gesellschaftliche Klassenkompromiss, der seit dem Fall der Diktatur 1974 Bestand hatte und neben politischen Freiheiten auch soziale Rechte beinhaltete (Kouvelakis 2011: 20), wurde mit dem Abkommen mit der Troika im Mai 2010 abrupt und einseitig von der Regierung abgebrochen. Unterstützt wurde sie bei diesem Vorgehen u.a. vom Arbeitgeberverband und Akteuren aus dem Banken- und Finanzwesen des Landes, aber auch von großen Teilen der Massenmedien. Durch tiefe wohlfahrtsstaatliche Einschnitte sowie Reformen im Arbeitsmarkt-, Berufs- und Produktmarktbereich kam es nicht nur zu einer tiefreichenden Intervention in den Sozialstaat, sondern auch zu einem tiefen wirtschaftlichen Einbruch und einem explosionsartigen Anstieg von Arbeitslosigkeit und Armut.

Im Folgenden werden die zentralen Strukturelemente des Kapitalismusmodells Griechenlands, insbesondere die prägenden Kapitalfraktionen und die Einbettung dieses Modells in die weltwirtschaftlichen Muster vorgestellt. Darauf folgt dann ein Abriss des Wachstumsmodells, das Griechenland vor der Krise geprägt hat. Anschließend wird die ökonomische Entwicklung seit dem Krisenausbruch 2010 nachskizziert und mit einem kurzen Resümee abgeschlossen.

2   Griechenland – ein peripherer Staat

Die Kategorie „peripher" ist ein fruchtbarer Begriff, um Griechenlands Position innerhalb der internationalen Arbeitsteilung allgemein und insbesondere innerhalb der EU zu bestimmen. Der Ausbruch der Krise in der Eurozone hat eine grundlegende strukturelle Dichotomie aufgezeigt. Diese zeigt sich im Unterschied zwischen Leistungsbilanzüberschuss- sowie Defizitländern (Bieling 2013a: 298). Aus dieser Trennung lässt sich für die Eurozone ein Zentrums-Peripherie-Modell ableiten, innerhalb dessen Griechenland als Defizitland zur Peripherie gehört. Periphere EU-Mitgliedsstaaten sind durch eine Reihe ähnlicher Strukturmerkmale geprägt. Die wichtigsten davon sind:

1. Die bedeutende Rolle der Regierungs- und Verwaltungsapparate für die Ausrichtung und Aufrechterhaltung von ökonomischen Wachstumsmodellen sowie für die Ausgestaltung fundamentaler gesellschaftlicher Beziehungen wie zum Beispiel der Tarifauseinandersetzungen (Lavdas 2010).
2. Der große Anteil des Agrarsektors am BIP und der Beschäftigungsrate, welcher im Laufe der Jahrzehnte zwar kleiner wurde, aber weiterhin relativ groß ist und auch eine bedeutsame politische Relevanz besitzt mit Hinsicht der Berücksichtigung der Agrarbevölkerung als Wählerklientel (Alogoskoufis 1995).
3. Ein verspäteter Industrialisierungsprozess, der im Vergleich zu den entwickelten Industrieländern vergleichsweise klein blieb. Dienstleistungssektor und staatliche wirtschaftliche Aktivität haben eine große Bedeutung (Louri/Pepelasis-Minoglou 2002).
4. Ein Öffnungsprozess ihrer kleinen Ökonomien hinsichtlich Handels und ausländischer Direktinvestitionen (Karamessini 2012). Hierbei ist Griechenland eines der am wenigsten geöffneten Länder. So machten die Exporte 2011 nur 24 % des BIP aus, während die Importe 31,5 % erreichten (Keating/Harvey 2013: 2).
5. Die passive Struktur ihrer Ökonomien. Sie bleiben abhängig von Waren-, Dienstleistungs- und Kapitalströmen, die von außerhalb einfließen und sich so-

mit außerhalb der Entscheidungs- und Steuerungsgewalt einheimischer (staatlicher oder privater) Akteure befinden (Becker/Jäger 2012).

6. Ein Finanzialisierungsprozess seit den 1990er-Jahren aufgrund der Liberalisierung der Banken- und Finanzsektoren dieser Länder, aber auch wegen Privatisierungen im öffentlichen Sektor v.a. in den Bereichen Gesundheit, Bildung und Rentensysteme. Der bedeutsamste Faktor hier war jedoch die Bildung der Währungsunion und der Integrationsprozess der Banken- und Finanzsektoren, in dessen Folge vor allem die Finanzmärkte Griechenlands, Portugals und Irlands riesige Massen an Krediten und anderen Finanzmitteln hauptsächlich von Banken und Finanzinstituten der großen Eurozonen-Mitgliedsstaaten sowie Großbritannien anzogen (Bieling 2013b, Lapavitsas et al. 2012, Pagoulatos 2003).

7. Die bedeutende Rolle der Institution Familie als Wirtschaftsfaktor zum Beispiel als Familienbetrieb und als Komplementierung zu fehlender und/oder ungenügender Sozialpolitik. Da im Bereich der häuslichen Reproduktionsarbeiten und der Pflege die anfallenden Aufgaben überwiegend von Frauen übernommen werden, führt dies zu niedrigen Beschäftigungsraten von Frauen im regulären Arbeitsmarkt (Rapti 2007).

Diese Elemente sind in der sozioökonomischen Struktur Griechenlands spezifisch ausgeprägt. So hielt sich bis heute eine Betriebsstruktur von Kleinst- und Familienunternehmen (1 – 9 Beschäftigte), die 46 % der Beschäftigten und über 90 % der Unternehmen ausmachen. Ergänzt wird das Bild von einem europäischen Spitzenwert von 30 % Selbstständigen. Der Anteil der Schattenwirtschaft wird auf ca. 30 % geschätzt. Der Anteil öffentlicher Unternehmen bleibt weiterhin relativ hoch (Karamessini 2012: 158). Es besteht ein hohes Maß an Klientelismus und eine Korruption, die in den 2000er-Jahren nicht nur in den infrastrukturellen und militärtechnischen Großprojekten mit Beteiligung ausländischer Unternehmen sehr bedeutend war, sondern auch im Alltagsleben sehr stark zu spüren ist. Ein weiteres Spezifikum ist die extrem parteipolitisch geprägte Struktur der Verwaltung, die die Entstehung einer relativ autonom und effizient handelnden Administration verhindert (Lyrintzis 2011).

Die griechische Wirtschaft wird vom Dienstleistungssektor dominiert, der etwa 70 % des BIP ausmacht, während die Landwirtschaft etwa 4 % ausmacht. Das verarbeitende Gewerbe macht in etwa 12 % aus, was 2010 den drittniedrigsten Wert innerhalb der EU ausmachte. Die Exporte werden dominiert von landwirtschaftlichen Produkten wie Korinthen, Baumwolle und Oliven. In diesem Produktbereich gehört Griechenland zu den größten Produzenten innerhalb der EU. Weitere Güter sind Tierfutter- und Halbfertigprodukte. Im Jahre 2008 machten die Exporte nur 28,6 % aller Importe aus (Kompsopoulos/Chasoglou 2013).

Die Ausgabenquote des Staates, obwohl sie nach 1974 rapide anstieg, überstieg jedoch nicht den OECD-Durchschnitt, genauso wenig tat es der Anteil der Angestellten im öffentlichen Dienst an den Gesamtbeschäftigten (Markantonatou 2012: 191). Betrug die durchschnittliche Staatsquote, die auch als Indikator für die Größe des öffentlichen Sektors dient, aller 27 EU-Mitglieder von 2001 – 2008 46,4 %, belief sich dieser Anteil für Griechenland auf 45,2 %. Einen großen Posten in den Staatsausgaben bilden die Militärausgaben, mit 3,1 % des BIP im Jahre 2008 die höchsten in Europa. Bei den Staatseinnahmen hatte Griechenland mit 40,0 % den zweitniedrigsten Wert nach Spanien bei einem EU-27-Durchschnitt von 44,6 %. Der Beitrag der Regierungstätigkeiten zum BIP beträgt in Griechenland 18,5 %, während er sich bei den EU-27 auf 18,7 % beläuft (Petrakis 2012: 201f).

3   Kapitalfraktionen und Einbettung in weltwirtschaftliche Muster

Der Begriff der Kapitalfraktionen lenkt den Fokus auf die Träger einzelner Wirtschaftsbranchen, welche als gesellschaftliche Akteure entsprechend ihres Einflusspotenzials ihre spezifischen Interessen politisch, aber auch medial-diskursiv durchzusetzen suchen. Nach 1949 lassen sich vier prägende Kapitalfraktionen unterscheiden (Serafetinidis et al. 1981: 303). Diese sind Reeder, Finanziers, Industrielle und Händler. Letztere spezialisierten sich auf die Ausfuhr landwirtschaftlicher Güter. Aus dieser Gruppe wechselten später viele in das Importgeschäft für Güter aus dem EU-Binnenmarkt. Die Gruppe der Industriellen war und ist angewiesen auf aus- wie inländische Kredite sowie auf Technologie- und Wissenstransfer. Ihre Tätigkeitsfelder sind hauptsächlich die Rohstoffgewinnung zum Beispiel Braunkohle oder Bauxit und -verarbeitung, zum Beispiel von Rohölprodukten oder Metallen für die Schifffahrt. Die Finanziers sind zwar unabhängig von ausländischen Kreditinstituten, waren aber in ihrer Entwicklung vom griechischen Reeder-Kapital abhängig. Die Reederei-Dynastien haben seit jeher eine bevorzugte Behandlung durch die Regierungen erfahren. Sie bekamen staatliche Garantien für Kredite, in der Verfassung garantierte umfassende Steuerbefreiungen und eine Reihe weiterer Privilegien (Ioakimoglou/Milios 2006: 2). Sie besitzen heute zusammen genommen die größte Brutto-Register-Tonnage der Welt. Ihre immensen Profite werden vom Staat jedoch kaum abgeschöpft. Die führenden Repräsentanten dieser Fraktionen halten sich dazu noch ihre eigenen Medienunternehmen im Print- und Fernsehbereich.

Die Internationalisierungsprozesse des griechischen Kapitals erfuhren seit dem Ende des Bürgerkrieges 1949 drei große Schübe. Die ersten beiden erfolgten in den 1950er-Jahren durch eine enge Anbindung an die USA, aber auch schon an die Bundesrepublik Deutschland sowie 1961 durch das EG-Assoziierungsabkommen. Der dritte Schub trat ab Mitte der 1990er-Jahre ein. Europäische und andere multinationale Konzerne waren durch Einkaufen in griechische Industrieunternehmen, Beteiligungen an der Privatisierung öffentlicher Unternehmen, Durchführung großer Infrastrukturprojekte in Holdings mit griechischen Firmen sowie Investitionen im Einzelhandel, Banken-, Versicherungs-, Telekommunikations- und Hotelwesen die prägenden Akteure. Griechische Geschäftsleute fungierten dabei als Vermittler des einfließenden ausländischen Kapitals.

Parallel dazu kam es zu einem De-Industrialisierungsprozess (Becker 2012: 468). Dies führte u.a. zu einer positiven Kapitalbilanz, deren Mittel von den Finanzinstituten profitabel im Ausland angelegt wurden (Fouskas/Dimoulas 2005). Mit der Zeit schaffte es diese Kapitalfraktion, durch ihren strukturellen Einfluss die strategische Selektivität des Staates immer mehr auf ihre Interessenslage auszurichten. Als extern wirkender Faktor wirkte sich zudem der durch die wettbewerbsstaatliche Integrationsweise der EU (Ziltener 2000: 88ff) induzierte Steuerwettbewerb aus. Die Unternehmenssteuer wurde so von 45 % 1995 bis auf 21 % 2004 gesenkt. Verstärkt wurde das Einnahmeproblem neben den sich stetig verschlechternden Außenhandelsbeziehungen durch die Möglichkeiten von weitgehenden Steuererleichterungen, Steuerflucht wie Steuerhinterziehung. Dies führte zu einer extrem ungleich verteilten Steuerlast. So trugen im Jahre 2010 Lohn- und Entgeltempfänger sowie Rentner und Pensionäre 55 % des gesamten Steueraufkommens. Selbstständige, Landwirte und Freiberufler kamen für 15,8 % auf und Unternehmen für 28,7 % (Ioannidis 2013: 3f).

4   Der Weg in die Eurozone und kreditgetriebener Aufschwung

Mit der Errichtung des EU-Binnenmarktes als externem Faktor und der Liberalisierung des Bankenwesens als Antwort auf die Krise der 1980er-Jahre als internem Faktor änderten sich die Gegebenheiten in Griechenland rapide. Zwischen 1994 und 2007 war Griechenland nach Irland die am schnellsten wachsende Wirtschaft der Eurozone. In diese Periode fällt die Umwandlung des griechischen Akkumulationsregimes in ein finanzialisiertes Modell. Getragen wurde es hauptsächlich durch staatliche Nachfrage und den Konsum der Privathaushalte. Investitionen und Produktivität erzielten ebenfalls hohe Wachstumsraten. Ein weiterer Faktor der Wachstumsdynamik war die Rentabilität der Unternehmen. Die Akkumulation privaten Kapitals sowie das BIP-Wachstum wurden so vorangetrieben.

Die Arbeitslosigkeit fiel aber erst spät ab 2000 und nur langsam (Karamessini 2012: 157). Hauptsächlich ist die Nachfragestärke als ein Nebeneffekt des Geldflusses aus EU-Gemeinschaftsfonds, öffentlichen Infrastrukturprojekten, die aufgrund der Olympischen Spiele durchgeführt wurde und nachgeordnet durch leicht steigende Reallöhne bedingt anzusehen. Die bereinigte Lohnquote fiel stetig und fluktuierte bis 2009 um die 55 %-Marke herum. (Katsimi et al. 2013: 21). Das Wachstumsmodell basierte somit zu einem beträchtlichen Teil auf Staatsausgaben, die im Laufe der Zeit nur durch eine immer weiter wachsende Staatsverschuldung getätigt werden konnten.

Um die Beitrittskriterien zur Eurozone erfüllen zu können, wurde nach 1994 eine Politik der Überbewertung der Drachme verfolgt. So konnten einerseits eine niedrige Inflation und eine Senkung der Staatsverschuldung erreicht werden, andererseits verstärkte dies aber den Rückgang der Wettbewerbsfähigkeit. Zum Eintritt am 01.01.2001 in die EWU herrschte somit eine hohe Inflationsdifferenz, welche die Realzinsen für Griechenland nach unten drückte.

Die Staatsschuld stieg unter diesen erleichterten Bedingungen der Geldaufnahme von 96,3 % 1994 auf 105,4 % im Jahre 2007 an. Das niedrige Zinsumfeld ließ auch die Privatverschuldung wachsen. Die Sparquote sank, während die Verschuldung der privaten Haushalte anstieg. So fiel das Niveau der Ersparnisse unter das Niveau der Investitionen und trug zum Anstieg der Auslandsverschuldung bei. Diese Entwicklungen waren es, die den Konsum sowie die inländischen Investitionen antrieben, was die Inflationsrate über diese Jahre hinweg über dem Eurozonen-Durchschnitt hielt. Der wichtigste Faktor für das steigende Leistungsbilanzdefizit sind jedoch die ungünstigen Handelsbeziehungen. So wurden von 2001 bis 2010 durchschnittlich 91 % des BIP konsumiert (davon über 70 % privater Konsum), während nur 22 % exportiert wurden (Tsakanikas 2013). Das machte die niedrigste Exportquote innerhalb der EU aus. 65 % des Exports gingen 2009 in andere EU-Mitgliedsstaaten. Aus diesen Staaten stammten 71 % der griechischen Importe. Im Jahre 2011 waren es immer noch 58,5 % der Exporte sowie 71 % der Importe (Elstat 2011). Die größten Handelspartner sind Deutschland, Italien, die Türkei und Frankreich sowie Russland und rasant aufholend China (Investingreece 2015). Im zunehmenden Maße mussten die Importe durch die Aufnahme von Krediten vornehmlich von französischen und deutschen Banken bezahlt werden. Diese Entwicklung wurde begleitet von einem langsamen, aber ungenügenden Anstieg der wertschöpfenden Zusammensetzung der griechischen Exporte. Der Export-Anteil der Güter mit niedrigem Kapital- und hohem Arbeitskräfteanteil fiel zwischen 1996 und 2006 von 85 % auf 67 %. Der Bereich mittlerer technologischer Intensität wie die Weiterverarbeitung von Erdöl-Produkten und der Pharmazie-Bereich wuchs im selben Zeitraum von 9 % auf 22 % und der

Hightechbereich von 6 % auf 11 % der Gesamtausfuhren an (Athanasoglou et al. 2010: 7f). Es ließ sich also ein langsames Anwachsen des produktiven Potentials feststellen, das aber weit hinter den Trends der Gesamtentwicklung, im Bereich der Finanzdienstleistungen, aber auch dem globalen Außenhandel, zurückblieb. Der Finanzialisierungsprozess wird durch die Expansion der Aktiva des griechischen Bankensektors erkennbar. Machten diese 1997 107 % des BIP aus, standen sie 2008 bei 190 % (Lapavitsas et al. 2012: 45). Weiter kam es zu Übernahmen griechischer Institute durch französische Banken, während griechische Banken ihrerseits durch Aufkäufe ausländischer Institute in Südosteuropa expandierten. Ab Mitte der 1990er-Jahre generierten somit hauptsächlich die Branchen Tourismus, Bau, Schifffahrt und Finanzdienstleistungen die wirtschaftliche Wachstumsdynamik.

Trotz der langanhaltenden Konjunktur wies Griechenland EU-weit die fünfthöchste Armutsrate aus (Yfantopoulos 2007: 14). Zusammen mit Irland und der Slowakei machte Griechenland 2003 den höchsten Anteil von in Armut lebenden Personen (mit weniger als 60 % des Medianeinkommens) aus, er erreichte 22 %. Rentner bildeten dabei mit 33 % (EU-Durchschnitt 20 %) eine Armutsrisikogruppe (Yfantopoulos 2004: 331ff..

5 Krise seit 2008

Der Ausbruch der Krise und noch mehr die Krisenbearbeitungspolitik in Griechenland haben zu einem Rekordeinbruch des BIP um mehr als 25 % sowie zu einem rapiden Anstieg der Staatsverschuldung auf 148,3 % im Jahre 2010 geführt, die sich bis 2014 durch den austeritätspolitisch bedingten Wirtschaftseinbruch auf 177 % erhöhte. Die Arbeitslosigkeit erreichte nach offiziellen Angaben 2013 das EU-weite Rekordniveau von 27,3 % und stand im dritten Quartal 2014 noch bei 26,0 % (EC 2014). Die Jugendarbeitslosigkeit der Unter-25-Jährigen stieg auf um die 60 %. Die sogenannte 700-€-Generation, die schon 2008 gegen ihre Perspektivlosigkeit aufbegehrt hatte, wurde so rapide zu einer Null-€-Generation. Zehntausende gingen in die Dörfer ihrer Großeltern zurück, um von einer Subsistenzwirtschaft zu leben. Zusätzlich begann wieder eine Migrationswelle ins Ausland. Allein im Jahre 2011 kamen 24.000 Arbeitsuchende nach Deutschland. Versuchte die Regierung ab 2008 noch mit einer Konjunkturstimulierungspolitik der Krise entgegenzutreten und gewann die sozialdemokratische PASOK die Wahlen im Jahre 2009 noch mit dem Versprechen, dass der Staat mehr für seine sozialen Dienstleistungen ausgeben würde, fand diese Politik mit dem Abkommen mit der Troika ein abruptes Ende. Diese sah zwecks Stabilisierung des Finanzsektors und

Konsolidierung des Staatshaushaltes eine Sparpolitik von in Friedenszeiten unge-
ahnten Ausmaßen vor. Der Haushalt sollte dabei zu zwei Dritteln durch Ausgabenkürzungen v.a. im sozialstaatlichen Bereich und im öffentlichen Sektor stabilisiert
werden. Hinzu kamen Änderungen auf der Einnahmeseite wie Steuererhöhungen
und die Abschaffung von Steuerfreibeträgen. Das ausgegebene, mittelfristig zu
erreichende Ziel sollte dabei die Wiederherstellung der Wettbewerbsfähigkeit und
als Folge davon ein exportgetriebenes Wachstumsmodell sein (EC 2010).

Ausgelöst wurde diese für die EU präzedenzlose Intervention durch die Aussage Papandreous, dass das laufende Defizit Griechenlands höher als bisher offiziell
angegeben ausfiel. Am 05.11.2009 wurde es von offiziell 6 % auf 12,7 % erhöht
und am 15.11.2009 auf 15,6 % des BIP. Dies führte zu Turbulenzen an den Finanzmärkten, die noch unter dem Eindruck der Weltfinanzkrise und der Pleite der Bank
Lehman Brothers sowie der Zahlungsfähigkeitskrisen in Ungarn und Rumänien
standen. Die sich durchsetzende Einschätzung war, dass Griechenland seine Ver-
bindlichkeiten nicht mehr bedienen könne, die es v.a. gegenüber französischen,
deutschen, Schweizer und inländischen Banken hatte. Dies führte dazu, dass der
Zinsaufschlag auf griechische Staatsanleihen wieder auf zweistellige Höhen stieg,
wie sie seit den 1980er-Jahren nicht mehr erreicht worden waren. Die im Mai 2010
und März 2012 vereinbarten Memoranden sowie das mittelfristige Anpassungs-
programm vom 01.07.2011 setzten nicht nur den Wachstumssäulen aus der Vorkrisenzeit, staatlichem und Privathaushalts-Konsum, ein Ende. Sie beinhalteten
auch eine ganze Reihe von Maßnahmen, die sich regressiv und damit negativ auf
die soziale Wohlfahrt der Mehrheit der griechischen Bevölkerung auswirkten. Die
Kredite, die von der Troika nach Griechenland vergeben wurden, gingen zu 77
% (ATTAC 2014) an die Gläubiger griechischer Staatsanleihen, also hauptsächlich Banken, Versicherungen und andere institutionelle Anleger sowie seit 2010
verstärkt die EZB. Auf diese Weise veränderte sich auch die Strukturierung der
Schulden. Die Politik der Troika ermöglichte es den privaten Gläubigern, ihre Ansprüche an die EZB sowie die im Kreditprogramm beteiligten nationalen Zent-
ralbanken weiterzureichen. Es sind jetzt damit öffentliche Institutionen, die von
einem Staatsbankrott Griechenlands größtenteils betroffen wären. Im Gegenzug
wurden Ausgabenkürzungen im Ausmaß von 18 % des BIP zwischen 2010 und
2014 als Bedingung ausgehandelt.

Ein wichtiger Aspekt zur Wiederherstellung der Wettbewerbsfähigkeit innerhalb einer Währungsunion ist die sogenannte interne Abwertung. Da eine Währungsabwertung nicht möglich ist, kann das Kostenniveau im Vergleich zu anderen
Eurozonenmitgliedern nur durch das Absenken der Kosten für den Produktionsfaktor Arbeit erreicht werden. Instrumente zur Erreichung dieses Ziels sind die
Absenkung des Mindestlohnes sowie der Löhne und Renten sowie der Gehälter

und Pensionen im öffentlichen Sektor, die oftmals eine Leitfunktion für den privaten Sektor einnehmen. Ersteres wurde von der Troika gefordert und von der griechischen Regierung umgesetzt, obwohl damit gegen geltendes Recht verstoßen und die Tarifautonomie verletzt wurde. Mindestlöhne wurden um 22 % und für Unter-25-Jährige um 31 % die niedrigste Rate mithin von 741 € auf 585 € gesenkt (Herrmann et al. 2012: 12). Ein weiteres Instrument ist die Reduzierung der Beschäftigung im öffentlichen Dienst. So sah das zweite Memorandum einen Stellenabbau von 150.000 Arbeitsplätzen durch Entlassungen und Nichtbesetzung offener Stellen bis 2014 vor. Zwischen 2009 und 2014 wurden über 270.000 Beschäftigte im öffentlichen Dienst entlassen. In Staatsunternehmen betraf es 44 % der Beschäftigten, v.a. befristete Stellen. Im Gegenzug werden jetzt auch im öffentlichen Dienst Zeitarbeitsverträge im verstärkten Maße eingesetzt. Dazu kamen Lohnsenkungen und Streichungen von 13. und 14. Monatsgehältern sowie von Boni und Zulagen, aber auch das Absenken von Eintrittsgehältern. Die Normalarbeitszeit wurde von 37,5 auf 40 Stunden die Woche erhöht, obwohl griechische Arbeitnehmer schon vor der Krise zu der Gruppe mit den meisten jährlichen Arbeitsstunden innerhalb der EU gehörten. Letztendlich wurde auch der Kündigungsschutz durch mehrere Maßnahmen geschwächt (ebd.).

Gemessen an diesem Ziel, kann das Vorgehen von Troika und griechischer Regierung als erfolgreich angesehen werden. Das Medianeinkommen fiel laut Eurostat von 2011–2013 um 19,7 % (EC 2013), während viele Lohnempfänger Reallohneinschnitte von über 40 %, teilweise sogar von 60 % erfuhren. Zugleich stieg eine Reihe von Ungleichheitsraten an. So wuchs der Gini-Koeffizient kontinuierlich seit 2009 von 0,321 auf 0,364 im Jahre 2013 an. Das Einkommensverhältnis zwischen dem obersten und dem untersten Fünftel stieg im selben Zeitraum von 5,3 auf 7,8 und das Verhältnis zwischen dem obersten und dem untersten Zehntel stieg sogar von 8,7 auf 19,1 an. Der Anteil der ärmsten 10 % der Bevölkerung am Gesamteinkommen halbierte sich von 2,9 % 2009 auf 1,4 % 2013, das ärmste Fünftel fiel von 7,5 % auf 5,4 %. Die reichsten 10 % hingegen steigerten sich im selben Zeitraum von 24,9 % auf 26,5 % und das reichste Fünftel stieg von 39,6 % auf 41,9 %.

Trotz des Fallens des Medianeinkommens stieg die relative Armutsrate im selben Zeitraum an und betrifft knapp ein Drittel aller minderjährigen Kinder sowie knapp ein Fünftel aller Erwachsenen zwischen 18 und 64 Jahren. Das unterste Einkommensdezil musste zwischen 2009 und 2013 einen Verlust von 69 % des verfügbaren Realeinkommens erleiden. Dieser Anteil verringert sich regressiv pro Dezil und erreicht für das höchste noch über 30 %. Wer schon 2009 zum untersten Dezil gehörte, hatte bis 2013 durchschnittlich 34 % seines verfügbaren Realeinkommens verloren, während diejenigen, die bis 2013 in diese Gruppe kamen, durchschnittlich 82 % ihres verfügbaren Realeinkommens verloren (Matsaganis/Leventi 2014).

Hinter den Zahlen stehen Hunderttausende menschliche Tragödien, deren
Leben durch die Krise und die Krisenbearbeitungspolitik existenziell betroffen
wurden. Im Jahre 2011 konnten 28,4 % der Bevölkerung grundlegende Ausgaben
wie Miete, Strom und Wasserversorgung nicht mehr bezahlen. Ende 2012 besaßen über 600.000 Langzeitarbeitslose keinen Zugang mehr zu kostenloser me-
dizinischer Versorgung, Kinder brachen aus Unterernährung im Schulunterricht
zusammen, die Obdachlosigkeit stieg in einem Land enger familiärer Beziehungen
nach 2010 um 65 % an (Kompsopoulos/Chasoglou 2013: 162f), die Selbstmord-
rate stieg von 2009–2011 um 30,7 % (Antonakakis/Collins 2014: 5). Die Anzahl
derjenigen Personen, die in Haushalten ohne jegliches Einkommen leben, hat sich
verdoppelt und liegt bei über 20 % (OECD 2014: 23). Der Anteil von Kindern, die
in Armut leben, ist zwischen 2008 und 2012 von 23,0 % auf 40,5 % gestiegen, das
ist die höchste Rate innerhalb der 41 ökonomisch am meisten entwickelten Staaten
dieser Erde (UNICEF 2014: 8). In 18 % der Haushalte mit Kindern kann keine
ausreichende Ernährung angeboten werden. Dazu hat sich die Rate der Personen
zwischen 15 und 24 Jahren, die weder eine schulische, berufliche oder universitäre
Ausbildung absolvieren oder schon einen Beruf ergriffen haben, von 11,7 % auf
20,6 % gesteigert (ebd.: 10). Ein Fünftel der Jugendlichen hat somit keine Möglichkeit, einen Ausweg aus der Armut über Bildung und Arbeit zu erreichen. Der
Begriff „verlorene Generation" findet in diesen Zahlen seine Begründung.

6   Griechenland – ein erfolgreiches Modell der Krisenbearbeitung?

Die im Memorandum festgehaltenen Ziele wurden teilweise erreicht, teilweise
weit verfehlt. Bis jetzt wurden 240 Mrd. € Kredite an Griechenland überwiesen.
Der Gesamtschuldenstand, der zu Beginn als das auslösende Moment der Krise
in Griechenland bezeichnet wurde, konnte aber nicht gesenkt werden, er stieg im
Gegenteil trotz zwischenzeitlichen Schuldenschnitts weiter an. Genauso erwies
sich die Erwartung von 50 Mrd. € Erlösen aus dem Privatisierungsprogramm als
illusorisch (EC 2012: 3). Das Defizit hingegen wurde rapide zurückgefahren, allein
zwischen 2010 und 2012 um 10 %. 2014 wurde ein Primärüberschuss erreicht, d.h.
nach dem Abziehen der Zinslast für alte und neue Schulden weist der Haushalt ein
Plus auf. Von der Troika wird hier ein jahrelanger Primärüberschuss von über 4 %
gefordert, um so den Schuldenstand abzusenken. Darüber hinaus wurde eine ganze Reihe struktureller Reformen in Form von Deregulierungen des Produkt- und
Arbeitsmarkts umgesetzt.

Der private Konsum hingegen fiel zwischen 2010 und Ende 2014 kumuliert um 31,8 %, machte aber 2012 immer noch 73,7 % des BIP aus. Die zweite Säule des Wachstumsmodells vor der Krise, die staatliche Nachfrage, fiel im selben Zeitraum um 28,2 % (EC 2014: 63). Es konnte also keine Stimulierung der Exporte allein durch die Verbesserung der Kostenwettbewerbsfähigkeit erreicht werden. Das Handelsbilanzdefizit konnte von -14,3 % auf -8,9 % des BIP gesenkt werden, vor allem aber, weil die Importe stärker sanken als die Exporte wuchsen. Der Anteil der EU an den Exporten und Importen ist dabei bis 2014 auf 48 % gesunken (Investingreece 2015). Der Tourismus kam im Sommer 2014 auf ein Rekordniveau und machte 20 % des BIP aus, eine Branche aus den nicht-handelbaren Dienstleistungen und starken Konjunkturschwankungen unterworfen. Im Verlauf des Jahres 2014 kam es zu einem leichten Wiederanstieg des Wachstums, das aber zum vierten Quartal wieder ins Negative rutschte.

Angesichts dieses Zustands wird in den Wirtschaftskommentaren der Ruf nach einem kompletten oder zumindest substantiellen Schuldenschnitt immer lauter. Dies würde den fiskalischen Spielraum des Staates erweitern, um seine traditionelle Rolle des Wachstumsgenerators wieder einnehmen zu können. Das ist natürlich eine politische Frage, da die Gläubiger griechischer Schulden momentan zu über drei Vierteln öffentliche Institutionen der EU oder ihrer Mitgliedsstaaten sind. Die Korrekturen bei den Bedingungen der Kreditvergabe und -rückzahlung, die hier schon vorgenommen wurden, sind aber weitem noch nicht ausreichend. Das weitere Hauptproblem ist die weiter steigende Belastung des griechischen Bankensystems mit faulen Krediten. Dies zusammen mit den schwierigen Refinanzierungsproblemen am internationalen oder EU-Finanzmarkt und der weggefallenen Nachfrage lässt die inländische Kreditvergabe weiter am Boden liegen.

Die Mittel, die aus EU-Kohäsions- und Strukturfonds als neuer „Marshallplan" zur Verfügung ständen, reichen nicht aus, um Wachstum nachhaltig zu generieren. Die Konzeption dieser Fonds stammt zumindest aus einer Zeit, als durch die EU-Integration eine Konvergenz der ärmeren Länder an die Entwicklungsniveaus der reicheren EU-Mitgliedsstaaten erwirkt werden sollte. Dies erscheint auch heute als die einzige Möglichkeit für Peripherie-Staaten, aus der Rezession herauszukommen und nicht immer weiter hinter dem Zentrum zurückzufallen.

Dem steht jedoch die ganze Entwicklungsweise der EU-Integration seit dem Maastrichter Vertrag und die grundlegende Stellung der vier Freiheiten entgegen. Eine staatlich induzierte Industriepolitik wird zum Beispiel dadurch ausgeschlossen. Die Währungsunion verschärft die Wettbewerbssituation, da zum Beispiel die Währungsabwertung als Instrument der Wettbewerbsfähigkeit wegfällt. Die EU-Länder integrieren sich also in Konkurrenz untereinander. Im freien Wettbewerb mit den Zentrums-Ökonomien hat die Peripherie nichts Gleichwertiges entgegenzusetzen, was zu einer strukturellen Bevorzugung des Zentrums führt. Eine naheliegende, da leicht zu erreichende Entwicklungsmöglichkeit für die Peripherie-Länder war, über Finanzialisierungsprozesse und erleichterte Schuldenaufnahme Wachstum zu generieren. Dieses Modell hat sich jedoch seit der Krise als nicht nachhaltig erwiesen, da Blasenbildung zu solchen Prozessen dazugehört. Hinzu kommt, dass auf supranationaler EU-Ebene Mechanismen und Institutionen verstärkt oder neu konzipiert wurden, die genau solche Wachstumspfade verhindern und sanktionieren sollen. Einer staatlichen Nachfragepolitik wird dadurch effektiv ein Riegel vorgeschoben, da Defizite nicht als Vorleistung für zukünftige Gewinne, sondern als jetziges Fehlverhalten behandelt werden. Zu guter Letzt sind die meisten Handelspartner momentan selbst von einer lang andauernden Wachstumsschwäche betroffen, können also auch keine Impulse geben. Es besteht demnach ein Zielkonflikt zwischen den ideologischen und institutionellen Grundlagen, auf denen das europäische Integrationsprojekt heute basiert, und den Bedingungen, die vorhanden sein müssten, um einem peripheren Land nachhaltige wirtschaftliche Entwicklung zu ermöglichen.

Die neue Regierung hat erste Schritte unternommen, um zumindest das Schuldenproblem neu zu verhandeln. Das wäre eine kurzfristig zu erreichende Erleichterung des immensen Drucks, der die griechische Wirtschaft weiter in die Rezession zieht. Eine neue Nachfragepolitik, die neue Stellen im öffentlichen Dienst und höhere Löhne verwirklichen will, bleibt hier aber unter Finanzierungsvorbehalt, zumal eine neue Schuldenaufnahme vom Finanzminister abgelehnt und ein Großteil der Reformen der Troika anerkannt wurde. Fraglich bleibt zudem, wie ein peripherer Staat wie Griechenland innerhalb der Architektur der Eurozone, die Exportländer mit ehemals harter Währung strukturell bevorzugt, oder gar der EU der vier Freiheiten nachhaltig ein wirtschaftliches Wachstum generieren soll, das zu mehr Wohlfahrt seiner Bürgerinnen und Bürger führen kann. Ein Aufbau einer einheimischen industriellen Basis, die Griechenlands Vorteile z.B. bei nachhaltigen Energieressourcen nutzen könnte, ist innerhalb dieses Rahmenwerks nicht möglich. Es ist natürlich eine Menge an Verbesserungspotenzial des griechischen Staatswesens und seiner Verwaltung vorhanden. Hier könnte die neue Regierung viel erreichen. An erster Stelle steht das Problem der Steuervermeidung und -flucht, was vom Troika-Programm trotz der (hauptsächlich regressiven) Erweiterung der Steuerbasis kaum angegangen wurde. Aber auch hier wieder stehen diesem Vorhaben die Möglichkeiten legaler Steuervermeidung auf nationaler, EU- und internationaler Ebene entgegen. Diese erlauben es den reichsten Bevölkerungsteilen, ihr Vermögen ungehindert in Steueroasen zu verschieben, an die der Staat, selbst wenn er es wollte, nicht gelangen kann. Dieses Problem harrt also zumindest einer EU-weiten Lösung.

Nach fünf Jahren einer Politik, die die Säulen des Wachstumsmodells der Vorkrisenzeit zum Einsturz brachte, lässt sich momentan kein alternativer Wachstumspfad ausmachen. Klar erkennbar ist hingegen das Ende der zweiten Republik in Griechenland, die nach 1974 mit der Rückkehr zur Demokratie und dem EG-Beitritt 1981 ein Versprechen von Demokratie, Modernisierung und allgemeiner Wohlfahrt verband. Diese Leitbilder waren die ersten Opfer der Krisenbearbeitungspolitik und lassen es als zweifelhaft erscheinen, dass die Ergebnisse des Reformprozesses dauerhaft sein werden. Inzwischen hat sich die politische Landschaft Griechenlands links wie rechts von Grund auf verändert und die Frage ist, ob die griechische Bevölkerung in naher Zukunft sich nicht für politische Wege entscheiden wird, die mit dem eingeschlagenen Integrationsprojekt der europäischen Einheit unvereinbar ist.

Literatur

Alogoskoufis, G. 1995. The two faces of Janus: Institutions, Policy Regimes and Macroeconomic Performance in Greece. *Economic Policy*, 10(20), 147–184.

Antonakakis, N./Collins, A. 2014. The Impact of Fiscal Austerity on Suicide: On the Empirics of a Modern Greek Tragedy. *Social Science & Medicine*, 112, 39–50.

Athanasoglou, P. P./Backinezos, C./Georgiou, E. A. 2010. Export performance, competitiveness and commodity composition, National Bank of Greece Working Paper 114.

ATTAC 2014. EU-Krisenpolitik rettet Banken, nicht die Bevölkerung. http://www.attac.at/news/detailansicht/datum/2013/06/17/griechenland-rettung-77-prozent-flossen-in-finanzsektor.html. Zugegriffen: 14.02.2015.

Becker, J. 2012. Blindstellen: ungleiche Entwicklung und ungleiche Mobilisierung in der EU, *Prokla* 168, 42(3), 467–476.

Becker, J./Jäger, J. 2013. Regulationstheorie und Vergleichende Kapitalismusforschung: Die Europäische Union in der Wirtschaftskrise. In: Bruff, I. et al. (Hg.): *Vergleichende Kapitalismusforschung: Stand, Perspektiven, Kritik*. Münster: Westfälisches Dampfboot, S. 163–177.

Bieling, H.-J. 2013a. European Financial Capitalism and the Politics of (De-)financialization. *Competition and Change*, 17(3), 283–298.

Bieling, H.-J. 2013b. Die Krise der Europäischen Union aus der Perspektive einer neo-gramscianisch erweiterten Regulationstheorie. In: Atzmüller, R. et al. (Hg.): *Fit für die Krise? Perspektiven der Regulationstheorie*. Münster: Westfälisches Dampfboot, S. 309–328.

European Commission 2014. The European Economy, Forecast Winter, Brüssel.

European Commission 2012. The Second Economic Adjustment Programme for Greece, Occasional Papers, Nr. 94.

European Commission 2010. The Economic Adjustment Programme for Greece, Occasional Papers, Nr. 61.

Fouskas, V. K./Dimoulas, C. 2012. The Greek Workshop of Debt and the Failure of the European Project. *Journal of Balkan and Near Eastern Studies* 14(1), 1–31.

ELSTAT (Griechische Statistikbehörde) 2011. Pressemitteilung: Handelstransaktionen Griechenlands.

Herrmann, C. et al. 2012. *Die Finanzkrise und ihre Auswirkungen auf Sozialstaaten und Arbeitsbeziehungen – ein europäischer Rundblick*. Eine Studie im Auftrag der Arbeiterkammer, Wien.

Ioakimoglou, E./Milios, J. 2005. Capital Accumulation and Profitability in Greece (1964-2004), Proceedings of the INEK-2005 Conference on Sustainable Development, Nicosia 23.-24. Juli.

Ioannidis, Y. 2013. The peculiar distributional character of the Greek taxation system (1995-2008) and the reform that never happened, Paper presented at the 19th Conference on Alternative Economic Policy in Europe of the EuroMemoGroup, London, 20.-22. September.

Karamessini, M. 2012. Sovereign debt crisis: an opportunity to complete the neoliberal project and dismantle the Greek employment model. In: Lehndorff, S. (Hg.): *A triumph of failed ideas European models of capitalism in the crisis*, Brüssel: ETUI, S. 155–181.

Katsimi, M./Moutos, T./Pagoulatos, G./Sotiropoulos, D. 2013. Growing Inequalities and their Impacts in Greece, GINI Country Report for Greece.

Kouvelakis, S. 2011. The Greek Cauldron. *New Left Review*, 72, 17–32.

Kompsopoulos, I./Chasoglou, I. 2013. Wettbewerbsstaatliche Transformation im Kontext der EU: Der Fall des griechischen Produktions- und Distributionsregimes. *Das Argument* 301, 55(1-2), 156–166.

Lavdas, K. 2007. Interest Groups in Disjointed Corporatism: Social Dialogue in Greece and European 'Competitive Corporatism'. *West European Politics*, 28(2), 297–316.

Lapavitsas, K. et al. 2012. *Crisis in the Eurozone*. London: Verso.

Lyrintzis, C. 2011. Greek Politics in the Era of Economic Crisis: Reassessing Causes and Effects, GreeSE Paper No 45, http://eprints.lse.ac.uk/33826/1/GreeSE_No45.pdf. Zugegriffen: 14.02.2015.

Louri, H./Pepelasis Minoglou I. 2002. A hesitant evolution: industrialisation and de-industrialisation in Greece over the long run, MPRA Paper No. 29275.

Markantonatou, M. 2012. The Social Consequences of the Financial Crisis in Greece: Insecurity, Recession and Welfare Regulation. *International Journal of Anthropology*, 27(3), 183–196.

Matsaganis, M./Leventi, C. 2014. Armut und Einkommensverteilung in Griechenland 2009-2013, http://www.paru.gr/files/newsletters/NewsLetter_07.pdf. Zugegriffen: 14.02.2015, (gr.).

OECD 2014. Society at a Glance 2014. OECD Social Indicators. The crisis and his aftermath. http://www.oecd.org/els/soc/OECD2014-SocietyAtAGlance2014.pdf. Zugegriffen: 14.02.2015.

Pagoulatos, G. 2003. Greece's New Political Economy State, Finance, and Growth from Postwar to EMU, London.

Petrakis, P. 2012. *The Greek Economy and the Crisis Challenges and Responses*, Wiesbaden: Springer VS

Rapti, V. 2007. The Postwar Greek Welfare Model within the Context of Southern European Welfare. In: Hagemann, G. (Hg.): *Reciprocity and Redistribution: Work and Welfare Reconsidered*. Pisa: Pisa University Press, S. 44–60.

Serafetinidis, M. et al. 1981. The development of Greek shipping capital and its implications for the political economy of Greece. *Cambridge Journal of Economics*, 5, 289–310.

Stathakis, G. 2010. The fiscal crisis of the Greek Economy. *Kurswechsel*, 28(3), 109–114.

Tsakanikas, A. 2013. The Greek Economy under Reform: A Sisyphean task or a victorious way to Ithaka?, Paper presented at the Konrad-Adenauer-Stiftung multipliers' Workshop „Greece – The Unknown Neighbour: Political, Economic and Societal Perspectives", Berlin/Athen.

UNICEF 2014. Children of the Recession. The impact of the economic crisis on child wellbeing in rich countries. http://www.unicef-irc.org/publications/pdf/rc12-eng-web.pdf. Zugegriffen: 14.02.2015.

Yfantopoulos, J. 2007. Demographic Trends and Socio-Economic Indicators in EU and Greece, About Greece, http://video.minpress.gr/wwwminpress/aboutgreece/aboutgreece_demographic.pdf. Zugegriffen: 14.02.2015.

Yfantopoulos, J. 2004. The Welfare State in Greece, About Greece, http://www.minpress.gr/minpress/__outgreece_welfare_state.pdf. Zugegriffen: 14.02.2015.

Investingreece (Ypourgeio Oikonomias, Wirtschaftsministerium Griechenlands), www.investingreece.gov.org, Zugegriffen: 22.05.2015.

Ziltener, P. 2000. Die Veränderung von Staatlichkeit in Europa – regulations- und staatstheoretische Überlegungen. In: Bieling, H.-J./Steinhilber, J. (Hg.): *Die Konfiguration Europas, Dimensionen einer kritischen Integrationstheorie*. Münster: Westfälisches Dampfboot, S. 73–101.

Teil II
Diskursphänomene der Krise

Die Rückkehr des „Volkes": Populismus und Anti-Populismus im Schatten der europäischen Krise[1]

Yannis Stavrakakis

1 Einleitung: Die unerwartete Rückkehr des Volkes

Populismus ist heute unerwarteterweise und dynamisch wieder auf der Tagesordnung. Vor dem Hintergrund traditioneller populistischer Bewegungen (des Agrarpopulismus im 19. Jahrhundert in den USA, der russischen Narodniki, des Peronismus in Argentinien etc.) wurden die letzten zwei Jahrzehnte von einem globalen Wiederaufleben populistischer Phänomene gekennzeichnet. Die „Symptome" dieses Wiederauflebens sind vielschichtig und einmal mehr auf der ganzen Welt verstreut. Beispielhaft können dabei folgende genannt werden: 1. Einige lateinamerikanische Regierungen, die den „Washington Consensus" ablehnen.[2] 2. Die beiden Seiten des politischen Spektrums in den USA können hinsichtlich mancher durchgeführter Politik der Regierung Obama und der konservativen Tea-Party-Bewegung, zumindest teilweise, als „populistisch" bezeichnet werden.[3] 3. Die Artikulation von rechtsextremen populistischen Diskursen in Europa (mit Frankreich, Österreich, den Niederlanden, Ungarn und Griechenland als vorwiegende Gefah-

---

1   Aus dem Englischen übersetzt von Fabian Eckel und Maurits Heumann. Der Beitrag erschien zuerst auf Griechisch in Sevastakis, N./Stavrakakis, Y. (2012): *Populismus, Anti-Populismus und Krise*, S. 43–101 und anschließend auf Englisch in der Zeitschrift *Constellations*, Vol. 21, No. 4, (2014), S. 505–517.

2   Siehe Gratius 2007, Barrett et al. 2008, Lievesley/Ludlam 2009, Panizza 2005, 2009.

3   Siehe Ashbee 2011, Etzioni 2011, Pease 2010, Savage 2011.

renherde).[4] All diese sehr verschiedenen Phänomene wurden ausnahmslos – innerhalb der Politikwissenschaft und des öffentlichen Diskurses im weiteren Sinne – als „populistisch" betitelt; all dies führte, vom vorherigen Jahrzehnt ausgehend, schrittweise zu einer Wiederbelebung der nun relevanten Diskussion.

Gegenwärtig ist diese Wiederbelebung verschärft und erreicht möglicherweise ihren Zenit, wobei ihr Ausgangspunkt zeitlich nach dem Ausbruch der globalen Finanzkrise (2008) und räumlich innerhalb der Eurozone besonders in den Ländern wie z.b. in Griechenland, die unter Aufsicht gestellt wurden, verortet werden kann. Ich habe kürzlich noch einmal ein Interview Ernesto Laclaus aus dem Jahr 2008 gelesen, welches er während einer Serie von Vorträgen in Thessaloniki gegeben hatte. Ihm wurde eine Frage bezüglich der Finanzkrise gestellt, die sich zu diesem Zeitpunkt gerade erst ereignet hatte; er antwortete, er glaube, dass die europäische Krise irgendwann einen Schmelzpunkt erreichen würde, der die institutionelle Infrastruktur der europäischen Gesellschaften erodieren und eine radikale Rekonstituierung notwendig machen würde, ohne dabei sicher zu sein, welche politische Kraft sich dieser Aufgabe annehmen würde (Laclau 2010: 83). Ist es nicht genau das, was wir heute erleben? Ein Kampf um alternative Erzählungen bezüglich der Krise, ihrer Ursachen und ihrer möglichen Lösungen? Ein Kampf zwischen antagonistischen politischen Projekten von Regierungen und ihrem Ausgang? In diesem antagonistischen Zusammenhang erscheint die Achse von *Populismus* und *Anti-Populismus* als ein vorherrschender Spalt und ein ideologischer Bruch, der die politische Bedeutung organisiert und unserer gegenwärtigen Zwangslage zuordnet. Darüber hinaus gibt sie der Diskursproduktion verschiedener politischer Akteure in Griechenland und im europäischen Süden Orientierung. Die implementierte neoliberale Politik wird zunehmend *unpopular* und löst *populare* Mobilisierungen aus, die wiederum als *populistisch* denunziert werden. In diesem Sinne scheint die europäische Krise beides aufzugreifen, sowohl den erneuten Rekurs auf als auch die Komplexität der verschiedenen Sprachspiele um das „Volk" und den „Populismus".[5]

---

4   Siehe Betz 1994, De Vos 2002, Bruff 2003, Mudde 2007, Albertazzi/McDonnell 2008, Berezin 2009.

5   Der Zusammenhang zwischen Krisenperioden und dem Aufkommen populistischer Reaktionen ist in der Fachliteratur gut dokumentiert worden. Siehe exemplarisch Taggart 2000, S. 2, 4-5, 93–94, 117; Laclau 2005a, S. 132, 137, 177; Hawkins 2010, S. 6, 8, 14, 33, 40, 87, 94. Dies soll nicht aussagen, dass der Populismus sich nur in Krisenzeiten allein manifestiert, aber lediglich begünstigt die Existenz von systemischen Krisen dessen Aufstieg. In anderen Worten können wir den Zusammenhang zwischen Krise und Populismus als „eine raue Tendenz oder Korrelation, aber nicht als defini-

Wie ist es also möglich das „Volk" und „das Populare" mit dem „Populismus" zu verschmelzen? Bislang scheint sich eine kontinuierliche Verschiebung im gesamten europäischen Diskurs anzudeuten und dies bedarf einer begrifflichen Klärung. Anstatt einen normativen Standpunkt zu beziehen und irgendwie zu versuchen die Bedeutung der involvierten Signifikanten und deren Wahrheitswert – von unserer angeblich objektiven, wissenschaftlichen Position aus – festzulegen. Ich denke, dass es vorteilhaft wäre, ihre wesentliche Bestreitbarkeit, mehr noch, die Entdeckung der kontinuierlichen Verschiebung zwischen „popular" und „populistisch" und die politischen Anschuldigungen, die diese stets begleiten, zum integralen Teil unserer Untersuchung zu erheben. Ich behaupte, dass jede Artikulation einer populären Forderung innerhalb einer pluralistischen Gesellschaft, sobald sie aus dem Feld der persönlichen Meinungen und der jeweiligen Fähigkeit zur scharfen Unterscheidung und Überzeugung in das Feld des politischen Diskurses und seiner symbolischen Realität des politischen Antagonismus übergeht, unausweichlich von den Opponenten als „populistisch" denunziert werden muss. Was für den einen „popular" ist, ist für den anderen „populistisch" und umgekehrt. Das ist der Grund dafür, dass zeitgenössische Politiktheoretiker des Populismus (hauptsächlich Ernesto Laclau und Margaret Canovan) es generell vermeiden, Populismus ausschließlich positiv noch ausschließlich negativ zu konnotieren und jedenfalls nie das „Populistische" dem „Popularen" entgegenzusetzen: jede Anrufung des „Volkes" wird als „populistisch" angesehen, weil diese das „Volk", jenes politische Subjekt, dass sie zu konstruieren versucht, von den Machthabern, dem feindlichen Establishment, unterscheidet (Laclau 2005b: 48). Schon in den 1970er-Jahren hatte Ernesto Laclaus Denkansatz zwei Hauptmerkmale eines jeden populistischen Diskurses hervorgehoben, die unabhängig von der besonderen politischen Orientierung und ihrem Inhalt sind: die zentrale Rolle der Referenz auf den Signifikanten das „Volk" und seinen Widerspruch zur vorherrschenden Ideologie (Laclau 1981: 144–151). Margaret Canovan, die in ihrer letzten Arbeit über Populismus die strukturelle Herangehensweise übernommen hatte, räumt ein, dass „Populismus in modernen demokratischen Gesellschaften am besten als eine Annäherung zum ‚Volk' gegen die etablierte Machtstruktur und den dominanten Ideen und Werten der Gesellschaft" zu verstehen sei (Canovan 1999: 3). In diesem Zusammenhang scheint es schwierig zu sein, demokratische Politik ohne Populismus zu denken (ebd.: 16), also ohne Formen des politischen Diskurses, der das „Volk" – und nicht etwa die Ratingagenturen oder die *aristoi* (die Besten) – als seinen Knotenpunkt,

---

torische Voraussetzung oder als grundlegendes Kriterium" charakterisieren (Knight 1998: 227); siehe auch: de la Torre 2000, S. 115–119.

als privilegiertes politisches Subjekt, als legitimierende Basis und als symbolischen Hebel für weitere egalitäre Forderungen benennt.

Ferner kann eine untrennbare symbolische Verbindung zwischen „Volk" und „Populismus" durch eine elementare Untersuchung ihres Hauptgegners, dem anti-populistischen Diskurs nachgewiesen werden. Interessanterweise endet diese nützliche Dämonisierung des „Populismus", obwohl die anti-populistische Rhetorik diesen vermeintlich ins Visier nimmt, ebenfalls mit allerlei Referenzen auf das „Volk": Wie wir sehen, drängt die Vorherrschaft einer überwiegend anti-populistischen Logik – bewusst oder unbewusst, willentlich oder unwillentlich – das „Volk" und seine Forderungen ins Abseits. Sie reduziert Politik auf eine administrative Unternehmung, die, entkleidet von Elementen der Teilhabe und offener demokratischer Deliberation, ohne eine wirkliche Wahl zwischen Alternativen, den angeblich objektiven Instruktionen von Experten und Technokraten ausgeliefert ist, wie den „unabhängigen" Zentralbankern, die *immer alles besser wissen*. Führt uns das nicht zu einer entpolitisierten Demokratie – einer Postdemokratie wie Colin Crouch sie nannte (Crouch 2008)[6] – in welcher der Bürger und das öffentlich-demokratische Subjekt der Moderne durch den „Klienten" einer sorgfältig geplanten politischen Kampagne, den passiven Konsumenten eines politischen „Produkts" oder sogar durch den „Wahlgefangenen" eines scheinbaren „Ausnahmezustandes" ersetzt wird?

Wir wissen, dass im Zuge der politischen Moderne „Volkssouveränität" und „Repräsentation" jene „göttlichen Rechte der Monarchie" ersetzt haben. Als gründende Fiktionen gewähren sie die Legitimation einer neuen politischen Ordnung und heben die bis dahin bestehenden Zweifel auf. Moderne Demokratie, wie Lincoln es in bekannter Weise gesagt hat, bringt folgendes Versprechen mit sich: „Die Regierung des Volkes durch das Volk und für das Volk!" Trotzdem wurde schon bei der Einführung der „Volkssouveränität" im 17. Jahrhundert deutlich, dass sie eine dynamische Konstruktion darstellt, die viel instabiler war als diejenige, die sie ersetzte (Morgan 1988: 306). Eine Konstruktion zum Beispiel, die jene religiös garantierte Beziehung der *Inkarnation*, die zuvor durch den Körper des Königs gegeben war, abschafft und gleichsam die Macht entkörpert, oder besser noch eine *Dekarnation* dieser hervorbringt (Santner 2011: xv).

Indes, beschäftigen wir uns mit einer Instabilität bzw. Ambiguität, die gleichzeitig die Quelle konstituiert, die alle dynamische und demokratische Politik hervorbringt. Ebenso begleitet diese Instabilität die Demokratie schon seit den athenischen Ursprüngen der *geteilten Stadt* (Loraux 2002). Wo genau ist diese Ambiguität zu verorten? Auf einer ersten Ebene entspringt diese aus einer konsti-

---

6   Siehe auch Rancière 2011, Mouffe 2008, Stavrakakis 2007 insbes. Kapitel 8.

tutiven Polysemie, die den Begriff des Volkes in modernen europäischen Sprachen kennzeichnet: das „Volk" referiert auf beides, die Totalität einer gegebenen politischen Gemeinschaft sowie auf die Bürger als einheitliches Gemeinwesen (daher die zahlreichen konstitutionellen Referenzen zu „Wir, das Volk"...) und zur gleichen Zeit bezeichnet es „die Armen, Enterbten und Ausgeschlossenen" (Agamben 2002: 186). Mit anderen Worten: Der Benachteiligte wird von politischer Teilhabe, dem Anspruch auf politische Rechte und sozioökonomischer Belohnung ausgeschlossen. Einfach gesagt, das „Volk" ist zugleich *Teil* und *Ganzes* (Canovan 2005: 5): „Dasselbe Wort benennt mithin sowohl das konstitutive politische Subjekt als auch die Klasse, die, wenn nicht rechtlich, so doch faktisch, von der Politik ausgeschlossen ist" (Agamben 2002: 186).

Diese Ambiguität ist zum Beispiel im Falle des antiken Roms ersichtlich. Hier bezeichnet das „Volk" einerseits die *res publica* des *populus*, eine einheitliche Konzeption politischer Subjektivität, die beide, Patrizier und Plebejer, mit einschließt. Andererseits zeigen die emblematisch symbolischen Repräsentationen der römischen Macht wie „SPQR" („Der Senat und das Volk von Rom") eine sehr unterschiedliche entzweiende Konzeption von politischer Subjektivität, eine in welcher die *plebs* abgegrenzt von der patrizischen Elite, den Adligen, oder der Klasse der Senatoren, das „Volk" umfasst (McCormick 2011: 12). Wir begegnen demnach dem Paradox einer inhärenten, mehrdeutigen, symbolischen Bezeichnung und einer Art von intern geteilter politischer Identität, die „nicht ins Ganze, dessen Teil [...] [sie] ist und [...] nicht zur Menge gehören kann, in die sie immer schon eingeschlossen ist. Daher rühren die Widersprüche und Aporien, zu denen es jedes Mal Anlaß gibt, wenn [...] [sie] auf der politischen Bühne heraufbeschworen wird" (Agamben 2002: 187). In der Geschichte war es diese axiale Mehrdeutigkeit, die irreduzible Verschiebung, welche synekdochische Artikulationen „popularer/ populistischer" Forderungen gemeiner Klassen auf Inklusion und auf den Genuss gleicher Rechte innerhalb einer politischen Gemeinschaft erlaubte. In der modernen Geschichte der Demokratie und besonders in der Zeit von den Chartisten bis zur Etablierung des Wohlfahrtsstaates und der Neuen Sozialen Bewegungen ermöglichte diese Ambiguität bis zu einem gewissen Grade die kontinuierliche *Demokratisierung der Demokratie*.

In den letzten Jahrzehnten kam dieser Prozess jedoch zum Stillstand. Jenes erklärte „Ende der Geschichte" zeitigt den Übergang zu einem postdemokratischen Feld, dass auf einen Typen von Souveränität hinweist, welcher seine Legitimität nicht auf eine Vertiefung politischer Teilhabe, sondern auf einer Serie von Ansprüchen eher post-politischer, wenn nicht sogar anti-politischer, technokratischer Formen, gründet. Die latente, oligarchische bzw. aristokratische Natur solcher Ansprüche sollte sich nicht unserer Aufmerksamkeit entziehen – es ist kein Zufall, dass die Frage nach „Exzellenz" (*aristeia*) heute unseren öffentlichen Diskurs bestimmt (von Politik zur Universität). Wie konnte dieser postdemokratische Wandel das Feld (der liberalen Demokratie) hegemonialisieren und zeitgleich einen exponentiellen Anstieg der Ungleichheit und der Einschränkung von Rechten durchsetzen? Durch die Etablierung eines zweiten Geistes des Kapitalismus, der die Folgebereitschaft großer Teile der westlichen Bevölkerung erreichte, indem er Konsum zum einzigen Indikator sozialer und politischer Teilhabe erhob: Seine Legitimation gründet sich also auf der (relativen) Demokratisierung von Konsum und Luxus, welche für große Teile der Bevölkerung hauptsächlich durch Kreditaufnahmen zugänglich gemacht wurden, was diese kurzfristig genießen konnten, und dabei gleichsam den Zusammenbruch geregelter Arbeitsverhältnisse, die Reduzierung ihrer Rechte sowie die explodierende Ungleichheit hinnahmen. Der Preis, der für diesen rasch fortschreitenden individualistischen Eudämonismus bezahlt wurde, war kein geringerer als die De-Demokratisierung der modernen Demokratie.[7] Diese trügerische Demokratisierung des Konsums legitimierte in der Politik ein Modell, welches eindeutig postdemokratisch war:

> „Der Begriff bezeichnet ein Gemeinwesen, in dem zwar nach wie vor noch Wahlen abgehalten werden, die sogar dazu führen, dass Regierungen ihren Abschied nehmen müssen, in dem allerdings konkurrierende Teams professioneller PR-Experten die öffentliche Debatte während der Wahlkämpfe so stark kontrollieren, dass sie zu einem reinen Spektakel verkommt, bei dem man nur über eine Reihe von Problemen diskutiert, die die Experten zuvor ausgewählt haben. Die Mehrheit der Bürger spielt dabei eine passive, schweigende, sogar apathische Rolle, sie reagieren nur auf Signale, die man ihnen gibt. Im Schatten dieser politischen Inszenierung wird die reale Politik hinter verschlossenen Türen gemacht: von gewählten Regierungen und Eliten, die die Interessen der Wirtschaft vertreten" (Crouch 2008: 10).

Kurz gefasst: Der Neoliberalismus versuchte „eine Demokratie ohne demos", ein Regime zu etablieren, welches „unabhängig vom Volk handelt" (Feinberg 2012: 63).

Denjenigen, die innerhalb des Kontextes der Globalisierung, naiv auf eine unbestrittene Vorherrschaft und immerwährende Kontinuität einer solchen Art von postdemokratischer Souveränität gewettet haben, bereitet die gegenwärtige Krise eine Herausforderung beinah kosmologischen Ausmaßes. Beide, die realen und symbolischen Voraussetzungen für die reibungslose Reproduktion einer konsumistischen Postdemokratie scheinen zu kollabieren: Nun platzt die Blase, die Enttäuschung der Erwartungen ist schmerzhaft, Empörung nimmt Überhand. Der

---

7   Siehe für eine genauere Ausführung dieses Arguments Stavrakakis 2011, 2013.

Konsument wird abermals zum Bürger und beginnt Forderungen zu artikulieren. Dies ist, zugegeben, ein langsamer und kontingenter Prozess. Doch wird das Beharren auf einer Logik des Krisenmanagements, welche breite soziale Schichten zu einem gewaltsamen sozialen Abstieg zwingt, ohne irgendeine sichtbare Hoffnung auf Besserung, wahrscheinlich soziale Mobilisierungen auslösen, die die politische Landschaft radikal beeinflussen werden, wie es inzwischen schon in den Ländern des europäischen Südens (insb. in Griechenland, Italien und Spanien) sichtbar ist.[8] Was hier erkennbar wird, ist, dass sich verschiedene Gruppen von Menschen mit jeweils spezifischen Forderungen an diesen Mobilisierungen beteiligen, und sich allmählich ein Subjekt konstituiert, welches immer mehr für sich selbst beansprucht, das „Volk" zu sein, oder zumindest auf den Namen (Volk) zu reagieren scheint.[9] Ohne Zweifel, eine unerwartete Wiederkehr für manche; eine Rückkehr der Unterdrückten.

2   Politische Reaktionen außerhalb der Eurozone: Die Aneignung des Popularen

Was passiert, wenn das Scheitern der neoliberalen, postdemokratischen Regierungsformen in strukturelle Sackgassen und zu sozialen Verwerfungen führt, die sich in der Form äußern, dass sie erfolgreich Druck gegen das politische System

---

8   Die in Griechenland implementierten Maßnahmen für einen Schuldenstopp und den Ausgleich des Defizits, leiteten eine ökonomische und soziale Situation ein, die nur mit dem Börsencrash von 1929 in den USA zu vergleichen wäre: Das BIP ging zwischen 2008 und 2012 um 20 % zurück, die Arbeitslosigkeit stieg auf 27 % und die Jugendarbeitslosigkeit erreichte sogar 60 %. Es war offensichtlich unmöglich, den politischen Prozess von der aufkommenden Frustration, Wut und Verzweiflung unberührt zu lassen. Die darauffolgende erste Phase der Massenproteste (die sogenannten Platzbesetzungen, ähnlich wie die der spanischen *Indignados*) beeinflusste die politische Selbstzuordnung der Bürger radikal. Die Parteien, die am stärksten getroffen wurden, waren diejenigen, die mit den europäischen und internationalen Institutionen Austeritätspolitik umgesetzt hatten. Infolgedessen sind die linkspopulistische SYRIZA und die neonazistische Chrysi Avgi die dynamischen Aufsteiger, die sich in diesem neuen politischen Spektrum etabliert haben. Für einen detaillierten Bericht über diesen Prozess der Neuordnung und eine umfassende Analyse des populistischen Diskurses von SYRIZA siehe Stavrakakis/Katsambekis 2014. Siehe ferner auch die Beiträge von Agridopoulos und Kritidis in diesem Band.

9   Diese Rückkehr scheint beide, sowohl die neoliberalen Anhänger vom „Ende der Geschichte" als auch ihr linkes Gegenstück, die Prediger der automatischen Entstehung einer post-hegemonialen „Multitude", aufgeschreckt zu haben. Siehe hierzu Stavrakakis 2014.

ausüben? Ein mögliches Szenario wäre die Transformation der Spielregeln in eine egalitäre, umverteilende Richtung, die sich selbst gewöhnlich in populistischer Gestalt manifestiert. Sinnbildlich für solche Verschiebungen sind diejenigen Fälle, die sich im Laufe der letzten Jahre in Lateinamerika zugetragen haben.

Fern jeder Idealisierung ist es von großem Interesse, dass die sozio-ökonomischen Umbrüche während der 1990er- und frühen 2000er-Jahre nicht zu einem gewöhnlichen Kollaps der Demokratie und zur Rückkehr zu diktatorischen Regimen führten. Ganz im Gegenteil leiteten die durch neoliberale Reformen und strukturelle Regulierungen verursachten Anomalien und Krisen – in manchen Fällen mit dem Segen des Internationalen Währungsfonds (IWF) – zu einem realen *Paradigmenwechsel* im Sinne der Kategorien von Thomas Kuhn (Panizza 2009: 144). Im Besonderen schufen sie Raum für eine übergreifende Wiedergeburt der Linken auf dem lateinamerikanischen Kontinent, welche einen starken populistischen Pol miteinbezog. Es wäre nicht übertrieben zu behaupten, dass radikaler Populismus, der ja vornehmlich als Lösung zur Überwindung jener Krise der Repräsentation auftauchte, als eine ernstzunehmende politische Kraft in diese Region zurückgekehrt ist (ebd.: 174f).

Ein Element, welches bis zu einem gewissen Grade den gegenwärtigen Populismus von traditionellen lateinamerikanischen Populismen unterscheidet, ist die Fähigkeit, jene Lücke zwischen populistischen und sozialistischen Projekten zu überbrücken, welche die politische Landschaft Lateinamerikas noch vor einem halben Jahrhundert gekennzeichnet hat (ebd.: 176). Der linke Populismus kann in diesem Kontext tatsächlich „als Teil eines Kontinuums demokratischer und sozialistischer Politik angesehen werden" (Lievesley/Ludlam 2009: 17). So hat Hugo Chávez zum Beispiel aufgezeigt, „dass er, innerhalb der sozialistischen und national-popularen populistischen Traditionen stehend, die politische Imagination seiner Bolivarischen Revolution konstruierte, sowie Präsident Lula da Silva von Brasilien sozialdemokratische, populistische und basisdemokratische Elemente in seinen politischen Ansprachen nutzte" (Panizza 2009: 178).

In jedem Fall signalisiert diese populistische Wiedererweckung eine neue Trope für die Entwicklung der Demokratie innerhalb dieser Region, „ein signifikanter demokratischer Fortschritt" in dem Grade, dass er die anwachsenden sozialen und politischen Zusammenschlüsse von sozialen Schichten erlaubt, die zuvor ausgeschlossen waren; auch wenn das heißt, dass weiterhin gewisse Spannungen unter den partizipierenden und liberalen Aspekten der demokratischen Repräsentation bestehen bleiben (ebd.: 222ff). Abgesehen von allen Rückschlägen, Schwankungen, Inkonsistenzen und Ausschweifungen, bestätigen sowohl die zehnjährige Hegemonie der Kirchners in Argentinien wie auch die Fähigkeit des Bolivarischen Projekts, dem nach dem Tod von Chávez entstehenden Gegendruck standzuhalten, als auch der letzte Politikwechsel in Chile die Beharrlichkeit und signifikante Auf-

fälligkeit einer linkspopulistischen Welle in Lateinamerika, welche auch Länder
wie Ecuador und Bolivien einschließt.[10]

In jedem Fall ist diese Wiederkehr und Beharrlichkeit des „Popularen" nicht
bloß auf Lateinamerika beschränkt. Wenn wir nach Nordamerika blicken begegnet uns jenes Occupy-Wall-Street-Phänomen, welches, obwohl es ihm nicht gelang
das kurze, energische Aufbegehren der Vielen in eine nachhaltige Massenbewegung zu verwandeln, doch aber das essentiell-populistische egalitäre Schema in
den Diskurs einzuführen. So behauptete man das Interesse des Volkes („We the
people"), der 99 % gegenüber dem 1 % der Superreichen zu repräsentieren. Diese
Formulierung traf sicherlich einen Nerv in jenem Land, in dem die Ungleichheit
wuchert und wurde im Folgenden von der politischen Szene nahezu zeitgleich aufgenommen. So machte auch Barack Obama in seiner „Ansprache zur Lage der
Nation" im Januar 2012 davon Gebrauch.

„Um seine Wiederwahlkampagne mit einer populistischen Rede zu starten, musste
er sich selbst als Held der amerikanischen Arbeiterklasse gegen eine kleine, wohl-
habende Elite, welche er durch die Republikaner abgesichert sah, portraitieren [...].
Der Präsident ordnete eine streng *populistische* Agenda an mit dem Versprechen den
Spalt der Ungleichheit zu bewältigen [...]" (MacAskill 2012). „Keine Aufgabe ist
dringlicher. Keine Debatte ist wichtiger. Wir können entweder ein Land besiedeln,
wo es einer sinkenden Anzahl an Menschen wirklich gut geht, während eine wachsende Zahl der Amerikaner kaum noch über die Runden kommt. Oder wir können
eine Wirtschaft wiederherstellen, in der jeder eine faire Chance erhält, einen gerech-
ten Beitrag leistet und in der jeder nach den gleichen Regeln spielt", sagte Obama
(ebd.).

Es ist sehr unwahrscheinlich, dass solche Aussagen Obamas zu einer signifikanten
Veränderung in der US-Politik führen. Andererseits sollten wir nicht unterschätzen, dass diese Aussagen mit großer Intensität das Problem der wachsenden Ungleichheit und die Notwendigkeit, das Steuersystem zu reformieren, wieder in den
Vordergrund gerückt haben; ein Thema, mit dem Obama unerwartete Verbündete
unter den reichsten Personen der USA gefunden hat, welche sich darüber beklag-
ten, skandalös niedrige Steuern zu zahlen, während zur gleichen Zeit die soziale
Unter- und Mittelschicht einer verhängnisvollen ökonomischen Situation gegen-
überstände (Buffett 2011). Interessanterweise setzte Obama in seiner 2014er „An-

---

10   Wie die vorliegenden Fälle zeigen, scheinen alle Populismen und insb. die lateiname-
      rikanischen Populismen ambivalente Phänomene zu sein, die historisch „beide (als)
      eine Gefahr und (als) ein Korrektiv für die Demokratie" funktionieren (Mudde/Kalt-
      wasser 2013: 168). Für eine neueste Kritik innerhalb der im Populismus auftretenden
      „konkurrierenden autoritären" Tendenzen siehe Levitsky/Loxton 2013.

sprache zur Lage der Nation" weiterhin auf den „populistischen" Ton und schwor, wenn auch sehr bescheiden, diejenige Politik, die bei der Ungleichheit (wie z.b. die Mindestlohnerhöhung) ansetzt, auch mit exekutiven Handlungen durchzusetzen (Wilson 2014). Der kürzlich überwältigende Sieg von De Blasio bei den Bürgermeisterschaftswahlen in New York sollte vielleicht innerhalb des gleichen Kontextes interpretiert werden.

Eine ähnliche Debatte, mit entfernter, aber eindeutig populistischer Note findet derzeit in Großbritannien statt. Der Streitpunkt sind die Löhne im Privatsektor; dabei geht es aber nicht um die Mindestlöhne, wie es woanders passiert (speziell in Südeuropa, wo Durchführungsverordnungen dazu genutzt werden, Austerität und Lohnkürzungen zu vollziehen), sondern um die Höchstlöhne. Kürzlich wurde der Abschlussbericht der „High-Pay-Kommission" veröffentlicht, ein renommiertes und unabhängiges Komitee, in welchem dieses Thema gründlich diskutiert wurde:

> „Die Öffentlichkeit verliert sehr rasch die Geduld mit einem System, welches den Oberen erlaubt, sich zu bereichern, während jeder andere damit kämpft über die Runden zu kommen. Dieser Prozess wurde zwar erst durch die Finanzkrise deutlich erkennbar, hat sich aber im Laufe der letzten dreißig Jahre bereits aufgestaut (High Pay Commision 2011: 7).

Nach den Schätzungen des Komitees nahmen 1979 die oberen 0,1 % des Volkes „1,3 % des gesamten Nationaleinkommens mit nach Hause"; „bis 2007 ist dieser Wert auf 6,5 % angestiegen" und, wenn man von der gleichen Wachstumsgeschwindigkeit ausgeht, wird es 2035 ca. 14 % erreichen, was „gleichwertig zum Viktorianischen England" wäre (ebd.: 22, 74). Zurück zu Dickens, volle Kraft voraus! Ist das alles populistisch? Sicherlich in dem Sinne, wie wir den Begriff in der Einführung dieses Aufsatzes bestimmt haben. Auf jeden Fall sehen wir ein Aufleben – zumindest auf der Ebene des politischen Diskurses – der populären Referenz, wodurch soziale Ungleichheit und Klassenunterschiede eine erneute Auffälligkeit erlangen. Niemand scheint fähig diesen Punkt zu ignorieren, nicht einmal die Konservativen des Premierministers des Vereinigten Königreichs Cameron, die, in der Bemühung dem „Populären" gerecht zu werden, hervorgehoben haben, dass der heutige entgleiste Turbokapitalismus – für welchen sie New Labour verantwortlich machen – von einem „sozial verantwortungsvollen und genuinen Volkskapitalismus" (Woodcock 2012) ersetzt werden muss!

4 Der unverantwortliche Anti-Populismus der Eurozone und der Fall Griechenland

Und was ist während des gleichen Zeitraums innerhalb der Eurozone passiert? Zu einer Zeit, in der die Krise des vorherrschenden Modells in Lateinamerika zu tektonisch politischen Veränderungen führt und auch die Begriffe öffentlicher Debatten und Konfrontationen in den USA und Großbritannien zu beeinflussen scheint, begegnet uns im Kern Europas immer noch die Beharrlichkeit der ökonomischen, politischen und intellektuellen Eliten, die den postdemokratischen Zombiekapitalismus und seine ethisch-kulturellen Artikulationen um jeden Preis am Leben erhalten wollen. Dieser enge Fokus hält sie von jedem Versuch der geringsten Anerkennung und Aneignung jener egalitären Dynamik des populistischen Kerns der Demokratie ab.

Des Weiteren sind sie gezwungen, in einem verzweifelten Versuch ideologischen Zusammenhalt und Einfluss zu bewahren, hitzige „anti-populistische" Diskurse zu artikulieren und europäische „Populisten" zu denunzieren: Wer auch immer heutzutage vom vorherrschenden, neoliberalen Krisenmanagement abweicht, wird sofort diskreditiert und als „unverantwortlicher Populist", ein Feind europäischer Werte, bloßgestellt. Zu guter Letzt kann die kurzsichtige und eurozentrierte Assoziation des Populismus mit der radikalen Rechten einen äußerst hilfreichen Beweis liefern: Sie legitimieren den anti-populistischen Diskurs noch stärker, sogar wenn er sich gegen politische Kräfte und Argumente, die nichts mit denen der Rechten gemeinsam haben, richtet.

Dies ist natürlich ein Teufelskreis. Solange die autokratische Auferlegung der Austerität dominant bleibt – abgesehen von der technokratischen *Fassade* und den symbolischen Einsprüchen der französischen und deutschen Sozialdemokratie –, wird die Ungleichheit weiterhin wachsen und die Forderungen der unterdrückten und verarmten Unter- und Mittelklasse wird sich verschärfen; und weil diese Forderungen für gewöhnlich innerhalb einer popular-egalitären Grammatik durch eine Referenz auf den Signifikanten das „Volk" ausgedrückt werden,[11] kann man erwarten, dass sie wiederum als „populistisch" diskreditiert und denunziert werden. Das wurde bezeichnenderweise in einem Artikel des *Guardian*, direkt nach dem EU-Gipfel vom Dezember 2011, bei dem die Einführung von verfassungsrechtlichen Bestimmungen über Schulden und Defizite entschieden wurde, deutlich:

---

11   Sogar nach ihrer Proletarisierung ist es unwahrscheinlich für diese sozialen Schichten, sich als „Arbeiterklasse" zu begreifen und sich mit dem stringenten Klassendiskurs zu identifizieren.

„Wenn der Staub sich legt, wird ein neues Europa unter der Obhut Deutschlands entstehen: nach dem EU-Gipfel besteht die Aussicht auf eine freudenlose Union mit Strafen, Sanktionen, Disziplinen und brodelnden Ressentiments [...] mit den Eliten der Mitte, welche die EU trotz anwachsender Belagerung von Anti-EU-Populisten auf der rechten und linken Seite überall in Europa führen" (Traynor 2011).

In diesem Zusammenhang stellt Griechenland aus unterschiedlichsten Gründen ein entscheidendes Paradebeispiel dar. Zunächst war es das erste Land Südeuropas, welches plötzlich und mit unvorstellbarer ökonomischer und symbolischer Gewalt die Auferlegung von Austeritätsmaßnahmen erleben musste. Man erwartete, dass Griechenland das Aufkommen einer komplexen (und zum Teil gegenläufigen) Protestkultur, genauso wie einer allmählichen Orientierung an popularen/ populistischen Wegen verschiedenster Art, durchlaufen würde.

Zweitens verschärft sich die Situation durch die Tatsache, dass ein Teil der einheimischen, „modernisierenden" Elite in der Krise die Möglichkeit nach einer radikalen Restrukturierung des ökonomischen, politischen und kulturellen Lebens in eine bestimmte Richtung sah, welche postdemokratisch *par excellence* ist und in welcher es keinen wirklichen Raum mehr für das „Volk" zu geben scheint.[12] Aufgrund der populistischen Kultur, die Griechenland von der Restauration 1974 an dominiert hat, scheint es auch sehr bequem, die korrumpierende Natur des Populismus für die Krise verantwortlich zu machen, um gleichzeitig die technokratischen, postdemokratischen Lösungen zu legitimieren und den popularen Protest zu umgehen.[13]

Aufgrund der zuvor genannten Gründe erscheint die Konfrontation zwischen *Populismus* und *Anti-Populismus* heute als grundlegende ideologische Spaltung innerhalb der griechischen Öffentlichkeit. Auf der einen Seite werden erwartungsgemäß die Forderungen derjenigen sozialen Schichten und Bürger, die einen gewaltsamen sozialen Abstieg durchmachen müssen, in einem Rahmen von Forderungen artikuliert, in welchem sie sich als „Volk" sowohl gegen die einheimischen als auch gegen die politischen und ökonomischen Eliten Europas aufbringen können. Auf der anderen Seite, wie es nicht zu erwarten war, versuchen dieselben Eliten, unfähig und widerwillig sich das „Populare" produktiv anzueignen und zu

---

12 Es gibt überhaupt keine Zweifel, dass eine Art von Restrukturierung, in der Tat eine radikale, notwendige war. Die Frage bleibt jedoch, in welche Richtung und mit welchen Mitteln diese vorangetrieben werden sollte?

13 Siehe hierzu Lyrintzis 1987, Spourdalakis 1988, Stavrakakis 2003 und Pantazopoulos 2007.

sublimieren,[14] es stattdessen zu unterdrücken und auf sein „populistisches" Äquivalent zu reduzieren und es zugleich für all ihre eigenen diachronischen und institutionellen Fehler verantwortlich zu machen. „Populismus" erscheint daher als ein
leerer Signifikant *par excellence* und als ein Behälter, der fähig ist, einen Exzess
verschiedenartiger Bedeutungen zu beherbergen; er wird zur Synekdoche eines
allgegenwärtigen Bösen und mit allen vorstellbaren Manifestationen in Verbindung gebracht: Verantwortungslosigkeit, Demagogie, Unsittlichkeit, Korruption,
Zerstörung und Unvernunft.

Dementsprechend lernen wir beim Verorten des gegenwärtigen anti-populistischen Diskurses in Griechenland (wie er im politischen und medialen Mainstream
geäußert wird) unmittelbar zwei Dinge: Erstens ist nach Ansicht zweier bekannter
griechischer Journalisten Populismus überall, da er der Geist sei, der „in den vergangenen Jahren zunehmend dominant und zur herrschenden Kraft in Griechenland wurde, um nicht zu sagen, dass er die Philosophie sei, die die griechische
Gesellschaft in all ihren Ausdrucksformen geleitet hat" (Karakousis 2012), sogar
soweit gehend, dass „wenn Populismus eine Religion wäre, Griechenland Pakistan
sei" (Kasimatis 2010). Zweitens, wie Kostis Chatzidakis (Minister für Entwicklung und Wettbewerbsfähigkeit und Abgeordneter der Nea Dimokratia) erklärte,
dass „Populismus der größte Feind Griechenlands sei" (Chatzidakis 2011); mit den
Worten von Evangelos Venizelos, (PASOK-Führer, Vize-Ministerpräsident und
Außenminister), sei es dieser „extreme Populismus", der droht, die Krise in eine
nationale Tragödie zu verkehren (Venizelos 2012). All diese diskursiven Inszenie-
rungen fließen fast natürlich, seit, zufolge einer anderen ähnlichen Formulierung,
der Populismus eine „Plage" und „Verwüstung" darstellt und daher richtigerwei-
se als „gefährliche Bedrohung für das Land" denunziert wird (Papandropoulos
2012). Kein Wunder also, dass auch Ministerpräsident Samaras Populismus als
größten Feind aller Ideale und Gründe, die die gemeinsame europäische Identität
entwerfen, betrachtet und sogar mit Extremismus verknüpft:

> „Wir kämpfen alle aus demselben Grund: Europäische Integration ist unser Grund,
> aber Integration mit Freiheit und sozialen marktökonomischen Prinzipien, Wohl-
> stand, Wettbewerbsfähigkeit, Verantwortung, Verantwortlichkeit, Gerechtigkeit
> und Solidarität. [...] Wir kämpfen auch gegen gemeinsame Feinde: Populismus und
> Extremismus, um nur die zwei wichtigsten an dieser Stelle zu nennen. Populismus
> wendet das Volk gegen sich selbst und schwächt seine Zukunft. Extremismus reißt

---

14   Wie wir gesehen haben, gibt es auch andere Alternativen, wie diejenigen, die in La-
      teinamerika verfolgt werden, oder jene, die sich innerhalb des öffentlichen Diskurses
      und auch teilweise in der Wirtschaftspolitik der USA aufzeigen lassen.

Gesellschaften auseinander, zersetzt die politische Einheit und soziale Kohäsion"
(Samaras 2012).

Auch hier ist auffällig, dass die Denunzierung des Populismus nur dann seine politische Funktion erfüllt, wenn sie mit außer-politischem und anthropologischem
Wert aufgeladen wird. Infolgedessen sehen wir, dass Populismus oftmals ent-
gegengesetzt zur „Rationalität" und zum „Menschenverstand" erscheint; Eigenschaften, die gewöhnlich als universelle Merkmale der menschlichen Spezies anerkannt werden. Diese Position ist im Überfluss sowohl im Reich der Politik als
auch im Reich der Ideen zu finden. So lernt man im Februar 2012, dass Andreas
Loverdos (PASOK-Abgeordneter und Gesundheitsminister) im griechischen Parlament eine Unterscheidung zwischen „Populisten" und „Rationalisten" machte
(Tzanakis 2012), während zwei Monate später ein Leitartikel der *Athens Review
of Books* erschien, der gegen den „intolerablen, aktuell existierenden Populismus"
predigte und schlussfolgerte, dass „Griechenland heute mehr denn je die Kräfte
der Vernunft benötige, welche sicherlich im Krieg mit dem Populismus, seinem
europäischem Kurs und seiner Perspektive läge" (The Athens Review of Books
2012: 4). An der Stelle solcher extremen und entpolitisierten Argumente bemerken wir die Herabstufung der „Populisten" zu Untermenschen, zu nacktem Leben:
„Höhlenmenschen", „Neandertaler" und „Einsiedler" (Michas 2011).

Kein Zweifel, die in den oben formulierten Exzerpten ausgedrückten Ängste
und quasi-apokalyptischen Ausrufungen nach politischer Erlösung und Reinigung
haben möglicherweise die vornehmsten Motive und gutartigsten Anstöße. Wie
dem auch sei, was genau haben diese zur Folge? Welchem diskursiven Repertoire
sind sie (willentlich oder unwillentlich) entnommen? Kann man es als Zufall bezeichnen, dass die Privilegierung der Vernunft, der Verantwortung und des konse-
quenten Anspruchs der Besten (*aristoi*) zu regieren ausnahmslos mit einer strengen Austeritätsorthodoxie verbunden ist? Wird diese nicht gewöhnlich von einer
Dämonisierung alternativer Meinungen und einer Unterdrückung des Popularen
begleitet, vermittelt durch die Formen der Wahlrepräsentation? Tatsächlich haben
wir in Griechenland einen Punkt erreicht, bei dem die Wahlen mehr oder weniger
selbst wie ein Trojanisches Pferd des Populismus betrachtet werden – mit der Bezugnahme auf den großen Feind der athenischen Demokratie, Platon, wird hier ein
geeignetes Sahnehäubchen angeführt:

„Einige Tage nach der Bildung [der Koalition von Papademos] äußerte ich meine Ansicht, dass diese Regierung nun, für Griechenland jetzt, eine Regierung der nationalen
Rettung werden muss. Ohne zeitliche Festsetzung, aber mit der Möglichkeit zur Umbildung, bestehend aus wenigen Politikern und den Besten [aristoi] der Griechen. [...]

Der Wiederaufbau des Landes ist von höchster Wichtigkeit. Schnelle Wahlen innerhalb kurzer Zeit wären meiner Meinung nach, wie ich diese Dinge einschätze, ein vorläufiger Sieg des Populismus, der anti-reformerischen Mächte, welche zunehmend Kräfte versammeln. Diese anti-reformerischen Kräfte sind überall, horizontal. Sie sammeln gemeinsam Parolen, wiederum und noch einmal, während das Land am Abgrund steht. Die Resultate könnten verheerend werden, und genau deshalb habe ich dieses historische Beispiel gewählt. An dem Punkt, an dem wir heute stehen, ‚Für Griechenland jetzt' brauchen wir das, was Platon in seinem Werk *Politikos oder Vom Staatsmann* beschreibt: Sorge und Kühnheit in jedem Moment" (Diamantopoulou 2012).

Man braucht nicht auf die Idee zu kommen, dass solche politischen Positionen ausschließlich ein griechisches Privileg darstellen würden. Ganz im Gegenteil dominieren sie momentan die europäische Politik; deshalb ist es dem französischen politischen Philosophen Jacques Rancière gelungen, sie so eloquent zu erfassen:

„Populismus ist das bequeme Wort, hinter dem sich der heftige Widerspruch zwischen Volks- und Wissenslegitimität versteckt, die Schwierigkeit der Expertenregierung, sich mit den Erscheinungen der Demokratie und selbst der Mischform des repräsentativen Systems abzufinden. Dieser Name verdeckt und offenbart gleichermaßen den großen Wunsch der Oligarchie – ohne Volk regieren, d.h. ohne die Teilung des Volks regieren; ohne Politik regieren." (Rancière 2011: 96)

5   Europa gegen Populismus: Welches Europa und welcher Populismus?

Unter dieser Vielzahl konzeptueller Gegensätze, in die der „Populismus" verstrickt wird, verleiht die gegenwärtige europäische Krise der Gegensätzlichkeit zwischen Europa und dem Populismus erhöhte Brisanz. Aus der Perspektive ökonomischer, politischer sowie intellektueller Eliten der Eurozone werden Europa und Populismus als die zwei Extreme eines radikalen Widerspruchs betrachtet. Als im Mai 2012 das Time Magazin den europäischen Kommissionspräsidenten Barosso fragte: „Was beunruhigt sie bezüglich Europa heute am meisten?", fußte seine Antwort auf denselben Annahmen: „Wahrscheinlich der Aufstieg von einigen populistischen Bewegungen in den Extremen des politischen Spektrums" (Barosso 2012). Diese weit verbreitete Ansicht wurde auch anschaulich von dem griechischen Ökonomie-Professor Loukas Tsoukalis während einer öffentlichen Diskussion dargeboten:

„Die größten Errungenschaften Europas, der Frieden, die Demokratie, die Menschenrechte und der Wohlfahrtsstaat sind so lange bedroht wie die ökonomische Krise sich weiterhin verschärft und das Monster des Populismus gigantische Ausmaße an verschiedenen Orte des Kontinents annimmt." (Tsoukalis 2012)

Man könnte auch behaupten, dass dies schon immer der Fall war: Die meisten der populistischen Bewegungen innerhalb des europäischen Raumes – Griechenland eingeschlossen – sind feindselig gegenüber europäischen Institutionen eingestellt. Um nur ein paar zu nennen: der britische Euroskeptizismus, der rechtsextreme französische Populismus, die griechische Anti-EWG-Haltung in den 1970ern unter Andreas Papandreou, religiöser, anti-europäischer Populismus in Griechenland während der „Personalausweis-Debatte" im Jahre 2000/2001 und so weiter.

Trotzdem ist dies eine dynamische und keineswegs statische Landschaft und jene Kontinuität, welche hier oftmals vorausgesetzt wird, könnte in die falsche Richtung führen, soweit sie auf eine Hypostasierung der Begriffe des Volks, Populismus und Europas gründet. Allerdings ist nicht jeder Populismus gleich, noch verweist er auf ein und dasselbe „Volk", welches dieselben Eigenschaften und Voraussetzungen tragen würde; noch ist es dasselbe „eine unveränderliche Europa", über das wir diachronisch sprechen könnten. Könnte es nicht vielmehr sein, dass die Begriffe sich verändern? Welche Implikationen haben diese Veränderungen?

Einfach gesagt, was für ein „Europa" und was für einen „Populismus" kann man in unserer krisengeschüttelten Landschaft beobachten? Und wie sollen wir ihre Effekte auf die Demokratie beurteilen? Die Erfahrung des Südens kann aufschlussreich sein, genau deshalb, weil die andauernden Transformationen hier noch radikaler und gewaltiger durchgeführt wurden. Faktisch hat die europäische Peripherie eine EU erlebt, die gegen ihre eigenen Werte und Prinzipien verstößt, während nationale „gemäßigte" Politiker der Mitte behaupten, fundamentale Europäer zu sein, die, höchste *Rationalität* des europäischen Geistes verkörpernd, mehr und mehr zu Anti-Demokraten in ihrer *radikalen* Umsetzung von drakonischer Strenge und neoliberaler Anpassungsstrategien werden. Selbstverständlich hat eine solche Rationalität nichts mit dem Begriff der Vernunft innerhalb jener europäischen Tradition der Reflexivität zu tun; er ist eher mit der instrumentellen Vernunft, welche Adorno und Horkheimer so überzeugend dekonstruiert haben, verschlungen.

Können wir nicht damit aufhören, sowohl Europa als auch den Populismus zu essentialisieren? Ich habe den Eindruck, dass dies exakt der Weg vorwärts wäre, den europäische Intellektuelle wie Étienne Balibar vorgeschlagen haben: Was, wenn Europa gegenwärtig eine „Revolution von oben" erlebt (Balibar 2011)? Natürlich ist meine erste Assoziation Christopher Laschs Buch *The Revolt of the*

Elites and the Betrayal of Democracy;[15] ein für die Herausforderungen von heute prophetisches Werk. In seinem Buch greift Lasch auf den klassischen Text von José Ortega y Gasset, Die Revolte der Masse, zurück, der in der Zwischenkriegszeit veröffentlicht wurde. Wenn in der Zeit von Ortega y Gassets die europäischen Werte durch den Einfall der Masse bedroht wurden, so argumentiert Lasch, dass es heute die Eliten sind, „jene, die den internationalen Fluß des Geldes und der Informationen kontrollieren, [...] und somit der öffentlichen Diskussion die Bedingungen vorgeben," welche jegliche Verbindung mit einem gemeinsamen historischen Schicksal verloren haben: „In unserer Zeit scheint die größte Bedrohung für unsere Kultur jedoch von jenen auszugehen, die an der Spitze der gesellschaftlichen Hierarchie stehen, und nicht von den Massen" (Lasch 1995: 35). „Die Eliten, die die Probleme definieren, haben den Kontakt mit der Bevölkerung verloren," sondern auch zur Realität (ebd.: 11). Sie sind sich nicht bewusst, dass, um einwandfrei zu funktionieren, sowohl die Ökonomie und als auch die Demokratie eine breite Verteilung von Wohlstand und Einkommen benötigen (ebd.: 15f). Sie denken auch, dass die Meinung des Volkes über seine eigene Zukunft überflüssig sei. Und wenn jenes Forderungen stellt, werden diese Forderungen bequemerweise als Populismus denunziert.

Jenes zufällige Ereignis – die gescheiterte Initiative des ehemaligen griechischen Ministerpräsidenten Georgios Papandreou, eine Volksabstimmung durchzuführen nämlich, welche augenblicklich und ziemlich gewaltsam von Merkel, Sarkozy und der EU-Führung während des G-20 Gipfels (03./04.11.2011) unterdrückt wurde – könnte hier sehr hilfreich für das Verständnis der politischen „Barbarei" dieser Revolte der (europäischen) Eliten sein. Ich werde mit den Worten Ulrich Becks und Jürgen Habermas' sprechen. Beide sind Deutsche und frei von jeder populistischen Verdächtigung. Und was sagen sie genau? Fangen wir mit Beck an:

„Es war einmal eine Zeit, da begann nach dem Schuldenschnitt für Griechenland das Aufatmen, das Hoffnungschöpfen: Europa lebt, und es ist vielleicht sogar stark und wendig genug, seine Probleme zu bewältigen. Dann gab der griechische Ministerpräsident Giorgos Papandreou bekannt, dass er in dieser Schicksalsfrage die Griechen befragen will. Plötzlich wurde die verdeckte, verkehrte Wirklichkeit sichtbar: Wer in Europa, das so stolz auf seine Demokratie ist, Demokratie praktiziert, wird zur Bedrohung Europas! [...] Wird die ,gerettete' EU gar keine Europäische Union mehr sein, wie wir sie kennen, sondern ein ,EE': ein Europäisches Empire deutscher Prägung? Gebiert diese Endlos-Krise ein politisches Monster? [...] Doch dieser Weg in ein Europa der Apparatschiks – Politbüro Brüssel oder Politbüro Berlin – voll-

---

15   Leider wurde der englische Buchtitel durch die deutsche Übersetzung in *Die blinde Elite. Macht ohne Verantwortung* völlig sinnentfremdet [Anm. der Hg.].

endet den Geburtsfehler des organisierten Europas, treibt die Paradoxie eines real-existierenden Europas ohne Europäer auf die Spitze." (Beck 2011)

So entfaltete sich ein magisches Bild vor unseren Augen: Das stolze demokratische Europa offenbart sich selbst als politisches „Monster"; nicht aufgrund des Populismus, aber aufgrund seiner Transformation in ein *postdemokratisches* Gebilde, welches das Volk und die Bürger Europas ins Abseits drängt.
Man könnte Becks Diagnose vielleicht als eine abstruse Angstmacherei zurückweisen.

Dennoch scheint sich sogar der moderate Jürgen Habermas ähnlich auszudrücken, wenn nicht sogar mit einem noch kritischeren Ton:

> „Ist ihre Angst, dass Europa nun in eine postdemokratische Epoche übergeht, nach der Bekanntgabe der Ablehnung des griechischen Referendums, verstärkt worden?"
> „Ich habe mit großem Interesse den Horror der politischen Elite, welcher durch die Ankündigung des Referendums entstand, verfolgt. Weil die Angst, die durch die plötzliche Entscheidung des griechischen Premierministers erregt wurde, etwas mit der Möglichkeit zu tun hat, dass das mit einer fraglichen ‚Therapie' beladende Volk seinen Widerstand hätte ausdrücken können. Diese ‚Therapie' ist aufgrund von zwei Gründen problematisch: aus einer ökonomischen und politischen Perspektive. Die restriktive Politik stranguliert ohne den Anstoß eines öffentlichen Investitionsprogramms die griechische Wirtschaft. Andererseits impliziert die Kontrolle der Troika einen Souveränitätsverlust, welche die verfassungsstaatliche Faktizität verändert, in der das Volk nicht hinzugezogen wurde. Griechenland ist natürlich ein spezieller Fall; aber dieser Prozess ist vielleicht ein Vorbote des Übergangs von einem Europa der Regierungen zu einem Europa der Governance. Wie dem auch sei, dieses schöne Wort ‚Governance' ist lediglich ein Euphemismus für eine harte Form des politischen Despotismus." (Habermas 2011a)

Noch mal, es soll nicht angenommen werden, dass dieses vorübergehende, emotional aufgeladene Sichtweisen wären, seitdem ähnliche oder sogar noch kritischere Positionen von dem deutschen Philosophen in seinem letzten Buch *Zur Verfassung Europas* Ausdruck fanden, in dem die „Art von Exekutivföderalismus" des Europäischen Rates als ein „Muster einer postdemokratischen [das heißt letztendlich „antidemokratischen"] Herrschaftsausübung" beschrieben wird (Habermas 2011b: 8); Habermas denunziert „die Agenda, die Anlegerinteressen eine rücksichtslose Dominanz einräumt" und „die ungerührt wachsende soziale Ungleichheit [...] in Kauf nimmt" (ebd.: 100f); und plädiert daher für eine „Transnationalisierung der Volkssouveränität" (ebd.: 48). Hiermit ist natürlich die Umkehr der Begriffe vollendet: Ein postdemokratisches Europa, eine Version von Europa, die anstatt ein „Teil der Lösung" zu sein, zum „Teil des Problems" wurde (Balibar 2011), betrogen von seinen eigenen Eliten, nimmt es zunehmend die Form eines despotischen Monsters ein. Eine Entwicklung, die scheinbar nur die Rückkehr des „Popularen" zu bändigen weiß. Welchen Namen misst unsere Theorie diesem Aufruf nach der Wiederkehr des Volkes zu? Könnte es „Populismus" sein? Eine Form des „Populismus", unabhängig davon, wie schlecht dieses pejorativ geladene Wort vielleicht für uns klingen mag? Ist es außerdem nicht exakt diese Rückkehr, die die anti-populistische Rhetorik auszutreiben versucht? Eher unwahrscheinlich ist es wohl für Habermas und Beck, sich mit genau diesen Begriffen auszudrücken.[16] Es gibt jedoch andere, die es bereits auf diese Art und Weise artikulieren. Einer dieser ist Étienne Balibar, der, in einem jüngst erschienenen Artikel über die europäische Krise, wie folgt schließt:

> „Bedeutet dies, dass wir, um die Richtung der gegenwärtigen Geschichte umzukehren und die Lethargie einer verfallenden politischen Konstruktion abzuschütteln, etwas brauchen wie einen *Europäischen Populismus*, eine gleichzeitige Bewegung oder einen friedlichen Aufstand popularer Massen, die ihrer Wut eine Stimme geben als Opfer der Krise gegen ihre Urheber und Nutznießer, und eine Kontrolle „von unten" über die geheimen Verhandlungen und verborgenen Geschäfte der Märkte, Banken und Staaten verlangen? Ja, in der Tat. Es gibt keinen anderen Namen, den wir für die kommende Politisierung der Völker zur Verfügung haben." (Balibar 2010)

6 Fazit: Populismus – Unausweichlich, aber auch wünschenswert?

Ich habe in diesem Aufsatz versucht zu zeigen, wie die derzeitige europäische Krise die Sprachspiele rund um das „Volk" und den „Populismus" im europäischen Kontext signifikant beeinflusst und dem globalen Wiederaufleben neuer populistischer Phänomene eine neue Episode hinzugefügt hat. Um zu begreifen, was hier auf dem Spiel steht, ist es wichtig, sowohl die irreduzible Verbindung zwischen „popular" und „populistisch" zu erkennen als auch die konstitutive Mehrdeutigkeit politischer Referenzen auf das „Volk" als eine Bedingung für die Möglichkeit einer Radikalisierung der Demokratie zu begreifen. Während dies, mehr oder we-

---

16 Tatsächlich lehnt Habermas den Populismus explizit ab, weil der Begriff die „Substantialisierung der ,Völker'" mit einbezieht (Habermas 2011b: 78). Dies bleibt jedoch nicht die einzig mögliche Option (siehe Fazit).

niger, in öffentlichen Debatten und bei Entscheidungsfindungen in Lateinamerika und – in geringerem Ausmaß – in den USA und in Großbritannien berücksichtigt wird, wurden „Populismus" und das „Volk" innerhalb der Eurozone zu Tabu-Konzepten erhoben. Unfähig, sich auf das „Populare" zu beziehen, entscheiden sich europäische Eliten dazu, es zu dämonisieren und es für ihre politische Zukunft in der Artikulation einer extrem anti-populistischen Agenda einzubetten. Wie wir gesehen haben, gilt dies im Besonderen für südeuropäische Länder wie Griechenland, in denen der diskursive Kampf zwischen Populismus und Anti-Populismus als eine vorherrschende Spaltung auftaucht, als ein ideologischer Bruch, der jegliche politische Bedeutung im Zeitalter der Austerität strukturiert. Dieser anti-populistische Diskurs, der einer gründlichen Untersuchung bedarf, hypostasiert „Europa" und „Populismus" als zwei sich ausschließende Gegensätze und scheitert daran, die Komplexität – den potenziell egalitären und demokratisierenden Effekt – populistischer Artikulationen sowie den Betrug an europäischen Werten durch die heutigen europäischen Eliten zu erfassen.

Nun ist das Drama vom extremen Anti-Populismus in Griechenland und anderenorts, jenes Paradox, dass der Anti-Populismus nicht im Stande ist seine – zugegeben unvermeidbare – Abhängigkeit zu den Begriffen das Volk und das Populare zu begreifen. Wie sehr das Eine auch denunziert wird, kehrt das Andere immer wieder zurück, erschüttert die anti-populistische Agenda, indem es seine eigene Dämonisierung umkehrt. Zugegeben, solange wir immer noch innerhalb eines repräsentativen Rahmens bleiben, werden Referenzen auf das „Volk" oder auf einige „Menschen", sogar für eminente Figuren des anti-populistischen Spektrums, unvermeidbar bleiben. So kann zum Beispiel jeder, der die griechischen Nachrichten verfolgt, erstaunt sein über eine öffentliche Diskussion des „P8O"-Netzwerks mit Sprechern wie dem ehemaligen Minister und PASOK-Abgeordneten Jannis Ragousis und weiteren Anhängern des griechischen Reformblocks, die vom Journalisten Paschos Mandravelis mit dem Thema: „Vom Unwert zur Kreativität: Wie kann Politik nützlich und zugleich *popular* sein" moderiert wurde (05.04.2012, Hervorhebung hinzugefügt YS)

Was ist der springende Punkt hier? Nun, wie schon vorher argumentiert, solange anti-populistische Rhetorik letztendlich auf das Populare zielt, wird auch gegen „harmlose" Referenzen unter den Anhängern des extremen Anti-Populismus selbst der Verdacht auf eine populistische Abweichung erhoben werden. Man erkennt hier das ganze Paradox des Volkes, dass jede populistische Verdächtigung des Populismus verdächtigt wird. „Ich möchte wirklich jemanden finden, der mich davon überzeugt ihn/sie zu wählen, aber was ich dann wieder höre, ist Populismus!", ein bemerkenswerter Kommentar eines Lesers, welcher kurz vor den Wahlen 2012 unter einem Artikel des neoliberalen Politikers Stefanos Manos auf der

Protagon-Website stand (Manos/Ktistakis 2012). Nur ein paar Monate später findet ein anderer Beitrag mit dem Namen „Populismus" seinen Höhepunkt in der Denunziation eines Politikers, der mehr als jeder andere in Griechenland die Ablehnung des Populismus ausdrückt, Ex-Ministerpräsident Kostas Simitis. Und warum? Aufgrund seiner eher gemäßigten Kritik des „Memorandums", der Vereinbarung zwischen Griechenland und seinen Kreditgebern (Europäische Kommission, EZB, IWF) und der Implementierung drakonischer Austeritätsmaßnahmen: „Simitis' Aussagen besitzen selbst populistischen Inhalt. [...] Angesichts dieser Tatsachen von intensivem Populismus und Heuchelei ist das politische System ungeeignet und unverantwortlich und wird den Preis dafür in den kommenden Wahlen zahlen" (Ignatiadis 2012).

Es ist mehr als deutlich, dass beide, Simitis und Manos, den Preis für den Extremismus des allgegenwärtigen anti-populistischen Diskurses zahlen werden: Durch die endgültige Dämonisierung jeder Referenz auf das „Volk" und jeder noch so kleinen Abweichung von hegemonialer Politik, untergräbt ein solch unverantwortlicher Anti-Populismus die Potenziale der Demokratie selbst: Dissens, Gleichheit, Antagonismus, Pluralismus.

Allerdings ist dies dahingehend ein kontraproduktives Unterfangen, dass die quasi-oligarchischen Forderungen des anti-populistischen Diskurses – nach aristokratischen Vorrechten, einem privilegierten Zugang zur Vernunft und europäischen Werten, um die fortschreitende *Ungleichheit* legitimieren zu können – die Macht der *Gleichheit* nicht unterdrücken und der minimalen Referenz auf das „Volk", zu der sie unausweichlich zurückkehren müssen, nicht entkommen können. Rancière hat dieses Paradox mit aller Deutlichkeit erklärt:

„Es gibt Menschen, die regieren, weil sie die Ältesten, die am besten Geborenen, die Reichsten oder die Gelehrtesten sind. Es gibt Regierungsmodelle und Autoritätspraktiken, die auf dieser oder jener Verteilung der Plätze und Fähigkeit beruhen. [...] Doch wenn die Macht der Älteren mehr sein soll als nur eine Gerontokratie, die Macht der Reichen mehr als eine Plutokratie, wenn die Unwissenden verstehen sollen, dass sie den Befehlen gehorchen müssen, dann muss diese Macht auf einem zusätzlichen Anspruch beruhen, auf der Macht derer, die keinen Anspruch oder Besitz haben, die mehr dazu prädisponieren würde zu regieren, anstatt regiert zu werden. Sie muss zu einer politischen Macht werden. [...] Die Macht der Besten kann sich letztendlich nur durch die Macht der Gleichen legitimieren. [...] Sobald der Gehorsam eines Legitimitätsprinzips bedarf, sobald es Gesetze geben muss, die sich als Gesetze durchsetzen, und Institutionen, die das Gemeinsame der Gemeinschaft verkörpern, muss jeder Befehl eine Gleichheit voraussetzen zwischen dem, der befiehlt, und dem, der befehligt wird. [...] Kein Dienst wird geleistet, kein Wissen vermittelt, keine Autorität etabliert, ohne dass ein Herr, so wenig dies auch den Anschein haben mag, ‚von gleich zu gleich' mit demjenigen sprechen muss, den er befehligt oder belehrt. Die ungleiche Gesellschaft kann nur dank einer Vielzahl gleichheitlicher Beziehungen funktionieren. Der demokratische Skandal legt diese Verquickung von Gleichheit und Ungleichheit offen, um auf ihr die Macht des Gemeinsamen zu begründen." (Rancière 2011: 58f)

Unausweichlich wird dieses egalitäre Potenzial des „Volkes" gerade dort sprießen – und scheinbar wird es nicht aufhören zu wachsen –, wo es nicht erwünscht ist. Fast überall, wo wir uns umschauen, finden wir Beweise für diese Tatsache. Auch an sehr unvorhergesehenen Orten versucht die Verbraucherkultur gegenwärtig, die „Rückkehr des Volkes" für sich zu kommerzialisieren. Tatsächlich darf man an dieser Stelle nicht vergessen, „die Ökonomisierung ist der einfachste Prozess, wie der Kapitalismus eine Kritik als gültig anerkennen, in seine Strukturen aufnehmen und sich so zu eigen machen kann" (Boltanski/Chiapello 2003: 476). Als typische Beispiele dienen die neusten Werbekampagnen des Modelabels Marlboro Classics und des Schuhherstellers Superga. Ersteres nutzte „Wir [sind] das Volk" als Werbeslogan, nichts Geringeres also als das Prinzip der Volkssouveränität in der amerikanischen Verfassung – etwas, das, wie wir sahen, mit der proto-populistischen Occupy-Bewegung wiederaufkam –; während letztere ihr Produkt als sogenannte „Schuhe des Volkes" vertreiben.

Mit anderen Worten ist für den Populismus die Referenz auf den Signifikanten das „Volk" und auf die egalitäre demokratische Dynamik, die er faktisch mit einbezieht, unumgänglich. Natürlich konstituiert es nicht von selbst ein Element der Unverantwortlichkeit oder des extremistischen politischen Verhaltens. Die griechische Politologin Georgiadou hat erst kürzlich die verantwortliche und seriöse Einstellung westlicher „anti-systemischer" Parteien, wie die der deutschen Grünen, mit dem gefährlichen Populismus der Extreme in der griechischen politischen Szene verglichen:

> „Die Welt der Nachkriegszeit hat schon mehrmals Wirtschaftskrisen erlebt. Jedoch hat keine von diesen […] zu einer Unregierbarkeit und Legitimationskrise des politischen Systems geführt. Die politischen Systeme des Westens haben bewiesen, dass sie dazu fähig sind, soziale Erschütterungen zu absorbieren und Krisen der Wirtschaft und des Finanzwesens davon abzuhalten sich zu systemischen Krisen zu entwickeln. […] Trotz des Umstandes, dass sie ein anti-systemisches Profil und die Sozialdemokratie von links bedrängten, bereicherten die Grünen die Demokratie und entwickelten sich zu vertrauenswürdigen Regierungsakteuren." (Georgiadou 2012)

Könnte es sein, dass besonders unter Umständen wie den aktuellen, die Artikulation eines „progressiven Populismus", die vielleicht verantwortungsvollste Sache wäre, die man sich vorstellen kann? Ironischerweise ist dies genau das Argument, welches kürzlich von Repräsentanten der „vertrauenswürdigen" Grünen und sogar durch Daniel Cohn-Bendit selbst vorgebracht wurde. In einer Veröffentlichung der *Green European Foundation* zum Populismus in Europa beginnen Cohn-Bendit und sein Koautor Gaudot damit, das gegenwärtige paneuropäische Erstarken populistischer Parteien und Bewegungen in sehr dunklen Farben nachzuzeichnen. Dabei schlussfolgern sie erstaunlicherweise mit einer Befürwortung eines *progressiven Populismus* à la Balibar:

> „Im Kampf gegen den Rechtspopulismus [...] fehlt deshalb tatsächlich eine alternative Vision, eine alternative Kultur, ein Diskurs, der sich mit den gesellschaftlichen Enttäuschungen befasst. Klar ist, dass die Linke seit dem Ende der kommunistischen und sozialistischen Utopien es nie geschafft hat, eine gleichwertige Alternative anzubieten. [...] Die ist die Aufgabe, der sich die Grünen und darüber hinaus alle progressiven Kräfte stellen müssen, wenn sie wirklich eine Antwort auf die Bedrohung durch rechtspopulistische Tendenzen finden wollen. Es ist wichtig, jene Verbitterung und die mit ihr verbundene Energie aufzugreifen – nicht um sie gegen einen bestimmten Teil der Bevölkerung zu richten, sondern um sie in positive Bahnen zu lenken. [...] Das erfordert offenkundig grundlegende Veränderungen und vielleicht auch, um Étienne Balibar zu zitieren, die Anerkennung einer Form des ‚positiven Populismus', der die Unterstützung vieler gewinnen kann. Das ist gewiss ein langfristiges und zweifellos kompliziertes Projekt. Doch ohne es bleibt nicht viel Grund zur Hoffnung." (Cohn-Bendit /Gaudot 2012: 28ff)

Die Ansprüche oligarchischer (postdemokratischer, technokratischer) Regierungen können daher nicht den popularen Bezug, die Referenz auf das „Volk" ausmerzen; sie sind früher oder später dazu gezwungen, eine Übereinstimmung, einen *modus vivendi* zu erreichen.

Wenn ihnen dies nicht gelingt, vertieft dieses Scheitern das Ungleichheitsverhältnis noch weiter. Es verstärkt die öffentliche Frustration und Entfremdung von der Politik und lässt den rechten, reaktionären Populismus als die einzige alternative Lösung erscheinen, obwohl dieser sehr opportunistisch ist, wenn er sich überhaupt als Populismus bezeichnen lassen darf: Innerhalb des Rahmens einer hierarchischen und autokratischen Konzeption des Sozialen, die der Rechtspopulismus unterstützt, zielt er darauf, die (korrupte) Elite mit einer anderen (heroischen) Elite zu ersetzen, wobei letztendlich der größte Teil des Volks wiederum aus dem Prozess der Entscheidungsfindung ausgeschlossen würde (Caiani/Della Porta 2011). Seine Referenz auf das „Volk" ist bestenfalls von sekundärer oder peripherer Wichtigkeit; als instrumentelles Mittel wird es weiterhin für nationalistische, rassistische und streng hierarchische Zwecke nutzbar gemacht. Wie Di Tella plädiert, sollten solche „radikal-nationalistischen" oder „rechtsradikalen" Kräfte, „die oft als populistisch gebrandmarkt werden, [...] in einer anderen Kategorie begriffen werden, weil sie nicht gegen die vorherrschenden Gruppen gerichtet sind, sondern viel eher gegen Unterprivilegierte, welche sie als bedrohlich betrachten" (Di Tella 1997: 190).

Populistisch oder nicht, die extreme Rechte bleibt insbesondere in ihren neonazistischen Varianten eine große Bedrohung für die angeschlagene europäische Demokratie. Nur die Entfaltung eines progressiven Populismus ist wohl in der Lage diese gefährliche Bewegung zu stoppen. In diesem Sinne, abseits vom Unausweichlichen, könnte der Populismus auch wünschenswert sein – dies gilt nur unter konkreten Bedingungen. Niemand sollte die hier involvierten Risiken unterschätzen, dennoch ist nichts im Leben risikofrei; die Essentialisierung der Rationalität führt zur Vorherrschaft der instrumentellen Vernunft, aber diese legitimiert noch lange keine Irrationalität. Wie Laclau konstatiert, ist Populismus „keine festgelegte Konstellation, sondern eine Reihe von diskursiven Mitteln, die für sehr verschiedene Zwecke genutzt werden können" (Laclau 2005a: 176). Um den Gegenstand sehr zu vereinfachen, ist der Populismus weder notwendigerweise „schlecht" noch „gut". Er schließt eine Reihe von gegensätzlichen Artikulationen ein. Infolgedessen existiert eine immense Pluralität populistischer Mischformen im globalen Umfeld: anti-institutionelle (personalisiert, abhängig von der Führerfigur, autokratisch) und institutionelle (neue Institutionen der demokratischen Partizipation und Repräsentation, die als Träger für die Ansprüche der exkludierten Teile der Gesellschaft wirken), gewalttätig antagonistische und agonistische, reaktionäre und progressive, raffinierte und vulgäre, demokratische und anti-demokratische; Populismen auf den Straßen und in der Machtsphäre, „top-down" und „bottom-up", etc. (Panizza 2000, Gratius 2007). Insofern geht es in der demokratischen Politik, im Besonderen in Zeiten der Krise, selten um die Anwesenheit oder Abwesenheit des Populismus an sich. Vielmehr dreht es sich um das spezielle Profil (demokratisch oder anti-demokratisch) populistischer Artikulationen, die sich in einem solchen Kontext herausbilden. Von seinem sozio-politischen Kontext abhängig, kann der Populismus entweder als *Korrektiv* oder als *Bedrohung* der Demokratie operieren und beide, *inklusive* und *exklusive* Artikulationen hervorbringen, um mit Muddes und Rovira Kaltwassers Begriffen zu sprechen (Mudde/Rovira Kaltwasser 2013). Des Weiteren bleibt die Rolle des „Volkes" soweit zentral für jedes demokratische Regime, als dass eine dieser beiden Arten des Populismus unvermeidbar bleibt; was wir dann vielleicht brauchen, ist, sich besonnen mit dem Ersten (*Korrektiv*) auseinanderzusetzen und es zu füllen, um das Zweite (*Bedrohung*) zu bekämpfen (Katsambekis/ Stavrakakis 2013).

Daher würde im Hinblick auf die Unvermeidbarkeit des Populismus die entscheidende Frage die folgende sein: Wie ist es möglich, einen verantwortlichen popular-demokratischen Pol – einen verantwortlichen demokratischen Populismus

– zu fördern? „Wie können wir uns einen progressiven Populismus vorstellen?"
Ein reflektierter, pluralistischer Populismus, „der die lebensnotwendigen Aufteilungen innerhalb des Volkes anerkennt, Aufteilungen, die jedoch nicht mit seiner
politischen, sondern nur mit seiner angeblich essentiellen Einheit brechen" (Pantazopoulos 2011: 19, 24, 30). Aus dieser Perspektive ist das „Volk" nie identisch
mit sich selbst, was entweder das Beste (der heroische Kampf nach Freiheit) oder
das Schlechteste (freiwillige Knechtschaft) bedeuten kann. „[D]a der Volkskörper
nicht als ein substanzieller Organismus zu begreifen ist, der in sich abgeschlossen
ist, sondern als ein zersplitterter, gespaltener, in die nie endende Suche nach einer
problematischen Identität verwickelter Körper" (Abensour 2012: 27) Das „Volk"
öffnet sich selbst auf einer fortwährenden und prekären Suche nach seiner (partiellen) Emanzipation.

Die Richtung dieser Öffnung steht in Frage, weil das Band zwischen popular-demokratischen Forderungen und ihrem Träger, dem politischem Subjekt, der
diese Forderungen repräsentieren wird, eine zweischneidige Verbindung darstellt,
die durch ihre Formbarkeit ausgezeichnet ist. Der politische Träger konstruiert
tatkräftig, was er gleichzeitig repräsentiert; er stiftet dem „Volk" Form und Orientierung. Der Erfolg hängt von dieser Erfindungskraft ab, wenn sie dazu aufgerufen
ist, eine Pluralität bzw. Vielzahl von Forderungen, die aus dem Kollaps eines ganzen Systems entspringen, zu repräsentieren und zu einer notwendigen Erneuerung
der europäischen Demokratie, also zu der Vertiefung und Radikalisierung dieser,
zu führen, was genau das ist, was (bewusst oder unbewusst, willentlich oder unwillentlich) der gegenwärtige Anti-Populismus verurteilt.

Literatur

Abensour, M. 2012. *Demokratie gegen den Staat. Marx und das machiavellistische Moment*. Berlin: Suhrkamp.

Agamben, G. 2002. *Homo sacer. Die Souveränität der Macht und das nackte Leben*. Frankfurt a. M.: Suhrkamp.

Albertazzi, D./McDonnell, D. (Hg.) 2008. *Twenty-first Century Populism: The Spectre of Western European Democracy*. Houndmills: Palgrave.

Ashbee, E. 2011. Bewitched – The Tea Party Movement: Ideas, Interests and Institutions. *Political Quarterly*, 82(2), 157–164.

Balibar, É. 2011. Our European Incapacity, http://www.opendemocracy.net/etienne-balibar/our-european-incapacity. Zugegriffen: 04.05.2015.

Balibar, É. 2010. Europe: Final Crisis? Some Theses. *Theory & Event*, 13(2), http://muse.jhu.edu/journals/theory_and_event/v013/13.2.balibar.html. Zugegriffen:: 04.05.2015.

Barrett, P. et al. 2008. *The New Latin American Left*. London: Pluto Press.

Barroso, J. M. 2012. 10 Questions with European Commission President José Manuel Barroso, *Time*, 21.05.2012, http://www.time.com/ time/magazine/article/0,9171,2114482,00.html. Zugegriffen: 04.05.2015.

Beck, U. 2011. Europäische Union: Gebt Demokratie eine Chance!, 01.12.2011, http://www.voxeurop.eu/de/content/article/1239011-gebt-demokratie-eine-chance.   Zugegriffen: 04.05.2015.

Berezin, M. 2009. *Illiberal Politics in Neoliberal Times*. Cambridge: Cambridge University Press.

Betz, H.-G. 1994. *Radical Right-Wing Populism in Western Europe*. New York: Palgrave.

Boltanski, L./Chiapello, È. 2003. *Der neue Geist des Kapitalismus*. Konstanz: UVK.

Bruff, I. 2003. The Netherlands, the Challenge of Lijst Pim Fortuyn and the Third Way. *Politics*, 23(3), 156–162.

Buffett, W. E. 2011. Stop Coddling the Super-Rich, *The New York Times*, 14.08.2011, http://www.nytimes.com/2011/08/15/opinion/stop-coddling-the-super-rich.html. Zugegriffen: 04.05.2015.

Caiani, M./della Porta, D. 2011. The Elitist Populism of the Extreme Right: A frame analysis of extreme right-wing discourses in Italy and Germany. *Acta Politica*, 46, 180–202.

Canovan, M. 1999. Trust the People! Populism and the Two Faces of Democracy. *Political Studies*, XLVII, 3.

Chatzidakis, K. 2011. Populism is the Greatest Enemy of Greece, interview to A. Ravanos, *To Vima tis Kyriakis*, 24.12.2011, http://www.tovima.gr/politics/article/?aid=436273. Zugegriffen:: 09.05.2015. (gr.).

Cohn-Bendit, D./Caudot, E. 2012. Die Versuchung der schrecklichen Vereinfachung. Warum der Populismus eine Gefahr für Europa ist. In: Heinrich-Böll-Stiftung (Hg.): *Rechtspopulismus in Europa*. Wien: Planet-Verl., S. 21–30.

Crouch, C. 2008. *Postdemokratie*. Frankfurt a. M.: Suhrkamp.

de la Torre, C. 2000. *Populist seduction in Latin America: The Ecuadorian experience*. Athens: Ohio University Press.

De Vos, P. 2002. The Sacralisation of Consensus and the Rise of Right-Wing Populism in Flanders. *Studies in Social and Political Thought*, 7, 3–29.

Diamantopoulou, A. 2012. Gebt Papademos Zeit. Rede anlässlich der Event-Initiative „Für Griechenland Jetzt!", Altes Parlament, 22.01.2012, http://www.protagon.gr/?i=protagon. el.ellada&id=11988. Zugegriffen: 09.05.2015. (gr.),

Di Tella, T. S. 1997. Populism into the Twenty-first Century. *Government and Opposition*, 32(2), 187–200.

Etzioni, A. 2011. The Tea Party is Half Right. *Society*, 47, 197–202.

Feinberg, J. G. 2012. *Demokratie ohne Demos? Neoliberalismus gegen Gesellschaft*. Athen: Erasmus. (gr.).

Georgiadou, V. 2012. On the Constellation of the Radicalism of the Extremes, *To Vima tis Kyriakis*, 18.03.2012, http://www.tovima.gr/opinions/article/?aid=449100, Zugegriffen: 09.05.2015. (gr.).

Gratius, S. 2007. *The 'Third Wave of Populism' in Latin America*, Fride Working Paper, 45, Madrid.

Habermas, J. 2011a. Governance: Ein Euphemismus für brutalen politischen Despotismus, Interview *Le Monde*, 17.11.2011, http://www.lemonde.fr/idees/article/2011/11/17/le-joli-mot-de-gouvernance-n-est-qu-un-euphemisme-pour-designer-une-forme-dure-de-domination-politique_1605384_3232.html. Zugegriffen:: 04.05.2015.

Habermas, J. 2011b. *Zur Verfassung Europas. Ein Essay*. Berlin: Suhrkamp.

Hawkins, K. 2010. *Venezuela's Chavismo and Populism in Comparative Perspective*. Cambridge: Cambridge University Press.

High Pay Commision 2011. *Cheques With Balances: Why Tackling High Pay is in the National Interest*, http://highpaycentre.org/files/Cheques_with_Balances.pdf. Zugegriffen: 04.05.2015.

Ignatiadis, G. 2012. Populism, *Agelioforos*, 26.01.2012, http://www.agelioforos.gr/default. asp?pid=7&ct=36&artid=126474. Zugegriffen: 04.05.2015, (gr.).

Karakousis, A. 2012. Populism, the Reigning Power, *To Vima tis Kyriakis*, 29.01.2012, http://www.tovima.gr/default.aspx?pid=6525&la=1&aid=440806. Zugegriffen: 08.05.2015, (gr.).

Kasimatis, S. 2010. If Populism was a Religion, Greece Would be Pakistan, *Kathimerini*, 22.09.2010, http://news.kathimerini.gr/4dcgi/ _w_articles_columns_2_22/09/2010_415848. Zugegriffen:: 08.05.2015, (gr.).

Katsambekis, G./Stavrakakis, Y. 2013. Populism, Anti-populism and European Democracy: A View from the South, http://www.opendemocracy.net/can-europe-make-it/giorgos-katsambekis-yannis-stavrakakis/populism-anti-populism-and-european-democr. Zugegriffen: 08.05.2015.

Knight, A. 1998. Populism and Neo-populism in Latin America, especially Mexico. *Journal of Latin American Studies* 30(2), 223–248.

Laclau, E. 2010. Der notwendige Populismus. Interview von Nikos Chrysoloras, *Synchrona Themata*, 110, (gr.).

Laclau, E. 2005a. *On Populist Reason*. London.

Laclau, E. 2005b. Populism: What's in a Name. In: Panizza, F. (Hg.): *Populism and the Mirror of Democracy*. London: Verso, S. 32–49.

Laclau, E. 1981. *Politik und Ideologie im Marxismus. Kapitalismus – Faschismus – Populismus*. Berlin: Argument-Verlag.

Lasch, C. 1995. *Die blinde Elite. Macht ohne Verantwortung*. Hamburg: Hoffmann und Campe.

Levitsky, S./Loxton, J. 2013. Populism and Competitive Authoritarianism in the Andes. *Democratization*, 20(1), 107–136.

Lievesly, G./Ludlam, S. 2009. Introduction: A "Pink Tide"? In: Dies. (Hg.): *Reclaiming Latin America: Experiments in Radical Social Democracy*. London: Zed Books, S. 1–18.

Loraux, N. 2002. *The Divided City. On Memory and Forgetting in Ancient Athens*. Cambridge: Zone Books.

Lyrintzis, C. 1987. The Power of Populism: the Greek Case. *European Journal of Political Research*, 15(6), 667–686.

MacAskill, E. 2012. State of the Union Address: Obama pledges to fight for a fairer America. *The Guardian*, 25.01.2012, http://www.theguardian.com/world/2012/jan/25/state-of-the-union-obama-fairer. Zugegriffen: 04.05.2015.

Manos, S./Ktistakis, Y. 2012. The Proposal for the Immigrants, http://www.protagon.gr/?i=protagon.el.post&id=13939, 01.04.2012. Zugegriffen:: 04.05.2015, (gr.).

McCormick, J. P. 2011. *Machiavellian Democracy*. Cambridge: Cambridge University Press.

Michas, T. 2011. The Populism that Kills, http://www.protagon.gr /?i=protagon.el.8emata&id=4767, Zugegriffen: 08.05.2015, (gr.).

Morgan, E. S. 1988. *Inventing the People. The Rise of Popular Sovereignty in England and America*. New York: W. W. Norton & Company.

Mouffe, C. 2008. *Das demokratische Paradox*. Wien: Turia + Kant.

Mudde, C. 2007. *Populist Radical Right Parties in Europe*. Cambridge: Cambridge University Press.

Mudde, C./Rovira Kaltwasser, C. 2013. Exclusionary vs. Inclusionary Populism: Comparing Contemporary Europe and Latin America. *Government and Opposition*, 48(2), 147–174.

Panizza, F. 2009. *Contemporary Latin America: Development and Democracy beyond the Washington Consensus*. London: Zed Books.

Panizza, F. (Hg.) 2005. *Populism and the Mirror of Democracy*, London: Verso.

Panizza, F. 2000. Neopopulism and its Limits in Collor's Brazil. *Bulletin of Latin American Research*, 19(2), 177–192.

Pantazopoulos, A. 2011. *Populismus und Modernisierung, 1965 – 2005*, Athen. (gr.).

Pantazopoulos, A. 2007. Le national-populisme grec, 1974 – 2004. *Les temps modernes*, n°645-646, 237–267.

Papandropoulos, A. X. 2012. The Plague of Populism. *European Business Review*, 07.02.2012, http://www.europeanbusiness.gr/page.asp?pid=624. Zugegriffen: 04.05.2015, (gr.).

Pease, D. 2010. States of Fantasy: Barrack Obama versus the Tea Party Movement. *Boundary2*, 37(2), 89–105.

Rancière, J. 2011. *Der Hass der Demokratie*. Berlin/Köln: August Verlag.

Samaras, A. 2012. Short address by the Greek Prime Minister, Antonis Samaras to the CDI Conference, Rome, 21. September 2012, http://www.primeminister.gov.gr/english/2012/09/22/short-address-by-the-greek-prime-minister-antonis-samaras-to-the-cdi-conference-rome-september-21-2012/. Zugegriffen: 04.05.2015.

Santner, E. L. 2011. *The Royal Remains: The People's Two Bodies and the Endgames of Sovereignty*. Chicago: Newberry Library.

Savage, R. 2011. Populist Elements in Contemporary American Political Discourse. *The Sociological Review*, 58 (Issue Supplement s2), 167–188.

Spourdalakis, M. 1988. *The Rise of the Greek Socialist Party*, London.

Stavrakakis, Y. 2014. Hegemony or Post-hegemony? Discourse, Representation and the Revenge(s) of the Real. In: Kioupkiolis, A./Katsambekis, G. (Hg.): *Radical Democracy and Collective Movements Today. The Biopolitics of the Multitude versus the Hegemony of the People*. Farnham: Ashgate, S. 111–132.

Stavrakakis, Y. 2013. Debt Society: Greece and the Future of Post-democracy. *Radical Philosophy*, 181, 33–38.

Stavrakakis, Y. 2011. Beyond the Spirits of Capitalism? Prohibition, Enjoyment and Social Change. *Cardozo Law Review*, 33(6), 2289–2306.

Stavrakakis, Y. 2007. *The Lacanian Left. Psychoanalysis, Theory, Politics*. Albany: State University of New York Press.

Stavrakakis, Y. 2003. Religious Populism and Political Culture: The Greek Case. *South European Society and Politics*, 7, 29–52.

Stavrakakis, Y./Katsambekis, G. 2014. Left-wing populism in the European periphery: the case of SYRIZA. *Journal of political ideologies*, 19(2), 119–142.

Taggart, P. 2000. *Populism*. Buckingham: Open University Press.

The Athens Review of Books 2012. Redaktionsbeitrag, *The Athens Review of Books*, 28: S. 4.

Traynor, I. 2011. As the dust settles, a cold new Europe with Germany in charge will emerge, *The Guardian*, 09.12.2011, http://www.guardian.co.uk/business/2011/dec/09/dust-settles-cold-europe-germany. Zugegriffen: 04.05.2015.

Tsoukalis, L. 2012. For Greece Now!, speech at the event of the 'For Greece Now!' initiative, Old Parliament, 22.01.2012, http://www.eliamep.gr/wp-content/uploads/2012/01/omilia.pdf. Zugegriffen: 04.05.2015.

Tzanakis, S. 2012. Scientists of Populism, *Ta Nea*, 18.02.2012, http://www.tanea.gr/gnomes/?aid=4695783. Zugegriffen: 04.05.2015. (gr.).

Venizelos, E. 2012. in Daskalakis, Y.: Extreme Populism May Turn the Crisis into a National Tragedy, http://www.ert.gr/politiki/item/10933-Benizelos-O-akraios-laikismos-mporei-na-metatrepsei-thn-krish-se-ethnikh-tragwdia. Zugegriffen:: 04.05.2015. (gr.).

Wilson, S. 2014. Obama Prepared to Avoid Congress, Go it Alone on Carrying out Modest Initiatives, *The Washington Post*, 29.01.2014, http://www.washingtonpost.com/politics/obama-prepared-to-avoid...ves/2014/01/28/61b68280-8845-11e3-a5bd-844629433ba3_print.html. Zugegriffen: 04.05.2015.

Woodcock, A. 2012. Cameron sets out vision for 'popular capitalism', *The Independent*, 19.01.2012, http://www.independent.co.uk/news/uk/politics/cameron-sets-out-vision-for-popular-capitalism-6291768.html. Zugegriffen: 04.05.2015.

Austeritätspolitik und autoritäre Formen der Krisenbewältigung[1]

Die Goldene Morgendämmerung im politischen System Griechenlands

Gregor Kritidis

In der von Fortschrittsoptimismus geprägten Vorstellungswelt des 19. Jahrhunderts galt die Krise nicht vorrangig als Gefahr, sondern, dem Wortsinne folgend, als Phase der Entscheidung. Selbst die vehementesten Kritiker der bürgerlichen Gesellschaft wie Karl Marx, Michail Bakunin oder Rosa Luxemburg waren der Überzeugung, dass die widersprüchliche Dynamik des Kapitalismus zwar destruktive Potenziale freisetze, die Alternative zwischen Sozialismus und Barbarei letztlich jedoch zugunsten ersterer Möglichkeit entschieden würde. Das Massensterben in den Schützengräben des Ersten Weltkrieges erschütterte zwar die alten Illusionen gesellschaftlichen Fortschritts, die Oktoberrevolution gab den Hoffnungen auf eine konstruktive Gestaltung der sozialen Verhältnisse aber einen neuen Auftrieb. Der Sieg der faschistischen Konterrevolution in Italien, Deutschland, Ungarn und anderen europäischen Ländern sowie der Sieg des Stalinismus in der Sowjetunion ließen den traditionellen Fortschrittsbegriff endgültig hinfällig werden. Analysen so unterschiedlicher Denker wie Walter Benjamin, Franz Neumann, Theodor Adorno, George Orwell oder Leo Kofler reflektierten diese Entwicklungen. Galt die Erschütterung der gesellschaftlichen Beziehungen in der Krise zuvor als Voraussetzung zur Überwindung der bürgerlich-kapitalistischen Gesellschaft, so offenbarten sich in der großen Krise seit 1929 die zerstörerischen Potentiale des „totalitären Monopolkapitalismus" (Neumann 1977: 312) in allen Dimensionen. In der unmittelbaren Nachkriegsphase war in den von den europäischen Widerstandsbewegungen geprägten Öffentlichkeiten der Zusammenhang von Kapitalismus, Faschis-

---

1 Dieser Aufsatz ist nicht im Einverständnis beider Herausgeber publiziert worden. Ilias Papagiannopoulos distanziert sich von den hier aufgeführten Thesen von Gregor Kritidis.

mus und Krieg bis ins bürgerliche Lager hinein gegenwärtig.[2] Der asymmetrische Klassenkompromiss der Sozialstaaten mittel- und nordeuropäischer Prägung war von dem Gedanken getragen, dass die gesellschaftlichen Konflikte befriedet, ein Mindestmaß an politischer Partizipation der arbeitenden Klassen garantiert und die Ökonomie staatlich gesteuert werden müsse, solle ein Rückfall in die Vergangenheit vermieden werden. Südeuropa blieb – Italien ausgenommen – von diesen Entwicklungen ausgeschlossen; erst in den 1970er-Jahren gelang es dort, die in den 1930er-Jahren etablierten autoritären Regime abzuschütteln und die demokratische und soziale Integration der subalternen Schichten in die bürgerliche Gesellschaft zu erlangen.

Diese gesellschaftliche Integration ist seit der Auflösung der Sowjetunion von den gesellschaftlichen Eliten zunehmend in Frage gestellt worden. Das Bewusstsein über den widersprüchlichen Zusammenhang von kapitalistischer Krise, autoritären Formen der Krisenbewältigung und faschistischen Massenbewegungen ist weitgehend verdrängt worden.

In Griechenland zeigt sich der enge Zusammenhang zwischen einer alle gesellschaftlichen Sphären umfassenden Krise, einer deflationären, die Krise verstärkenden Austeritätspolitik (Varoufakis 2012) und dem Aufkommen rechtspopulistischer und faschistischer Bewegungen in aller Deutlichkeit. Mit der Goldenen Morgendämmerung (griechisch: Χρυσή Αυγή, Chrysi Avghi, im Folgenden: XA) hat eine faschistische Partei im Verlauf der Krise innerhalb kurzer Zeit Massenanhang gewonnen.

1 Autoritäre Krisenpolitik

Die Entstehung einer eigenständigen faschistischen Massenbewegung in Griechenland ist von der seitens der politischen und sozialen Eliten mit Rückendeckung der EU und des IWF betriebenen Krisenpolitik nicht zu trennen. Seit dem Abschluss der Kreditverträge vom Mai 2010 zwischen den Staaten der Eurozone sowie dem IWF einerseits und der Republik Griechenland andererseits steht das Land unter Kuratel. Die gesellschaftliche Selbstverwaltung mittels des Staates ist mit diesen Verträgen quasi suspendiert worden. Seit 2010 haben die Vertreter der Gläubiger in umfassender Weise die politische Agenda bestimmt (Douzinas 2014), ein Zustand, der erst mit den Wahlen vom Januar 2015 eine Einschränkung erfahren hat. So wurde 2010 nicht nur das Budgetrecht des Parlaments vollkommen ausgehebelt,

---

2 Zum hier verwendeten politisch-soziologischen Faschismus-Begriff vgl. Abendroth 1967, Poulantzas 1973, Schäfer 1977 sowie Kühnl 1998.

mit den Maßnahmen wurde eine tiefgreifende Transformation der gesamten Gesellschaft nach neoliberalen Vorstellungen ins Werk gesetzt. Es gibt kaum einen gesellschaftlichen Bereich, der nicht durch die Vorgaben der Gläubiger betroffen wäre. Besonders dramatisch waren die Eingriffe in das Tarif- und Arbeitsrecht, wobei das ausdrückliche Ziel in der Senkung von Löhnen und Gehältern auch im privaten Sektor bestand. Durch die Verträge und die mit ihnen verbundenen Memoranda ist den griechischen Regierungen genau vorgeschrieben worden, welche Maßnahmen in welchem Zeitraum zu vollziehen sind. Zur Überwachung dieser Vorgaben ist eine eigene Institution geschaffen worden, die Troika, bestehend aus Vertretern des IWF, der EZB sowie der EU-Kommission. Deren Legitimation ist ebenso zweifelhaft wie die der Task-Force, die nach offizieller Lesart im Auftrag der EU-Kommission der griechischen Regierung bei der Umsetzung der Reformen beratend zur Seite steht. Durch die Kreditverträge ist ganz Griechenland mitsamt allen mobilen und immobilen Sachwerten praktisch verpfändet. Es gibt auch nur eingeschränkte Möglichkeiten, die Verträge nachträglich zu modifizieren oder juristisch anzufechten. Sie unterliegen auch nicht etwa EU-Recht, wie man annehmen sollte. Ihre Grundlage ist vielmehr das britische Recht, in dem die Position des Gläubigers besonders stark ausgestaltet ist. Der Staatsrechtler Giorgos Kassimatis spricht in diesem Zusammenhang von einer „Aufhebung der Verfassung" sowie einer „Abtretung von Souveränitätsrechten" und hat darüber hinaus eine Reihe von Verstößen gegen das EU- und Völkerrecht ausgemacht (Kassimatis 2011). Dem gesellschaftlichen Widerstand ist mit offener Repression – mehrfach wurde der Einsatz der Armee gegen die Opposition erwogen[3] – und einer sukzessiven Aufhebung demokratischer Teilhaberechte begegnet worden. So ist das Demonstrations- und Streikrecht in weitreichendem Maße eingeschränkt worden, Demonstrationen sind in aller Regelmäßigkeit verboten worden und waren mit exzessiver Polizeigewalt, aber auch parastaatlichen Schlägertrupps konfrontiert; Arbeitskämpfe sind mit dem Mittel der Dienstverpflichtung, dessen gesetzliche Grundlage noch aus der Endphase der Junta stammt und Streikende mit Entlassung und Gefängnisstrafen bedroht, unterbunden worden. In Griechenland ist ein „postdemokratischer Maßnahmestaat" im Sinne einer kommissarischen Diktatur (Carl Schmitt) etabliert worden (Kritidis 2014a, 2014b). Durch die Wahlen im Januar 2015 scheint der Weg zu einer Rückkehr zu demokratisch-rechtsstaatlichen Verhältnissen möglich.

---

3   Das Soldaten-Netzwerk „Spartakos" hat mehrfach darüber berichtet. Es wäre der erste Einsatz der Armee gegen die Zivilbevölkerung seit der Erstürmung des Polytechneio 1973 – aus naheliegenden Gründen ist bisher jede Regierung vor diesem Schritt zurückgeschreckt.

Erst infolge der sozialen Deklassierung breiter Teile der Bevölkerung und der autoritären Einhegung politischer Gegenbewegungen gelang es der XA, breiten Zuspruch zu erlangen. Der Begriff des autoritären Maßnahmestaates, wie er von Ernst Fraenkel in seiner Analyse des Dritten Reiches entwickelt wurde (Fraenkel 1999), zielt darauf ab, das Fortbestehen des rechtlichen Rahmens des bürgerlichen Staates und gleichzeitige Zerstörung rechtlicher Sicherungen in einzelnen Bereichen zu fassen. Dieser Prozess hat sich in Griechenland vollzogen, wobei eine offene Einbeziehung der XA an der staatlichen Steuerung sich bisher nicht als opportun erwiesen hat. Wie Analysen der Entstehungen des NS-Regimes (Thalheimer 1967; Sohn-Rethel 1973) oder der Diktatur der Obristen (Poulantzas 1973) gezeigt haben, erfolgt der Übergang zur offenen Diktatur erst dann, wenn alle Möglichkeiten einer Herrschaftssicherung im bürgerlichen Rahmen erschöpft und die Gegenkräfte nicht stark genug sind.

2   Der Aufstieg der Goldenen Morgendämmerung zur Massenpartei

Seit dem Sturz der Junta 1974 hatte die vollkommen diskreditierte extreme Rechte im politischen Leben Griechenlands keine Bedeutung. Der Aufstieg der XA zur Massenpartei begann Ende 2011, ihr Durchbruch erfolgte bei den Parlamentswahlen 2012 mit rund 7 % der abgegebenen Stimmen. Erfolge konnte die XA dabei vor allem in den von der Krise besonders betroffenen Bezirken der Großstädte verbuchen.

Dieser Aufstieg einer offen faschistischen, sich in die Tradition des deutschen NS-Regimes und der griechischen Kollaboration stellenden Partei basiert auf einer nationalistischen und rassistischen Strömung, die sich seit den frühen 1990er-Jahren entwickelt hat (Navoth 2013). Nach 1974 war es der konservativen Nea Dimokratia (ND) gelungen, die traditionell faschistischen Potentiale zu integrieren und verbliebene Restgruppen zu marginalisieren (Georgiadou 2013:80). Zu Beginn der 1990er-Jahre geriet jedoch diese Integrationsfähigkeit von zwei Seiten unter Druck: Zum einen durch die Politik der ND-Regierung selbst, die ein Programm der rigiden Haushaltskürzungen verfolgte, von denen auch die eigene soziale Basis betroffen war. Zum anderen hatten der Zusammenbruch des Ostblocks und insbesondere die kriegerische Auflösung Jugoslawiens eine nationalistische Schockwelle zur Folge, die im Konflikt um die Namensgebung der Teilrepublik Mazedonien zu einer Identitätskrise der politischen Rechten führte. Der Antikommunismus als zentrale Integrationsideologie des rechten Lagers verlor an bindender Kraft, sodass alte nationalistische Muster reaktiviert wurden (Zelepos 2009: 54). Der damalige Außenminister und spätere Ministerpräsident Antonis Samaras, der im Namensstreit mit der „früheren jugoslawischen Republik Mazedonien" eine äußerst nationalistische Linie verfolgte, wurde 1992 von Regierungchef Mitsotakis entlassen und gründete 1993 die Politiki Anixi (griechisch: Πολιτική Άνοιξη, Politischer Frühling), deren Erfolg zur Wahlniederlage der ND im selben Jahr erheblich beitrug.[4] Samaras trat 2004 wieder der ND bei und wurde ins Europaparlament gewählt. Ende 2009 konnte er sich gegen die Vertreterin des (neo-) liberalen Flügels, Dora Bakogianni bei der Wahl zum Parteivorsitzenden der ND durchsetzen. Die XA begrüßte offen die Wahl von Samaras.[5]

Die entstehende Repräsentationslücke im nationalistischen Spektrum wurde durch Giorgos Karatzaferis' LAOS (griechisch: Λαϊκός Ορθόδοξος Συναγερμός, Laikós Orthódoxos Synagermós, Völkisch-orthodoxe Sammlung) gefüllt. Der Journalist Karatzaferis war 2000 aus der ND ausgeschlossen worden; mit seiner neuen Partei erzielte er bei den Parlamentswahlen 2007 3,8 % und 2009 5,63 % der Stimmen. Bei den Europawahlen 2009 erreichte der LAOS einen Anteil von 7,15 %. Die Partei vertritt eine Position des Ethnopluralismus („Europa der Völker, nicht des Völker-Misch-Maschs").

Von November 2011 bis Februar 2012 beteiligte sich die LAOS an der Regierung Papadimou, der auch bei Teilen der Basis der politischen Rechten verhassten „Regierung der inneren Troika". Diese Koalition aus ND, PASOK und LAOS zerfiel in der Krise vom Februar 2012, die den Niedergang der LAOS einleitete; bei den Parlamentswahlen im selben Jahr sank ihr Stimmenanteil auf 2,9 % im Mai und schließlich auf 1,58 % im Juni ab. Mit Makis Voridis und Antonis Georgiadis traten zudem zwei LAOS-Minister zur Nea Dimokratia über. Voridis hat einen explizit faschistischen Hintergrund; er stammt aus der EPEN (ΕΠΕΝ, Εθνική Πολιτική Ένωσις, Ethniki Politiki Enosis, Nationale Politische Union), die 1984 auf Betreiben des inhaftierten Junta-Chefs Papadopoulos gegründet wurde (Psarras 2014: 29ff).

Parallel zum Niedergang der LAOS verlief der Aufstieg der XA. 2010 erreichte die Partei erstmals einen Erfolg bei den Kommunalwahlen. Parteiführer Nikos Michaloliakos bekam in Athen über 10.000 Stimmen (5,29 %) und wurde in den

---

4　Die These von Georgiadou (2013: 80), nach der Rechtspopulisten in den 1990er-Jahren keinen Erfolg gehabt haben, ist daher unpräzise. Die Politiki Anixi erhielt bei den Parlamentswahlen 1993 4,9 % der Stimmen und 10 Parlamentssitze. Bei den Europawahlen, bei denen die griechischen Wähler traditionell ohne taktische Erwägungen die Partei wählen, der sie am nächsten stehen, gewann die PolAn 1994 8,7 %. Bei den Parlamentswahlen 1996 scheiterte die Partei mit 2,94 % knapp an der 3 % Sperrklausel.

5　Efimerida ton Syntakton (gr. Tageszeitung) vom 26.06.2013.

Stadtrat gewählt. Bei den Parlamentswahlen 2012 erreichte die XA im Mai 6,97 % und im Juni 6,92 %.[6] Ihre besten Ergebnisse hatte die XA – abgesehen von den städtischen Zentren – auf der Peloponnes, die schlechtesten auf Kreta.[7] In Athen konnte die XA vor allem in den Wahlbezirken, in denen Polizisten und Armeeangehörige wählen, überdurchschnittliche Stimmenanteile verbuchen (Psarras 2013: 33).

Diese Entwicklungen machen deutlich, dass die XA vorrangig Ausdruck einer sich im Verlauf der Krise radikalisierenden Tendenz im politisch rechten Spektrum ist. Die XA hat nicht nur die LAOS politisch beerbt und ist nun zum führenden Exponenten der nationalistischen Strömung avanciert; es gibt auch zahlreiche ideologische Überschneidungen mit der Führung der ND unter Samaras, Voridis und Georgiadis, aber auch auf regionaler Ebene (Chasapopoulos 2013: 133). Vor diesem Hintergrund ist die von der ND kultivierte Theorie der „zwei Extreme" von links und rechts, die die Demokratie zerstören, zurückzuweisen. Die XA stellt im Kern die Verselbständigung des ehemals rechten Flügels der ND dar und ist Ausdruck der sozialen Deklassierung breiter Teile ihrer Basis unter den Bedingungen einer sukzessiven sozialen und politischen Aushöhlung der repräsentativen Demokratie (Dalakoglou 2013).

3 Ideologie, Wähler und Sympathisanten der XA

In ihrer Masse handelt es sich bei den Aktivisten, Sympathisanten und Wählern der XA um Krisenverlierer, keinesfalls jedoch um nur diejenigen, die am stärksten von der Austeritätspolitik betroffen sind. Die XA ist vielmehr ein Sammelbecken der Deklassierten aller Klassen und vereint sie unter dem alle sozialen Unterschiede negierenden Banner von Rasse und Nation. Daher wundert es kaum, dass sie auch im unterschiedlichen Maße von enttäuschten Wechsel- und Protestwählern aller Parteien profitieren konnte. Entgegen ihrer aggressiven Agitation gegen die Politik des Memorandums stellt die XA die vorherrschenden Interessen und die bestehende Gesellschaftsstruktur keineswegs in Frage, auch wenn sie sich einen

---

6   Die Zahl der Wähler der XA ist von 441.018 im Mai auf 425.990 gefallen (vgl. Georgiadou 2013: 96). Möglicherweise hat ein Teil der Wähler die ND gewählt, um einen Erfolg der Radikalen Linken zu verhindern.

7   Kathimerini (gr. Tageszeitung) vom 07.05.2012. Einige Regionen der Peloponnes haben eine starke rechte bis rechtsextreme Tradition. Kreta wählt dagegen traditionell Mitte-links und liberal.

revolutionären Anstrich gibt.[8] Diese revolutionäre Pose ist charakteristisch für die konformistische Rebellion faschistischer Bewegungen (Kritidis 2002).

Die XA ist Ausdruck einer spezifischen Form der Krisenbewältigung, welche die bisherigen Deutungsmuster nicht in Frage stellt, sondern bis auf das Äußerste radikalisiert. Drei Viertel der Wähler der XA sind Männer, dabei handelt es sich vor allem um jüngere Wähler bis 44 Jahren mit mittlerer Bildung (Georgiadou 2013: 98). Das korrespondiert mit den Ergebnissen einer Studie, die eine seit den 1990er-Jahren zunehmende Hinwendung eines großen Teils der Jugend zu konservativen und autoritären Positionen konstatiert (Marvakis et al. 2013).[9] Die Griechisch-Orthodoxe Kirche hat sich mehrheitlich nicht eindeutig gegen die XA abgegrenzt und eine Minderheit hat sich sogar offen für die Partei positioniert (Papastathis 2014: 9, Psarras 2014: 107ff, Zoumboulakis 2013).[10]

Ein wichtiger Grund für den Erfolg der XA ist eine klassische Sündenbock-Politik der die Regierung tragenden Parteien, die sich gegen Migranten richtet (Markantonatou 2013). In der Tat stellt die Zuwanderung nach Griechenland ein reales Problem dar, da es bisher teils aus Unwillen, teils aus Unfähigkeit, keine staatlichen Migrationspolitik gab und die Migranten aufgrund des Dublin-II-Abkommens nicht in andere europäische Staaten weiterreisen können. Ihre eigene Untätigkeit in der Migrationsfrage wurde von den bürgerlichen Parteien genutzt, den grassierenden Unmut über die von ihr exekutierte Austeritätspolitik in rassistischer Weise zu kanalisieren. Exemplarisch dafür ist der Wahlkampf der PASOK 2012, bei dem ungeniert die rassistische Karte gespielt wurde (Panagiotidis 2012). Migranten ohne Papiere, die bei Razzien aufgegriffen wurden, verfrachtete man in das erste der kurzfristig eingerichteten Sammellager. Selbst aus Kreisen der orthodoxen Kirche wurden diese als „Konzentrationslager" kritisiert. Hinzu kam eine von den PASOK-geführten Innen- und Gesundheitsministerien koordinierte Kampagne gegen die Straßenprostitution. Die bei den Razzien aufgegriffenen

---

8   In einer Parteihymne heißt es: „Es lebe, es lebe die Goldene Morgedämmerung, es ist die Zeit für [die] Revolution gekommen". http://www.youtube.com/watch?v=BWJ-g-F0yl8. Zugegriffen: 15.02.2015. Slogans der XA waren u.a. „Gammler, Verräter, Politiker", „Nieder mit der Junta des Memorandums" sowie „Griechenland gehört den Griechen" Vgl. http://www.youtube.com/watch?v=k1wsUyWWMwU. Zugegriffen: 15.02.2015. Letzterer ist freilich von Andreas Papandreou entliehen, der auf die Aussage von Kostas Karamanlis, „Griechenland gehöre zum Westen", entgegnete, „Griechenland gehöre den Griechen".

9   Leider ist diese im Auftrag der FES erstellte, sehr instruktive Studie, die einen deutlichen Zusammenhang zwischen dem politischen Mainstream, dem Nationalismus und dem Rechtsextremismus zieht, nicht ins Deutsche übersetzt worden.

10 To Ethnos (gr. Tageszeitung) vom 13.12.2013.

Frauen wurden auf HIV untersucht, Fotos der positiv getesteten Frauen wurden umgehend im Internet veröffentlicht.[11] Die ND stand im Wahlkampf der PASOK in nichts nach. Failos Krandiotis, ein nach eigenem, nie dementierten Bekunden enger Freund von Premierminister Samaras, regte im Wahlkampf an, Immigranten dauerhaft mit Tätowierungen zu markieren.[12]

Der Rassismus der XA ist also keinesfalls singulär. Die XA bezieht die politische Zustimmung für ihr gewaltsames Vorgehen gegen Migranten aus dem Umstand, dass sich die Kritik seitens der Regierungsparteien zu Beginn der Krise in Grenzen hielt. Dies sollte sich erst nach dem Mord an einem Griechen im September 2013 ändern. Die Exzesse der XA wurden in weitgehendem Maße geduldet, ohne dass Einsatzkräfte der Polizei intervenierten.[13] Aus diesem Grund wurden die Exzesse der XA in weitgehendem Maße geduldet. Die XA betreibt dabei eine sehr wirksame Symbolpolitik der exemplarischen Einschüchterung und Abwertung von Migranten.

Die politische Radikalisierung des rechten Spektrums ist auch die Folge einer spezifischen Verarbeitung von sozialer Deklassierung, die mit der Erosion der männlichen Position in der Familie einhergeht. Darauf verweist eine Episode, die in Griechenland große Beachtung gefunden hat: Bei einer Talkshow im Fernsehen attackierte XA-Pressesprecher Ilias Kasidiaris die Abgeordneten Liana Kanelli (KKE) und Rena Dourou (SYRIZA) und griff sie tätlich an.[14] Im Gegensatz zur allgemeinen Erwartung profitierte die XA von dieser Provokation und erhielt aus ihrem Umfeld nicht trotz, sondern wegen der Demonstration männlicher Aggression wachsenden Zuspruch. Für die durch die Erosion der familiären Strukturen hervorgerufene Krise patriarchaler Männlichkeitsvorstellungen bietet die XA ein Surrogat, indem sie mit der praktischen Abwertung von Frauen, Migranten, Homosexuellen etc. die Hierarchie der patriarchalen Ordnung symbolisch wiederherstellt. Im Zusammenhang mit dem sicherlich kalkulierten Angriff auf die Frauen aus dem linken politischen Lager verkündete Kasidiaris, in Distomo und

---

11   Aswestopoulos, W.: Wie Einwanderer zu „wandelnden Krankheitsbomben" werden. Telepolis vom 05.05.2012. http://www.heise.de/tp/artikel/36/36876/1.html. Zugegriffen: 15.02.2015.

12   Aswestopoulos, W.: Chrysi Avghi als verbrecherische Organisation eingestuft. Telepolis vom 29.09.2013. http://www.heise.de/tp/artikel/39/39994/1.html. Zugegriffen: 15.02.2015.

13   Auch schon in den 1990er- und 2000er-Jahren blieben viele brutale Straftaten der XA ungestraft. Für einen guten Überblick über die gewalttätigen Übergriffe der XA auf Migranten, Linke und Journalisten siehe Psarras 2014: 53ff und 64ff.

14   Vgl. Ausschnitt der Tätlichkeit aus der Talkshow: http://www.youtube.com/watch?v=H2Ab4uT1Xys. Zugegriffen: 15.02.2015.

Kalavrita – dort hat es während der deutschen Besatzung Massaker an der Zivilbevölkerung gegeben – habe die XA ihren Kritikern die „richtige Antwort" gegeben.[15] Diese Aussage ist ebenso bemerkenswert verweist auf eine diffizile Frage.
Die XA stellt sich explizit in die Tradition des deutschen Nationalsozialismus
und der griechischen Kollaboration. Ihr Parteisymbol ist nicht nur dem Haken-
kreuz nachempfunden, Parteifunktionäre zeigen bei jeder sich bietenden Gelegenheit den Hitlergruß, leugnen den Holocaust und beziehen sich immer wieder positiv auf Hitler-Deutschland sowie die Elaborate führender NS-Funktionäre. Ihrer
Popularität in Teilen der Bevölkerung hat das jedoch keinen Abbruch getan, im
Gegenteil: Selbst in Orten, in denen die SS oder die Wehrmacht Massaker verübt
haben, konnte die XA Wahlerfolge verbuchen, wie Kasidiaris mit dem Verweis
auf die „richtige Antwort" hervorgehoben hat.[16] Wie ist diese auf den ersten Blick
groteske Identifikation zu erklären?

4   Life-Style-Faschismus

Angesichts der unmittelbaren Bedrohung patriarchaler Männlichkeitsentwürfe
werden diese auf das äußerste radikalisiert und aggressiv nach außen gewendet
– gegen Frauen, Migranten, Linke, Juden, die die eigene imaginierte Identität in
Frage stellen. Einen Hinweis darauf gibt die publizistische Linie der auflagen-
stärksten Sonntagszeitung Proto Thema: Wie kein anderes Medium hat diese Zeitung einen „Lifestyle-Faschismus" propagiert, der den coolen, sexuell potenten
und harten Mann in den Mittelpunkt stellt und damit nahtlos an den neoliberalen
Mainstream anschließt.[17] In einem Posting auf der Website von Proto Thema hieß
es dazu treffend: „Tatsächlich lebt Ilias seine Success-Story, die alles beinhaltet:
Geld, Macht, Autos, Frauen (...) die meisten Männer wären gerne in seiner Lage."[18]
Die von den Medien teils gezielt, teils ungewollte Verbreitung der Propaganda der

---

15 To Ethnos (gr. Tageszeitung) vom 11.06.2012.

16 Um einige Beispiele herauszugreifen: Nikaia 4361 Stimmen (8,68 %), Kalavrita 635
    Stimmen (6,44 %), Distomo 79 Stimmen (3,48 %), Chortiatis 602 Stimmen (6,09 %).
    To Ethnos vom 07.05.2012.

17 Aswestopoulos, W., Nichts als Probleme. Telepolis vom 07.12.2012. http://www.heise.
    de/tp/artikel/38/38217/1.html. Zugegriffen: 15.02.2015.

18 Proto Thema vom 16.06.2013. http://www.protothema.gr/greece/article/286779/o-yfy-
    poyrgos_to-montelo-kai-o-kasidiarhs/. Zugegriffen: 15.02.2015.

XA, vor allem in den Jahren 2011-2013, hatte eine gewisse populäre Akzeptanz ihrer Positionen in der griechischen Öffentlichkeit zur Folge gehabt.[19] Damit ist noch nicht die Frage beantwortet, warum ausgerechnet die NS-Ideologie des Dritten Reiches eine hohe identifikatorische Wirkung entfaltet. Denn selbst wenn man unterstellt, dass ein Teil der Wähler der XA über diese demonstrative Bezugnahme auf den Hitler-Faschismus hinwegsieht – wovon man nicht ausgehen kann – : Die Mehrheit der Funktionäre, Mitglieder und Sympathisanten der XA bekennt sich explizit zum deutschen Nationalsozialismus und nicht etwa zur Organisation „Vierter August" (gr. 4η Αυγούστος).[20]

Erklärbar wird dieses Phänomen meines Erachtens unter anderem vor dem Hintergrund der prekären nationalen Selbstdeutung, die das moderne Griechenland seit seiner Gründung.charakterisiert. Da bei der griechischen Staatsgründung sich die bürgerliche Klasse nicht als politisch führende gesellschaftliche Schicht konstituieren konnte, blieb das Selbstbewusstsein der bürgerlichen Gesellschaft in ihrer Gesamtheit brüchig. Dem Bürgertum gelang es nicht, eine gesellschaftspolitisch handlungsanleitende Sozialtheorie als Basis für eine eigenständige Konzeption der gesellschaftlichen Entwicklung hervorzubringen (Gravert 2013: 58). Dies hatte zur Folge, „dass die Handelnden in einer imaginären Historie Zuflucht finden, die

,aus einer Abfolge von Katastrophen, Armut, Verlusten, Ignoranz besteht und die sich in ihrer Fantasie als eine Geschichte voll von Ungerechtigkeiten und Verrat darstellt.' (...) Die Kompensation erfolgt durch Imaginationen eines außerordentlichen Griechentums, ungewöhnlicher Übermenschen bzw. einzigartiger griechischer Persönlichkeiten, die als Vorbilder für eine Identifizierung gelten." (Rantis 2013: 191).

Für die politische Rechte und insbesondere für die nationalistischen und chauvinistischen Strömungen gilt dies im besonderen Maße. Der Invasion der deutschen Wehrmacht hatte die griechische Armee nichts entgegenzusetzen; die deutsche Überlegenheit in der konventionellen Kriegsführung bestätigte die Minderwertigkeitsgefühle der politischen Rechten, die sich als Kollaborateure im Kampf gegen den kommunistisch dominierten Widerstand nun an die Seite des zuvor übermäch-

---

19 Vgl. das Interview mit Dimitris Kousouris auf tvxs.gr vom 21.09.2013. Erst nachdem mit Pavlos Fyssas im September 2013 ein griechischer Bürger ermordet wurde, reduzierte sich die Präsenz der XA in den Medien, z.B. werden seitdem keine XA-Abgeordnete mehr in Politik-Talkshows eingeladen.

20 Der Name bezieht sich auf den Tag der Machtübernahme des Generals Ioannis Metaxas 1936. Vgl. unten.

tigen Gegners stellten (vgl. Kambas/Mitsou 2015). Ihre Identifikation mit der Kollaboration geht bei der XA einher mit einer Identifikation mit dem ehemaligen Aggressor in einer obskuren, regressiven Form.

5 Faschismus und „wilder" Kapitalismus

Die XA ist nicht nur der Ausdruck einer politisch-ideologischen Strömung, sondern auch eines Geschäftsmodells. Dieses umfasst die ungeregelten, illegalen und teilweise offen gewaltförmigen Teile des neoliberalen Kapitalismus wie Prostitution, Frauen-, Waffen- und Drogenhandel, Schutzgelderpressung, Geldwäsche oder Leiharbeit (Krätke 2001). Parteichef Michaloliakos selbst ist dafür ein Beispiel; er war Mitglied verschiedener faschistischer Organisationen und wurde 1978 wegen Beteiligung an Sprengstoffanschlägen zu – nur – 13 Monaten Haft verurteilt (Psarras 2013: 13). Er betätigt sich als Bordellbesitzer und zahlt laut dem griechischen Geheimdienst EIP (ΕΥΠ) keine Steuern. Ein Beispiel für einen typischen Funktionär der XA-Basis ist Vangelis Stefanakis, der als Türsteher und Geschäftsführer von Nachtclubs im Nordosten Athens tätig war, mit einem Pitbull-Terrier einen kommunalen Abgeordneten der KKE angriff und eine 23-jährige Frau zu Tode prügelte, mit der er zeitweise eine Beziehung unterhielt. Erst nach diesem Vorfall wurde er in Untersuchungshaft genommen.[21] Der Fall Stefanakis ist paradigmatisch für die Nachlässigkeit, mit der Straftaten von Mitgliedern der XA verfolgt werden. Es gibt eine gewisse Anzahl von Polizisten, die mit XA-Mitglieder vielfach dieselben Grundüberzeugungen teilen. Dies wurde vor allem in den Wahlen im Januar 2015 deutlich, in der in zahlreichen Problembezirken in Athen viele Polizisten erneut für die XA stimmten.[22]

Die Parlamentsfraktion der XA hat bei ihrer parlamentarischen Tätigkeit vor allem die Interessen der Reeder im Blick: Innerhalb von 16 Monaten bezogen sich 142 parlamentarische Anfragen und Stellungnahmen auf den Sektor der Handelsschifffahrt. Die XA stimmte nicht nur für die Beibehaltung der Steuerfreiheit von Reedereien, sondern setzte sich auch für die Gewährung staatlicher Garantien ein. Ebenso bemühte sich die XA um die Lockerung gesetzlicher Verpflichtungen für Unternehmen der Werftindustrie. Der „Führer" der XA in Perama, einem durch die Werftindustrie geprägten Ort westlich von Piräus, Periklis Moulanakis, ist

---

Besitzer einer Leiharbeitsfirma, die vor allem den Schiffsreparaturwerften zuarbeitet. Mounalakis ist gleichzeitig Sekretär der „Föderation der Angestellten für Geldtransporte und Bewachungen"; das Sicherheitsgewerbe ist eines der bevorzugten Berufsfelder von Mitgliedern und Sympathisanten der XA. Die Versuche, eine gelbe Gewerkschaft zu gründen, und der Angriff auf Plakatkleber der KKE und der Metallarbeitergewerkschaft – Perama ist eine kommunistische Hochburg – sind im Zusammenhang mit diesen geschäftlichen Interessen zu sehen.

Es liegt daher die Vermutung nahe, dass die Finanziers der XA in diesen Wirtschaftssektoren lokalisiert sind. Ohne größere Spenden wäre es der XA kaum gelungen, innerhalb kurzer Zeit ganz Griechenland mit einem Netz von Büros zu überziehen. Eine illustre Figur ist in diesem Kontext der Waffenhändler Anastasios Pallis, auf dessen Anwesen bei einer Durchsuchung eine Sammlung von NS-Devotionalien sowie Waffen gefunden wurden.[23] Pallis hat 2011 über die PT Media Corporation 40 % der Anteile der bereits erwähnten Zeitung Proto Thema erworben;[24] angeblich fungiert er dabei als Strohmann für den Reeder Viktoras Restis, der den Medienkonzern DOL kontrolliert (Dimosios Omilos Lambrakis, dazu gehören unter anderem die großen Tageszeitungen Ta Nea, To Vima sowie der Fernsehsender Mega TV). Restis soll über seine First Business Bank Geldwäsche betrieben haben und wurde deswegen im Juli 2013 festgenommen.[25] Mittlerweile ist er mit Kaution wieder auf freiem Fuß.

Immer wieder mischt sich die XA auch in Arbeitskämpfe ein. So intervenierte die XA beim Streik an der Universität Thessaloniki zugunsten der Arbeitgeber oder begrüßte die putschartige Abschaltung des staatlichen Rundfunks ERT. Immer wieder betätigt sich die XA und ihr Umfeld an der Einschüchterung von Arbeitern, vor allem wenn es sich um Migranten handelt und diese über keinen legalen Status verfügen. Nach Ansicht von Funktionären der XA sind Migranten „Untermenschen", die man „zu Seife machen" müsse; „Wir sind bereit, die Öfen zu öffnen", bekundete ein Vertreter der XA.[26]

Als politische Bewegung sieht sich die XA selbst in der Tradition des „tiefen Staates", der in Griechenland als „Parakratos" bezeichnet wird (Psarras 2013: 32, 2014: 178ff) und eigentlich die Zeit nach dem Bürgerkrieg 1950 und dem Ende

---

23 Kathimerini vom 16.10.2013. Die Waffen waren vermutlich nicht für die XA, wie spekuliert wurde, gedacht, sondern für den illegalen Markt.

24 http://www.zougla.gr/media/article/anastasios-palis-i-viktoras-restis-sto-proto-8ema. Zugegriffen: 15.02.2015.

25 Mittlerweile ist Restis gegen 50.000 € auf freien Fuß gesetzt worden; in der Presse wurde ansonsten über Geschäfte mit dem Iran berichtet.

26 Avgi (gr. Tageszeitung) vom 09.07.2013.

des Junta-Regimes 1974 markierte. Sie verfolgt dabei die Strategie, soziale Räume zu kontrollieren und das Gewaltmonopol des Staates zu privatisieren. Da die XA nicht über die organisatorischen Kapazitäten verfügt hatte, landesweit in Erscheinung zu treten, verfolgte sie eine Doppelstrategie: Einerseits wurden zunehmend neue Büros eröffnet, teilweise gegen heftigen Widerstand lokaler Aktivisten. Andererseits versuchte die XA in Athen, die Kontrolle über einzelne Stadtteile zu erlangen. Im Fokus stand dabei besonders der Stadtteil Aghios Panteleimonas, der sich in direkter Nachbarschaft zur linken Hochburg Exarcheia, der polytechnischen Hochschule, der Hochschule für Ökonomie sowie zwei anarchistischen Zentren, den besetzten Gebäuden Villa Amalias und Lelas Karagiannis 37, befindet. Der XA gelang es mit Duldung der staatlichen Behörden, sich hier als Ordnungsmacht zu etablieren und zahlreiche im Stadtteil ansässige Migranten sowie deren Organisationen zu vertreiben (Psarras 2014: 167ff).

Durch die Wahlerfolge 2012 beflügelt verstärkte die XA ihre provokativen, öffentlichen Aktionen;[27] so führten Mitglieder der XA „Fabrikkontrollen" durch und überprüften, ob sich unter den Arbeitern Migranten befinden.[28] Mehrfach ließen sich Parteifunktionäre auf Märkten die Lizenzen von migrantischen Kleinhändlern zeigen, ohne das staatliche Behörden intervenierten. Zudem wurden in Athen von Mitgliedern der XA Lebensmittel „nur an Griechen" verteilt, und in Krankenhäusern kam es regelmäßig zu Ausschreitungen, wenn die XA zu Blutspenden „nur für Griechen" aufrief.[29] Dabei gelang es der XA geschickt, sich als Verteidigerin der Interessen der kleinen Leute zu inszenieren, die sie vor Übergriffen von kriminellen Migranten schützt. Eine einschlägige Reportage in Proto Thema war freilich gestellt: Bei der älteren Frau, die von XA-Mitgliedern in ihrem Viertel eskortiert wurde, handelte es sich um die Mutter eines Parteimitglieds.[30]

Die staatlichen Behörden traten der seit dem Sommer 2012 vorgetragenen Offensive der XA nicht entgegen. Im Gegenteil, immer wieder trafen antifaschistische Initiativen auf massive Polizeigewalt. Ende 2012 begann das Innenministerium eine breit angelegte Kampagne gegen besetzte Häuser und andere soziale Treffpunkte, in deren Verlauf die anarchistischen Zentren Villa Amalias und Lela

---

27 Bereits zuvor hatte es immer wieder massive Übergriffe auf Migranten gegeben; im Mai 2011 kam es zu einer progromartigen Jagd von Mitgliedern der XA und Sympathisanten auf Migranten in Athen. Es gab einen Toten und 120 Verletzte, ohne das die Polizei eingriff. Rizospastis (gr. Tageszeitung) vom 15.05.2011.

28 To Ethnos vom 12.09.2012.

29 Traditionell gibt es eine starke politisch bewusste linke Strömung innerhalb der Ärzteschaft; insgesamt haben die Berufsverbände äußerst empfindlich auf derartig dreiste Forderungen nach einer Verletzung des hippokratischen Eides reagiert.

30 Efimerida ton Syntakton vom 23.09.2013.

Karagiannis von der Polizei geräumt wurden.[31] Faktisch unterstützte die griechische Regierung damit die Strategie der XA, indem sie massiv gegen die konse-
quentesten und aktivsten Gegenkräfte vorging, die bis dato den Aktionsradius der
XA begrenzt hatten.

Aus Sicht der die damalige Regierung tragenden Parteien ND, PASOK und
DIMAR (Demokratische Linke) hatte die Politik des Gewährenlassens der XA
durchaus ihren Sinn, begrenzte sie doch den Aktionsspielraum ihrer politischen
Gegner innerhalb und außerhalb des Parlaments sowie deren Einfluss auf die
wenig politisierten Teile der Bevölkerung. Andererseits wurde die XA auch als
Konkurrenz und Bedrohung des eigenen Einflusses wahrgenommen, wie sich insbesondere an der widersprüchlichen Haltung der Parteien der bürgerlichen Linken
zeigen lässt. Die PASOK versuchte etwa, durch Massenverhaftungen von Migranten Handlungsfähigkeit zu demonstrieren und damit den Einfluss der XA auf die
Bevölkerung zu begrenzen. Diese Law-and-Order-Politik hatte freilich das Gegenteil einer Schwächung der XA zur Folge – ein typisches Phänomen eines Antifa-
schismus, der die sozialen Wurzeln des Faschismus negiert und bei dem Versuch
seiner Bekämpfung diesen entgegen der eigenen Absicht beförderte. Einen Bruch
der Koalition mit der ND versuchten die PASOK und die DIMAR zu vermeiden,
um nicht von ihren Positionen im Staatsapparat verdrängt zu werden. Aber auch
die ND war in der Frage der Positionierung gegenüber der XA gespalten. Der
liberal-konservative Flügel der ND bemühte sich um eine Aufrechterhaltung des
2012 gebildeten Parteienbündnisses, während der rechte Flügel der ND mit einer
Kooperation mit der XA liebäugelte. Nach den Wahlerfolgen im Sommer 2012
wurde versucht, die XA als Koalitionspartner salonfähig zu machen.[32] Ein leiten-
der Mitarbeiter des Privatsenders *SKAI*, Babis Papadimitriou, propagierte offen
die Zusammenarbeit der ND mit den „ernsthaften" Teilen der XA, während er
gleichzeitig die oppositionelle SYRIZA als außerhalb des Verfassungsbogens stehend qualifizierte.[33] Der Generalsekretär der Regierung, Panagiotis Baltakos, ein
langjähriger Wegbegleiter von Regierungschef Antonis Samaras, unterhielt sogar
enge Kontakte zur Parlamentsfraktion der XA.[34] Da Baltakos als rechte Hand des

---

31   Es handelte sich dabei um die am längsten besetzten Häuser in Griechenland.

32   Aris Chatzistefanou: Why are Golden Dawn members the darlings of popular Greek
      TV shows? *The Guardian* 23.09.2012. Siehe auch das Interview mit Dimitris Kousou-
      ris auf TVXS.gr vom 21.09.2013.

33   Prin (gr. Wochenzeitung) vom 22.09.2013.

34   Nach Psarras hat „das Umfeld des Minsterpräsidenten" die XA zu verbalen Ausfällen
      gegen Abgeordnete von SYRIZA ermuntert, um die Anschauung der „zwei Extreme"
      zu untermauern. Efimerida ton Syntakton vom 18.09.2014.

Regierungschefs entgegen anderslautenden Behauptungen kaum etwas von politischer Tragweite ohne dessen Wissen unternommen haben dürfte, muss man davon ausgehen, dass eine Kooperation mit der XA eine ernsthafte, wenn auch intern nicht unangefochtene Option für die ND bildete, zumal diese Alternative ein Erpressungspotential für die ND gegenüber ihren Koalitionspartnern darstellte, wie ehemalige Regierungsvertreter der DIMAR bestätigt haben.[35]

Für die Überlegung einer Kooperation mit der XA gab es aus Sicht der ND hinreichende Gründe: Je mehr die von der Regierung exekutierte Schock-Therapie die ökonomische und soziale Krise vertiefte, desto schneller zersetzten sich die überlieferten Formen politischer Repräsentation (Kritidis 2012). Die eigenen Stimmenverluste, der rasante Niedergang der PASOK, aber auch die Entwicklung der zeitweilig an der Regierung beteiligten LAOS und DIMAR sprechen hier eine deutliche Sprache. Angesichts dieser Situation und einem wachsenden Einfluss der oppositionellen SYRIZA stellte sich aus Sicht der ND die Frage, wie auf Dauer parlamentarische Mehrheiten gesichert werden können. Hinzu kommt ein Aspekt, der ebenfalls nicht unterschätzt werden darf: Die Durchsetzung der Auflagen der Troika ist ohne einsatzfähige Sicherheitskräfte nicht möglich. Da der Einfluss der XA auf die Sicherheitsorgane nicht zu unterschätzen ist, muss jeder Versuch, diesen zu minimieren, für erhebliche Unruhe sorgen.

Eine Zäsur spiegelte für die ND der Mord an den 34-jährigen griechischen Hip-Hop-Künstler und linken Aktivisten Pavlos Fyssas am 18. September 2013 in Keratsini (einer Vorstadt von Piräus). Fyssas wurde auf offener Straße von einem XA-Parteimitglied namens Giorgos Roupakias niedergestochen, der daraufhin von der Polizei festgenommen werden konnte (Fußnote bitte hinzufügen: Ta Nea (gr. Tageszeitung) vom 20.09.2013). Nach dem Mord an Fyssas änderte sich damit auch einiges in der ND selbst: Es gab drei Gründe für die Führung der ND, einen Kurs der Abgrenzung gegen die XA in den eigenen Reihen durchzusetzen: Erstens drohte angesichts der massiven Empörung über den Mord und breiter antifaschistischer Mobilisierungen ein weiterer politischer Legitimationsverlust vor allem der an der Regierung beteiligten PASOK. Bereits im Frühsommer 2013 war bei den breiten Protesten gegen die handstreichartige Schließung des staatlichen Rundfunks ERT die DIMAR aus der Regierung ausgeschieden. Um die PASOK als Partner in der Regierung zu halten musste die ND die Politik des Gewährenlassens der XA zumindest einschränken. Zweitens stellte die XA einen zunehmend ernst zu nehmenden Konkurrenten dar, wie sich am Beispiel der Geschichtspoli-

---

35 The Press Project vom 03.04.2014. http://www.thepressproject.gr/article/59485/O-Mpaltakos-mas-apeilouse-pos-i-kubernisi-tha-sunergazotan-me-tin-Xrusi-Augi (Zugegriffen: 15.02.2015).

tik zeigen lässt: Bei den offiziellen Feierlichkeiten zum wichtigsten Gedenktag der politischen Rechten in Griechenland in der Kleinstadt Meligala versuchte die XA offensiv, die Veranstaltung für sich zu monopolisieren.[36] Angesichts der ideologischen Schwäche der ND sind diese Auseinandersetzungen von zentraler Bedeutung im Kampf um die politisch-kulturelle Hegemonie innerhalb des Lagers der politischen Rechten, die weit über den Aspekt des Wählerzuspruchs hinausgeht. Drittens hob die bevorstehende EU-Ratspräsidentschaft Griechenlands ins Bewusstsein, dass eine offene Kooperation mit einer Partei, die sich positiv auf das Dritte Reich und den Holocaust bezieht, international nicht zu vermitteln wäre und die Legitimation der ND erheblich geschädigt hätte.[37]

Angesichts der ideologischen Überschneidungen zwischen Teilen des rechten Flügels der ND und der XA war es jedoch der ND unter Samaras nicht möglich, die Faschisten politisch zu bekämpfen (Chasapopoulos 2013: 131). Zudem gibt es in Griechenland nicht das gesetzliche Mittel des Parteiverbots. Aus diesem Grund kam, begleitet von zahlreichen Enthüllungen in den Medien über den gewalttätigen Charakter der XA, das Mittel des Strafgesetzbuches zum Einsatz. Die von der Staatsanwaltschaft eingeleiteten Ermittlungen gegen Teile der XA mit dem Vorwurf der Bildung einer kriminellen Vereinigung basierten unter anderem auf Dossiers des griechischen Geheimdienstes, wobei sich zeigte, dass ein solcher Schritt bereits lange zuvor in Erwägung gezogen worden war. Die XA reagierte auf die Strafverfolgung, indem sie den Informationsaustausch zwischen ihrer Parlamentsfraktion und dem Umfeld von Regierungschef Samaras öffentlich machte („Baltakos-Affäre"). Beim Vorgehen der Behörden wurden erstmalig seit dem Sturz der Junta 1974 auch Parlamentsabgeordnete ohne vorherige Aufhebung der Immunität verhaftet, was auf den überstürzten und willkürlichen Charakter der Staatsaktion hinweist. Offensichtlich wurde auch, wie sehr der Staatsapparat und insbesondere die Polizei von Sympathisanten der extremen Rechten durchsetzt ist; so kam es im Zuge der Ermittlungen zur Suspendierung mehrerer höherer Polizeioffiziere und zur Aufdeckung der engen Kooperation von Polizeidienststellen mit lokalen Gruppen der XA.[38] Rund 50 Polizeistationen wurden durchsucht, wobei Waffen, Drogen und Geld gefunden wurden; 13 Polizeioffiziere wurden während der Er-

---

36   Im Sommer 1944 hatte die ELAS (Griechische Volksbefreiungsarmee) den in Meligala befindlichen Sicherheitsbataillonen ein Ultimatum gestellt. Nachdem dieses verstrichen war, stürmten die Partisanen die Kleinstadt, wobei nicht nur zahlreiche bewaffnete Kollaborateure zu Tode kamen, sondern auch Bewohner des Städtchens.

37   Es sei an dieser Stelle angemerkt, dass die Beteiligung der LAOS an der Regierung Papadimou im Herbst 2011 in Europa kaum auf Kritik gestoßen ist.

38   To Ethnos vom 23.9.2013.

mittlungen verhaftet. Begleitet wurde die Kampagne gegen die XA von einem Ausschluss aus der Parteienfinanzierung. Im April 2015 soll der sich in Untersuchungshaft befindenden XA-Führung der Prozess gemacht werden.

Das Vorgehen der Regierung hat, wie sich bei den Wahlen zum europäischen Parlament im Mai 2014 sowie bei den Parlamentswahlen am 25. Januar 2015 bestätigt hat, die Sympathie für die XA kaum gemindert. Die XA erhielt mit 6,28 % der abgegebenen Stimmen 17 Sitze im Parlament, gegenüber den Wahlen vom Juni 2012 sank die Zahl ihrer Stimmen um rund 37.000 auf 388.000. Vor dem Hintergrund der bisherigen Ausführungen ist dieses Ergebnis wenig überraschend, da die Ursachen für eine Hinwendung zur XA nicht in mangelnder Kenntnis über deren Charakter, sondern in der spezifischen, autoritären Verarbeitung von Krisenerfahrungen wurzeln. Die Verhaftung von Teilen der XA-Führungsriege hat die Aktionsfähigkeit der Organisation zwar vorübergehend geschwächt. Solange jedoch die Ökonomie nicht stabilisiert wird und die Zersetzung der gesellschaftlichen Strukturen voranschreitet, wird die XA ihren Einfluss behaupten oder sogar ausbauen können (Menhard 2014: 70). Der Wahlsieg des linken Bündnisses SYRIZA und seine Koalition mit den nationalistischen Unabhängigen Griechen (Ανεξάρτητοι Ἕλληνες, AnEl), die sich explizit in die Tradition des Widerstandes stellen und somit von der ND absetzen, hat die Möglichkeiten für ein Zurückdrängen des Einflusses der XA erheblich verbessert. Umfragen zeigen, dass das offensive Auftreten der neuen griechischen Regierung gegenüber den Gläubigern viele Anhänger der XA verunsichert hat. Entscheidend wird jedoch sein, inwieweit es der politischen Linken gelingt, ihre gesellschaftliche Hegemonie auszubauen und den sozio-ökonomischen Zerfall der Gesellschaft zu stoppen.

Literatur

Abendroth, W. (Hg.) 1967. *Faschismus und Kapitalismus. Theorien über die sozialen Ursprünge und die Funktion des Faschismus.* Frankfurt a. M.: Europa-Verl.-Anst.

Chasapopoulos, N. 2013. *Chrysi Avgi. Die Geschichte, die Gesichter und die Wahrheit.* Athen: Livani. (gr.).

Dalakoglou, D. 2013. Neo-Nazism and Neoliberalism. A few Comments on Violence in Athens at the Time of Crisis. *WorkingUSA: The Journal of Labour & Society,* 16(2), 283-292.

Douzinas, C. 2014. *Philosophie und Widerstand in der Krise. Griechenland und die Zukunft Europas.* Hamburg: Laika.

Fraenkel, E. 1999. *Gesammelte Schriften Bd. 2. Nationalsozialismus und Widerstand.* Hrsg. von Brünneck, A. v./Buchstein, H./Göhler, G.. Baden-Baden: Nomos.

Georgiadou, V. 2013. Populismus und Extremismus am rechten Rand - der rasante Aufstieg der Goldenen Morgenröte im Krisenland Griechenland. In: Melzer, R./Serafin, S. (Hg.): *Rechtsextremismus in Europa.* Berlin: FES, S. 79–105. http://library.fes.de/pdf-files/dialog/10030.pdf. Zugegriffen: 15.02.2015.

Gravert, A. 2013. *Lernen in der Revolte. Das griechische Bildungssystem und seine ideologische Bedeutung.* Hamburg: VSA.

Kambas, C./Mitsou, M. (Hg.) 2015. *Die Okkupation Griechenlands im Zweiten Weltkrieg. Griechische und deutsche Erinnerungskultur.* Köln/Wien/Weimar: Böhlau.

Kassimatis, G. 2011. EU verstößt gegen demokratische und europäische Rechtskultur. Zum Kreditabkommen der Troika mit Griechenland. *Widerspruch* 61, 31(2), 49–60.

Krätke, M. 2001. Gewalt und Ökonomie. Die Halb- und Unterwelten des Weltmarktes. In: Loccumer Initiative Kritischer Wissenschaftler (Hg.): *Gewalt und Zivilisation in der bürgerlichen Gesellschaft.* Kritische Interventionen Bd. 6. Hannover: Offizin.

Kritidis, G. 2014a. Eingeschränkte Demokratie. Zur Etablierung des postdemokratischen Maßnahmestaats in Griechenland. *kultuRRevolution. zeitschrift für angewandte diskurstheorie,* Nr. 66/67. 25–31.

Kritidis, G. 2014b. *Griechenland – auf dem Weg in den Maßnahmestaat? Autoritäre Krisenpolitik und demokratischer Widerstand.* Kritische Interventionen Bd. 13. Hannover: Offizin.

Kritidis, G. 2012. Die Demokratie in Griechenland zwischen Ende und Wiedergeburt. In: Birke, P./Henninger, M. (Hg.): *Krisen Proteste.* Beiträge aus Sozial.Geschichte Online. Hamburg: Assoziation A, S. 101–131.

Kritidis, G. 2002. Das geistige Erbe der Konservativen. Zum Begriff der „Konservativen Revolution". In: *sozialistische positionen,* 12/2002. http://www.sopos.org/aufsaetze/3df0bd7b26673/1.phtml. Zugegriffen: 02.05.2015.

Kühnl, R. 1998. *Der Faschismus. Ursachen und Herrschaftsstruktur.* Heilbronn: Distel.

Markantonatou, M. 2013. Die Konstruktion des „Feindes" in der Zeit der Finanzkrise. Neoliberalisierung und Ausnahmezustand in Griechenland. In: Friedrich, S./Schreiner, P. (Hg.): *Nation. Ausgrenzung. Krise. Kritische Perspektiven auf Europa.* Münster: edition assemblage, S. 128–138.

Marvakis, A./Anastasiadou, M./Petritsi, I./Anagnostopoulou, T. 2013. *Die Jugend zeigt den Weg – wohin jedoch? Jugend und die extreme Rechte in Griechenland.* Studie im Auftrag der FES, http://library.fes.de/pdf-files/id/10156.pdf. Zugegriffen: 15.02.2015, (gr.).

Menhard, I. 2014. „Die Krise" in der Bildung. Einblicke und Deutungen aus Griechenland. *Journal für politische Bildung*, 2/2014, 66–72.

Navoth, M. 2013. The Greek Elections of 2012. The Worrisome Rise of the Golden Dawn. *Israel Journal of Foreign Affairs*, VIII:1, 87–94.

Neumann, F. 1977. *Behemoth. Struktur und Praxis des Nationalsozialismus 1933 – 1944*. Hrsg. von Schäfer, G. Köln/Frankfurt a. M.: Europäische Verl.-Anst.

Panagiotidis, E. 2012. Die Radikalisierung der griechischen Parteienlandschaft. *Südosteuropamitteilungen*, 3/2012, 70–79.

Papastathis, K. 2014. Religious Discourse and Radical Right Politics in Contemporary Greece. http://ecpr.eu/Filestore/PaperProposal/36a8f7e1-226f-44e3-ad84-89445e02fa18. pdf. Zugegriffen: 15.04.2015.

Poulantzas, N. 1973. *Faschismus und Diktatur*. München: Trikont.

Psarras, D. 2014. *Neofaschisten in Griechenland – Die Partei Chrysi Avgi*. Hamburg: Laika.

Psarras, D. 2013. *Neonazistische Mobilmachung im Zuge der Krise. Der Aufstieg der Nazipartei Goldene Morgenröte in Griechenland*. Reihe Analysen, Berlin: Rosa-Luxemburg-Stiftung.

Rantis, K. 2013. Gesellschaftstheorie in Griechenland 1974-2012. Psychopedis, Kondylis, Castoriadis, Giannaras. *Zeitschrift für kritische Theorie*, 36–37, 187–206.

Sohn-Rethel, A. 1973. Ökonomie und Klassenstruktur des deutschen Faschismus. Hrsg. und eingeleitet von J. Agnoli, B. Blanke, N. Kadritzke. Frankfurt a. M.: Suhrkamp.

Thalheimer, A.1967. Über den Faschismus. In: Abendroth, W. (Hg.): *Faschismus und Kapitalismus*. Frankfurt a. M.: Europa-Verl.-Anst., S. 19–38.

Varoufakis, Y. 2012. *Der globale Minotaurus. Amerika und die Zukunft der Weltwirtschaft*. München: Kunstmann.

Zelepos, I. 2009. Nationsbildung und Nationalismus in Griechenland. In: Egner, B./Terizakis, G. (Hg.): *Das politische System Griechenlands. Strukturen – Akteure – Politikfelder*. Baden-Baden: Nomos, S. 39–59.

Zoumboulakis, S. 2013. *Chrysi Avgi und die Kirche*. Athen: Polis. (gr.).

Kapital- und Brain-Drain in Griechenland

Ein Phänomen der Krise?

Andreas Gkolfinopoulos

1   Einleitung

Die griechische Wirtschaftskrise wirkt sich zweifellos auf jede Dimension des Staates und seiner Gesellschaft aus. Neben den makroökonomischen Indexen werden auch die Betroffenen, d.h. die Bevölkerung des Staates, von diesen wirtschaftlichen Veränderungen beeinflusst. Die Auswanderung als Flucht vor den Sparmaßnahmen und der Verschlechterung der Lebensqualität in Griechenland ist eine Entscheidung, die daher von den Bürgern[1] getroffen wird. Eine Konsequenz der Krise, die aktuell sowie in der Vergangenheit in Griechenland kaum Einzug in den wissenschaftlichen und politischen Diskurs gefunden hat, ist die Auswanderung griechischer Arbeitskräfte. Die Notwendigkeit eines stärkeren Fokus darauf verdeutlichen auch die Statistiken der letzten Jahre. Im Jahr 2012 sind 87.889 griechische Staatsbürger aus Griechenland ausgewandert, von denen 32.660 nach Deutschland eingewandert sind (DESTATIS 2013a).[2] Im Vergleich zu 2010 (43.322 ausgewanderte griechische Staatsbürger) ist die Auswanderung aus Griechenland um 102 % innerhalb von zwei Jahren gestiegen, was als eine Folge

---

1   Aus Gründen der besseren Lesbarkeit wird das generische Maskulinum bei Personen-
     bezeichnungen verwendet, diese Sprachform impliziert stets auch die feminine Form.

2   Diese Tendenz ist natürlich keine griechische Ausschließlichkeit, da die anderen süd-
     europäischen Länder ähnliche Auswanderungstrends aufweisen. „Schmelztiegel"
     Südeuropas scheint Deutschland zu sein, wohin 2012 im Vergleich zum Vorjahr 45
     % mehr Spanier, 43 % mehr Portugiesen und 40 % mehr Italiener auswanderten. Im
     Jahr 2013 war die Tendenz mit 52 % mehr italienischen und 19 % mehr spanischen
     Zuwanderern im Vergleich zum Vorjahr ähnlich (DESTATIS 2013b, 2014).

der Wirtschaftskrise zu betrachten ist (EL.STAT 2013). Laut den begrenzten statistischen Daten sind viele von den Auswanderern hochqualifiziert und verfügen
aufgrund ihrer Kenntnisse über ein wichtiges Humankapital, das sehr hilfreich für
einen Staat in einer Wirtschaftskrise sein kann.

Der vorliegende Beitrag behandelt die aktuelle Auswanderung Hochqualifizierter aus Griechenland, sowie die makroökonomischen Konsequenzen, die sich
aus dieser Mobilität für den griechischen Staat ergeben. Die negativen Auswirkungen hochqualifizierter Auswanderung für das Heimatland wurden wiederholt
aus politikwissenschaftlicher Sicht erforscht (Schipulle 1973, Senghaas 1974). Aus
der entsprechenden Literatur können die Konsequenzen auch für den griechischen
Staat erklärt werden. Darüber hinaus soll beleuchtet werden, inwieweit die aktuelle hochqualifizierte Migration mit der Wirtschaftskrise zusammenhängt. Zum
Thema hochqualifizierte Migration aus Griechenland gibt es kaum verfügbare
wissenschaftliche Literatur.[3] Als Grund dafür können die historischen Migrations-
tendenzen Griechenlands genannt werden, auf die noch im Weiteren eingegangen
wird. Die relevanten Statistiken vom deutschen und griechischen Statistikamt[4],
dem der EU (Eurostat) und die OECD-Statistiken werden die Erklärung dieses
Migrationsphänomens weiter rahmen und bestätigen.

Da die negativen Konsequenzen der aktuellen Auswanderung hochqualifizierter
Arbeitskräfte für Griechenland im Folgenden näher beschrieben werden, wird der
Brain-Drain-Ansatz in diesen Rahmen mit einbezogen. Zur weiteren Erschließung
der negativen Auswirkungen dieses Migrationsgeschehens wird die Bourdieu'sche
Kapitaltheorie auf den Forschungsgegenstand angewandt, um die Bedeutung der
multidimensionalen Verluste Griechenlands mit der Auswanderung ihrer Hoch-
qualifizierten hervorzuheben und mit den makroökonomischen Folgen in einen
Implikationszusammenhang zu bringen.

Es folgen zunächst Erläuterungen einiger zentraler Begriffe und die Erklärung
relevanter theoretischer Ansätze, die für die weitere Analyse des zu untersuchen-
den Phänomens erforderlich sind.

---

3   Ausnahmen sind die Studien von Lamprianidis 2012, Cavounidis 2014, Triandafylli-
     dou/Gropas 2014.
4   ΕΛ.ΣΤΑΤ. (Ελληνική Στατιστική Αρχή), EL.STAT. (Griechisches Statistikamt).

2 Begriffliche Grundlagen

2.1 Wer gilt als hochqualifiziert?

Der Begriff „hochqualifiziert" findet in diversen akademischen Diskursfeldern eine hohe Verwendung, obwohl er nicht präzise definiert ist (Hunger 2003:16). Laut dem Konzept „*Qualified as*" der UNESCO aus dem Jahr 1997 werden als hochqualifizierte Arbeitskräfte alle Hochschulabsolventen mit mindestens einem entsprechenden Abschluss oder einer vergleichbaren Ausbildung bezeichnet. Dabei unterscheiden sie sich je nach ihren Abschlüssen in drei Subgruppierungen. Die Gruppe 5 (Personen mit einer Auszeichnung, die nicht einem universitären Abschluss entspricht), die Gruppe 6 (Personen mit einem universitären Abschluss oder einem adäquaten Titel) und die Gruppe 7 (postgraduierte Personen) (Sauer 2004: 16).

2.2 Die Kapitalien

Der Terminus Kapital wird oft von verschiedenen Disziplinen, von Wirtschafts- bis zu den Sozialwissenschaften, verwendet, um einen allgemeinen Wert auf ein bestimmtes Gut auszudrücken. Für Sozialwissenschaftler ist das Kapital soziale Energie, und es existiert als gespeicherte und akkumulierte Arbeit in materieller oder verinnerlichter Form (Fuchs-Heinritz/König 2005: 157). Die Ökonomen definieren ihn sowohl als dritten volkswirtschaftlichen Produktionsfaktor neben Arbeit und Boden (Dichtl/Issing 1994: 1084) als auch für das an einer Investition verfügbare Geld (Rittershofer 1997: 304). Deswegen hängt die Definition des Begriffs Kapital von der behandelnden Forschungsperspektive der jeweiligen Disziplin ab. Der vorliegende Beitrag konzentriert sich aufgrund der Relativität mit der Auswanderung auf die Bourdieu'sche Theorie, die das ökonomische und das kulturelle Kapital in seiner institutionalisierten Form betrachtet, und auf den ökonomischen Aspekt des Humankapitals.

2.2.1 Humankapital

Obwohl Pierre Bourdieu sich nicht explizit mit dem Humankapital auseinandergesetzt hat, hat er den Begriff im Rahmen der Bildungsökonomie als angebotene Qualifikationen, Fähigkeiten und Fertigkeiten durch ihre Träger berücksichtigt (Fuchs-Heinritz/König 2005: 159). Das Humankapital kann als

„der Bestand an Wissen und Fertigkeiten eines Individuums verstanden (werden), dessen Zunahme die Produktivität des oder der Betreffenden erhöht, wobei es sich um ‚schulisches' oder ‚berufliches' Humankapital handeln kann, je nachdem, wo es erworben wurde" (Chies 1994: 28).

Es wird davon ausgegangen, dass die Hochqualifizierten über ein höherwertiges Humankapital als andere Ausgebildete aufgrund ihrer erworbenen Kenntnisse verfügen und sie damit entscheidend zu der Erhöhung des BIPs eines Staates beitragen können.

2.2.2 Institutionalisiertes Kulturkapital

Bourdieu unterscheidet drei Formen des kulturellen Kapitals: kulturelles Kapital in inkorporiertem Zustand, in objektivierter Form und in institutionalisierter Form (Bourdieu 1983). Im Fokus des vorliegenden Beitrags befindet sich die institutionalisierte Form des kulturellen Kapitals, weil diese Form sich mit den Abschlusszeugnissen und Bildungstiteln von Individuen befasst. Durch diese erworbenen Zertifikate innerhalb eines Bildungssystems wird kulturelles Kapital im Staat des Abschlusses oder in einem anderen Staat als legitim anerkannt. Aus dieser Legitimität ergibt sich auch die Möglichkeit, das erworbene kulturelle Kapital durch einen Beruf in ein finanzielles Einkommen zu konvertieren (Fuchs-Heinritz/ König 2005: 164f). Darüber hinaus ist zu berücksichtigen, dass das institutionalisierte Kulturkapital ebenso bestimmt, wer als hochqualifiziert gilt, wodurch die Hochqualifizierten von den anderen Arbeitskräften unterschieden werden.

2.2.3 Ökonomisches Kapital

Von den Kapitalarten im Ökonomischen, Sozialen und Kulturellen betrachtet Bourdieu die Präsenz des ökonomischen Kapitals als die dominierende, die allen anderen Kapitalarten zugrunde liegt (Bourdieu 1983: 196). Gleichzeitig lassen sich die anderen Kapitalarten nicht direkt auf das ökonomische Kapital zurückführen, da sie die Dominanz des ökonomischen Kapitals verbergen wollen (Fuchs-Heinritz/König 2005: 161). Das ökonomische Kapital bezieht sich auf geldtauschende Prozesse und es taucht als Besitz, Vermögen, Einkommen und Eigentumsrecht auf (Koch 1998: 91). Der vorliegende Beitrag konzentriert sich vor allem auf den Versuch der griechischen hochqualifizierten Auswanderer, ihr hohes Humankapital sowie ihr institutionalisiertes Kulturkapital in ökonomisches Kapital im Ausland zu konvertieren.

3 Brain-Drain

Der Terminus des Brain-Drains erlebte infolge der europäischen Krisenerfahrungen der letzten Jahre eine inflationäre Verwendung. Straubhaar definiert Brain-Drain als die permanente Auswanderung Hochqualifizierter (Straubhaar 2000: 12). Obwohl dieser Ansatz in den meisten Fällen für Schwellenländer bzw. Entwicklungsländer verwendet wurde (Hunger 2003: 7), besteht parallel dazu die Ansicht, dass es sich bei Brain-Drain allgemein um hochqualifizierte Migration handelt, unabhängig vom Reichtum der Sende- und Empfangsländer (Pizarro 1993).

In der Forschung zu Brain-Drain lassen sich zwei kontroverse Feststellungen konstatieren: Zum einen wird davon ausgegangen, dass die Auswanderung von Akademikern negative Auswirkungen auf die Entsendeländer hat, da wichtige Arbeitskräfte mit einem hohen Humankapital aus dem Land abwandern und somit das investierte Geld des Herkunftsstaates in die Ausbildung dieser Arbeitskräfte ungenutzt bleibt. Zum anderen kann das Herkunftsland jedoch auch Vorteile aus der Auswanderung seiner Hochqualifizierten im Rahmen des „Overflow"-Effekts ziehen. Dadurch vermeidet das Herkunftsland potentielle soziale Spannungen auf Grund einer geringen Nachfrage nach Hochqualifizierten auf dem eigenen Arbeitsmarkt. Die Hochqualifizierten würden in diesem Fall als Überschuss betrachtet (Han 2010: 35) und der Arbeitsmarkt der betroffenen Entwicklungsländer würde durch den sogenannten Brain-Drain entlastet werden (Hunger 2003: 11). Diese positive Sicht auf das Brain-Drain-Phänomen kann jedoch in dieser Form nicht ganz aufrechterhalten werden, weil sie nicht nur impliziert, dass alle ausgewanderten Hochqualifizierte in ihrem Herkunftsland arbeitslos geblieben wären (Han 2010: 35f), sondern sie vernachlässigt auch den Verlust des investierten Geldes in die Ausbildung der Hochqualifizierten. Darüber hinaus wurde in den letzten Jahren gezeigt (Hunger 2009), dass auch Vorteile aus der Auswanderung der Eliten eines Landes gezogen werden können, nämlich durch eine Transformation von Brain-Drain in Brain-Gain.[5] Diese Vorteile ergeben sich aus der Heimkehr hochqualifizierter Auswanderer und mit dem damit verbundenen „Transfer", der im Ausland erworbenen Ideen und des Know-hows.[6]

---

5   Brain-Gain manifestiert auch den Nettogewinn an Humankapital eines Landes (Stohr 2003: 17).

6   Die Frage bleibt natürlich offen, ob und zu welchem Zeitpunkt überhaupt griechische Hochqualifizierte in ihr Herkunftsland zurückkehren werden.

4   Ein historischer Überblick über die Auswanderung hochqualifizierter griechischer Arbeitskräfte

Historisch betrachtet gehört Griechenland zu den Auswanderungsländern klassischen Typs, das grundsätzlich unqualifizierte Arbeitskräfte exportiert hat. Die starke Auswanderung ins Ausland hat bereits im letzten Jahrhundert begonnen. Das Hauptziel der ausgewanderten griechischen Staatsbürger war in den ersten beiden Dekaden des 20. Jahrhunderts eindeutig die USA, wohin von 1900 bis 1921 insgesamt 389.993 Arbeitskräfte auswanderten (Stavrinoudi 1992: 6). Später und besonders nach dem Ende des Zweiten Weltkriegs ist die sogenannte überseeische Auswanderung aus Griechenland zurückgegangen und das neue Hauptziel für die ausgewanderten griechischen Staatsbürger war die Bundesrepublik Deutschland. Anlass dafür war das bilaterale Anwerbeabkommen zwischen den beiden Staaten im Jahr 1960 für niedrigqualifizierte Fachkräfte aufgrund des Arbeitskräftemangels im deutschen Arbeitsmarkt.

Zu Beginn der Siebzigerjahre änderten sich aber die Migrationszahlen in Griechenland. Dafür können einige Ursachen genannt werden, wie z.B. der Anwerbestopp in Deutschland 1973 und die Ölkrise im gleichen Jahr, die vor allem die Zielländer der Auswanderer beeinflusst hat, sowie die Demokratisierung Griechenlands nach dem Fall der Militärdiktatur 1974. Es wurde berechnet, dass der Migrationssaldo der Aus- und Einströme eine positive Entwicklung für Griechenland aufgrund der Heimkehr von 330.000 griechischen Migranten aufwies (Kontis 2013). Während des nächsten Jahrzehnts ist die Heimkehrtendenz nach Griechenland fortgesetzt worden und somit wurde zwischen 1980 und 1990 ein positives Migrationssaldo mit 250.000 Personen dokumentiert. Den Höhepunkt der Einwanderungsströme hat Griechenland jedoch von 1991 bis 2001 erreicht mit einem Überschuss von 680.000 Einwanderern, die größte Gruppe nehmen dabei die albanischen Migranten ein (ebd.). Nach Griechenland sind neben den albanischen Migranten auch viele aus den ehemaligen sozialistischen Ländern Europas eingewandert. Mehr als 75 % der Migranten in Griechenland in dieser Zeit stammten aus dieser Region (Cavounidis 2013: 62). Die darauffolgenden Jahre hatte Griechenland immer ein positives Migrationssaldo bis kurz vor Beginn der Krise aufzuweisen. Grund dafür waren die Einwanderungsströme aus Drittländern, nämlich meistens aus Afrika und Asien (vor allem aus Afghanistan und Pakistan) (ebd.). Als Einschnitt für die lange Phase der positiven Einwanderungstendenz kann das Jahr 2010 betrachtet werden, als in Griechenland wieder ein negatives Migrationssaldo mit einem knappen Verlust von 915 Personen bestätigt wurde (EL.STAT 2010).

Auf Grund der mangelnden statistischen Daten zu diesem Thema in Griechenland lassen sich keine sicheren Schlussfolgerungen zu den quantitativen und qualitativen Eigenschaften der Auswanderer ziehen. Dennoch gibt es Daten aus internationalen Studien, die zeigen, dass die Auswanderung griechischer Hochqualifizierter schon lange vor der Krise begonnen hat. Laut Grubel und Scott verlor Griechenland von 1949 bis 1961 20,9 % seiner absolvierten Ingenieure an die USA (Grubel/Scott 1966: 269). Zudem hat Coutsoumaris aufgezeigt, dass zwischen den Jahren 1957 und 1961 jeder fünfte absolvierte Ingenieur aufgrund der persönlichen und beruflichen Einstiegsmöglichkeiten in die USA ausgewandert ist (Coutsoumaris 1968: 169ff). Darüber hinaus wurde berechnet, dass im Jahr 1971 24,1 % der in Griechenland absolvierten Ingenieure des Jahres 1966, 7,1 % der in Griechenland absolvierten Naturwissenschaftler des Jahres 1966 und 3,3 % der in Griechenland absolvierten Mediziner des Jahres 1966 in den USA gearbeitet haben (Schipulle 1973: Anhang).

Auch in der neueren Zeit lässt sich auch diese Auswanderungstendenz der hochqualifizierten Griechen feststellen. Laut Robolis sind von 1998 bis 2007 insgesamt 550.000 hochqualifizierte griechische Arbeitskräfte aus Griechenland ins Ausland ausgewandert (Robolis 2009, Lamprianidis 2011: 175). Außerdem wurde vor dem Ausbruch der Wirtschaftskrise zwischen 2000 und 2008 geschätzt, dass die Zahl der im Ausland arbeitstätigen hochqualifizierten Griechen weltweit approximativ 126.616 betrug (Lamprianidis 2011: 183). Von denen arbeiteten im Jahr 2000 31.490 in den USA, von 2002 –2008 8.625 in Großbritannien, im Jahr 2008 12.000 in Deutschland und im Jahr 2006 17.397 in Australien (ebd.).

5 Auswanderung Hochqualifizierter nach dem Ausbruch der Krise

Während der andauernden Wirtschaftskrise wanderte ein bedeutender Anteil der griechischen Bevölkerung aus. Die folgende Tabelle beleuchtet die aktuellen Auswanderungstendenzen:

Tabelle 1 Auswanderung aus Griechenland nach Altersgruppen in Zahlen von 2010 bis 2012.

Jahr	Insgesamt[a]	Alter der Auswanderer						
		20 – 24	25 – 29	30 – 34	35 – 39	40 – 44	45 – 49	50 – 54
2012[b]	154.435	19.908	24.310	24.471	18.461	12.534	9.043	8.451
2011	125.984	14.220	18.131	19.053	14.692	10.265	7.655	7.715
2010	119.985	15.492	18.610	16.152	12.529	9.586	7.178	5.002

a   Die gesamte Anzahl bezieht sich auf alle Altersgruppen von 0 bis 85 und älter. In meiner Darstellung werden aber nur die relevanten Altersklassen, die für die hochqualifizierte Migration ausschlaggebend sind, aufgeführt.

b   Die Daten dieses Jahres betreffen Schätzungen des griechischen Statistikamtes laut Zensus des Jahres 2011.

Quelle: Eigene Darstellung; EL.STAT., 2010 – 2012: Migrationsmobilität der Bevölkerung.

Wie aus der Tabelle ersichtlich, ist die Zahl der griechischen Auswanderer nach 2010, als die Wirtschaftskrise ausbrach, erheblich gestiegen. Es ist bemerkenswert, dass die Emigration von 2010 bis 2012 binnen zwei Jahren um 28,7 % gestiegen ist. Darüber hinaus ist festzustellen, dass die Mehrheit der Auswanderer sich im produktiven Alter von 25 bis 34 Jahre befindet und große Unterschiede in der Anzahl zwischen den jüngeren und den älteren Emigranten aus Griechenland bestehen.

Folglich resultiert daraus, dass die Wirtschaftskrise mit entsprechend hoher Jugendarbeitslosigkeit vor allem diese Gruppe unter Druck setzt. Die Jugendarbeitslosigkeit in Griechenland lag in 2010 bei 32,9 %, 2011 bei 44,4 %, 2012 bei 55,3 % und 2013 bei 61,4 % (OECD 2013). Diese „Armee" von arbeitslosen jungen Arbeitskräften ist diejenige potentiale Migrationskraft, die die oben beschriebene Auswanderungstendenz verstärkt, solange die Wirtschaftskrise in Griechenland andauert. Darüber hinaus besteht diese Gruppe aus Hochqualifizierten, wie die folgende Tabelle zum Bildungsniveau der Arbeitslosen illustriert:

Tabelle 2 Arbeitslosigkeit (%) in Griechenland nach Hochschulabschluss von 2009 bis 2013.

Art des Abschlusses	Jahr				
	2009	2010	2011	2012	2013
Master oder Doktor	7,9 %	7,7 %	10,2 %	13 %	15,1 %
Erster Hochschulabschluss	6,6 %	8,6 %	12,7 %	16,4 %	18,3 %

Quelle: Eigene Darstellung; EL.STAT., 2009 – 2013: Arbeitskräfte.

Obwohl aufgrund des Mangels an weiteren statistischen Daten die Qualifikationen der Ausgewanderten nicht überprüfbar sind, ist es unumstritten, dass viele von den ausgewanderten Griechen hochqualifiziert sind. Die während 2013 durchgeführte Studie von Triandafyllidou und Gropas bietet teilweise einige Daten zum Ausbildungsniveau der derzeitigen ausgewanderten Griechen an. Laut ihrer Studie waren von den 919 griechischen Befragten, die ausgewandert sind, 89 % hochqualifiziert (Triandafyllidou/Gropas 2014: 1619). [7] Kontis hingegen teilt die heutigen Auswanderer aus Griechenland in zwei Unterkategorien ein. Zum einen sind es Hochqualifizierte in Berufssektoren mit hoher Nachfrage im Ausland (wie z.b. Mediziner, IT-Fachleute, Ingenieure), zum anderen Menschen mit Migrationshintergrund oder mit bestimmten Netzwerken im Ausland (Kontis 2013). Darüber hinaus gehören nicht nur die Arbeitslosen zu den potentiellen Auswanderern, sondern auch die Hochqualifizierten, die in Griechenland einen festen Arbeitsplatz besitzen, aber im Ausland bessere Berufsmöglichkeiten haben. Als entscheidende Push-Faktoren Griechenlands für Hochqualifizierte sind zudem die Senkung der durchschnittlichen Monatsgehalte (-16,3 %) sowie die Senkung der Kaufkraft (-37,2 %) zwischen 2010 und 2013 zu berücksichtigen (Robolis 2013).

6   Das Fallbeispiel: Abwanderung von Medizinern

Griechenland hat eine überdurchschnittlich hohe Ärztedichte und befand sich für die Jahre 2005 – 2010 mit 61,7 Medizinern pro 10.000 Einwohner auf dem zweiten Platz weltweit gleich hinter Kuba (World Health Statistics 2012). Nichtsdestotrotz hat sich die Auswanderungstendenz des medizinischen Personals in der Zeit der Wirtschaftskrise deutlich verstärkt. Gemäß den Daten der Ärztekammer von Athen sind 535 seiner Mediziner im Jahr 2007 ausgewandert, während im Jahr 2012 1.808 ins Ausland umgezogen sind (Ärztekammer Athen 2013). Es wird geschätzt, dass sich 40 % der medizinischen Absolventen der griechischen Universitäten im Ausland auf ihre Facharztausbildung vorbereiten (Bouloutza 2012). Sehr aufschlussreich ist die aktuelle Studie von Labiris, in der 111 griechische Medizinstudenten des 12. Semesters am Universitätsklinikum von Alexandroupolis für das Land ihrer Facharztausbildung befragt wurden. Nur 14,41 % der Befragten wollten im griechischen Gesundheitswesen ihre Facharztausbildung absolvieren (Labiris et al. 2014: 205).

---

7   Es ist wichtig zu betonen, dass die Stichprobe bei der Studie nicht repräsentativ für die ausgewanderten Griechen ist, weil die Studie nur auf Hochqualifizierte fokussiert war. (Triandafyllidou/Gropas 2014: 1615).

Der wichtigste Grund für eine Entscheidung zur Emigration ist die lange Warte-
liste für eine Stelle im gewünschten Fachbereich in einem griechischen Kranken-
haus. Hinzu kommen natürlich die ökonomischen Faktoren, da sich das Monats-
gehalt von Medizinern während der Facharztausbildung in Griechenland auf 1.356
Euro brutto beläuft (Petropoulou 2013), was im Vergleich zu anderen europäischen
Ländern[8] als ein geringes Gehalt betrachtet werden kann. Das Hauptzielland der
ausgewanderten griechischen Mediziner scheint aktuell vor allem Deutschland
zu sein, wobei ihre Präsenz im deutschen Gesundheitssektor schon vor der Krise
bemerkenswert hoch war, dies bestätigen die Zahlen deutlich: 2.847 griechische
Mediziner waren im Jahr 2013 im deutschen Gesundheitssektor arbeitstätig (BÄK
2013). Aber auch schon im Jahr 1999 arbeiteten 908 griechische Mediziner im
deutschen Gesundheitssektor und bildeten dabei die drittgrößte Nationalitätsgrup-
pe unter dem damaligen ausländischen Medizinpersonal (BÄK 2000). Wichtige
weitere Zielländer für griechische Mediziner sind innerhalb der EU England, Dänemark und Schweden (Bouloutza 2012). Diese Tendenz wurde auch in der Studie
von Labiris bestätigt: Laut dieser wollten 34,23 % der befragten Medizinstudenten
in Deutschland, 25,22 % in Großbritannien, 13,51 % in Schweden ihre Facharztausbildung absolvieren (Labiris et al. 2014: 207f).

Die Auswanderung der griechischen Mediziner aus ihrem Heimatland ist nur
ein Teil einer größeren Problematik für den griechischen Staat. Die Folgen dieser
Art von Auswanderung sollen im Folgenden analysiert werden.

7   Die Konsequenzen des Phänomens
       für den griechischen Staat

Die belegten Auswanderungstendenzen von Hochqualifizierten aus Griechenland
führen zu einer Versetzung von Kapitalien. Der Vielfalt der versetzten Kapitalien
zieht eine Reihe von negativen Konsequenzen für den Ort nach sich, an dem diese
Kapitalien generiert wurden und sich entwickelt haben.

Erstens geht es um einen Verlust eines besonders wertvollen Humankapitals,
und zwar aufgrund der Kenntnisse und Kompetenzen der Hochqualifizierten. Wie
die Statistiken zeigen, wandert ein wichtiger Anteil der beschäftigungsfähigen
Bevölkerung mit zunehmenden Tendenzen aus Griechenland aus. Diese jungen
Arbeitskräfte verfügen als Hochqualifizierte nicht nur über ein wichtiges Human-

---

8   In Deutschland verdienen die Mediziner während ihrer Facharztausbildung ab dem
     ersten Jahr schon ca. 4.350 Euro und ab dem fünften Jahr ca. 6.210 Euro brutto pro
     Monat (Blum/Offermanns 2011: 11).

kapital, sondern sind aufgrund ihres Alters besonders produktiv im Gegensatz zu älteren Arbeitskräften. Dies impliziert auch, dass die Bevölkerungszahl sinkt und Arbeitskräfte knapper werden. Darüber hinaus ist das Wachstum des Landes gefährdet, da das Humankapital zu den wichtigsten Indikatoren für Wachstum zählt (Lamprianidis 2011: 49).

Zweitens geht es um einen Verlust an kulturellem Kapital in institutionalisierter Form, das aus öffentlichen Mitteln produziert worden ist. Mit dem Verlust dieses kulturellen Kapitals geht für Griechenland auch die Möglichkeit zur Umwandlung in ökonomisches Kapital verloren und somit das in die Ausbildung investierte Geld.[9] Die Herstellung eines Gleichgewichts zwischen der Finanzierung der Ausbildung hochqualifizierter Arbeitskräfte und ihrer Nutzung ist für den griechischen Staat in diesem Fall also nicht zu bewerkstelligen. Gleichzeitig nimmt die Ausgabenlast der öffentlichen Haushalte durch die Auswanderung zu (Sauer 2004: 106). Hier wurde auch deutlich, dass Griechenland besonders medizinisches Personal ins Ausland verliert. Dies ist ein weiterer Schlag für den öffentlichen Haushalt, da die medizinische Ausbildung als die teuerste gilt (Hoesch 2011: 29).

Wie bereits erwähnt, ist das ökonomische Kapital die wichtigste aller Kapitalarten (Fuchs-Heinritz/König 2005: 161). Die logische Konsequenz ist, dass die Verluste der oben genannten Kapitalien für den griechischen Staat zum Verlust von ökonomischem Kapital führen. Die Auswanderung von Akademikern mit einem hochwertigen Humankapital bedeutet auch, dass die Produktion von ökonomischem Kapital nicht in Griechenland stattfinden kann. Da sowohl das kulturelle Kapital als auch das Humankapital im Individuum inkorporiert ist, werden beide Kapitalarten mit der Migration ins Ausland befördert. Im Gegensatz dazu kann das ökonomische Kapital nicht inkorporiert sein, da es erst durch Arbeit generiert werden muss. Dies bedeutet, dass die ausgewanderten Hochqualifizierten die Möglichkeit besitzen, das im Ausland produzierte „neue" ökonomische Kapital in ihr Herkunftsland zu überweisen. Trotzdem ist der Verlust bedeutend für Griechenland, da der ausgewanderte Akademiker mit einem hohen Einkommen seinen Konsum am neuen Wohnort tätigt und „den Großteil seiner Ersparnis" dort anlegt (Sauer 2009: 82).

Schließlich ist zu sagen, dass der „Abfluss" der Hochqualifizierten die Wirtschaft Griechenlands weiter belasten wird. Die Auswanderung führt auch zur Alterung der griechischen Gesellschaft, die bereits vor der Krise mit demographischen Problemen zu kämpfen hatte. Dies führt zu einem Anstieg der öffentlichen Ausgaben für die Gesundheitsversorgung und die Rentenversicherung, die wiede-

---

9 Diese Kosten erreichten im Jahr 2011 4,08 % des griechischen BIPs (Freysson/Wahrig 2013).

rum durch die vereinbarten Memoranden mit der Troika von massiven Kürzungen betroffen sind.[10] Gleichzeitig sinken vor allem die Steuereinnahmen drastisch. Dies impliziert ebenso, dass diese Hochqualifizierten nicht zur Ausbildung der nächsten Generation beitragen, da diese vor allem durch die höheren Steueraufkommen der hochqualifizierten Arbeitnehmer finanziert werden (ebd.: 107). Der griechische Staat verliert somit eine wichtige Einnahmequelle für die Sozialleistungen seiner Bevölkerung.

8   Schlussfolgerungen

Zusammenfassend kann festgehalten werden, dass die gegenwärtige Wirtschaftskrise nicht als Anlass für den Beginn des Brain-Drain-Phänomens betrachtet werden kann. Der historische Überblick über die Auswanderung griechischer Hochqualifizierter bestätigt, dass es sich nicht um ein neues Phänomen handelt. In Anlehnung an die Statistiken wird jedoch davon ausgegangen, dass die Wirtschaftskrise zu einer neuen Dimension der Auswanderung beigetragen hat. Diese Tendenz wird sich erst verringern, wenn die Arbeitslosigkeit in den entsprechenden hochqualifizierten Berufen sinkt und die generellen Arbeitsbedingungen (Einstiegsmöglichkeiten, Einkommen, Verbesserung der Technologie) sich verbessern werden. Die Bewältigung der Krise und die damit aktuell verbundenen Reformen können bislang die weitere Abwanderung von Hochqualifizierten nicht verhindern bzw. die Rückkehr der ausgewanderten Hochqualifizierten beeinflussen.

Darüber hinaus wurde dargestellt, inwieweit negative Konsequenzen für Griechenland im Zusammenhang mit der Flucht der Kapitalarten durch die Auswanderung der Hochqualifizierten entstehen. Insgesamt wird der öffentliche Sektor Griechenlands besonders aufgrund dieser Auswanderung belastet und gleichzeitig ergibt sich für ihn ein ökonomischer Verlust. Außerdem kann im Fall von Griechenland nicht von einer Entlastung des nationalen Arbeitsmarkts durch die Auswanderung Hochqualifizierter ausgegangen werden, da nur ein Anteil von 27 % der erwachsenen griechischen Bevölkerung einen Hochschulabschluss besitzt, während die entsprechenden Durchschnittsquoten in der EU (30 %) und in den OECD- Ländern (32 %) höher sind (OECD 2014). Hinzu tritt die Unfähigkeit des

---

10   Als Bestätigung dazu beschreibt Kramp, dass die Ausgaben für die Sozialleistungen Griechenlands von 24,8% im Jahr 2007 auf 28% im Jahr 2009 gestiegen sind (Kramp 2013: 58). Die aktuellsten Daten von Eurostat bekräftigen die weitere Zunahme dieser Ausgaben, die sich im Jahr 2010 auf 29,1% und im Jahr 2011 auf 30,2% des BIPs belaufen (Eurostat 2013a).

griechischen Staates für die Bewältigung der Krise nicht von seinen Hochqualifizierten profitieren zu können. Die Hochqualifizierten könnten mit ihrem hochwertigen Humankapital entscheidend zur ökonomischen Entwicklung sowie zur
Schaffung weiterer Arbeitsplätze und somit zur Bekämpfung der Arbeitslosigkeit
des Landes beitragen. Griechenland hat es jedoch nicht geschafft diesen Prozess
wirtschaftspolitisch anzustreben, daher stellen alle ausgewanderten Hochqualifizierten eine ungenutzte und damit (vielleicht auch nur temporär) verlorengegange-
ne Ressource dar.

Tatsächlich befindet sich Griechenland in einer sehr schwierigen Situation im
Hinblick auf den Wettbewerb von Hochqualifizierten. Der griechische Staat entwickelt sich innerhalb einer neoliberalen Europäischen Union zu einem Exportland
für Hochqualifizierte von dem am meisten die leistungsstarken nordeuropäischen
Staaten profitieren. Griechenland kann in dieser Hinsicht zumindest momentan
keinesfalls mit den nordeuropäischen Ländern konkurrieren und Hochqualifizierte anziehen, weil die Bedingungen dafür nicht gegeben sind. Noch kritischer ist
für Griechenland, dass es seine Hochqualifizierten und weiter betrachtet sein institutionalisiertes Kulturkapital als Exportprodukt, das aus öffentlichen Mitteln
entstanden ist, nicht verkaufen kann. Dies stellt letztendlich ein weiteres Minus-
geschäft für den hoch verschuldeten griechischen Staat dar.

Eine Diskussion über das hier vorgestellte Thema ist innerhalb der griechischen
Politik in Anbetracht dieser Tatsachen dringend notwendig. Vor allem sollte der
Staat Strategien zur Minderung der Abwanderung griechischer Hochqualifizierter entwickeln. Infolgedessen sollte er in Forschung und Entwicklung investieren.
Dieser Sektor beschäftigt hauptsächlich Hochqualifizierte und ist in Griechenland
unterentwickelt.[11] Mit einer Verstärkung der wissenschaftlich-technischen Infrastruktur des Landes sowie mit dem Aufbau von Forschungszentren verbessern sich
die Arbeitsbedingungen für Hochqualifizierte (Sauer 2004: 172). Somit können die
ausgewanderten Hochqualifizierten in ihr Heimatland zurückkehren und innovatives Know-how aus dem Ausland mitbringen (Brain-Gain).

An dieser Strategie orientiert sich laut der ersten Rede des neuen Ministerpräsidenten Griechenlands, Alexis Tsipras, im Parlament am 08.02.2015 die neue
Regierungskoalition. Durch die langfristige Zunahme der öffentlichen Ausgaben
für Forschung und Innovation beabsichtigt die neue Regierung, die neue Generation der ausgewanderten Akademiker aus Griechenland wieder anzuziehen. Zum
ersten Mal wird von einer Regierung in Griechenland das Thema Brain-Gain

---

11 Nur 0,69 % des griechischen BIPs wurde im Jahr 2012 in Forschung und Entwicklung
    investiert. Im Gegensatz dazu beliefen sich die durchschnittlichen Investitionen in der
    EU (27) desselben Jahres auf 2,08 % des BIPs (Eurostat 2013b).

thematisiert. Nichtsdestotrotz müssen erst einmal bestimmte arbeitsmarktpoliti-
sche Maßnahmen ergriffen werden, die die Arbeitslosigkeit im Inland reduzieren
werden. Vor allem muss auch die Harmonisierung der Ausbildungsangebote an
die Bedürfnisse des Arbeitsmarkts weiter betrieben werden. Wie das Fallbeispiel
der Mediziner zeigt: Viele absolvierte Mediziner haben keine Möglichkeit, einen
Facharztausbildungsplatz in Griechenland zu erhalten, und infolgedessen wandern
sie aus.

Das Brain-Drain-Phänomen wird neben der gleichzeitigen Regelung des nationalen Arbeitsmarkts weiterhin eine zentrale politökonomische Herausforderung
für die Bewältigung der griechischen Wirtschaftskrise bleiben.

Literatur

Ärztekammer Athen 2013. Bericht. http://www.isathens.gr/syllogos/arxeio-drasewn-isa/arxeio-syndikalistiko/2240-iatriki-metanastefsi-isa-anergia.html. Zugegriffen: 20.08.2014. (gr.).

Blum, K./Offermanns, M. 2011. Gehaltssituation deutscher Krankenhausärzte. Studie/ Forschungsgutachten im Auftrag der Deutschen Krankenhausgesellschaft, Düsseldorf. https://www.dki.de/sites/default/files/downloads/gehaltssituation-deutscher-krankenhausaerzte.pdf. Zugegriffen: 20.08.2014.

Bouloutza, P. 2012. Migrationsstrom wissenschaftlichen Niveaus. http://www.kathimerini. gr/456143/article/epikairothta/ellada/metanasteytiko-reyma-episthmonikoy-epipedoy. Zugegriffen: 03.08.2014. (gr.).

Bourdieu, P. 1983. Ökonomisches Kapital, kulturelles Kapital, soziales Kapital. In: Kreckel, R. (Hg.): *Soziale Ungleichheiten*. (Soziale Welt, Sonderband 2). Göttingen: Schwartz, S. 183–198.

Bundesärztekammer 2013. Ausländische Ärztinnen und Ärzte. www.bäk.de, unter: Ärztestatistik > 2013 > Ausländische Ärztinnen und Ärzte.

Bundesärztekammer 2000. Ausländische Ärztinnen und Ärzte. www.bäk.de, unter: Ärztestatistik > Ärztestatistik der Vorjahre > Ärztestatistik der Bundesärztekammer zum 31.12.2000 > Ausländische Ärztinnen und Ärzte.

Cavounidis, J. 2013. Migration and the Economic and Social Landscape of Greece. *South-Eastern Europe Journal of Economics*, 1, 59–78.

Chies, L. 1994. *Das Migrationsproblem in der Europäischen Gemeinschaft: Theoretische und empirische Analyse der Bestimmungsfaktoren und Folgen internationaler Arbeitskräftewanderungen*. Frankfurt a. M: Lang.

Coutsoumaris, G. 1968. Greece. In: Adams, W. (Hg.): *The Brain Drain*. New York: Collier Macmillan Ltd, S. 166–182.

DESTATIS 2014. Höchste Zuwanderung nach Deutschland seit 20 Jahren. https://www.destatis.de/DE/PresseService/Presse/Pressemitteilungen/2014/05/PD14_179_12711.html. Zugegriffen: 19.06.2014.

DESTATIS 2013a. Wanderungen von griechischen Staatsangehörigen zwischen Deutschland und dem Ausland 162 bis 2012. (Die Daten wurden dem Autor nach persönlicher Anfrage vom Statistischen Bundesamt zugesendet).

DESTATIS 2013b. Deutlich mehr Zuwanderung aus Südeuropa. https://www.destatis.de/DE/ZahlenFakten/ImFokus/Bevoelkerung/Zuwanderung.html. Zugegriffen: 19.06.2014.

Dichtl, E./Issing, O. (Hg.) 1994. *Vahlens Großes Wirtschafts Lexikon*. Band 2, München: Dtv Verlagsgesellschaft.

EL.STAT 2010-2012. www.statistics.gr, unter Statistische Themen> Bevölkerung> Natürliche Mobilität der Bevölkerung> Migrationsmobilität der Bevölkerung. (gr.).

EL.STAT 2009-2013. www.statistics.gr, zu finden über Statistische Themen> Beschäftigung> Arbeitslosigkeit> Arbeitskraft. (gr.).

Eurostat 2013a. Expenditure on social protection. http://epp.eurostat.ec.europa.eu/tgm/table.do?tab=table&init=1&plugin=1&language=en&pcode=tps00098. Zugegriffen: 28.06.2014.

Eurostat 2013b. Ausgaben für Forschung und Entwicklung, nach Leistungssektor. http://epp.eurostat.ec.europa.eu/tgm/table.do?tab=table&init=1&plugin=1&language=de&pcode=tsc00001. Zugegriffen: 28.06.2014.

Freysson, L./Wahrig, L. 2013. The Level of Government Expenditure on Education varies between Member States. Detailed COFOG data on education provided by all EU countries, EUROSTAT, Statistic in focus, 12/2013. http://ec.europa.eu/eurostat/documents/3433488/5585888/KS-SF-13-012-EN.PDF/d631ca16-eb4f-4944-873f-e247b748459c. Zugegriffen: 03.06.2014.

Fuchs-Heinritz, W./König, A. 2005. *Pierre Bourdieu. Eine Einführung.* Konstanz: UVK-Verlag.

Grubel, H. B./Scott, A. D. 1966. The International Flow of Human Capital. *The American Economic Review*, Vol. 56, No. 1/2, 268-274.

Han, P. 2010. *Soziologie der Migration: Erklärungsmodelle, Fakten, politische Konsequenzen, Perspektiven.* Stuttgart: Lucius + Lucius.

Hoesch, K. 2009. *Was bewegt Mediziner? Die Migration von Ärzten und Pflegepersonal nach Deutschland und Großbritannien.* Berlin: LIT Verlag.

Hunger, U. 2009. *Vom Brain Drain zum Brain Gain? Migration und Entwicklung im 21. Jahrhundert,* „Erziehungswissenschaft und Sozialwissenschaften" der WWU Münster, (Habilitationsschrift).

Hunger, U. 2003. *Vom Brain Drain zum Brain Gain. Die Auswirkungen der Migration von Hochqualifizierten auf Abgabe- und Aufnahmeländer. Gesprächskreis Migration und Integration,* Friedrich-Ebert-Stiftung, Bonn.

Koch, M. 1998. *Vom Strukturwandel einer Klassengesellschaft. Theoretische Diskussion und empirische Analyse.* Münster: Westfälisches Dampfboot.

Kontis, A. 2013. Wie beeinflusst die Wirtschaftskrise die Auswanderungsstrom von Griechen ins Ausland? Vortrag auf der Konferenz: Die zeitgenössische Auswanderung griechischer Bevölkerung, Nationale und Kapodistrias-Universität Athen, 14.01.2013. (gr.).

Kramp, P. 2013. *Der Wohlfahrtsstaat in der Krise. Eine vergleichende Fallstudie zum Wandel des Wohlfahrtsstaates in der Wirtschaftskrise.* Hamburg: Diplomica Verlag.

Labiris, G./Vamvakerou, C./Tsolakaki, O./Giarkoumakis, A./Sideroudi, H./ Kozobolis, V. 2014. Perceptions of Greek medical students regarding medical profession and the speciality selection process during the economic crisis years. *Health Policy* 117, 203-209.

Lamprianidis, L. 2011. *In die Flucht investieren. Der Verlust von Wissenschaftlern aus Griechenland in der Zeit der Globalisierung.* Athen: Kritiki. (gr.)

OECD 2014. Education at a Glance 2014. http://www.oecd.org/edu/Education-at-a-Glance-2014.pdf. Zugegriffen: 09.12.2014.

OECD 2013. Youth Unemployment Rate. http://www.oecd-ilibrary.org/employment/youth-unemployment-rate_20752342-table2. Zugegriffen: 03.06.2014.

Petropoulou, E. 2013. Gehaltskürzungen bis zu 64 % bei Medizinern. http://www.imerisia.gr/article.asp?catid=26510&subid=2&pubid=112991044. Zugegriffen: 22.07.2014. (gr.).

Pizarro, J. M. 1993. Intraregional Migration of skilled Manpower. CEPAL Rev., N. 50, Santiago, 127 -146.

Rittershofer, W. 1997. *Das Lexikon Wirtschaft, Arbeit, Umwelt, Europa.* Köln: Bund-Verlag.

Robolis, S. 2013. Die Verluste der griechischen Wirtschaft 2010-2013. http://robolis.gr/apoleies-ellhnikhs-oikonomias.html, Zugegriffen: 03.06.2014. (gr.).

Robolis, S. 2009. Immigration in Greece: Overview and Perspectives. In: Social Cohesion and Development, Panteion-Universität Athen, S. 27–44. http://www.epeksa.gr/assets/variousFiles/file_2.Robolis.pdf. Zugegriffen: 09.07.2014.

Sauer, L. 2004. *Migration hoch qualifizierter Arbeitskräfte, Theoretische Analyse der Auswirkungen und nationale sowie internationale Politikoptionen*. Regensburg: Transfer Verlag.

Schipulle, H. P. 1973. *Ausverkauf der Intelligenz aus Entwicklungsländern? Eine kritische Untersuchung zum Brain Drain*. München: Weltforum.

Senghaas, D. (Hg.), 1974. *Peripherer Kapitalismus. Analysen über Abhängigkeit und Unterentwicklung*. Frankfurt a.M. Suhrkamp.

Stavrinoudi, A. 1992. Die griechische Arbeitsmigration in die Bundesrepublik Deutschland. Verlagsabteilung des Berliner Instituts für Vergleichende Sozialforschung e.V., (Arbeitsheft).

Stohr, A. 2003. Die internationale Brain Drain Diskussion im Übergang zum 21. Jahrhundert. Vortragspapier zur Konferenz. In: Hunger, U./In der Smitten, S. (Hg.): *Migration und Entwicklung im 21. Jahrhundert*. Beiträge der 2. Konferenz für Studierende und Nachwuchswissenschaftler in Münster 2003. Münster: Institut für Politikwissenschaft, S. 15-48.

Straubhaar, T. 2000. International Mobility of the Highly Skilled: Brain Gain, Brain Drain or Brain Exchange (=HWWA Discussion Paper 88), Hamburg.

Triandafyllidou, A./Gropas, R. 2014. "Voting With Their Feet": Highly Skilled Emigrants From Southern Europe. *American Behavioral Scientist*, Vol. 58(12), 1614-1633.

WHO 2012. World Health Statistics, A Snapshot in Global Health. http://www.who.int/gho/publications/world_health_statistics/EN_WHS2012_Brochure.pdf. Zugegriffen: 03.06.2014.

Teil III
Kulturhistorische Narrative der Krise

Krise und neugriechische Genealogien: Drei Beispiele

Ilias Papagiannopoulos

(Jetzt schüttelt es,/ zu Grunde schaudert es,/ von der Zeit getrieben/ das väterliche Haus/ plötzlich sehe ich/ ich bin der Letzte, der Einzige)

Kostas Karyotakis, *Ode zu einem kleinen Kind*

1   Einleitung: Das Problem der Gegenwart

Die Diskussion um den Begriff des neueren Griechenlands und den Charakter einer „neugriechischen Identität" hat niemals aufgehört das moderne griechische Leben seit seinen Anfängen zu begleiten. Während der letzten Jahre aber ist diese Diskussion wieder neu entbrannt, mit dem Anspruch, etwas von den Bedingungen der griechischen Krise zu beleuchten. Sowohl innerhalb der Wirtschaft und der Gesellschaft als auch in der Innen- und Außenpolitik sind bestimmte Dimensionen der Haltungen, der Affekte und der Vorstellungen, also Schichten der Erfahrung, sichtbar geworden, die sich auf jene Bedingungen beziehen, in denen eine rätselhafte historische Größe benannt wird. Rätselhaft, weil, obwohl sie immer wieder zurückkehren, direkt oder indirekt, in dieser oder jener Form, sie doch bis heute keinen konkreten symbolischen Gehalt erlangt haben. Ein Gehalt, der im Leben der Aporie und ihrer Jetztzeit ständig offen bleiben würde, der imstande wäre Floskeln, geschlossene und abstrakte Konzepte, zu überwinden, um sich zu einer Sache von entscheidendem Belang emporzuheben, die das individuelle und kollektive Leben sichtlich oder latent durchzieht. Es geht daher um eine Sache, die eine Ebene des Gemeinsamen betrifft, die paradoxerweise jeder Totalisierung vorangeht und worauf die Koinzidenz des Kollektiven mit sich selbst unterminiert wird, egal ob diese totalisierende Koinzidenz sich auf die „Nation", auf das „Volk", auf die „Klasse" oder auf irgendeine andere historische und politische Allgemeinheit bezieht. Außerdem: In Zeiten der postmodernen Lobpreisung eines flüchtigen und multiplen Subjekts, das sich öfter als ebenso abstrakt zeigt, wird fast jeder Begriff der Identität verständlicherweise eines kulturellen Essentialismus verdächtigt, eines Anachronismus mit anderen Worten, der mit hegemonialen Ansprüchen zu verbinden wäre. Auf diese Weise ist das Subjekt in der Flüchtigkeit des Sich-Entwerfens eingesperrt (oder, je nachdem, imaginär vom Essentialismus befreit). Infolgedessen nimmt man die Fraglosigkeit nach der Identität hin, statt Fragen und interessante Antworten auf sie zu liefern: „Wovon *lebt* das moderne Griechenland?", wie es zum Beispiel Kostas Axelos im Jahre 1954 formulierte,[1] mit der Klarstellung über den Charakter jenes Lebens, dass „der Mensch [...] nicht von Brot allein (lebt)" (Mt. 4,4; Axelos 2012: 24).[2] Als ob jene Frage von vornherein eine bestimmte Antwort ausschließen würde, gemäß welcher „Griechenland" von einer uneingeschränkten Exteriorität durchdrungen und somit ursprünglich heterogen sei, als ob es unmöglich wäre, dass sein Eigenes gerade in einer radikalen Entfremdung bestehen könnte. Als ob darüber hinaus ein „Leben" ausgeschlossen wäre, das wesentlich in einer maßlosen Verschwendung des Lebens bestehen würde, in einem verwundbaren Leben und im sich Aussetzen einer radikalen Sterblichkeit. So oder so erscheint doch das Objekt dieser Frage nicht (es kann gar nicht erscheinen) im Rahmen einer gewissenhaften theoretischen Neugier, sondern bricht zunächst in den Spalten und den Grenzgebieten des modernen griechischen Lebens aus wie das Symptom einer alten Krankheit, die sich inzwischen in die Tiefen des politischen Körpers zurückgezogen hat, wie eine unerwartete Erscheinung von vergessenen Dingen. Das, womit man dann konfrontiert wird, ist zunächst einmal das Ereignis einer exzessiven und unheimlichen Offenbarung des Vertrauten. Eine Offenbarung, die die soziale Form eines einsamen sich Zurückziehens von der Gemeinschaft und zugleich die zeitliche Form eines spektralen Einbruchs der abwesenden Zeit einnimmt. Mit anderen Worten: Die Formen des Sichtbaren werden hier als solche dereguliert und neu aufgeteilt, andere Eigenschaften der Räume und der Zeit innewohnende Möglichkeiten werden somit zugänglich (Vgl. Ranciere 2006: 26f).

Die Frage, die sich bezüglich des symbolischen Gehalts der neugriechischen historischen Verhältnisse ergibt, betrifft nicht nur und nicht primär die Dimension der Erkenntnis, sie betrifft also nichts Objektives, worüber wissenschaftliche Studien erschöpfend Auskunft geben könnten. Es geht hier nicht nur um eine historiographische Sorge und eine rein deskriptive Aufzeichnung der Verhaltensweisen, der sozialen Strukturen und der Institutionen, der messbaren Fläche also

---

1   Kursiv von Axelos.

2   Axelos' Aufsatz, der ursprünglich 1954 im französischen Magazin Esprit erschien, wurde zum ersten Mal im Jahr 2010 auf Griechisch veröffentlicht (übersetzt von K. Daskalaki). Hier wird die deutsche Übersetzung verwendet, die in Lettre Internationale, 98, Herbst 2012 (aus dem Französischen übersetzt von U.-D. Klemm) erschienen.

des neugriechischen gemeinsamen Lebens, würde nicht ausreichen. Das alles ist natürlich alles andere als bedeutungslos. Im Gegenteil, das macht die notwendigen Bedingungen aus, um die Frage, um die es hier geht, hinreichend stellen zu können. Hier muss die materielle Spur jeder möglichen Antwort auf diese Fragen gesucht werden. Und diese Bedingungen sind heute im höheren Maße vorhanden als im Jahr 1954, als Axelos seinen Text publizierte oder im Jahr 1991, als Panajotis Kondylis eine ähnliche Frage unter seine eigenen theoretischen Voraussetzungen in der Einleitung der griechischen Ausgabe jenes Buches, worin er den Niedergang der bürgerlichen Kultur analysierte, stellte.[3] Doch bleiben solche Kenntnisse unzureichend, und es fehlt etwas, um sie zu evaluieren, wenn wir nicht mit der notwendigen Radikalität die Frage erörtern nach dem historischen und geistigen Charakter des modernen Griechenland, die Frage also nach seinem symbolischen Gehalt und unserer Möglichkeiten, über ihn nachzudenken – einer Dimension, die mit keiner Summe objektiver Gegebenheiten identisch und nicht direkt aus ihr zu schließen ist. Letzteres gilt aus zweierlei Gründen: Erstens, weil nur diese Frage die konstitutive Teilnahme der Gegenwart und der Zukunft selbst in der Geste aufzeigt mittels derer man die Vergangenheit wahrnehmen und als solche aufzunehmen strebt. Und zweitens, weil es darauf hindeutet, dass die Stimme der Vergangenheit zu hören, zunächst bedeutet, sich Möglichkeiten zu öffnen, die in Spuren der Vergangenheit und in Aspekten, die im Lauf der Zeit marginal geblieben sind und dennoch offen bleiben, eingeprägt sind. Das, was fehlt, ist also nicht eine Form von Erkenntnis über objektive Gegebenheiten, die vermeintlich das Wesen einer neugriechischen Besonderheit, die in der Vergangenheit eingeschrieben wäre, wiedergeben würden. Sondern im Gegenteil ist es das radikale Verhältnis zu einer Form der Unkenntnis, die im Zentrum jedes Prozesses der Symbolisierung, also im Zentrum der inhärenten Möglichkeiten der Gegenwart steht. Denn es ist nur durch dieses Verhältnis möglich, dass man die Vergangenheit nicht als etwas Geschlossenes und bereits Abgeschlossenes (als Trugbild der Vergangenheit) empfangen kann, sondern als einen Korpus von symbolischen Gesten und Möglichkeiten, die noch ausstehen; nicht als Titel des Eigentums und der individuellen oder kollektiven Macht, sondern umgekehrt als ein Erbe, das aus gebrochenen Materialien besteht und somit die Struktur eines Schwebezustandes hat.

Wenn Giorgos Seferis einst schrieb, dass man die Toten fragen muss, um weiter gehen zu können (Seferis 1985: 196), sollte man diese Ansicht vielleicht in diesen Gedanken umformulieren, dass man die Toten nur dann wirklich hört, wenn man

---

3 Kondylis 1991a erschien im gleichen Jahr auch auf Deutsch, ohne die griechische Einleitung (Kondylis 1991b). Während der Krise im Jahr 2011 wurde die griechische Einleitung zum ersten Mal separat veröffentlicht (Kondylis 2011).

weitergeht. Dass man sie aufnimmt im dringenden Ruf, den sie an einen richten, nur wenn die Worte und die Taten der Vergangenheit eine „von Spannungen gesättigte Konstellation" mit seinen eigenen, neuen Worten bilden (Benjamin 1991a: 702f; 1991c: 595). D.h. mit der Ungewissheit einer Gegenwart, die der Frage über sich selbst ausgesetzt ist und somit auch der Notwendigkeit, auf diese Frage zu reagieren, ohne die Möglichkeit zu besitzen, aus den Gegebenheiten und ihrer bloßen Beschreibung das Selbstbild und die Maximen dieser Gegenwart zu schöpfen. Die Vergangenheit richtet sich an uns nicht, indem sie uns von der Zäsur, die die Gegenwart als solche zunächst ist, befreit. Für Walter Benjamin, der für einen solchen Gedanken wichtig ist, gibt es gar keine historische Vergangenheit vor der Geste ihres Memorierens innerhalb einer Gegenwart (oder, genauer gesagt, *als* dieser Gegenwart), die keine symbolische Sicherheit innehat und die einer Entscheidung symbolischer Schöpfung ausgeliefert ist. Gedächtnis und Emanzipation erscheinen hier in dieser dialektischen Verflechtung von Vergangenheit und Zukunft innerhalb der Zäsur einer schwebenden Gegenwart. Vielleicht ist dieser Sachverhalt nirgendswo so treffend formuliert wie in der zweiten *Unzeitgemäßen Betrachtung*, worin der Stimme der Vergangenheit die Form eines „Orakelspruches" verliehen wird (Nietzsche 1988a: 294). Diese Stimme ruft zunächst zur Prüfung der Gastfreundschaft von rätselhaften und „fremden Gästen" (ebd.: 272). Diese treffen ein, nicht um die inhärente Unruhe der Gegenwart durch die Erkenntnis zu stillen, sondern, umgekehrt, um sie zu verschärfen und dadurch die Destabilisierung als eine Spur des Gedächtnisses selbst und nicht als ihres Mangels zu sehen. Nur derjenige, der aus „der höchsten Kraft der Gegenwart" schöpft und der seine eigene Zeit als einen „Erstling" versteht, nur er wird der historischen Intensität eine Form der Verheißung verleihen (ebd.: 257, 293f, 311). Und nur er wird behaupten können, dass die Vergangenheit, jenseits der Logik eines vermeintlich moralischen oder erkenntnismäßigen Fundaments und seiner Mythologien, etwas anderem dient als Strategien heuchlerischer Selbstberechtigung.

Die Frage von Axelos betrifft jene „Kraft der Gegenwart" und ihre mangelnde Bestimmung im neugriechischen Feld. Wenn die wichtigste philosophische Aufgabe, wie z.B. Michel Foucault meint, das Problem der Gegenwart betrifft, „was wir in eben diesem Moment sind" als ein Teil dieses Moments (Foucault 1996: 28); und wenn die Schöpfung neuer Formen von Subjektivität durch die Klärung dessen, „wer wir sind" vermittelt wird, entweder um „es" abzuwerfen oder um ein neues Verhältnis zu „diesem" zu stiften, dann wird klar, dass Axelos' Frage um die neugriechische Beschaffenheit auf etwas hinweist, das sowohl philosophisch wie auch historisch-politisch entscheidend ist. Welchen historisch-politischen Subjektivitäten, welchen Arten des „Wir" entspricht also die neugriechische Beschaffenheit? Wie sind innerhalb dieser die Vergangenheit und die Zukunft als solche vorhanden, und in welcher Weise werden sie konstituierend? Wie kann man in der Gegenwart jener Subjektivitäten sowohl ihre Lügen als auch ihre verratenen und ausstehenden Möglichkeiten aufspüren – und in welchem Verhältnis zur historischen Zeit existieren dann Letztere? Wie sind, mit anderen Worten, sowohl die Missbräuche der Vergangenheit und der Zukunft als Mittel der Verdrehung der Gegenwart als auch das befreiende Potenzial, das vielleicht in übersehenen und daher fast unsichtbaren Aspekten der Gegenwart, in Momenten ihrer Wahrheit, aufblitzt, wahrzunehmen? Diese Fragen suchen nach der Art, durch welche Vergangenheit und Zukunft in einem alternativen Verständnis der historischen Erfahrung als Erfahrung der Gegenwart und als politische Zeitlichkeit anzutreffen sind. In der Perspektive solch einer Anschauung können der deskriptive und der normative Aspekt – mit anderen Worten: der passive und der schöpferische, der feststellende und der performative – nur als untrennbar miteinander verbunden auftauchen.

In den folgenden Seiten wird nachgezeichnet, wie die Frage nach der historischen Gegenwart Griechenlands und nach dem Subjekt, das ihr entspricht, formuliert und von drei zeitgenössischen griechischen Denkern beantwortet wurde: Axelos, Kondylis und Stelios Ramfos. Ich werde mich hauptsächlich mit drei Texten beschäftigen, einer von jedem Philosophen. Obwohl diese Texte ursprünglich in sehr unterschiedlichen historischen Momenten erschienen, wurden sie alle drei während der Krise erneut veröffentlicht und erzielten hohe Auflagen wie auch Erfolg bei Rezipienten, die entweder einen soziopolitischen Einfluss hatten oder ihn beanspruchten. Gleichzeitig wurde die Tatsache der Neuerscheinung vom öffentlichen Diskurs festgestellt, ohne aber zu einer systematischen Kommentierung zu führen. So wurden die Gedanken jener Texte hauptsächlich als rhetorische Waffen kodiert, die Anlass zur Bestätigung der alten Lager und der jeweiligen Narrative des neugriechischen Diskurses gaben. Doch das interne Potenzial dieser Texte, das Potenzial dessen, was dort ausgesprochen, aber auch was verschwiegen wird, eröffnet weitere kritische und philosophische Erörterungen, die sich mit weniger Verachtung, aber auch mit weniger Gewissheit dem „neugriechischen Problem" stellen werden. Man würde dann jene Denker, mit denen ich mich hier auseinandersetze, so wie auch andere, die ebenso wichtige Texte geschrieben haben, welche heute als sinnmäßig ausgeschöpft gelten, in einem neuen Sinnhorizont lesen und sie dekonstruktiv in ein neues Feld verschieben.

Wie im Folgenden deutlich wird, bin ich weder der Ansicht, dass die Texte, um die es hier geht, das Feld der entsprechenden Thematik ausschöpfen, noch dass sie ausreichen, um die Möglichkeiten seiner Erweiterung zu erfassen. Im Gegenteil, ich halte sie charakteristisch für eine konkrete Anschauung, da sie, trotz der an sich nicht unwichtigen internen Differenzierung und trotz dessen, dass sie sehr unterschiedlichen geistigen Traditionen angehören, doch einige signifikante Gemeinsamkeiten aufweisen. Und diese sind in Bezug auf die Frage, der hier nachgegangen werden soll, wichtig – besonders im Licht der aktuellen Krise, sowohl was das Besagte als auch das Verschwiegene oder das bloß als unwichtig Übersehene betrifft. Ich werde im Weiteren versuchen, diese Gemeinsamkeiten in ihrer doppelten Natur aufzuzeigen, um dadurch die Bedingungen alternativer Narrative über das Verhältnis des historischen Bewusstseins mit der politischen Subjektivität im Rahmen der neugriechischen Beschaffenheit zu beleuchten. Denn was sich heute im Rahmen der aktuellen griechischen Krise ereignet, ist auf der symbolischen Ebene die Wiederkehr der ursprünglichsten Fragen der griechischen Gesellschaft in neuer Gestalt. Es ist die Wiederholung ihrer modernen Gründung und die Neuformulierung der Fragen unter neuen Umständen, die jene Gründung begleiteten. In dieser Hinsicht könnte die Krise tatsächlich das Labor einer symbolischen Erschaffung sein. Innerhalb dieses offenen historischen und soziopolitischen Labors können vielleicht verworfene und verfehlte Möglichkeiten der Vergangenheit, ihre noch offenstehenden Erben, ihre verstaubten Archive, ihre sichtbaren sowie ihre unsichtbaren Genealogien nachgeholt werden – und dieses Mal anders. Dieses „vielleicht" sowie auch dieses „anders" geben den doppelten Charakter einer Gegenwart wieder, von dem einige mögliche Wege im Anschluss skizziert werden sollen.

2   Das fragmentierte Antlitz – Kostas Axelos

Die Vergangenheit taucht bereits auf der ersten Seite des Textes von Axelos als maßgebendes Thema auf: „Inwieweit", fragt er sich, „leben (oder sterben) die Neugriechen weiterhin das Schicksal ihrer […] Vorfahren?" (Axelos 2012: 24) – wobei er hier ausdrücklich die Byzantiner im Sinne hat, denn die Kritik dieses Texts wird vor allem an die christliche Tradition gerichtet sein. Axelos wiederholt hier eine jener Fragen, die von Anfang an die Problematik der neugriechischen Identität gestaltet haben: die Frage nach der (Dis-)Kontinuität der kulturellen Traditionen. Seine indirekte Antwort lautet, dass die Neugriechen die Stimme jenes Schicksals nicht einmal in der Form des Schweigens vernehmen (ebd.). Die gleiche mangelnde Verbindung, ein Mangel an „Wurzeln" und „Erinnerung", durchzieht ebenso das Verhältnis Griechenlands zur Modernität und zum „Denken der Gegenwart" (ebd.). So erscheint das moderne Griechenland als doppelt abgeschnitten: von seiner eigenen kulturellen Vergangenheit und von der europäischen ebenso. Daher eine doppelte mimetische Tendenz und demgemäß ein doppelt spektakulärer Charakter: Da es den kreativen Quellen Europas fremd bleibt und somit nur passiv an

der Modernität teilnimmt, bietet Griechenland „den Anblick [oder das Spekta-
kel] einer nahezu ‚wirklichen' Gesellschaft", und dadurch bleibt es etwas „weniger
als eine wahrhaft moderne Realität" (ebd.). Gleichzeitig ist aber auch seine Vergangenheit nichts anderes als ein Spektakel, das sich zum fremden Blick anbietet
(ebd.). Spektakuläre Vergangenheit, spektakuläre Gegenwart: Eine historische
Zeit, die unter dem Blick zwei mächtiger und imaginärer symbolischer Anderer
in zweifacher Weise entfremdet ist. Als Konsequenz bleibt das „Antlitz", also der
geistige Charakter des modernen Griechenlands in tieferer Konkordanz mit seiner
geographischen Gestalt, sodass es schließlich als „zerrissen" erscheint (ebd.) – als
gebrochen, fragmentiert und traumatisiert. Merkwürdige Treue (im Raum) innerhalb einer scheinbaren Untreue (in der Zeit). Daher sind die „Vorstellungen von
seiner Bestimmung" verwirrt (ebd.). Es ist, um jenseits von Axelos zu sprechen,
als ob diese Verwirrung, das Trauma also einer entscheidenden symbolischen Zer-
splitterung und das aporetische Verhältnis mit dem sozialen Selbst, insgesamt das
neugriechische Feld als solches kennzeichnen würden.

Welches ist aber das Kriterium dafür, was hier zweimal „moderne Realität"
genannt wird? Was ist es, das einer historisch-politischen Entität das Gewicht des
Realen und des Gegenwärtigen verleiht? „Modernität nährt sich aus dem Macht-
willen, der sich in die Eroberung der Welt stürzt", schreibt Axelos (ebd.). Macht,
Bewusstsein, Organisierung, Technik: Das sind hier die Merkmale der Modernität,
im Rahmen derer das Denken und die Imagination zu Werkzeuge werden, um die
„Physis wieder zu erschaffen" und die Welt neu zu schöpfen (ebd.). Das Politische,
welches dieser Realität entspricht, ist ein „kraftvolles technisches Denken, das
dem Schicksal einer Gesamtheit durch eine intelligente Strategie eine konkrete
Form gibt" (ebd.). Das Feld, in dem das Denken das Politische antrifft, ist hier
nichts anderes als der technische Geist und seine Macht, nur jenes Schicksal anzuerkennen, das er für sich erschafft. Im Gegensatz zu einem trägen „Griechenland
des Schicksalhaften" könnte oder sollte es somit theoretisch ein anderes Griechenland geben. Dieses hätte doch eine Richtung nur deshalb, weil es sich selbst für
jene Richtung entschieden hätte. Im Jahr 1954 konnte Axelos noch mit den Prämissen einer solchen Mythologie des historischen Subjekts denken, die unter den
Trümmern eines Krieges überlebt hatten. Eines Krieges, der bereits vieles mehr als
nur die Körper der Menschen zerstört hatte.

Alle Motive, die den Text von Axelos durchziehen, können in der Polarität zwischen Zentrum und Peripherie zusammengefasst werden. Besonders Ersteres ist
überall im Text präsent. Was für Axelos eine historisch-politische Entität zentral
macht, ist die Kraft der Verwirklichung. Diese ist geknüpft an die Logik des „Bo-
dens" (des Territoriums und des Staatsgebietes) sowie der Sesshaftigkeit (ebd.),
dem eine solide „autochthone Basis" (ebd.) und schlussendlich ein „Fundament"

(ebd.: 28) entspricht. Das „Denken" ist hier immer ein Denken des Zentrums und des Fundaments, während die „Idee" jene tiefere Kraft ist, die die Konvergenz innerhalb einer „Einheit" (ebd.: 26), also innerhalb einer Form von souveräner Selbstbestimmung fördert.

Es ist interessant, dass Axelos es trotzdem nicht versäumt, die Existenz einer neugriechischen Diaspora zu erwähnen, und er zögert nicht einmal, in den „Auslandsgriechen" diejenigen anzuerkennen, „die in sich den Keim eines künftigen neugriechischen Selbstbewusstseins trugen" (ebd.: 24, 26). Gleichzeitig aber bemerkt er, dass es ihnen nicht gelang, in eins mit ihrem Land zu fallen und daher blieben sie historisch unwirksam, „provinziell", Ausdrücke einer diskontinuierlichen und „desorientierenden Vielfalt" (ebd.: 27). Das gestörte Verhältnis des Territoriums mit der historischen Zeit würde die griechische Nation sogar den Juden nahe bringen, meint Axelos in einer bemerkenswerten Anmerkung. Beides, fügt er hinzu, stammt geistig aus dem Zeitintervall zwischen dem Ende einer Welt (der Antike) und der Geburt einer anderen (der Moderne) (ebd.: 25). Eine Schwelle nach dem Ende und vor dem Anfang ist ihr Ort – ein ausgedehnter Zwischenraum, eine historische Grenze, ein Abbruch der Prozesse der Traditionen. Einige Zeilen vorher führt er den ironischen Hinweis auf die Neugriechen aus, die manchmal emotional zum „Extrem einer zuckenden [blitzartigen] Unruhe" neigen (ebd.). Doch dieser triviale Hinweis klingt anders in der Assoziation der fünften *These* Benjamins, wo das wahre Bild der Vergangenheit nur eines ist, das „auf Nimmerwiedersehen im Augenblick seiner Erkennbarkeit aufblitzt" (Benjamin 1991a: 695). Aber ebenso in der Assoziation jener anderen „blitzartigen Offenbarung in einer heiligen Stunde" (Leontaris 2001: 80), in einer Stunde also, die keine andere ist als jene, worin sich der Streit des neugriechischen Dichters mit „seiner verhassten Innerweltlichkeit", in anderen Worten: mit der homogenen und leeren Zeit des Kontinuums der Geschichte (Benjamin 1991a: 701), zuspitzte. Dieser „Riss der Dialektik", worin sich die Unterbrechung der Abfolge der Zeit kristallisiert, befindet sich jedoch im Zentrum der Erfahrung der Geschichte und nicht anderswo – er ist das Ereignis dieser Erfahrung (Leontaris 2001: 83, 97ff, 125f).[4] Deshalb weist er nicht auf eine mythische Zeitlosigkeit hin, sondern umgekehrt auf eine radikal entmythisierende „heilige Stunde", in der die Heiligkeit der historischen Zeit selbst

---

4   Es ist anzumerken, dass der gleiche Entzug des geschichtlichen Gegenstandes „aus der puren Faktizität" von Benjamin mit der „dialektischen Aufgabe" selbst und nicht mit ihrer Unterbrechung in Verbindung gebracht wird (Benjamin 1991b: 479). Eine ausreichende Analyse würde trotzdem aufzuzeigen vermögen, dass die jeweils umgekehrten Bedingungen des Verständnisses der Dialektik hier jedoch auf dieselbe „Erfahrung mit der Vergangenheit" und der Geschichte, die „für jede Gegenwart ursprünglich ist", hinweisen (ebd.: 468).

offenbart wird. Während Axelos in dieser Unterbrechung, die mit dem Umfang der neugriechischen Geschichte selbst zusammenzufallen scheint, entweder eine Pause der Historizität oder sogar eine Flucht aus der Geschichte selbst erkennt, so sieht doch gleichzeitig ein anderes Denken, das zunächst in jener Unterbrechung ebenso etwas Ursprüngliches wahrnimmt, eine gänzlich andere, entgegengesetzte Bedeutung.

Das Fragment also, das in Bezug auf jede Totalität entkörpert schwebt, ist weder nur die Abbildung eines zersplitterten geographischen Ortes, noch misst es nur den Abstand von einer verlorenen Tradition aus Beispielen und Vorbildern, die, gemäß Axelos, nicht einmal in der Form des Schweigens vernommen werden. Ebenso wenig weist es notwendigerweise auf eine emotionale Instabilität oder auf ein selbstgefälliges Chaos von Trieben hin, die als solche unfähig wären, sich zu einem rationalen und stabilen Verhältnis zur historischen Zeit zu transformieren. Denn es bildet ebenso eine gewisse Erinnerungsstruktur ab, eine Art der Vergangenheit, in der Gegenwart präsent zu sein, und eine Art der Gegenwart, im Gedächtnis zu existieren. „[D]ieses Ruinenland, auf dessen Boden Fabriken sich so schwertun zu wachsen" (Axelos 2012: 25) ist nicht nur ein solches, weil es vergisst, sondern manchmal gerade, weil es nicht vergisst; und nicht nur, weil es nicht in der Gegenwart leben kann, weil es „keinen eigenen Rhythmus", keine eigene „Bewegung" hat (ebd.: 27). Sondern es ist derart auch, weil in einem ganz anderen Sinn sein Eigenes und seine Gegenwart (die potentielle Errungenschaft einer Gegenwart-in-der-Gegenwart) in einer Geste bestehen würden, deren Historizität darin liegt, „die Geschichte gegen den Strich zu bürsten" (Benjamin 1991a: 697), wodurch es die Ruinen mit der „höchsten Kraft der Gegenwart" (Nietzsche 1988a: 293f) in ein intimes Verhältnis bringen würde. Sodann wäre das Schweigen gerade die paradoxe Art, wodurch sich die Vergangenheit zum unsichtbaren Zentrum der Gegenwart richtet und dort unbemerkt leben würde. Und die exzessive, blitzartige Unruhe würde auf die Form einer mnemonischen Konstellation hinweisen, zu der derjenige aufgerufen ist, der die Vergangenheit als Orakelspruch empfängt.

Aus einem solchen Blickwinkel erscheint die Einschätzung Axelos', dass das moderne Griechenland eine Existenz führt, die mit derjenigen „der Fellachen oder der ‚Primitiven'" vergleichbar wäre, da es „zugleich am Rande und inmitten der hochzivilisierten Welt" sich bewegt (Axelos 2012: 25), in einem anderen Licht. Denn diese Synchronie weist nicht nur auf eine lähmende Spaltung und eine Festsetzung im Vorraum der Geschichte hin, sondern gleichzeitig auch auf die Möglichkeit einer gastfreundlichen Gegenwart. Einer Gegenwart, die eine solche nur insofern ist, als sie mit sich selbst nicht identisch ist, da sie die Stimme vergangener Zeiten und verlorener Dinge in sich wahrnimmt, und gegenüber der sie sich als verpflichtet betrachtet. Demgemäß gibt es eine Struktur der Geschichtlichkeit, in der das Subjekt der Gegenwart nicht jenes ist, das mit dem Prozess der Geschichte und der „Tyrannei des Wirklichen" (Nietzsche 1988a: 311, 315) zusammenfällt, sondern im Gegenteil, dasjenige, das dessen Fluss unterbricht. Eine solche Struktur gestaltet das Verhältnis zwischen Mitte und Rand unter anderen Bedingungen. Diese hören hier auf, die Pole einer reinen Differenz zu sein, worin die Mitte als das Subjekt der historischen Macht und der Rand als ahistorisch und somit als spektral definiert wäre, so wie Axelos es betrachtet. Sie wären aber auch nicht identisch und somit nicht ohne jede Differenz zwischen ihnen gemäß der Logik einer mythischen Totalität, wo alles immer nur unaufhörlich dasselbe recycelt. Jenseits dieser Polarität ginge es hier um eine Struktur historischer Erfahrung, wonach die Mitte, in ständiger Spannung mit sich selber, nichts anderes ist als eine immanente Ausnahme der Totalität, eine, mit Jean-Luc Nancy gesprochen, „undarstellbare Gemeinschaft", die eine Form des Randes zugleich repräsentiert (Nancy 1988).

Somit kehren wir zur entscheidenden Frage nach der Geschichtlichkeit zurück. Wenn für Axelos „alles Provinzielle [..] sozusagen leichenhaft" ist (Axelos 2012: 27), und wenn das Zentrum das Lebendige darstellt, dann ist das Kriterium dieser Unterscheidung, die kaum eine radikalere ontologische Bedeutung haben könnte, die Geschichtlichkeit selbst: Tot ist dasjenige, das „nicht die Zeit der Geschichte (als solche) lebt" (ebd.: 27), das also an der Bewegung und am „Königsweg der universellen Geschichte" (ebd.: 28) keinen Anteil hat. Deshalb wird Axelos der inhärenten symbolischen Mobilität des „konkreten Universellen" der Modernität die ahistorische „Unbeweglichkeit" des modernen Griechenlands gegenüberstellen (ebd.: 27f). Zum Kontrast der historischen Spannung des ersteren wird er die eigentümliche, in sich geschlossene und begrenzte „Melancholie" des letzteren benennen (ebd.: 27). Mit dieser Unbeweglichkeit, deren Magie innerhalb einer symbolischen Krypta ihren Platz hätte, wird außerdem die einzige „Idee" verbunden, die, gemäß Axelos, das moderne Griechenland hervorgebracht hat, nämlich den „Hellenozentrismus" (ebd.: 25). Alle drei Denker, die uns hier beschäftigen, erkennen darin ihren Hauptgegner, gerade weil sie in ihm die Unzulänglichkeit des historischen Bewusstseins als entscheidendes Problem des modernen Griechenlands in theoretisch konzentrierter Form wahrnehmen. Trotzdem, wenn der Hellenozentrismus, gemäß Axelos, ein falsches Gefühl der symbolischen Autarkie, wenn nicht auch der Überlegenheit, der griechischen Tradition erweitert, so genügt doch allein der Titel eines emblematischen „hellenozentrischen" Werkes wie *Das verlorene Zentrum* von Zissimos Lorentzatos (Lorentzatos 1994), das einige Jahren später erschien, um auf eine tiefere strukturelle Verwandtschaft zwischen Strömungen hinzuweisen, die zunächst einmal als oppositionell wirken, da ersteres die Tradition und zweites die Modernisierung verteidigt. Da aber diese zwei Gegner, die den symbolischen Hauptkonflikt des modernen Griechenlands gestaltet haben, um das Primat des Zentrums kämpfen, ist man dazu aufgerufen, die Frage zu stellen, ob dieser Konflikt in seiner Gesamtheit das Entscheidende der neugriechischen historischen Beschaffenheit wiederzugeben vermag. Oder ob im Gegenteil jene Erfahrung, die Axelos innerhalb seiner Motive selbst konstatiert, nicht die Spuren einer historisch-politischen Subjektivität darstellen, die potenziell das einheitliche Feld dieses symbolischen Konfliktes aufsprengt, um ein anderes Feld sichtbar zu machen. In der Perspektive dieses anderen Feldes würden sich die Materialien des Problems als die gleichen eines möglichen symbolischen Auswegs erweisen können.

All das kann sicherlich Fragen bei jenem Leser verursachen, der die Bedeutung kennt, die Axelos in späteren Texten den Motiven des „Werdens der fragmentierten Totalität der multidimensionalen Welt", der „meteorischen Denker" und der „unterschwelligen Strömungen" beimisst. Dem gleichen Leser werden die „blitzende und vom Blitz erschlagene Sprache" Rimbauds, so wie Axelos ihn liest, die Assoziationen der exzessiven und blitzartigen Unruhe hervorrufen (Axelos 1996: 16, 209). Verständlicherweise wird er sich fragen, was es war, das Axelos es nicht erlaubte, jene Motive der europäischen Modernität mit seiner eigenen neugriechischen Herkunft zu verbinden und sie zum Teil zumindest, als ihrem eigenen geistigen Charakter inhärent, wahrzunehmen. Und vielleicht ist manche Antwort genau so verständlich im Blick auf die Atmosphäre eines müden Nachkriegsgriechenlands. Nichtsdestotrotz bleibt das, worum es in den Analysen dieses Essays geht, etwas grundsätzlich anderes als der innere Rhythmus und die verschiedenen Abwandlungen einer Totalität, die, gemäß Axelos, das Spiel der entgegengesetzten Kräfte unaufhörlich organisiert (ebd.: 29). Wenn diese nicht anders können, als den immer gleichen Anspruch auf Macht in sich zu tragen, wird hier im Gegenteil die Frage nach einem Subjekt entworfen, das konstituiert wird, indem es aus einer solchen Totalität „ausgestoßen" wird (ebd.). Ausgestoßen, um in der Art der Immanenz derjenigen schwachen Kraft zu existieren, die den Kreis der Macht innerhalb dieses Kreises zu durchbrechen sucht.

3   Metamorphosen der Ohnmacht – Panajotis Kondylis

Trotz der wichtigen methodologischen Unterschiede ist der Text von Kondylis, fast vierzig Jahre nach demjenigen von Axelos verfasst, mit ihm verwandt, was die Diagnose der neugriechischen Unzulänglichkeit und auch die allgemeinen historischen Narrative anbelangt. Der Stil von Kondylis ist zwar trockener als der von Axelos, da sein Essay dem Charakter und den Ansprüchen einer historisch-soziologischen Studie nahekommt, an kritischer Schärfe aber fehlt es ihm nicht. Als er im Jahr 1991 über eine „offensichtliche heutige Krise" spricht, kommt Kondylis zu einem Rechtsspruch, der an Härte denjenigen von Axelos überbietet: „die neugriechische Geschichte, so wie wir sie in den letzten zweihundert Jahren kannten, schließt ihren Kreis" (Kondylis 1991a: 45, 47). Während es in melodramatischen (Axelos 2012: 27) oder komisch-tragischen (Kondylis 1991a: 47) Episoden erlöscht, wird Griechenland ein „schmaler und abseitiger Streifen" im postmodernen Spektrum, d.h. es bleibt, wie man hier wieder einmal lesen kann, eine „zweitrangige Provinz" (Kondylis 1992)[5] und daher endgültig zum Scheitern verurteilt.

Aber was ist es genau, das seinen historischen Kreis schließt? In einem Wort ist es die misslungene Etablierung einer souveränen bürgerlichen Klasse, die ideologisch einen robusten bürgerlichen Nationalismus in der neugriechischen politischen Szene hervorgebracht hätte (Kondylis 1991a: 28). Im europäischen Kontext war diese Etablierung mit dem historischen Übergang vom vormodernen symbolischen Kontext, d.h. von der „patriarchalen Mentalität" und den entsprechenden ökonomischen und sozialen Verhältnissen, zu jenem der Modernität verknüpft. Die berechnende und instrumentelle Vernunft, die unpersönliche Gestaltung der ökonomischen Beziehungen auf der Basis von Nachfrage und Angebot, die Akkumulation im Sinne des kapitalistischen Geistes (ebd.: 16), all das expliziert, was bereits Axelos mit einem „gestaltenden technischen Geist" meinte. Diese „neue, kraftvolle Weltanschauung" (ebd.: 13, 17) hat niemals im modernen Griechenland richtig Fuß gefasst. Was die griechische Diaspora betrifft, so hat sie zwar Elemente des bürgerlichen Geistes und der kapitalistischen Wirtschaft übernommen, blieb aber doch schließlich „fragmentiert und oberflächlich". Auch wenn es ihr manchmal gelang, ihre Interessen nicht mit denen der großen europäischen Firmen zu identifizieren, so hat die Diaspora trotzdem zu einer „zusammenhängenden Weltanschauung, die imstande wäre, ein standfestes Verhalten zu inspirieren", nichts beigetragen: Es fehlten dafür die prometheischen Dimensionen eines Bruches mit dem sterilen Traditionalismus und eines Geistes der Technik und des Fortschrittes (ebd.: 19). Wenn auch hier manche heterogene Elemente doch vorhanden waren, am Ende sind sie mit den feineren Versionen der patriarchalen Ideologie und Haltung verschmolzen (ebd.: 20). Kein Versuch der Modernisierung, die alleine die Synchronisation auf die „bewegenden Kräften der modernen planetarischen Geschichte" erlauben würde, konnte gelingen (Kondylis 1992a 175, 177).

---

5   Hier handelt es sich, allerdings, um das Nachwort der griechischen Ausgabe (Kondylis 1992a: 174), das sich mit der griechischen Außenpolitik befasst und nicht Teil der deutschen Ausgabe ist. Siehe ebenfalls Kondylis 1991a: 14f.

Kondylis beschreibt einen historischen Prozess, worin die Formen des Neuen unterschwellig vom Alten eingeholt wurden und jene dadurch indirekt erneuerten und ausbreiteten. Die gestiegene soziale Mobilität zum Beispiel, die der Parlamentarismus mit sich brachte, unterminierte die moderne Trennung von Staat und Gesellschaft, anstatt sie zu verfestigen, sodass der Staat zum Beauftragten des allgemeinen Interesses und zu seinem Mechanismus vergrößert wurde. Auf diese Weise wurde die Übertragung der patriarchalen Struktur von der Gesellschaft in die politische Sphäre selbst ermöglicht, unter anderem mit dem Ergebnis eines dichten Netzes von „klientelistischen Beziehungen", in der die traditionelle Polarität von Unterwerfung und Schutz überlebte (Kondylis 1991a: 21). Auch dort, wo das patriarchale Element als solches zurückwich, konnte es trotzdem nicht von einer zusammenhängenden bürgerlichen Klasse ersetzt werden, die die notwendige Rolle einer aufgeklärten Despotie hätte spielen können – eine Despotie, welche auf der ideologischen Ebene wie auch auf der Ebene der Produktion, herrschen würde. Stattdessen wurde es aber vor allem von einem „kleinbürgerlichen Radikalismus" ersetzt (ebd.: 24ff).

Neben der mangelhaften Trennung von Gesellschaft und Staat war ein zweites Symptom der unvollendeten neugriechischen Einstimmung auf dem modernen Pfad die dauerhafte Diskrepanz zwischen Staat und Nation gemäß Kondylis. Der bürgerlichen Kopplung von Staat und Nation entgegengestellt ist im neugriechischen Fall die Nation, als eine normative Größe, die umfangreicher wäre als die des Staates, in einer eher vormodernen Perspektive wahrgenommen worden. Jene Größe bevorzugte rassische oder kulturelle Faktoren, seien sie nach Kondylis reale oder imaginäre gewesen, auf Kosten des materiellen und sozialen Charakters. Daher sind sowohl ihre ökonomische Basis als auch ihre institutionelle Organisation vernachlässigt (ebd.: 28). Die Nation wurde demnach nicht innerhalb von modernen Institutionen rationalisiert, sondern konstituierte die Achse der neugriechischen Ideologie, dem „neugriechischen Mythos" selbst, d.h. dem Hellenozentrismus (ebd.: 30). In diesem Kontext hat der patriarchale, vormoderne Nationalismus den bürgerlichen, modernen Nationalismus absorbiert und sich ideologisch durchgesetzt. Dieses Ereignis war für Kondylis in den spezifischen neugriechischen Verhältnissen unvermeidbar, da nur jener Nationalismus in seiner Unklarheit nach außen hin die heterogene Kräfte des inneren Feldes vereinen konnte (ebd.: 31). Nach Kondylis sollten zwei historische Phasen des Hellenozentrismus unterschieden werden: Die erste Phase war symbolisch auf das antike Griechenland gerichtet, sodass seine klassisch-humanistischen Ideale eine wesentliche Öffnung zur Aufklärung bewahrt hielten. In der zweiten Phase wiederum begrenzten seine patriarchalische Umdeutung und seine Kopplung an christlich-orthodoxe Ideale die radikalen Aspekte seiner Anfänge. Dies hat schließlich zum „hellenochristlichen

Hybrid" geführt und dadurch zur „Konstruktion der historischen Kontinuität der griechischen Nation" (ebd.: 32–35).

Der Hellenozentrismus bietet für Kondylis einen „fast vollständigen Index der neugriechischen Ideologie" (ebd.: 37), da er ein polymorphes Netz von Ideen und soziopolitischen Ansprüchen beherbergt, das vom Autoritarismus bis zum moralischen Protest gegen den entfremdenden Materialismus der modernen Welt reicht. In jedem Fall idealisierte der Hellenozentrismus ein volkstümliches Subjekt, das die historische Zeit durchquerte, als ob er sich innerhalb einer autarken und sicheren Arche befinden würde. Gleichzeitig übernahm er aber seine Idee und seine Hauptmotive sowohl aus den Slawophilen wie auch aus dem breiteren europäischen Raum des 18. und 19. Jahrhunderts (ebd.: 14f, 36f). Das moderne Griechenland war von Anfang an vom modernen Europa abhängig, sowohl materiell als auch politisch. Ähnlich blieb es auch im ideologischen Feld, im Feld der Vorstellungen über sich selbst und über die Umwelt, festgelegt, sei es bewusst oder nicht, auf eine passive, mimetische Widerspiegelung von mächtigeren symbolischen Welten.

Es ist hier von Bedeutung, die Eigenart der Einstellung Kondylis' zu erwähnen. Denn, obwohl er Kritik an dem ausübt, was er als illusorisches Konzept der kulturellen Eigenartigkeit wahrnimmt, und außerdem erklärt, dass alles, was er schreibt, „weder Satire, noch Anklage, sondern bloß Beschreibung" sei (ebd.: 45), ist es doch ebenso klar, dass er die ungeeigneten Prismen, die das neugriechische Selbstbild vermitteln, zu entfernen versucht. Diese Geste der Entfernung vollzieht sich, um die Treue zu dem wiederherzustellen, das bereits zu Beginn seines Textes als „unmittelbare existentielle und erfahrungsmäßige Bezüge" jener Anschauungen und Vorstellungen bezeichnet wird, die imstande sind, die „individuellen und kollektiven menschlichen Situationen" ins Leben zu rufen. Aus der Konzentration jener Situationen sollten durch Abstraktion die soziologischen Kategorien, die Typologien, die Begrifflichkeit selbst, hervorkommen (ebd.: 11). Kondylis notiert diesen Gedanken, um dann zu behaupten, dass keine Gegebenheit der neugriechischen Wirklichkeit imstande ist, zu einem Verständnis der bürgerlichen Kultur zu führen. Denn in keinem Moment wurde und ist jene Wirklichkeit von der bürgerlichen Klasse und den entsprechenden Mentalitäten und Vorstellungen geprägt. Was zunächst besagen will, dass Kondylis über das bürgerliche Phänomen nur in dem Maße sprechen zu können beansprucht, weil für ihn die „neugriechische Wirklichkeit" nicht bindend ist; weil er, mit anderen Worten, andere existentielle und erfahrungsmäßige Bezüge, d.h. bürgerliche, für sich selbst beanspruchen kann. Nichtsdestotrotz gilt das Gleiche auch für die neugriechische Wirklichkeit selbst, deren Zugang mit den gleichen Kriterien, also durch die „unmittelbaren Bezüge", verbunden ist. Und es ist kaum möglich, die scharfe Polemik Kondylis' an den „hellenozentrischen Floskeln" und der „kollektiven Schizophrenie" (ebd.:

44) zu lesen, in der das gleiche medizinische Vokabular anklingen wird, dem wir wieder bei der *Logik der Paranoia* von Ramfos (2011) begegnen werden, ohne daran zu denken, dass es sich hier um mehr handelt als um „bloße Beschreibung". Dieses Mehr, das die Beschreibung durchzieht, ist genau in jenen „unmittelbaren existentiellen und erfahrungsmäßigen Bezügen" angedeutet, die den Fundamenten des theoretischen Gebäudes zugrunde liegen.

Es sind Kondylis' Bezüge auf eine moderne „Enthellenisierung", die mit der Konsumgesellschaft in Verbindung zu bringen sei, auf das drückende Problem der nationalen Identität, auf die massendemokratischen Entschärfung aller ideologischen Umrisse und schließlich auf die „Gleichgültigkeit der neugriechischen Ideologie gegenüber" (Kondylis 1991: 46) – es ist all das, was auf seine spezifische „existenzielle" Orientierung hinweist. Die historischen und politischen Bedingungen dieser Bezüge sind zunächst in den Merkmalen der bürgerlichen Lebensweise sowie auch einer „kraftvollen und zugleich aufgeklärten Despotie", die gemäß Kondylis eine entscheidende historisch-politische Rolle zu spielen hätte, angedeutet. Da aber das Feld, die „individuelle und kollektive menschliche Situation", kein reines außer-griechisches und außer-territoriales Feld sein kann, sodass es nur negativ und durch sein Gegenteil definiert werden soll, wo und wie widerhallt jene Situation im Inneren der neugriechischen Wirklichkeit selbst? Welcher, mit anderen Worten, ist der Ort jenes Mangels, jener Leere, der außer-griechischen und außer-territorialen, innerhalb der neugriechischen Wirklichkeit? In welcher individuellen und kollektiven Situation realisiert sie sich und wird sichtbar? Welche ist schließlich die Herkunft der Sprache von Kondylis selbst innerhalb der neugriechischen Beschaffenheit, die seiner Anschauung gemäß zur bürgerlichen und modernen von Grund aus fremd bleibt; woher spricht er uns an?

Zum Ende seines Textes spricht Kondylis über eine Krise, die zuerst die „fundamentalen Ideologeme, auf die eine Nation ihr Selbstbewusstsein gestützt hat", beschädigte (ebd.: 45). Indem er einerseits auf die Auflösung der einheimischen vormodernen Ideologien und andererseits auf die globale Verflüssigung der modernen Ideologien, der normativen Konzepte und der kollektiven Identitäten verweist, will er darauf hinaus, dass das moderne Griechenland die Phase seiner Modernität irgendwie übersprungen hat und direkt zu einer „einheimischen Massendemokratie", zu einer neugriechischen Variation der Postmoderne als eines fröhlichen Nihilismus übergegangen sei. Die Kulturrevolution und die hedonistischen Werte der Spontaneität oder der Selbstverwirklichung, die jene mit sich brachte, sind mit den „uralten und allzu bekannten einheimischen Angewohnheiten der geistigen Trägheit" (ebd.: 46f) vermischt worden, wodurch das kulturell und politisch Eigene in anderer Form innerhalb der neuen historischen Gegebenheiten überleben konnte. Es ist diese Stelle, an der mit Kondylis die Krise als „Krise aller fundamentaler

Gegebenheiten des griechischen nationalen Lebens" (ebd.: 47) zugespitzt und vollendet wurde. Dann wird, seiner Ansicht nach, die Nation materiell verkauft, und
zugleich wird sie auf geistiger Ebene vollkommen steril. Daher eröffnen sich hier
zwei mögliche Haltungen: Entweder spürt man den Schmerz eines heimatlosen
und meteorischen Menschen ohne nationale Wurzeln; oder man denkt, dass gerade
heute die Welt seine Heimat ist, und dass sodann all jene historische Umwälzun-
gen eigentlich unwichtig sind, da „die Nahrung, die ein Ort einem nicht geben
kann, doch ein anderer Ort ihm zu gewährleisten vermag" (ebd.). Jenseits dieser
persönlichen Wahl jedoch ist der Rechtsspruch der Geschichte klar: Der letzte
Satz des Textes betrifft eine neugriechische Postmoderne, die zu einer abseitigen
historischen Existenz verurteilt ist. D.h., wie wir am Anfang dieses Kapitels sahen,
zum Abschluss des neugriechischen Kreises.

Einige Seiten früher bezog sich Kondylis auf das einzige Terrain, auf dem seiner
Meinung nach die hellenozentrische Ideologie tatsächlich zu Wichtigem gekommen ist, nämlich die Dichtung (ebd.: 38). Da sich die Dichtung per definitionem
aus dem Mythischen und Irrationalen speise, konnte „Griechenland" innerhalb der
Dichtung zu einer idealen Konzentration von ethischen und ästhetischen Werten
emporgehoben werden, für die keine historische Verifizierung notwendig war.
Anders stand es in der Prosa, wo eine Struktur der Erfahrung der historischen
Zeit anzutreffen ist, die den modernen Gegebenheiten näher liegt. Eine bereits bekannte These über die Atrophie des neugriechischen Romans wiederholend, fügt
Kondylis dann eine Beschreibung der typischen Helden jener Gattung hinzu. Es
geht um Individuen aus den mittleren Schichten, die meistens unter dem Druck
von unerfüllten Träumen und trügerischen Erwartungen innerhalb enger und trau-
riger Verhältnisse ein Schicksal des Scheiterns haben. Auch diejenigen Individuen,
fügt er hinzu, die es für einen kurzen Moment schaffen, aufzusteigen, indem sie
kompensatorische Machtphantasien verwirklichen, „gehen als Meteoren vorbei,
ohne ein ausgewogenes Werk als Kristallisierung einer ausgewogenen Persön-
lichkeit hervorzubringen, und nur zerstreute Erinnerungen, zerstreute Lieben und
zerstreuten Hass" hinterlassen (ebd.: 39). In einer solchen Umwelt kann der Bourgeois mit seiner disziplinierten Lebensweise und den langfristigen Zielen, mit dem
Gleichgewicht zwischen Gefühl und Pflicht, geistiger Kultivierung und materiel-
lem Reichtum, Patriotismus und Kosmopolitismus, nur allzu natürlich eine Rand-
erscheinung sein (ebd.: 39). Doch diese bürgerliche Beschaffenheit kann man auch
anders wahrnehmen: Auch er, der Bourgeois, teilt, dem fast komischen Eindruck
zum Trotz, den er mit der perfekten Ordnung und Harmonie seiner Existenz in
einer Umwelt hinterlässt, worin alles jenseits jedes Gleichgewichts schwebt – auch
er teilt also schließlich das gleiche Schicksal des Deplatzierten. Es ist die gleiche
neugriechische Beschaffenheit, die er, der Bourgeois, somit durch seine Art und

Weise wiederholt; es ist die gleiche träumerische Logik und, unvermeidbar, das gleiche historische und soziale Scheitern, dem er schließlich anheimfällt.

Das ist ein uns bekanntes Konzept der Ausnahme: Menschen, die als Meteoren die historische Zeit durchqueren, Körper, die blitzartig auftauchen, bevor sie wieder im Aufruhr eines exzessiven Abbruchs der kalkulierten Beziehung mit der Zeit und den Dingen verschwinden. Doch innerhalb dieser weitverbreiteten Zerstreuung, dieser Zerrissenheit der Gestalt wie Axelos bereits schrieb, gerade dort könnte man den paradoxen symbolischen Kern des modernen Griechenlands erblicken. Wenn man z.B. berücksichtigt, dass die neugriechische Dichtung keine paradiesische Phase hatte, wie Leontaris anmerkt, und dass sein Nationaldichter, nämlich Dionysios Solomos, bereits in der Geburtsstunde der neugriechischen Dichtung ihr Sündenfall zugleich war (Leontaris 2001: 18f); dass es sich bei ihrem anfänglichen Paradigma mit anderen Worten um die einsame Verschwendung eines Enterbten handelt, der keinen symbolischen Rahmen hat, um sich selbst zu platzieren (Chatzis 2005: 251ff, 307ff, 351ff); wenn man selbst im Kanon der neugriechischen Literatur und des symbolischen Universums, das er wiedergibt, nichts anderes als eine Regel wahrnimmt, die aus lauter Ausnahmen besteht, eine sprachliche Sequenz aus Menschen „im konstanten Ausnahmezustand"[6] – dann ist er imstande, im Schwebezustand der „verblassten Spätgekommenen", wie Nietzsche sie bezeichnet (Nietzsche 1988a: 303), seine eigenen „unmittelbaren existentiellen und erfahrungsmäßigen Bezüge" sowie den Charakter des neugriechischen historischen Feldes anzuerkennen. Es ist, als ob ein gewisser neugriechischer Kreis sich nicht erst in der zweiten Hälfte des 20. Jahrhunderts schließt, wie es jene Denker betrachten, mit denen ich mich hier auseinandersetze, sondern paradoxerweise bereits von Anbeginn des neugriechischen Staates selbst. Der Kreis war von Anfang an abgeschlossen; es ist eher so zu sehen, dass dieser Kreis bereits mit seinem eigenen Abschluss anfing. Dies bringt die Struktur einer Geschichtlichkeit zum Vorschein, die sich auf die inhärente symbolische Dynamik eines Abschlusses bezieht, der paradoxerweise als initiativer Moment vorhanden war. Jener Kreis enthüllt mithin eine Möglichkeit, die innerhalb des Scheiterns, als ein Horizont der Unendlichkeit inmitten der Erfahrung der radikalsten Endlichkeit, eröffnet wird. Eine symbolisch ursprüngliche Enttäuschung, die die Erben erneut und anders, aus dem Nichts, wieder ins Leben ruft, ist das, was man hier zu denken berufen ist. Eine gewisse gegenwärtige Erfahrung wird gerade hier angekündigt, eine Erfah-

---

6   Die erste Formulierung stammt vom zeitgenössischen Essayisten und Dichter Eugenios Aranitsis, für die zweite siehe Leontaris 2001: 23. Aber auch im kritischen Werk von Seferis trifft man öfters eine solche Sensibilität für die dezentrierte Herkunft der neugriechischen Literatur.

rung der „Jetztzeit", worin die „Zeit des Endes", Vergangenheit und Zukunft „zu einer untrennbaren Konstellation zusammendrängt und verwandelt" (Agamben 2006: 68, 75, 88). Gerade diese Wahrheit haben die Philosophen versäumt anzuerkennen, dennoch wurde sie von den Literaten bereits seit der Geburtsstunde des modernen Griechenlands festgehalten.

Aus einem solchen Blickwinkel klingen jene Worte aus Kondylis' noch unveröffentlichtem Nachlass, gemäß derer „das moderne Griechenland […] ein Pissoir (ist,) das aus Philhellenen auf den Trümmern eines antiken Tempels gebaut worden ist", sowie auch ähnliche Formulierungen, die man, überraschenderweise oder nicht, bei Castoriadis treffen kann, in gänzlich anderem Licht (Papagiannopoulos 2014). Das moderne Griechenland wird als eine immense Infektion wahrgenommen, an der entweder Philhellenen oder Neuhellenen schuld sind. Aber was bei diesen drei Denkern sowie bei noch einem weiteren, wie wir gleich sehen werden, aus „hygienischen" Gründen verstoßen und ersetzt wird, ist nicht nur das unerträglich Vertraute, die Unreinheit der neugriechischen Gegenwart; es ist auch der Zustand der Schwebe, die ursprünglich das tiefere symbolische Feld des modernen Griechenlands bestimmte. Es ist also nicht nur die Gegenwart, die hier verraten wird, sondern die Vergangenheit ebenso – die wirkliche Vergangenheit eines Gedächtnisses, das nicht ein Fundament, sondern die Abwesenheit jedes möglichen Fundaments, die gründende neugriechische „Zerrissenheit" (Axelos 2012: 24), heraufbeschwört. Die Vergessenheit oder die Ablehnung der Kluft, in der sich die Vergangenheit an uns richtet und uns zur historischen Verantwortung ruft, nimmt dann die gefälschte Form eines anderen „Gedächtnisses" und ebenso einer vermeintlichen Treue zum Gegenwart, an. Es ist innerhalb dieser amnestischen Mneme und dieser trügerischen Kraft der Gegenwart, worin das moderne Griechenland als „enthellenisiert" erscheint, jenes Fundamentes also beraubt, das es wirklich und wirklich „griechisch" werden lasse. Was aber die Entfremdung von einem autarken politischen und kulturellen Selbst verursacht, ist nicht immer die Herrschaft des anderen oder die eigene Trägheit, also die toxischen Verwandlungen einer selbstgefälligen Mythologie. Manchmal ist es auch der abgründige Kern einer historischen Subjektivität, die gerade in ihrem ursprünglichen Mangel und ihrer ontologischen Schwebe wahr und zeitgenössisch ist. Die Polemik gegen diesen schwachen Kern, der definitionsmäßig in suspenso ist und der gerade in seiner unkontrollierten Schwäche bedrohlich und monströs wird, wird dann zu jenem spezifischen Ausdruck, den die Feindschaft gegen die Geschichtlichkeit des Selbst annimmt. Und ihre entmythisierende Rhetorik erscheint dann als ihrerseits einer gewalttätigen remythisierenden Logik inhärent, die die Absicht der Historisierung widerruft. Man muss dann die gesamte Konzeption eines Gedächtnisses als Treue zu einem vermeintlich reinen und autarken symbolischen Selbst, zu einem begrabenen und doch mächtigen „Zentrum", das ein Ohnmächtiger erfindet, der sich selber hasst, umdrehen. Dann wird vielleicht die Möglichkeit eines anderen historischen Subjekts in der scheinbaren Untreue und Vergessenheit, im dezentrierten Gang und schließlich in der Unreinheit und der Krankheit, mit denen das moderne Griechenland identisch zu sein scheint, sichtbar.

Hier ist nun eine mögliche Antwort auf die Frage nach den „unmittelbaren existentiellen und erfahrungsmäßigen Bezüge(n)" sowie nach der „individuellen und kollektiven menschlichen Situation", die der Konzeption von Kondylis unauffällig zugrunde liegen, zu geben: Es sind der gleiche Rand und die gleiche Schwebe, die er selbst in den Helden der neugriechischen Literatur sieht. Es sind jenes Ende, jene Enttäuschung und jener symbolische Zusammenbruch, die nicht als historischer Abschluss, sondern als das gründende Ereignis des modernen Griechenlands gelten. In dieser Hinsicht ist das ganze Werk von Kondylis, sein ganzer Versuch durch dieses Werk eine vollständige Gestalt zu konstruieren, eine polemische Wendung seines unmittelbaren existenziellen Bezuges, ein theoretisches Zauberwort, das die gebrochene und enterbte Herkunft der neugriechischen Beschaffenheit zu konfrontieren suchte. Der Gegner war aber kein äußerer und er vergiftete das Selbst nicht im Nachhinein; sondern er war dieses Selbst selbst, in seiner ursprünglichen Nacktheit. Wenn ferner Axelos in seiner Suche nach einem „Zentrum" dem Hellenozentrismus trotz seines Willens nahekommt, dann ist das Gleiche auch für Kondylis in der Rhetorik einer „Enthellenisierung" und in seiner Abscheu dem modernen Griechenland gegenüber wahr. Keiner von beiden konnte die Entfremdung, die das moderne Griechenland durchzieht, nicht nur als Verlust und Niedergang, sondern auch im gleichen Moment als die Quelle des Sinns seiner Geschichte erkennen. So blieben beide im Sicherheitsabstand zum Verständnis dieser Geschichte und ihr Werk blieb ihr gegenüber eher fremd und feindlich. So merkwürdig es auch klingen mag, erblickten doch die wichtigsten neugriechischen Denker in der Überwindung der neugriechischen Beschaffenheit selbst das, was die Geste ihres Denkens ausmachte und zugleich eine Brücke Griechenlands sowohl zur Geschichte und ihrer Gegenwart als auch zu einem lebensfähigen symbolischen Terrain ermöglichte. In dem waren sich alle einig, unabhängig von der spezifischen philosophischen Tradition, die jeder verfolgte, und ihren manchmal asymptotischen Perspektiven, unabhängig davon, ob sie symbolisch dem modernen Europa zugewandt waren, wie diejenigen, von denen hier die Rede ist, oder eher einem Teilgebiet der griechischen kulturellen Vergangenheit, also irgendeiner Variante des Hellenozentrismus. Somit konnte niemand zu dem Schluss kommen, dass das, worum es auf der symbolischen Ebene geht, nicht das Aufhören, ein neugriechisches Subjekt zu sein, ist, sondern eher, endlich ein solches zu werden.

4   Zum neugriechischen Nihilismus – Stelios Ramfos. Und darüber hinaus.

Die Verwandlungen der Narrative über ein pathologisches, neugriechisches Subjekt haben ihre jüngste und am meisten verarbeitete Version im Werk von Stelios Ramfos gefunden. Hier werde ich mich vor allem auf jene Motive begrenzen, die den roten Faden der Texte von 1954, 1991 und 2011 kennzeichnen.

Das anfängliche Problem ist auch für Ramfos ein neugriechisches Defizit an Geschichtlichkeit. Es ist, genauer gesagt, eine „sture Ahistorizität" (Ramfos 2011: 202), die dem modernen Griechenland von seinem mittelalterlichen symbolischen Substrat vermacht wurde. Ein Substrat, das die griechische Gesellschaft während der letzten zwei Jahrhunderte in einer historischen Sackgasse festhielt (Ramfos 2012: 11). Eine „Hermeneutik der griechischen Kultur" sei notwendig, um die Gründe als auch die Phänomenologie der historischen Schwebe einer Gesellschaft aufzuzeigen, die als „Fremdling in die Modernität" eintrat (Ramfos 2010: 14, 17) und dabei Schwierigkeiten hat, „sich dem Rhythmus der Welt anzupassen" (Ramfos 2011: 24). Hier ist wieder die uns bereits vertraute Idee eines Zwischenraumes, in dem das moderne Griechenland gefangen bleibt, erkennbar. In diesem Feld treffen sich für Ramfos zwei unterschiedliche Arten des Nihilismus: auf der einen Seite der „seelische Nihilismus der asketischen Ablehnung der Welt", der zu einer konformistischen Transzendenz führte, die sich gegen die lebendige Erfahrung behauptete; und auf der anderen Seite der voluntaristische Nihilismus der Neuzeit (Ramfos 2010: 462). Für Ramfos kann ein solcher nihilistischer Zwischenraum nicht als Vakuum wirken, der die Starrheit von beiden symbolischen Systemen unterminieren und zugleich Brücken zwischen ihnen ermöglichen kann. Im Gegenteil, der nihilistische Zwischenraum wirkt wie ein Sediment, das auf der Ebene des Psychologischen die jeweiligen Formen der Starrheit bestärkt und jede Perspektive einer synthetischen, symbolischen Erschaffung neutralisiert (ebd.: 450f). Ist aber der Boden einer solchen Erschaffung ein Mittelbereich, fern von jeder Grenze der Dinge, wie Ramfos es sieht (Ramfos 2011: 99), oder ist er im Gegenteil jener gefährliche Grenzbereich, wo die Ökonomie des Sinnes zusammenbricht, der nihilistische „Interim-Zustand" und die Kunst der Totenbeschwörung, die dort gedeiht (Nietzsche 1988b: 142, 206)?

Ramfos hat Recht, an einen „neugriechischen Nihilismus" zu denken und die neugriechische Beschaffenheit konstitutiv mit einer bestimmten Version des Nihilismus in Verbindung zu bringen. Bei der Untersuchung der „Geburtsmomente des modernen Griechenland" (Ramfos 2010: 11), die er unternimmt, hätte er vielleicht den „Riss der Dialektik" und die Abwesenheit eines paradiesischen Fundaments getroffen. Er hätte sogar die Gedanken Nietzsches über einen „vollkommenen Nihilismus" oder die Gedanken Agambens, in Anlehnung an Benjamin, über einen „messianischen Nihilismus" ebenfalls für sich in Anspruch nehmen können.[7] Denn diese hätten die Perspektive einer politischen Theologie, die innerhalb der neugriechischen historischen Erfahrung auftaucht, in den „unmittelbaren existentiellen und erfahrungsmäßigen Bezügen" jener „individuellen und kollektiven menschlichen Situation", dort also, worin von Spannungen gesättigte Konstellationen sich als Monaden kristallisieren, auf eine andere Weise beleuchten können (Benjamin 1991a: 702f). Aber entgegen der Logik einer solchen dekonstruktiven Geste zielt Ramfos auf das genaue Gegenteil: auf die Verknüpfung einer „Immanenz im tieferen Selbst" mit einer „Versöhnung mit der modernen Welt" (Ramfos 2011: 18, 83). D.h. auf eine „Mitwirkung des Gefühls mit den materiellen Fakten" (ebd.: 47), sodass die mythische Unterschicht einer herkömmlichen kulturellen Identität sich innerhalb der „Forderung der Gegenwart" fortsetzen könnte, dadurch, dass sie die Teilnahme am Netz einer globalen Kommunikation beanspruchen kann (ebd.: 87). Infolgedessen plädiert er dafür, dass die Identität nicht zermalmt wird und sich nicht in einer innerlichen Schwebe befinden soll (ebd.: 339). Auch hier ist nochmals die gleiche Angst eines identitären Schwebezustandes, die, in ihrer Umkehr oder negativ, die philosophische Geste trägt und die nichtsdestotrotz die unerträgliche „Geburtsstunde des modernen Griechenlands" in sich birgt, ersichtlich. So wie Kondylis sein Denken nicht einfach ans Ende des griechischen Kreises stellt, sondern vielmehr jenen Kreis als von Anfang an zum historischen und geistigen Scheitern verurteilt betrachtet, so geht auch Ramfos nicht bloß von einer nackten Gegenwart aus, die als „Ende der großen Mythen des modernen Griechenlands" definiert wird, sondern er denkt den griechischen Kreis insgesamt als ein „krankes Hybrid" (ebd.: 70).

Unter diesen tieferen Voraussetzungen schwankt die an sich kritische Forderung eines freien Verhältnisses zur Vergangenheit, der ihre Idolatrie ersetzen sollte (ebd.: 202), zwischen zwei Polen: einerseits die bloße Verlängerung der Vergangenheit in neuer Form, d.h. der Form der Rettung einer „Identität" oder eines „Selbsts" von der inhärenten Bodenlosigkeit der Geschichte; und andererseits eine „vitale Abschaffung" jener Vergangenheit, wenn Ramfos zum Beispiel schreibt, dass er selbst ein „Mensch ohne Vergangenheit" sei (ebd.: 96f). Entsprechend schwankt auch das Verständnis der Zukunft, da sie im Rahmen einer passiven Anerkennung dessen auftaucht, „wohin die Dinge sich bewegen" (ebd.: 68), während sie gleichzeitig als eine Geste aufgefasst wird, die die Zeit und das Selbst gestaltet (ebd.:

---

7   Siehe Nietzsche 1988e: 476 (10[43]), Nietzsche 1988f: 70 (11[149]), 190 (11[411]), Agamben 2002: 64, Moses 2009: 145ff; Benjamins Essay zu Kafka und der damit verbundene Briefwechsel mit Scholem ist, in diesem Kontext, von besonderem Interesse.

304, 341f). Die Zukunft „fügt Mythos zu den Dingen hinzu, ohne sie zu ändern" (Ramfos 2012: 26), was nichts anderes heißt, als dass sie mit Sinn die „blinde Macht der Facta" (Nietzsche 1988a: 311), die „Strömung der Zeit" (Ramfos 2011: 87) selbst, versieht, und nicht ihre Umbildung gegen den Strich der Zeit.

Als Konsequenz findet die „neue Symbolik", die Ramfos sucht (ebd.: 56), bei der herrschenden Rolle der mächtigen Staaten auf der geschichtlichen Bühne ihr Vorbild, sei es, dass sich diese Rolle auf Formen der materiellen, der militärischen oder der ökonomischen Macht oder auf Errungenschaften auf der Ebene der Kultur und der Wissenschaft bezieht (ebd.: 85f). Ein weiteres Mal ist das Zentrum und die planetarische Geschichte, über die sowohl Axelos als auch Kondylis sprachen, zu erkennen. Der Primat der Zwecke gegenüber den Mitteln (ebd.: 104f) sowie auch die Berufung auf das, was jenseits des bloßen Überlebens liegt (ebd.: 204f), weisen hier auf nichts anderes als auf den Traum einer souveränen Identität hin (ebd.: 114, 341f), die den neugriechischen Mangel an Identität abdecken (ebd.: 89, 106, 191) und ihre Scherben wieder zusammenkleben soll (ebd.: 179). Wenn dann Ramfos darin Recht hat, das neuralgische Problem einer Spaltung, die die neugriechische Gesellschaft durchquert, zu unterstreichen (ebd.: 375), so kann trotzdem die Gerechtigkeit, im Lichte derer der Anspruch auf eine gewisse Einheit auftaucht, nicht auf die Idee eines Universalismus, der alles Partielle absorbieren würde, zurückgeführt werden (ebd.: 379f). Denn diese Idee ist keine andere als die der Herrschaft. Ein Denken des Fragments im Gegenteil, wofür das Zentrum (die Regel) sich gerade am Rande befindet (in der Ausnahme), unsichtbar, dezentriert, außer sich, wäre vielleicht imstande, eine Gerechtigkeit und eine Einheit aufzuweisen, die im außer-territorialen Feld der neugriechischen historischen Erfahrung und nicht in ihrer Verneinung wurzeln würden. Ferner wäre dieses Denken etwas anderes als ein Euphemismus für eine funktionelle Regierung in Zeiten des Ausnahmezustands.

Die Texte, die auf den vorherigen Seiten vorgestellt wurden, weisen alle, jeder auf seine eigene Art, auf verwandte Motive einer historisch-philosophischen neugriechischen Selbstkritik hin. Wir erkennen, dass nach ihren Verfassern das moderne Griechenland seit seinem Ursprung in einer mythischen, illusionären Gegenwart gefangen ist und daher an einem Mangel an Geschichtlichkeit leidet. Gleichzeitig weisen sie auf eine andere historische Subjektivität hin, die den für sie problematischen neugriechischen Horizont transzendieren würde, unabhängig davon, ob sie nun jene Subjektivität für möglich halten, so wie Ramfos, oder eher für unmöglich, so wie Kondylis. Jenseits der Richtigkeit des deskriptiven Aspekts ihrer Texte, ergibt sich ein doppeltes Problem, das einerseits das philosophische Verständnis des historisch-politischen Subjekts im allgemeinen und andererseits das antithetische historische Konzept des modernen Griechenlands und modernen Europas anbelangt, zu dem jenes Verständnis notwendigerweise führt. Zunächst führt kein Weg, wie wir bereits sahen, von der neugriechischen Erfahrung zu jenem historisch-politischen Subjekt, das sie als wirklich ansehen. In Wahrheit war der privilegierte Gegner nicht der Hellenozentrismus in seinen zahlreichen Variationen, der solche unterschiedliche philosophische Mentalitäten in einem gemeinsamen Narrativ über das moderne Griechenland verbinden konnten, sondern die symbolische Nacktheit des neugriechischen Feldes. Zweitens weisen, von jeder persönlichen oder biographischen Dimension unabhängig, jene spezifisch neugriechischen Genealogien auf ein Problem im Kern der Philosophie jener Denker hin. Aus jeweils unterschiedlichen Gründen kann man hier die politische und symbolische Nacktheit, die man mit dem Begriff der Krise verbindet, nicht als Feld einer Dialektik, eines historischen Überganges, einer neuen Möglichkeit der Sinngebung des gemeinsamen Lebens, die in sich die Erfahrung eines initiativen Mangels bewahren würde, betrachten. Die theoretischen Wurzeln dieses Sachverhalts betreffen tiefere Merkmale ihres Denkens, die unter anderem von ihrer Anschauung des historischen Subjekts geprägt sind. Unter diesen philosophischen Voraussetzungen bleibt die neugriechische Beschaffenheit unreflektiert und fruchtlos, während die Versuche, sie zu verstehen, zwar partielle Aspekte beleuchten, aber gleichzeitig ihre Tiefenebene verdunkeln –jene, die in der unnahbaren Nähe des exzessiv Vertrauten besteht. Wenn der teleskopische Blick der Texte, die wir hier sahen, imaginäre Auffassungen von Griechenland festhält, könnte sich ein mikroskopischer Blick, der weniger Abscheu für die nahen Dinge hätte, vielleicht (genauer: er würde passiv entscheiden) radikaler zur Aporie des Ursprungs und zur Fundamentlosigkeit stellen. Das wäre eine Pflicht des Denkens und des Gedächtnisses, während es zugleich die Möglichkeit einer Geschichtlichkeit und einer politischen Subjektivität eröffnen würde, die gemeinsam in den Tiefen der heutigen griechischen Krise eingeschrieben sind. Das Denken des Fragments bei Axelos; die Analytik der Macht bei Kondylis, die mit einem „weltanschaulichen Vakuum" und einer „nackten Existenz" verbunden sind, all das, das keinen Moment aufhört die Assoziation eines bestimmten Ausnahmezustands zu evozieren (Kondylis 1984); die Sorge von Ramfos schließlich, ein lebendiges hermeneutisches Verhältnis zur Tradition herzustellen, indem man zuerst die Gegenwart als solche wahrnimmt (ebd.: 15); alle diese wertvollen Komponenten könnten dann in einer neuen Perspektive adaptiert werden. Um aufzuzeigen, dass das, wovon das moderne Griechenland in seinem zerstreuten Gedächtnis und seiner symbolischen Leere lebt, die „Gemeinschaft ohne Gemeinschaft" der Letzten, der Einzigen ist.[8]

---

8   Neben dem Gedicht von Karyotakis siehe auch Chimonas 1987: 16, 38, 60, 71, Derrida/Bennington 1994: 201, Derrida 2002: 74-79, Nancy 2007, Blanchot 2007.

Es ist ebenso eine Zeit, die das väterliche Haus in seinen Grundfesten erschüttert und einen in der Schwebe glänzenden Ursprung dort wieder heraufbeschwört, wo alles zu Ende geht (Karyotakis 1988: 85; Chimonas 1987: 74f).

Zwei Perspektiven sind dieser Möglichkeit inhärent. Die erste betrifft das interne Feld. Zu Recht schreibt Dimitris Dimitriadis, dass „wir leben nach dem Tod der Dinge selbst, die wir weiterhin für lebendig halten, während sie seit langem bereits gestorben sind. Wir verwechseln das Tote mit dem Lebendigen und diese unredliche Verwechslung erlaubt es dem Tod als Leben zu herrschen. Dinge, die wir bestattet und begraben hätten müssen, lassen wir somit uns in ihren Särgen gefangen halten". Das ist ein historischer „Nullpunkt", wo die unterschwellige Leere der vorangegangen Periode an die Oberfläche kommt und das Problem des Gedächtnisses und des Erbes von vornherein als Problem einer Erschaffung erscheinen. Durch die Befreiung von Götzenbildern der Identität, einer Befreiung, die paradoxerweise eine spektrale Wirklichkeit des Zwischenraumes, einer ontologischen und historischen Schwelle öffnen könnte, würde der Bruch zur Bedingung einer neuartigen Erinnerung, und das Verschwinden zur Bedingung einer neuartigen Erscheinung werden (Dimitriadis 2005a: 16ff, 51f, 78ff). Aber es ist ebenso wesentlich, dass diese Aneignung des Griechischen als eines Anderen und Fremden, die durch die unmögliche Abdeckung eines ursprünglichen Mangels oder der Leere als eine dunkle und unsichere Erfahrung der geistigen Erbschaft vollzogen wird, nicht nur die vermeintlich ungebrochene Kontinuität des Hellenismus entmythisiert.[9] Sondern sie entmythisiert ebenso jene anderen Konzepte, die in einem imaginären Bild des modernen Europas ein ebenso idealisiertes Griechenland, „westliches" und zugleich „griechisches", Gefangener somit eines doppelten historischen Mythos, widerspiegelten. Die Verwechslung von Lebendigem und Totem, wovon Dimitriadis spricht, betrifft also ebenso die Vorstellungen über das moderne Europa und seinen „Realismus" oder „Pragmatismus", in denen man den Standpunkt für eine philosophische Kritik am modernen Griechenland suchte. Während diese Kritik eine gesunde Andersheit der vermeintlich inhärenten neugriechischen Pathologie gegenüber für sich beanspruchte, reproduzierte sie in Wirklichkeit bloß in anderer Weise die gleiche neugriechische Verdrängung der Geschichtlichkeit – eine Verdrängung, die nun in der „schlechten Mythologie" einer europäischen Geschichte und einer Politik, die eher als „Lebens-Abschluss und Abrechnung" zu sehen wären, verdoppelt ist (Nietzsche 1988a: 257, 290). Sie ist also ebenso Teil der gleichen endogenen Verlegenheit und ihrer Projektionen. Was hier somit ver-

---

9   Zum Thema einer „Aneignung des Griechischen als Anderen" siehe Dimitriadis 2005b. Zum Thema der Erfahrung des Erbes siehe Derrida 2005a, 2005b, Derrida/ Roudinesco 2006.

loren geht, ist nicht nur die Möglichkeit einer wahrhaften Erbschaft, einer untreuen Treue, um nochmals mit Derrida zu sprechen, zur Vergangenheit, sondern ebenso die Möglichkeit einer Rezeption und einer Koordination mit dem modernen Europa. Jede symbolische und existenzielle Brücke ist hier eigentlich von vornherein abgebrochen.

An diesem Punkt wird die zweite Dimension der symbolischen Möglichkeit der Krise, jene, die das äußere Feld betrifft, sichtbar. Denn die Enttäuschungen der Idealisierung der modernen westlichen Welt und besonders Europas, jenes, das für den Griechen die angenehme Rolle eines narzisstischen Spiegelns spielte, ist jetzt aufgerufen, eine andere europäische Moderne, eine ebenso verneinte, aufzuzeigen. Jene, die allerschwierigste, die Hölderlin im „freien Gebrauch des Eigenen" verortete, dort wo das Erbe zu spät ankommt und ein Kind es empfängt, ohne zu wissen, wie es jenes nennen soll (Hölderlin 1992a: 288f, 1992b: 531). Das gleiche moderne Erbe, das Nietzsche, wie ein anderes Kind „verlaufen", zu spät und gleichzeitig zu früh, „im Abseits, im Außerhalb", in jenem zweischneidigen Gebiet, wo Zentrum und Rand einer Epoche zusammenfallen und die Müdigkeit das Zeichen einer „unerprobten Kraft" und einer historischen und psychischen Dynamik zugleich ist, empfängt (Nietzsche 1988c: 480, 1988d: 496f). Paradoxerweise wäre das heutige Griechenland, abseits des „königlichen Weges der Universalgeschichte", auf der immer zweideutigen Höhe der Zeit, dieser Moderne, einer radikalen, tieferen Moderne, die das moderne Griechenland gerade in seinen gründenden symbolischen Akten begegnet, ein paradigmatisches Subjekt.

5 Exkurs: Das Zentrum, die Grenze – die unmerkliche Gegenwart.

Während ich diese Arbeit zu Ende schrieb, kam es dazu, dass ich zusammen mit einem neuen Freund aus Iran das Museum islamischer Kunst in Athen besuchte. Es war nicht mein erster Besuch dort, im Gegenteil: Ich gehe oft dorthin, ungefähr so wie man einen schönen Garten besucht, um sich dort auszuruhen, aber auch um seine schönen Blumen zu betrachten. Ich glaubte daher, dass ich das Museum gut genug kannte.

Während der restaurativen Arbeit, die das neuklassische Gebäude aus den Anfängen des 20. Jahrhunderts, auf den Straßen Agion Asomaton 22 und Dipylou 12, im Zentrum von Athen, im Jahr 1996 zu einem Museum umwandelte, wurden auf der Ebene der Fundamente des Gebäudes ein Teil der antiken Mauer sowie auch antike Gräber gefunden. So kann heute der Besuch des Museums in seinem Keller beginnen, bei den Fundamenten, um dann schrittweise die vier Stockwerke hinauf zu gelangen, wo die wunderbaren islamischen Sammlungen ausgestellt sind. Als ich mit meinem iranischen Freund die Tafeln las, die den Besucher über die Exponate informieren, bemerkte ich, dass er aufgeregt war. Es ist eine junge Freundschaft, die gerade im Umfeld eines Kongresses entstanden war, und das einzige, was ich über ihn wusste, war, dass er in einer Universität in London islamische Philosophie unterrichtet, und auch noch, dass er sich gut mit der antiken griechischen Philosophie auskennt. „Die Athener Mauer", sagte er zu mir, „ist meine Begegnung mit Isokrates", mit demjenigen also, der die Einheit aller Griechen zum gemeinsamen Kampf gegen die Perser befürwortete. In diesem Augenblick erweckten seine Worte in mir eine Reihe von Assoziationen. Es wurde mir zum ersten Mal bewusst, dass wir uns auf einer antiken Schwelle befanden und zwar auf der Grenzziehung einer Verteidigungslinie. Gleichzeitig wurde mir bewusst, dass wir uns gemeinsam auf dieser gleichen Linie befanden, unterhalb von vier Stockwerken eines kulturellen Gedächtnisses, das mit einer idealtypischen Version eines „Eindringlings" direkt verbunden ist. Dass wir uns darüber hinaus an einem Ort aufhielten, der zum Benaki-Museum gehört, das gemäß seiner offiziellen Seite der Erzählung der diachronen Geschichte Griechenlands gewidmet ist. In jenem Moment, an dieser unmerklichen Stelle, in der das fremde Gedächtnis im Inneren des Eigenen beherbergt ist, erschien mir der Topos des Zentrums als Grab und offene Grenze zugleich, als ob es kein anderes Zentrum gäbe als nur dieses. Innerhalb dieser Schwelle führte mich ein freundschaftlicher, aber ebenso unbekannter Fremder ins Gedächtnis des Ortes ein. So flog der Gedanke als Meteor über mich, dass ich mich für einen kurzen Moment im Feld eines ursprünglichen Ereignisses befand, worin eine Scherbe vom paradoxen Leben des modernen Griechenlands flüchtig aufleuchtete.

Literatur

Agamben, G. 2006. *Die Zeit, die bleibt. Ein Kommentar zum Römerbrief.* Frankfurt a. M.: Suhrkamp.

Agamben, G. 2002. *Homo sacer: die souveräne Macht und das nackte Leben.* Frankfurt a. M.: Suhrkamp.

Axelos, K. 2012. *Das Schicksal des modernen Griechenland. Lettre International,* 98, Herbst 2012, S. 24–28.

Axelos, K. 2010. *Das Schicksal des modernen Griechenland.* Athen: Nefeli. (gr.).

Axelos, K. 1996. *In Richtung eines planetarisches Denkens.* Athen: Hestia. (gr.).

Benjamin, W. 1991a. Über den Begriff der Geschichte, in: *Gesammelte Schriften,* Bd. I.2, Frankfurt a. M.: Suhrkamp, S. 693–704.

Benjamin, W. 1991b. Eduard Fuchs, der Sammler und der Historiker, in: *Gesammelte Schriften,* Bd. II.2, Frankfurt a. M.: Suhrkamp, S. 465–505.

Benjamin, Walter 1991c. Das Passagen-Werk, in: *Gesammelte Schriften,* Bd. V.1, Frankfurt am M.: Suhrkamp, S. 1–654.

Blanchot, M. 2007. *Die uneingestehbare Gemeinschaft.* Berlin: Matthes & Seitz.

Chatzis, D. 2005. Die Fragmentierung des Werkes von Solomos, in: *Die Gestalt des modernen Griechenlands. Vorträge und Essays.* Athen: To Rodakio, S. 251–272, (gr.).

Chimonas, G. 1987. *Die schwermütige Wiedergeburt.* Athen: Ypsilon. (gr.).

Derrida, J. 2005a. *Marx' Gespenster: Der verschuldete Staat, die Trauerarbeit und die neue Internationale.* Frankfurt a. M.: Suhrkamp.

Derrida, J. 2005b. *Leben ist Überleben.* Wien: Passagen.

Derrida, J. 2002. *Politik der Freundschaft.* Frankfurt a. M.: Suhrkamp.

Derrida, J./Bennington, G. 1994. *Jacques Derrida.* Frankfurt a. M.: Suhrkamp.

Derrida, J./Roudinesco, E. 2006. *Woraus wird Morgen gemacht sein? Ein Dialog.* Stuttgart: Klett-Cotta.

Dimitriadis, D. 2005a. *Der Übergang zum anderen Ufer.* Athen: Agra. (gr.).

Dimitriadis, D. 2005b. *Wir und die Griechen.* Athen: Agra. (gr.).

Foucault, Michel 1996. Warum ich die Macht untersuche. Die Frage des Subjekts, in: Foucault, M./Seitter, W.: *Das Spektrum der Genealogie.* Bodenheim: Philo, S. 14–28.

Hölderlin, F. 1992a. Brot und Wein, in: *Sämtliche Werke und Briefe,* Bd. 1, S. 285–291. Frankfurt a. M.: Deutscher Klassiker Verlag.

Hölderlin, F. 1992b. Brief an C.U. von Böhlendorff (04.12.1801), in: *Sämtliche Werke und Briefe,* Bd. 3. Frankfurt a. M.: Deutscher Klassiker Verlag, S. 459–460.

Karyotakis, K. 1988. Ode zu einem kleinen Kind, in: *Gedichte.* Athen: Hermes, S. 84–85, (gr.).

Kondylis, P. 2011. *Die Ursachen des Niedergangs des modernen Griechenlands. Die Kachexie des Bürgerlichen in der neugriechischen Gesellschaft und Ideologie.* Athen: Themelio (gr.).

Kondylis, P. 1992a. *Planetarische Politik nach dem kalten Krieg.* Athen: Themelio (gr.).

Kondylis, P. 1992b. *Planetarische Politik nach dem kalten Krieg.* Berlin: Akademie.

Kondylis, P. 1991a. *Der Niedergang der bürgerlichen Kultur. Vom modernen zum postmodernen Zeitalter und von der liberalen Demokratie zur Massendemokratie.* Athen: Themelio (gr.).

Kondylis, P. 1991b. *Der Niedergang der bürgerlichen Denk- und Lebensform: Die liberale Moderne und die massendemokratische Postmoderne.* Weinheim: Acta humaniora.

Kondylis, P. 1984. *Macht und Entscheidung. Die Herausbildung der Weltbilder und die Wertfrage*. Stuttgart: Klett-Cotta.

Leontaris, V. 2001. *Texte zur Dichtung*. Athen: Nefeli (gr.).

Lorentzatos, Z. 1994. Das verlorene Zentrum, in: *Essays*, Bd. 1. Athen: Domos, S. 339–419, (gr.).

Moses, S. 2009. *The angel of history: Rosenzweig, Benjamin, Scholem*. Stanford: Stanford University Press.

Nancy, J.-L. 2007. *Die herausgeforderte Gemeinschaft*. Berlin/Zürich: diaphanes.

Nancy, J.-L. 1988. *Die undarstellbare Gemeinschaft*. Stuttgart: Patricia Schwarz.

Nietzsche, F. 1988a. Unzeitgemäße Betrachtungen, in: *Sämtliche Werke*, KSA, Bd. 1. München/Berlin/New York.: DTV/Walter de Gruyter.

Nietzsche, F. 1988b. Menschliches, Allzumenschliches, in: *Sämtliche Werke*, KSA, Bd. 2, München/Berlin/New York: DTV/Walter de Gruyter.

Nietzsche, F. 1988c. Die fröhliche Wissenschaft, in: *Sämtliche Werke*, Bd. 5, KSA, München/Berlin/New York: DTV/Walter de Gruyter.

Nietzsche, F. 1988d. Nachgelassene Fragmente 1884-1885, in: *Sämtliche Werke*, KSA, Bd. 11, München/Berlin/New York: DTV/Walter de Gruyter.

Nietzsche, F. 1988e. Nachgelassene Fragmente 1885-1887, in: *Sämtliche Werke*, KSA, Bd. 12, München/Berlin/New York: DTV/Walter de Gruyter.

Nietzsche, F. 1988f. Nachgelassene Fragmente 1887-1889, in: *Sämtliche Werke*, KSA, Bd. 13, München/Berlin/New York: DTV/Walter de Gruyter.

Papagiannopoulos, I. 2014. „Zu früh, zu spät, heute". Die neugriechische politische Zeit und Christos Vakalopoulos, in: *Frear*, 8 (07/08), S. 452–472, (gr.).

Ramfos, S. 2012. *Time out. Zum griechischen Zeitgefühl*. Athen: Armos, (gr.).

Ramfos, S. 2011. *Die Logik der Paranoia*. Athen: Armos, (gr.).

Ramfos, S. 2010. *Das undenkbare Nichts. Philokalische Wurzeln des neugriechischen Nihilismus*. Athen: Armos, (gr.).

Rancière, J. 2006. *Die Aufteilung des Sinnlichen. Die Politik der Kunst und ihre Paradoxien*. Berlin: b_books.

Seferis, G. 1985. Stratis der Seemann zwischen den Schmucklilien, in: *Gedichte*. Athen: Ikaros, S. 196, (gr.).

Das Staats- und Krisenverständnis der orthodoxen Kirche Griechenlands

Lazaros Miliopoulos

1   Einleitung

Wie alle bedeutsamen Entwicklungen und Veränderungen in Griechenland – und zu dieser gehört die 2009 ausgebrochene ökonomische, politische und gesellschaftliche Krise zweifelsohne – gibt es eine Rückkopplung mit einem Phänomen, welches als „das innere Problem Griechenlands, das geistige Problem" (Papagiannopoulos 1999b: 30) bezeichnet werden kann. Der innere Konflikt besteht darin, „einerseits Teil der modernen Welt sein zu wollen oder zu müssen, und andererseits nicht ohne solche Elemente leben zu können, die in der Vergangenheit ein lebendiges Selbstbewusstsein und einen Sinn gestaltet haben" (ebd.).

Vor diesem Hintergrund kann gesagt werden, dass, je ernsthafter das Land in der jüngsten Geschichte Krisen anheimfiel, desto stärker diese mit der Gefahr verbunden waren, dass ein Griechenland charakterisierendes und eigentlich nicht auflösbares Spannungsverhältnis zwischen „Ost" und „West" (ebd.: 27, 30, Hahn 2006: 84) pauschal als Verursacher der jeweiligen Probleme des Landes „verantwortlich gemacht" wurde – ob von Seiten kompromissloser „Westler" und „Modernisierer" einerseits oder „Antiwestler" und Ultrakonservativen andererseits.

Angesichts der Heftigkeit und Dauerhaftigkeit der gegenwärtigen Krise ist das Land vor diesem Hintergrund aufs Neue mit der Gefahr einer sich dogmatisierenden Ost-West-Spaltung konfrontiert. Einerseits verschärft die Krise die Einschätzung, eine Anpassung nicht nur der institutionellen und ökonomischen, sondern auch der kulturellen Strukturen an die Standards des Westens noch weiter und energischer vorantreiben zu müssen, andererseits führt sie zu einer gegenbildlichen Einstellung, jegliche Anpassung an „westliche" Kulturmuster nicht nur als illusionäres, sondern gar zutiefst „fremdartiges" Unterfangen kritisieren zu müssen. Dabei werden fleißig Mythen der einen wie der anderen Seite reproduziert.

Dies lässt sich gerade am Beispiel des Verhältnisses von Religion und Politik in Griechenland aufzeigen, denn die starke orthodox-religiöse Prägung der Gesellschaft und eine vermeintlich damit einhergehende besondere Spezifität des Verhältnisses von Religion und Politik in Griechenland ist ein zentraler Bezugspunkt der ganzen griechischen Ost-West-Debatte. Damit ist die Relevanz des Themas angesprochen, das im vorliegenden Beitrag untersucht werden soll: Das Staats- und Krisenverständnis der orthodoxen Kirche von Griechenland und die Frage der sich darin äußernden Spezifität eines politisch-kulturellen Standorts wie Selbstbewusstseins Griechenlands.

Um sich diesbezüglich ein Bild zu verschaffen, muss zunächst das Staat-Kirche-Verhältnis in der Orthodoxie allgemein skizziert werden. Auf dieser Grundlage wird im vorliegenden Beitrag danach gefragt, inwieweit die byzantinische *symphonia*-Tradition (vgl. 2.1) mit dem Aufkommen staatskirchlicher Elemente in der Geschichte und dem politischen System Griechenlands überhaupt kompatibel ist (vgl. 2.2). Davon unterschieden werden die „nationalpolitische" Bedeutung der Orthodoxie in der griechischen Gesellschaft und ein daraus resultierendes, spezifisch staatspolitisches Verständnis in Geschichte und Gegenwart (vgl. 2.3).

Auf dieser Folie kann eine untergründig staatspolitische Dimension des griechisch-orthodoxen Krisendiskurses freigelegt werden. Das Neue dabei ist, dass sich in den Stellungnahmen der Kirche z.T. eine bemerkenswerte nationale Selbstkritik wiederspiegelt (vgl. 3.1). Der geführte Diskurs wird aber auch mit einer sozialpolitischen, vor allen Dingen aber geistigen Fundamentalkritik der gegenwärtigen gesellschaftspolitischen und kulturellen Zustände sowohl in Europa als auch in Griechenland verknüpft: Die sozialpolitische Positionierung ist dabei mit einer starken Zunahme des diakonischen Engagements verbunden (vgl. 3.2).

Der geistig-politische Diskurs ist ansonsten von einem starken Bedrohungs- und Notstandsgefühl gekennzeichnet und schwankt dabei zwischen zwei Botschaften hin und her: Einerseits wird die Fundamentalkritik am Zustand der gegenwärtigen gesellschaftlichen Kultur Griechenlands und des Westens mit einer Rhetorik der Hoffnung verknüpft (die Krise als Chance zur *metanoia* und „Umkehr"), andererseits gewinnen die Aussagen einen pessimistischen bis apokalyptischen Charakter (vgl. 3.3). Daran schließen auch unterschiedliche Vorstellungen davon an, ob eine „Verwestlichung" Griechenlands zur Krise im Land wesentlich beigetragen hat oder nicht (Kap. 3.4). Die Befunde in Kapitel 2 und 3 können am Ende in ihrer Bedeutung für die Frage des Umgangs mit dem hier anfänglich angesprochenen „inneren Konflikt" Griechenlands in der Zeit der Krise einerseits und dem daraus

vielleicht resultierenden Potential für das „Europa der Krise" andererseits einge-
ordnet und gewürdigt werden (Kap. 4).

2   Staatsverständnis der Orthodoxie allgemein und der orthodoxen Kirche Griechenlands im Besonderen[1]

2.1   Symphonieprinzip und byzantinische Tradition in historisch-theologischer Perspektive

Während das Papsttum nach der Erosion des Kaisertums in der Westhälfte des
Römischen Reiches zunehmend auf machtpolitische Weise an die im christlichen
Testament verwurzelte (Mt. 22, 21) und augustinisch ausbuchstabierte *Dissozi-
ierung* von Politik und Religion anknüpfte („Pippinische Schenkung") und sich
in der Phase der „päpstlichen Revolution" zwischen Früh- und Hochmittelalter
als eine autonome Macht festigte – obgleich sie sich mit ihren hierokratischen
Zielen am Ende *nicht* durchsetzen konnte[2] (Roth 2011: 344–609, 790) –, behielt
in der Osthälfte des Reiches der *Kaiser* „das Heft in der Hand" (Meier 2008: 111).
Dabei wurde das Zwei-Welten-Prinzip mit dem in der Sechsten Novelle Justinians
festgelegten byzantinischen Prinzip der *symphonia* und dem verwandten Begriff
synallelia des Zweiten Konzils von Nikaia verknüpft, bei gleichzeitig starker und
langfristig gefestigter Machtstellung des oströmischen Kaisers (Nikolaou 2002,
Meier 2008: 116, Pinggéra 2011: 202, Roth 2011: 355f).

Das Prinzip besagt, dass sich Kirche und Staat gegenseitig durchdringen, ohne
jedoch ihr Wesen zu vermischen oder zu verändern. Der Dualismus im Sinne der
Existenz zweier unabhängiger und voneinander getrennter Gewalten wird genauso
abgelehnt wie der Monismus (Nikolaou 2005: 45–60). Der Staat wird zugleich als
indirekte, zeitlich und räumlich begrenzte Schöpfung Gottes ernstgenommen, in
ihm also eine metaphysische Wurzel deutlich gemacht, die sich nur graduell von
der Kirche als direkte Schöpfung Gottes unterscheidet (Wittig 1987: 65). Staat und
Kirche mit je eigenen Aufgabenbereichen stehen so immer in Gemeinschaft und

---

1   Die Kapitel 2.1 und 2.2 sind in weiten Teilen der Habilitationsschrift des Verfassers
     entnommen (Miliopoulos 2015: 119–123 und 188–192).

2   An ur- und frühchristliche Quellen angeknüpft indes wurde nur, solange die Ent-
     wicklung nicht auf eine Hierokratie, sondern auf einen Dualismus zielte – Stichworte:
     „Gott, was Gottes ist" und „Mein Reich ist nicht von dieser Welt", Rücknahmebefehl
     und Bußaufforderung des Mailänder Bischofs Ambrosius gegenüber Kaiser Theodo-
     sius im Jahr 390 sowie Zwei-Gewalten-Lehre von Papst Gelasius I. gegenüber Kaiser
     Anastasios I. im Jahre 494.

Verbindung zueinander (Giannopoulos 1996) und sind aufeinander angewiesen (Wittig 1987: 55, 67). Dies bedeutet im Grunde, dass der Staat immer auch verpflichtet ist, zum Schutz des Glaubens beizutragen und in diesem Sinne auch im kirchlichen Bereich „mitzuwirken" (Potz/Synek 2007: 156).

Konkret machte sich dies im Byzantinischen Reich daran fest, dass der Kaiser die Konzile einberief, und deren Entscheidungen verkündigte und durchsetzte – „freilich zunächst [...] ohne sich in spezifisch dogmatische Fragen einzumischen" (Meier 2008: 110). Die besondere Position der Kaiser zeigte sich zudem an der Teilnahme an Bischofswahlen und in der Praxis, „dass der Kaiser [...] am Altar kommunizierte, oder dass seine Krönung in der östlichen Theologiegeschichte immer wieder als Sakrament angesehen wurde" (Bremer 2008: 249), er infolgedessen sogar als „den Aposteln gleich" (*isapostolos*) galt (Mavrogordatos 2003: 123).

Zeitweise wurde das Prinzip auch so angewandt, dass dem Kaiser die oberste Definitionsmacht in theologischen Fragen zugestanden wurde und er in die Kirchen hineinregierte (Maier 2009: 129). In Russland wurde gar „eine politische Theologie entwickelt, die dem Zaren den Platz des Gottgesandten einräumte" (Kostjuk 2005: 362), was allerdings mit der Tradition der *symphonia* eigentlich im Konflikt lag. Denn in byzantinischer Tradition entscheidend war eher, dass die Kaiser trotz ihrer Vorrechte stets „in hohem Maße auf die Zusammenarbeit mit den Patriarchen angewiesen waren", zumal letztere die Möglichkeit besaßen, „die Massen zu mobilisieren", und damit „gefährliche Situationen" heraufzubeschwören und sich gegen kaiserliche Übergriffe zu wehren (Meier 2008: 111 und 203). Im Übrigen scheint der Begriff des Cäsaropapismus diesem ebenfalls nicht gerecht zu werden (Meier 2008: 111f).[3]

Freilich bleibt festzuhalten, dass der Kaiser oft in kirchliche Angelegenheiten eingriff (Besetzung von Bischofsstühlen und Patriarchaten und Verfügungen wie z.B. Leons III. des Isauriers gegen die Bilderverehrung 726 und 730 u.v.a.) und Mittel der Zwangsbekehrung anwandte (Verbot von Götzenbildern unter Theodosius, Tempelumwandlungen und Pflicht zur Heidentaufe unter Justinian). Diese Eingriffe sind von kirchlicher Seite zwar oft hingenommen, aber als solche nie „kanonisch oder gesetzlich anerkannt worden" (Wittig 1987: 72).

Andererseits gilt es im Lichte der orthodoxen Vorstellung von der *theosis* als am besten, wenn der Staat bereit ist, sich von der christlichen Wahrheit auch „durchdringen" zu lassen (Meier 2008: 171f). Ausgangspunkt dabei ist die Auffassung des Staates als „das gottgewollte Mittel gegen die Sünde" (Wittig 1987: 66). Dem-

---

3   Zum Begriff des Cäsaropapismus muss ergänzt werden, dass er auch nach Max Weber „historisch in ganz reiner Form streng genommen nicht nachweisbar ist" (Weber 1972: 690).

nach ist es dessen Kernaufgabe, Frieden, Wohlfahrt und das Recht unter Menschen weitgehend „wiederherzustellen", indem er „gegen Chaos und Anarchie" kämpfen muss, was beides als Folge der „durch die Sünde gestörten Gemeinschaft unter den Menschen" angesehen wird (Wittig 1987: 65).

Die Kirche ihrerseits sieht sich in dieser Perspektive auch als „Fundament", insoweit auch mehr als ein „moralisches Ressort" des Staates. Sie fordert ihren Anteil wenn also nicht an der Regierung, so doch an der symbolischen Repräsentation im Staate, denn die Kirche symbolisiere die Wahrheit, dass alle Macht, auch die des Staates, von Gott ausgehe. Die entscheidende Frage im säkularen Kontext dabei ist, wie weit die gegenseitige Durchdringung gehen darf, ohne dass das Prinzip der *symphonia* durch dasjenige eines auch aus orthodoxer Perspektive *ebenfalls* hochproblematischen Monismus substituiert wird.

2.2   Staatskirchliche Elemente in der Orthodoxie und ihre rechtliche Bedeutung im heutigen Griechenland

In historischer Perspektive sollte indes nicht übersehen werden, dass das alte Symphonieprinzip sich weder in Griechenland bzw. Südosteuropa (seit den osmanischen Eroberungen) noch in Russland (seit Peter dem Großen) überhaupt kontinuierlich hatte weiterentwickeln können. Problematische Entwicklungen der Staat-Kirche-Beziehungen in der Moderne, wie sie so auch in Griechenland im 19. und 20. Jahrhundert zum Vorschein gekommen waren, sind demnach weniger auf das alte *symphonia*-Prinzip zurückzuführen, sondern vielmehr auf die Funktionslogik des islamisch-osmanischen Millet-Systems einerseits und des neuzeitlichen Nationalismus andererseits (Suttner 2007: 181–184, Potz/Synek 2007: 125–150).

„Von Grund auf" hat sich die Rolle der orthodoxen Kirchen also erst mit der Eroberung des Byzantinischen Reiches durch die mohammedanischen Türken geändert (Rinvolucri 1967: 184). Durch die Vielzahl kriegerischer Grenzerfahrungen mit der osmanischen Fremdherrschaft wurden „ethnarchische" Traditionen begründet (Barker 2009: 112–142). Die Entwicklung führte so „nicht nur zur Entstehung von ‚Kirchennationen' in Ostmittel- und Südosteuropa [...], sondern übertrug auf die kirchlichen Amtsträger eine besondere Verantwortung für das orthodoxe Volk und damit auch für die jeweiligen nationalen Interessen [...], was auch noch in der zweiten Hälfte des 20. Jh. zu institutionellen kirchlich-politischen Verflechtungen führte" (Potz/Synek 2007: 157).

Die meisten neuen Nationalstaaten im 19. Jahrhundert verkörperten dabei ein eigentümliches System, „in dem byzantinische Traditionen mit den Elementen westlichen Staatskirchentums verbunden wurden" (ebd.). Das Symphonieprinzip, das unter diesen neuen Umständen reaktiviert und mit dem Nationalismus verbunden wurde, war jetzt mit nur jeweils *einer*, zudem privilegierten und nationalsymbolisch aufgeladenen Kirche verknüpft. Daraus resultierte auch die Beeinträchtigung der Glaubens- und Gewissensfreiheit Andersgläubiger. Das Aufkommen des Nationalgedankens hatte zudem scharfe Konfliktlinien *quer* durch die Orthodoxie befördert (Bremer 2000). Das griechisch geprägte Patriarchat von Konstantinopel zerfiel im Zuge dieser Entwicklungen in eine Anzahl kleiner, autokephal-nationalgesinnter Kirchen, bis hin zur Aufspaltung zwischen einer Kirche von Griechenland und dem Patriarchat selbst (mit der Folge übrigens, dass die „Eparchate" in Nordgriechenland, die erst im 20. Jahrhundert von den Osmanen befreit wurden, noch heute der Jurisdiktionsgewalt des Ökumenischen Patriarchats unterliegen).

Da als einziges der südosteuropäischen Länder Griechenland vom Kommunismus weitgehend verschont blieb, ist dies nach 1990 zugleich das einzige Land, in dem sich das System aus dem 19. Jahrhundert bis heute in zentralen Grundzügen erhalten hat. In den ehemals kommunistischen orthodox geprägten Ländern sind – zumindest im Staatsrecht – nationalreligiöse, semi- oder quasi-staatskirchliche Modelle kaum mehr vorzufinden – trotz aller religiösen Renaissance und „Vitalität der Ethnoreligion" nach 1990 (Martin 2007: 111).

Bezogen auf Griechenland bleibt insoweit festzuhalten, dass das dortige Verfassungssystem ein Produkt des 19. Jahrhunderts ist und daher mit dem ursprünglichen Symphonieprinzip weniger gemein hat als mit der ethnarchischen Tradition aus osmanischer Zeit und – als Frucht der Beeinflussung durch die westliche Aufklärung und den Nationalismus – eines für die Orthodoxie an sich völlig untypischen, eigentlich „modern" und „säkular" motivierten Staatskirchentums aus der Zeit der absolutistischen Wittelsbacher Monarchie 1832 und der konstitutionellen Monarchie von 1844 (Karagiannis 2009: 149f, 156).

Die entsprechenden Kirchenordnungen von 1833 (im Jahre der Ausrufung der „Autokephalie" der griechischen Kirche) und 1852 gaben dem Kirchenminister unter anderem das Recht, die Erlaubnis für Weihen zu erteilen, Klöster aufzuheben und aktiv an Bischofswahlen mitzuwirken (Wittig 1987: 82f, 113f, Aliprantis 2006: 165f). Noch in den (kurzlebigen) kirchenrechtlichen Grundordnungen von 1923 und 1943, nach denen ein synodales System eingeführt wurde, in welchem erstmals die ganze Hierarchie vertreten war und wonach die „Synode der Hierarchie" als höchste kirchliche Behörde und die Ständige Synode mit zwölf Mitgliedern als ihre Vertreterin fungierte, bestand die Verpflichtung, einen Staatskommissaren einzuladen, auch wenn dieser keine Stimme hatte und die in der Synode gefassten Beschlüsse auch dann gültig waren, wenn der Kommissar nicht erschien. Zudem mussten bei Bischofswahlen Kandidatenlisten der Synode vom Ministerium abgesegnet werden.

In der Kirchenordnung der Militärdiktatur von 1969 wurde – wie bereits in einer Ausnahmesituation 1938 unter der Diktatur von Ioánnis Metaxas (1936–1941) – dem Minister sogar wieder selbst das Vorschlagsrecht bei Bischofswahlen zugetragen. Erst mit der bis heute geltenden Kirchenordnung von 1977 müssen bei Bischofswahlen dem Religionsminister keine Kandidatenlisten mehr vorgelegt werden. Nur bei der Wahl des Erzbischofs von Athen, welcher der Heiligen Synode automatisch vorsteht, muss der Minister geladen sein und „soll über die Korrektheit der Wahl wachen" (Wittig 1987: 106). Die Kirche hat jedoch seit 1977 die Möglichkeit, die Kirchenspitze in voller Eigenständigkeit zu wählen – was zum ersten Mal 1998 erfolgte und die griechische Kirche auch zu einem stärker eigenständigen „politischen" Faktor gemacht hat (Karagiannis 2009: 158)

Ein eigenständiges Kirchenrecht in dem Sinne, dass die Kirche selbst über dessen Abänderung bestimmen kann (Karagiannis 2009: 150), besteht hingegen bis heute nicht. Die Staatsabhängigkeit der Kirche zeigt sich zudem daran, dass der Kirchenbesitz in mehreren Schüben seit Gründung des neugriechischen Staates in einem Umfang bis zu 96 % verstaatlicht wurde (vor allem unter der sozialistischen PASOK-Regierung in den achtziger Jahren) und die Geistlichen im Gegenzug ein (relativ geringes) staatliches Gehalt als Kompensation beziehen (Karagiannis 2009: 151, 161). Der Besitz, welcher der Kirche ansonsten heute noch verblieben ist, wird im Übrigen nicht nur völlig dezentral administriert (von ca. 6700 kirchlich-öffentlich-rechtlichen Einzelkörperschaften), sondern ist titelrechtlich teilweise grundsätzlich anfechtbar vor dem Hintergrund, dass in Griechenland immer noch kein geregeltes Katasterwesen existiert (Karagiannis 2009: 151).

Ansonsten enthält das griechische Recht weniger „staatskirchliche" denn „nationalreligiöse" Elemente, die aus der „ethnarchischen" Tradition der Kirche heraus zu erklären sind und in einem orthodoxen Land verfassungstheoretisch zwangsläufig mit dem Symphonieprinzip verkoppelt werden. Dies zeigt sich deutlich in Artikel 3 der heute geltenden Verfassung mit folgendem Wortlaut:

> „Herrschende Religion in Griechenland ist diejenige der Orthodoxen Ostkirche Christi. Die Orthodoxe Kirche Griechenlands, die unseren Herrn Jesus Christus als Haupt anerkennt, ist bezüglich des Dogmas untrennbar mit der Großen Kirche Konstantinopels sowie jeder anderen Kirche gleichen Bekenntnisses verbunden und bewahrt unverrückbar, wie jene, die heiligen apostolischen und die von den Konzilien aufgestellten Kanones sowie die heiligen Überlieferungen."

Dies ähnelt einerseits den staatskirchlichen Formulierungen in mehreren skandinavischen Verfassungen (Norwegen, Dänemark, Island), weist andererseits einen weniger staatskirchlichen und eben mehr nationalreligiösen Bezug auf, worauf die

Formulierung „vorherrschende Religion" verweist (statt „öffentliche Religion des Staates" wie im norwegischen, „durch Gesetz geregelte Volkskirche" wie im dänischen oder „Staatskirche" wie im isländischen Fall).

Daneben existiert als weitere Besonderheit das traditionelle Verbot der Anwerbung Andersgläubiger in Artikel 13 II 3 („Proselytismus ist verboten"). Allerdings muss betont werden, dass das griechische Verbot inzwischen durch die europäische Rechtsprechung (EGMR-Entscheidung *Kokkinakis vs. Griechenland* vom 25.05.1993, Appl. 14307/88) mit den Grundsätzen der Religionsfreiheit, wie sie ebenfalls in der griechischen Verfassung festgeschrieben sind, derart in Vereinbarung gebracht worden ist, dass im Grunde kein Spannungsverhältnis mehr zum Prinzip der individuellen Religionsfreiheit nach liberalem Vorbild besteht (Kyriazopoulos 2001). Der „Proselytismus" wird demnach beschränkt auf missbräuchliche Formen der Glaubenswerbung und Missionierung, wozu die „Bestechung und falsche Darstellung anderer Konfessionen", aber nicht die Diskussion „in üblicher Form über Glaubensfragen mit dem Ziel des Versuchs der Überzeugung des Anderen" gehört (Vachek 2000: 209f).

Insgesamt hat der europäische Integrationsprozess auch auf einfach gesetzlicher Ebene zu einer starken Nivellierung in Griechenland beigetragen, die im konfessionell relativ homogenen Land (mit über 95 % Anteil orthodoxer Gläubiger) keineswegs unumstritten ist. Im Zuge des Schengen-Abkommens wurde beispielsweise – gegen den Protest der griechischen Kirche und eines großen Teils der griechischen Bevölkerung – die Angabe des Religionsbekenntnisses in den Reisepässen gestrichen (Makrides 2005). Die Zivilehe wurde erst Anfang der achtziger Jahre als gleichwertige Alternative zur kirchlichen Trauung eingeführt und ist bis heute nicht obligatorisch (Papastathis 2005: 145). Die Verpflichtung von Zeugen, ihre Religion anzugeben, um eine eidesstattliche Erklärung vor Gericht abgeben zu können, muss nach einem Urteil des EGMR (Dimitras vs. Griechenland vom 03.06.2010, Az. 42837/06) abgeändert werden. Die Unmöglichkeit auf kirchliche Totenbeerdigungen zu verzichten und das Verbot von Totenverbrennungen stehen unter starkem Druck, zudem – im Rahmen der Finanzkrise – die Steuerbefreiung der Religionsgemeinschaften in Bezug auf einen Teil ihrer Einkünfte. Vorstöße humanistischer Vereinigungen, den staatlichen Religionsunterricht abzuschaffen, Ehevollzüge gleichgeschlechtlicher Partner durch die Bürgermeister zu ermöglichen, Vetorechte der örtlichen Bischöfe beim Bau jedweder Gebäude mit dem Ziel der religiösen Nutzung zu beseitigen und die Besoldung von Kirchenfunktionären mit Staatsmitteln zeitlich zu beschränken, führen immer wieder zu heftigen Auseinandersetzungen in Griechenland (Mavrogordatos 2003: 121f, Antoniou 2007: 169). Ein Rubikon wäre zweifelsfrei überschritten, wenn der Status der Mönchsrepublik Athos ernsthaft in Frage gestellt werden sollte, wie dies nach einer (unverbindlichen) Resolution des Europäischen Parlaments mit knapper Mehrheit am 14. Januar 2003 geschah und ein Erdbeben im gesamten orthodoxen Kulturraum auslöste.

2.3 Die nationale Bedeutung der Orthodoxie und die daraus resultierende staatspolitische Rolle der Kirche in Griechenland

Insgesamt ist zu beachten, dass die Stellung der Kirche in Griechenland nicht nur eine besondere staatsrechtliche, sondern auch *nationale* Bedeutung hat. Dass der orthodoxe Glaube unter osmanischer Fremdherrschaft die einzige Stütze des *sprachlich-kulturellen* Griechentums bildete (Rinvolucri 1967: 185), verlieh ihm ein sehr hohes Maß an nationaler Reputation in der griechischen Gesellschaft, die noch heute maßgeblich für die politische Kultur Griechenlands ist und mit dazu beiträgt, dass die Orthodoxie in Griechenland als „populare Religion" bezeichnet werden kann (Kokosalakis 1986). Der nationale Befreiungskampf wird in der nationalen Erinnerung mit schillernden Helden- wie Märtyrergestalten aus der Geistlichkeit in Verbindung gebracht, vor allem mit dem Metropoliten Germanos von Patras (1771–1826), der 1821 die Fahne des Befreiungskampfes im Kloster *Agia Lavra* gesegnet und damit den Befreiungskampf eröffnet haben soll und mit dem Konstantinopler Patriarchen Gregorius V., der in Reaktion auf den Beginn des griechischen Befreiungskampfes am Ostersonntag 1821 von den osmanischen Machthabern öffentlich gehängt wurde (Rinvolucri 1967: 186). Die *politische* Bedeutung der Kirche liegt also in ihrer Relevanz für die nationale Identität des Landes.

Die ihr damit *staatspolitisch* zugeschriebene Rolle als „Wächterin der Nation" sollte die Kirche vor allem 1938–1949 noch einmal ausfüllen, als die seinerzeitigen Erzbischöfe von Athen Chrysanthos (1938–1941) und Damaskinos (1941–1949) sich als Hauptträger des geistigen und nationalen Widerstandes profilierten: Chrysanthos, der dem „nationalgesinnt"-konservativen Lager angehörte und als solcher in der Metaxas-Diktatur (1936–1941) auf Grundlage eines ad hoc eingeführten Gesetzes zur Wiedereinrichtung einer von der Regierung autonom ernannten Bischofswahlsynode gegen den republikanisch gesinnten Damaskinos durchgesetzt wurde, beging den symbolisch hochbedeutsamen Akt, der ersten Regierung unter deutscher Besatzung, gebildet von General Georgios Tsolakoglou, den Amtseid zu verweigern, was zur Absetzung von Chrysanthos durch die Regierung Tsolakoglou führte.

Chrysanthos wurde durch Damaskinos ersetzt. Dieser sah die Vereidigung der Regierung als notwendiges Übel an und war mit seiner Einsetzung durch die Besatzungsregierung einverstanden, um Schaden von der Kirche und Gesellschaft abzuwenden. Er gilt dennoch als Symbolfigur des Widerstandes, da er mit Aufkommen der großen Hungerkatastrophe 1941/42 nicht nur ein Netzwerk zur Versorgung der leidenden Bevölkerung aufbaute („Nationale Organisation Christlicher Solidarität"), sondern sich im weiteren Verlauf der deutschen Besatzung rasch zur Leitfigur des nicht-kommunistischen Widerstandes sowie zum energischen Fürsprecher der seit 1943 verfolgten Juden und Zigeuner entwickelte, in der schwierigen Übergangszeit von 1944 bis 1946 die Regierungsgeschäfte im befreiten Griechenland übernahm und im Verlaufe des Bürgerkrieges 1946–1949 eine antikommunistische Linie vertrat, womit zugleich die Wahrung der territorialen Integrität Griechenlands verbunden war (Karagiannis 2009: 154).

Erst nachdem die Kirche, verschreckt und enttäuscht von einem krisengeschüttelten Parlamentarismus in Griechenland 1949–1967, den Militärmachthabern der Junta 1967–74, zumindest zu Beginn, „mit einem vorsichtigen Wohlwollen" entgegentrat, bot sie die Voraussetzungen ihrer relativen politischen Entwertung seit 1974 (Tzermias 1997: 201). Dennoch bleibt sie bis heute eine zentrale Instanz, der weiterhin eine, wenn nicht ausschlaggebende (Makrides 2012: 200), so doch gewichtige politische Autorität zugestanden wird. In politischer Hinsicht kann die griechische Orthodoxie insofern nicht nur als „populare", sondern muss ungebrochen auch als „zivile Religion" bezeichnet werden: „An beinahe jedem kleineren oder größeren religiösen Fest auf nationaler so gut wie auf lokaler Ebene nehmen Politiker, Staatsbeamte und die Streitkräfte in offizieller Eigenschaft teil [...]. Auf der anderen Seite nimmt die Kirche beinahe an allen größeren oder kleineren öffentlichen Ritualen teil, als ob sie ein offizielles Verwaltungsorgan des Staates wäre" (Kokosalakis 1986: 269f).

Im Zuge von Modernisierungs-, Pluralisierungs- und Globalisierungsprozessen spricht indes einiges dafür, dass „die alte historische Verbindung zwischen offizieller Religion, Bürgerreligion und popularer Religion zunehmend gespannt und ausgedünnt" wird (Kokosalakis 1986: 270). Andererseits gewinnt die Orthodoxie gerade durch die Globalisierung nach 1990 und neuartiger damit einhergehender Identitätskrisen wiederum an „moderner" politisch-symbolischer Bedeutung bei gleichzeitiger Entfremdung zwischen einem sich kulturell globalisierenden und supranational sich integrierenden Staat einerseits und einer sich immer selbstbewusster als nationale Volkskirche verstehenden Institution andererseits (Georgiadou 1995: 311, Prodromou 2004: 481, Karagiannis 2009: 154 und 162f, Roudometof 2011: 101f).

So ist zu erklären, wie mit Ausbruch der schweren politischen wie ökonomischen Krise in Griechenland das jahrzehntelang staatsnahe Selbstverständnis der Kirche zwar als Problem wahrgenommen wird – was zudem eine bisher bemerkenswerte Offenheit der Kirche gegenüber der neuen, 2015 ins Amt gekommenen Linksregierung ermöglicht hat – *ohne* jedoch damit das nationalsymbolische Selbstverständnis der Kirche aufzugeben. Was dabei zu konstatieren ist, kann als eine Art leiser Abschied der Identifikation der Kirche mit dem „Staat" einerseits, bei gleichzeitiger Festigung der Bindung an das „Volk", teilweise auch der „Nation", charakterisiert werden (Kisoudis 2007: 133).

3 Das Krisenverständnis der orthodoxen Kirche Griechenlands

3.1 Staatspolitische Dimension und nationale Selbstkritik

Für eine weiterhin enge Identifikation der Kirche sowohl mit dem griechischen Volk als auch mit der griechischen „Nation" spricht *in Zeiten der Krise* vor allem der nationalgesellschaftlich-appellative Charakter der kirchlichen Verlautbarungen zur schwierigen Lage des Landes seit 2009. Deutliche Unterscheide innerhalb der Hierarchie sind jedoch – sowohl in inhaltlicher wie rhetorischer Hinsicht – im Grad der antiwestlichen Implikationen und der Modernitätskritik zu konstatieren. Die Haltungen nehmen *in Teilen* der Kirchenhierarchie zuweilen verbalradikale Formen an.

In einer vielgelesenen und -diskutierten pastoralen Stellungnahme der Heiligen Synode vom November 2010 („An das Volk"), die von konservativen Kräften inspiriert und verfasst wurde, wird – trotz einer Reihe selbstkritischer Töne, auf die noch zu sprechen zu kommen sein wird – gleich zu Beginn der Stellungnahme beklagt, Griechenland sei nunmehr „ein Land unter Fremdherrschaft, und wir führen Befehle unserer Herrscher und Gläubiger aus". Und weiter: „Ihr sollt Euch daran erinnern, dass für viele Wirtschaftswissenschaftler die gegenwärtige Krise konstruiert ist. Sie ist ein Werkzeug der globalen Kontrolle von Mächten und Kräften, die nicht menschenfreundlich sind" (Heilige Synode 2010: 1, 4).

Diese harschen Formulierungen haben zu Spannungen innerhalb der Kirchenhierarchie geführt und finden sich in einer weiteren Stellungnahme ein Jahr darauf (Heilige Synode 2011a) nicht wieder. Eine Vielzahl von Bischöfen war 2010 mit den Formulierungen nicht einverstanden, vor allem der Athener Erzbischof selbst als „primus inter pares" der griechischen Synode. Aus diesem Grunde fasste die Kirche nicht nur den Beschluss, den Text in den Kirchengemeinden nicht wie üblich nach dem Sonntagsdienst zu verteilen, sondern ihn bloß auslegen zu lassen, und es folgten öffentliche Distanzierungen sowohl des Erzbischofs von Athen als auch weiterer prominenter Mitglieder der Synode (Papachristos 2010).

Andererseits scheinen sich alle Beteiligten weitgehend einig darin zu sein, dass das bisherige Staatsverständnis der Kirche anlässlich der Krise deutlich hinterfragt werden müsste. Zunehmend hat das Bewusstsein Platz gegriffen, dass sich die Kirche seit der griechischen Unabhängigkeitserklärung leichtsinnig in die Arme des Staates hat treiben lassen (Papoutsaki 2011, Rizoulis 2012). An die eigene Adresse gerichtet, findet sich der Selbstvorwurf, nicht genügend gegen die eigenen finanzpolitischen Verstrickungen und Skandale innerhalb der Kirche vorgegangen zu sein (Heilige Synode 2010: 3, Rizoulis 2012). Im kirchlichen Umfeld wird dies auf die schon seit der Jahrtausendwende unter Erzbischof Christodoulos allmählich kritisierte Staatsnähe der Kirche und deren dadurch erhöhte innere Reformbedürftigkeit zurückgeführt (Christodoulos 2000, Karagiannis 2009: 161f, Giagkazoglou 2013).

Vor allen Dingen nach dem Sturz der Junta 1974 beging die Kirche ja in der Tat den Fehler, nicht die Gelegenheit ergriffen zu haben, sich vom neuen Staat, der sich in der Retrospektive zu einem hochproblematischen Klientelsystem entwickelt hatte, noch deutlicher zu emanzipieren. Gerade die Orthodoxie wäre mithilfe ihrer moralischen wie nationalkommunitaristischen Kategorien nicht nur in der Lage, sondern auch in der Verantwortung gewesen, die Verantwortungslosigkeit eines seit den achtziger Jahren auf Pump finanzierten Klientelmechanismus offen – und vor allen Dingen rechtzeitig – anzuprangern. Die Staatsnähe ging zugleich mit einer Entpolitisierung der theologischen Rede einher. Dort, wo sie politisch wurde, erschöpfte sie sich – freilich auch in der Ära von Christodoulos – zunehmend darin, der Nationalisierung der eigenen Religion bis hin zu Formen eines scharfen Nationalismus (Karagiannis 2009: 155) und „orthodoxen Achsen" in der Geopolitik, gepaart mit Anti-Okzidentalismus, das Wort zu reden (Makrides 2012: 191).

Zur offenen Kritik an der eigenen Staatsnähe hat freilich nicht nur Selbstreflexion beigetragen, sondern – seit dem Ausbruch der Krise – das offenkundige Versagen des griechischen Staates in allen allgemeinwohlrelevanten Fragen. Die Kritik der Kirche nimmt daher keineswegs primär oder gar isoliert sich selbst ins Visier, sondern ist stets aufs Engste verbunden mit einer deutlichen, zuweilen äußerst scharfen Abgrenzung von der politischen Klasse des Landes:

> „Die politischen Akteure sind seit Jahrzehnten dieselben – wie haben sie politisch
> kalkuliert, als sie das Land in die Katastrophe führten? [...] Die politische Führung
> vermochte es nicht, Verantwortung zu tragen gegenüber dem Volk, sie konnte und
> wollte nicht die Sprache der Wahrheit sprechen, hat falsche Vorbilder produziert und
> Klientelbeziehungen bedient [...] und in praxi [...] die tatsächlichen Interessen des
> Landes und des Volkes unterhöhlt" (Heilige Synode 2010: 1f).

In der Verlautbarung von 2011 wird zudem gefordert, dass der Staat doch endlich die Steuerhinterzieher zur Rechenschaft ziehen und das Kapital „kontrollieren" müsste. In dem Schreiben wehrt sich die Kirche zudem vehement dagegen, dass niedrigere Einkommensbezieher noch weiter steuerlich belastet werden (Heilige Synode 2011a).

Doch war die nach außen gerichtete Kritik nicht nur gegen die „politische Klasse" gerichtet. Die Synode übte – zumindest 2010 noch – deutliche Kritik auch am Volk, „das unverantwortlich handelte" (Heilige Synode 2010: 2):

> „Warum haben wir nicht früher alle diese schwierigen Maßnahmen ergriffen, die heute als notwendig erachtet werden? All diese Maßnahmen gegen die Pathogenesen der Gesellschaft und Ökonomie, die wir heute auf gewaltsame Weise durchführen müssen? Warum musste es soweit kommen?" (Heilige Synode 2010: 1)

Insofern kann nicht behauptet werden, dass die Position der Kirche – zumindest in ihrer Gesamtheit – in einen einseitigen Populismus mündete.

3.2 Sozialpolitische Fundamentalkritik und diakonisches Engagement

Wird nach innen vielfältige Selbstkritik geübt, so betont die Kirche im äußeren Verhältnis nichtsdestotrotz ihre scharfe Kritik am Solidaritätsbewusstsein der EU. Am 13. Oktober 2011 erhielt der europäische Kommissionspräsident einen offenen Brief von der Heiligen Synode, in dem die Kirche appellierte, die Europäische Union so weiterzuentwickeln, dass sie – beginnend mit Griechenland – grundlegende Prinzipien der sozialen Gerechtigkeit wieder zur Geltung bringt:

> „It would be a scandal if European leaders did not take the cries of simple citizens into account and if these very citizens of Europe were threatened like expendable products. The result of all this is the increase of agony, of despair, of the shrinking of national sovereignty, of the splitting of the family, of the complete isolation of the most vulnerable social groups (the disabled, immigrants, senior citizens, etc.), the spread of fear and eventually the creation of a society with no moral rules. As a Church, we cannot accept this social model. We cannot accept the alteration of our European acquis by the adoption of the rules of impersonal financial markets and credit rating agencies. This situation is leading us to the utter shattering of social cohesion by excluding any form of convergence towards the European vision of our founding fathers.

We would like an education that will help us achieve the shift from the imprudent 'nouveau-riche' mentality to a decent austerity and to contentment with little; to the adoption of a new economic anthropology which will not be founded upon consumption but upon the Christian principle of *'nothing needful'*, in a society that will be based not upon competition and rivalry but upon the coexistence of citizens of Europe. We would like our common home of Europe to be more like a family which understands the difficulties of its members and does not sentence them to isolation. [...] In this endeavor you will find us by your side" (Heilige Synode 2011b).

Seit 2012 entwickelte die griechische mehr und mehr eine äußerst kritische Haltung auch zum Kurs der jeweiligen griechischen Regierungen. In einem aufsehenerregenden Brief des Erzbischofs an den seinerzeitigen Premierminister Lukas Papadimos wird die Sparpolitik als einseitig, provokativ und fremdgesteuert dargestellt (Hieronymos 2012a).

Die wachsende materielle Not großer Bevölkerungsschichten hat die Kirche von Griechenland zudem „zu einer Intensivierung und besseren Strukturierung ihrer gemeinnützigen Tätigkeiten veranlasst. Zahlreiche Gemeinden bieten Bedürftigen Essen und Kleidung, ohne Rücksicht auf deren Herkunft, Nationalität oder religiösen Hintergrund" (Vlantis 2012: 3). Das intensive soziale Engagement ist auf eine für orthodoxe Verhältnisse ungewöhnliche Weise vorrangig geworden. Dabei ist weniger ungewöhnlich, dass besagtes Engagement in Krisenzeiten aktiviert wird (es sei auf die Rolle der griechischen Kirche 1941–1944 hingewiesen), sondern dass es bereits vor dem Ausbruch der Krise mit einer neuartigen karitativen Schwerpunktsetzung unter der Führung des Erzbischofs Christodoulos (1998–2008) einen bemerkenswerten Vorlauf gab (Karagiannis 2009: 161f).

Dabei ist zu bedenken, dass weder ein dichtes karitatives Netzwerk noch eine geschlossene christliche Sozialethik im orthodoxen Kulturraum in gleicher Weise existiert wie bei Protestanten und Katholiken in West- und Mitteleuropa. Sind letztere von einer Tradition durchdrungen, in der eine durch „Gesetz" und „Vernunft" mediatisierte Verbindung zwischen Mensch und Gott und somit ein explizites religiös-ethisches System existiert (Wenturis 1990: 25), so lässt sich die Orthodoxie einerseits als Religion mit starken Elementen einer jenseitsbezogenen Kontemplation und hesychastischen Mystik (Tsakonas 1965: 13–15) beschreiben, was eine innerweltlich-karitative Hinwendung als nicht so vordringlich erscheinen lässt wie in den westchristlichen Denominationen. Doch lässt sich die Orthodoxie zugleich als Religion „alltäglicherer" Ausprägung kennzeichnen, in welcher das Verhältnis zwischen Mensch und Gott als ein genuin „persönliches" charakterisiert werden kann (Demertzis 1997: 109, Wenturis 1990: 22), Elemente der „Gefühlsreligiosität" vorherrschend sind, moralische Vorgaben nicht *kat'akribeian*, sondern *kat'oikonomian* ausgelegt werden, Priester heiraten und Familien gründen dürfen und

zweite und dritte Eheschließungen im Notfall auch sakramental anerkannt werden.
Die damit einhergehende Volksnähe bildet zumindest im Falle Griechenlands die
Grundlage dafür, dass eine diakonische Praxis in Krisenzeiten in einer eindrucks-
vollen Breite ad hoc zustande kommen kann – wie dies seit Ausbruch der jüngsten
Krise wieder zu beobachten ist.

Die sozialpolitische Haltung ermöglichte es der Kirche bisher auch, ein überraschend gutes Verhältnis zur 2015 ins Amt gekommenen Linksregierung aufzubauen, was zudem auf einem positiven Vertrauensverhältnis zwischen Premierminister Alexis Tsipras und Erzbischof Hieronymos basiert. Dies ist bemerkenswert
angesichts der Tatsache, dass die Mehrzahl der Regierungsmitglieder bei der
Amtseinführung auf den religiösen Amtseid verzichtet hatte (geradezu revolutio-
när für griechische Verhältnisse) und mehr noch in Anbetracht der z.t. deutlich
antiklerikalen Strömungen im „Unterbau" der Regierungspartei, z.b. im Umfeld
des parlamentarischen Regierungssprechers und Chefredakteurs der SYRIZA-
Zeitung Nikos Filis, der jüngst mit kritischen Äußerungen zur Involvierung staatlicher Stellen im Falle festlicher kirchlicher Reliquienverehrung für eine scharfe
kirchliche Gegenverlautbarung gesorgt hat (Heilige Synode 2015).

3.3 Die geistig-politische Dimension der Krise: Zwischen Hoffnungsbotschaft und nationalem Pessimismus

In der Ergründung der tieferen Ursachen betont die griechische Kirche, wie sehr
sich in der Krise eine fundamentale *geistige* Problematik zeige (Nikolakopoulos
2012: 190):

„Das Missverhältnis von Produktion und Konsum [das für die ökonomische Krise
in Griechenland ursächlich war] ist nicht nur ökonomisch, sondern vor allem geistig
begründet, ist Ausbund einer geistigen Krise, die sowohl die politische Führung als
auch das Volk befallen hat" (Heilige Synode 2010: 2).

Die Krise wird als moralische, institutionenethische, Autoritäten-, soziale und an-
thropologische Krise verstanden. Ihr Kern wird verortet im Verlust eines asketisch
erfahrbaren Lebenssinnes, woraus Angst und Hoffnungslosigkeit resultiert (Hieronymos 2012b), in einem ungebremsten Materialismus, aus welchem Korruption,
Bildungsarmut und Verlorenheit der Jugend folgt, und in der „Einkerkerung" des
Menschen in seine „egozentrische Instinkthaftigkeit" (Heilige Synode 2010: 2f).

Die Perspektive der Kirche spiegelt sich in den Worten des in Kirchenkreisen einflussreichen Philosophen Christos Yannaras wieder: Er sieht das grundlegende Problem in der Verselbständigung der modernen Existenzweise „gegenüber den Bedürfnissen, die sie einst bildete" (Yannaras 2012: 184), und zwar in Wirtschaft (das Geld sei keine „Gleichung der Verhältnisse" mehr), Politik (diene ihren eigenen Bedürfnissen, nicht mehr der Gemeinschaft) und Staat (er sei keine Realität des Vaterlandes mehr, sondern „Verselbständigung einer institutionalisierten Existenzweise"). Als Chiffre dient Yannaras ein einseitiger „Konsumismus", genauer der Begriff von einer „technologischen Kultur – die die Welt *verbraucht*, konsumiert, nicht aber *gebraucht* und in Beziehung mit ihr lebt" (Yannaras 1982: 108).

Demgegenüber verkörpere die orthodoxe Weltsicht eine gegenteilige Daseinsweise, „die Möglichkeit einer dem Konsum sich entgegenstellenden Kultur", in welche die „personale Einmaligkeit des Menschen" die Schablonenlogik des Konsumismus mithilfe der Askese herausfordert, eine „sittliche Ausrichtung des Lebens" (Yannaras 1982: 108). Deshalb könnte die Orthodoxie „im Rahmen der westlichen Kultur das radikalste Programm eines sozialen, politischen und kulturellen Wandels sein", allerdings immer Inhalt persönlicher Offenbarung und *Umkehr* bleibend (Yannaras 1982: 108, Papagiannopoulos 1999a: 26f).

Und in der Tat liegt eine Seite des Problems der Staatsschuldenkrise ja in einem jahrzehntelang zu beobachtenden Sog einer kurzfristigen Profit- und Konsumorientierung. Mit der Finanzkrise könnte sich gezeigt haben, dass gerade die vorpolitischen Grundlagen notwendig waren, um einer stabilitätsorientierten Finanzpolitik diejenige gesellschaftliche Unterstützung zukommen zu lassen, die es gebraucht hätte, damit das System in einer Demokratie auch funktioniert.

Trotz aller Gegenwartskritik versucht die Kirche als Gesamtinstitution auch Hoffnung zu machen, etwa in der erwähnten Stellungnahme „An das Volk":

„Alle zusammen können wir uns gegenseitig helfen. Gott hat uns nicht den Geist der Feigheit, sondern der Kraft und des Glaubens eingegeben. Mit diesem Geist, um unsere große Familie versammelt, der Kirche, unsere Fehler unterstreichend, in der Liebe nach dem Lebenssinn suchend, werden wir aus diesen schwierigen Stunden herausfinden." (Heilige Synode 2010: 4)

Andererseits fehlen auf der Ebene der einzelnen Bischöfe nicht latent bis explizit pessimistische Stimmen, die teils von der Ansicht herrühren, Griechenland befände sich in einem Zustand des moralischen und kulturellen Verfalls, der letztlich auch für die ökonomische Krise des Landes ursächlich sei. In Latenz und auf hohem intellektuellem Niveau – aber nicht ganz ohne Hoffnung – findet diese große Besorgnis z.B. in den Worten des Bischofs Nikolaos von Mesogaia (2011) oder des Bischofs Pavlos von Siatista (Rizoulis 2012) ihren Niederhall. Diese Stimmen erinnern dabei stark an die These von Yannaras, wonach die Krise auch als Folge einer Identitätsleugnung im Rahmen einer (zu) einseitigen wie ohnehin illusionären „Verwestlichung" des Landes angesehen wird, was in einem ungebremsten Konsumismus geendet hätte. Verloren gegangen sei der Sinn für das eigene, besondere Erbe einer „hellenischen Lebensart", die eine handlungstheoretisch-gemeinschaftsbezogene, aber keine utilitaristisch-individualistische bzw. vertragstheoretische Logik aufweise, ohne dass es den Griechen möglich gewesen sei, die dadurch entstandene Lücke durch ein vertragstheoretisches Ethos nach westlichem Muster tatsächlich aufzufüllen (Yannaras 1999).

3.4   Innerer Zwiespalt im Verhältnis zum Westen: Zwischen Kritik und Polemik

Sowohl die Stimmen der nationalen Erneuerung als auch diejenigen des Pessimismus weisen zuweilen einen scharfen Ton auf, der geprägt ist von Nationalismus und antiwestlicher Rhetorik. Dies nimmt kein Wunder, wenn bedacht wird, dass Ökumene und ein gesamteuropäisches Verantwortungsgefühl und Selbstbewusstsein erst eine jüngere Entwicklung in der Orthodoxie bilden. Dabei vertragen sich Ökumene und Europa-Engagement durchaus sehr gut mit den Grundlagen der orthodoxen Theologie. Die Ökumene wurde jedoch lange Zeit weniger von der Kirche von Griechenland (Karagiannis 2009: 154) als vor allem durch das versöhnende Zeugnis des Ökumenischen Patriarchats von Konstantinopel unter den Führungen der Patriarchen Athenagoras (1948–1972), Demetrios I. (1972–1991) und Bartholomaios I. (seit 1991) repräsentiert (Basdekis 2006). Unter Bartholomaios I. folgte zudem ein bemerkenswertes Engagement in Fragen der europäischen Einigung.

Freilich hat sich auch die Kirche von Griechenland unter der Führung des charismatischen Erzbischofs Christodoulos (1998–2008) diesen Strömungen gegenüber auf eindrückliche Weise geöffnet. Die zuweilen nationalkonservative und nationalpopulistische Rhetorik des Erzbischofs (Stavrakakis 2003) war nie pauschal gegen „Europa" gerichtet. Unter Christodoulos Führung kam es sogar zu den historischen Besuchen der Päpste Johannes Paul II. in Athen 2001 und dem Gegenbesuch von Christodoulos im Vatikan 2006. Diese Linie der gesamteuropäischen wie ökumenischen Offenheit wird vom Nachfolger Hieronymos fortgesetzt und gar mit einer moderateren Linie der innenpolitischen Rhetorik verknüpft, die viel stärker geprägt ist von politischer Selbstbescheidung sowie der Konzentration auf die geistliche Aufgabe der Kirche und deren diakonisches Engagement (Rou-

dometof 2011: 109). Dies zeigt sich wiederum besonders deutlich seit dem Amts-
antritt der linksgeführten Regierung 2015 – die Kirche hielt sich mit kritischen
Statements gegenüber dem „säkularistischen" Lager der Regierungspartei bisher
merklich zurück.

Haben sich die Elemente der Offenheit als eine Konstante des orthodoxen Denkens erst seit dem 20. Jahrhundert entwickelt, so waren anderenfalls Formen des
historischen Anti-Okzidentalismus und Antikatholizismus seit tausend Jahren der
griechischen Orthodoxie eigen. Daher nimmt es kein Wunder, dass diese trotz
aller angesprochenen Selbstbescheidungen bis heute fortwirken. In Griechenland
verknüpfen sie sich zuweilen mit einer Form des „religiösen Nationalismus" und
schwingen auch bei antiwestlichen Affekten eines insbesondere von der griechischen Linken gepflegten „modernen Anti-Okzidentalismus" mit antiamerikani-
scher und antikapitalistischer Spitze mit. In der Kirche haben diese nationalistischen und antiwestlichen Strömungen weiterhin ihren Platz und wurden mit
Ausbruch der Finanz- und Wirtschaftskrise neu aktiviert.

Dies führte innerhalb der Hierarchie naturgemäß zu Spannungen zwischen gemäßigten und radikalen Kräften. Kennzeichnend dafür sind die bereits erwähnten
Begleitumstände der pastoralen Stellungnahme „An das Volk" vom November
2010. Kamen hier antiwestliche Affekte und Verschwörungstheorien auf nur ver-
mittelte Weise zu Wort, so äußern einzelne Bischöfe diese auch auf direkte Weise.
Vor allen Dingen die Bischöfe Seraphim von Piräus, Ambrosios von Kalavryta
(Nordpeloponnes) und Andreas von Konitsa (Epirus) gelten – mit unterschiedlichen Prägungen – als „Scharfmacher". Dem stehen gemäßigte Kräfte gegenüber,
z.B. Chrysostomos von Patra, Chrysostomos von Messenien, Ignatios von Dimit-
riada in Volos, Nikolaos von Mesogaia in Attika, oder auch Bischöfe wie Anthi-
mos von Thessaloniki, der einer ernsthaften Besorgnis zwar mit radikalen, vor
allem globalisierungsskeptischen bis -feindlichen Verbalismen Ausdruck verleiht,
ohne aber deswegen strikt nationalistisch oder antiwestlich, sondern im Grunde
nationalkonservativ zu argumentieren. Gänzlich anderslautende Stimmen, die für
eine strikte Trennung von Politik und Religion eintreten, sind ebenfalls zu hören,
wenn sie auch sehr rar sind: Vor allem der langjährige, 2011 von seinem Amt
zurückgetretene Metropolit Chrysostomos von Zakynthos und die Bischöfe Ierot-
heos von Naupaktos und Chrysostomos von Messenien haben sich diesbezüglich
einen Namen gemacht.

4   Fazit

Zurückkommend auf die Ausgangsfrage, wie die Griechen „ihre konflikthafte Identitätsproblematik produktiv überwinden" können, lässt sich gerade in Zeiten der Krise unterstreichen, dass ihnen das möglich wäre, „wenn sie diese Problematik als Aufgabe und Chance für sich und ganz Europa betrachten, d. h. wenn sie sich nicht ausschließlich an der westlich-modernen EU-Identität orientieren, sondern an einer gesamteuropäischen Identität, also einer Synthese von östlichem Einheits- und westlichem Differenzparadigma, und wenn sie sich als die Avantgarde dieser synthetischen Identität und Finalität verstehen" (Hahn 2006: 84).

Die Krise ist in dieser Perspektive weder Ausfluss eines griechischen Sonderwegs noch einer gewaltsamen Anpassung an westliche Standards, sondern das bisherige Unvermögen, eine gesunde Synthese und Balance zwischen den positiven westlichen und östlichen Eigenheiten herbeizuführen. Insofern ist Griechenland nunmehr in eine Phase der „Krisis" im engeren Sinne des Wortes eingetreten. Diese ist nicht ökonomischer, sondern geistig-kultureller Art. Eine wichtige Rolle in diesem Kontext könnte die griechische Kirche spielen. Entweder führt die Krise dazu, dass die Kirche einem einseitigen Anti-Okzidentalismus verfällt und sich politisch in Europa weitgehend isoliert, oder sie bietet die Chance, dass sie sich in enger Zusammenarbeit vor allem mit dem Ökumenischen Patriarchat und der römisch-katholischen Kirche ihrer politisch-geistigen Verantwortung sowohl für Griechenland als auch Europa bewusst wird, proaktiv für die Annahme eines symbolischen gesamtchristlichen Herkunftsbewusstseins in Europa wirbt und als „Lehre aus der Krise" in diesem Rahmen vor allem gegen einen verkürzten westlichen Materialismus und ein neuartiges, implizites Dogma der allseitigen Profanisierung ankämpft, was nicht nur Griechenland, sondern ganz Europa in seinem Kern gefährdet.

Nicht nur eine christliche Neufüllung eines teilweise abhandengekommenen gesamteuropäischen Geschichts- und Herkunftsbewusstsein und eine damit einhergehende Neureflexion „moderner Zivilisation" wäre inzwischen gleichbedeutend mit einem europäischen Paradigmenwechsel, für den es sich einzusetzen lohnt. Unter Akzeptanz eines nachkonstantinischen Verhältnisses zwischen Kirche und Staat gehörte dazu auch eine Wiederannäherung zwischen Ost und West. Die griechische Kirche könnte hier unter erfolgreicher Aktivierung und dialogischer Beförderung der Verbindungen zu den Kirchen Russlands, Serbiens, Bulgariens und Rumäniens einen zentralen Beitrag leisten.

Und auch das Symphonieprinzip – seine „Pluralisierung", also Öffnung auf mehrere Kirchen und Religionen hin, vorausgesetzt – könnte in diesem Kontext als konstruktiver Beitrag hinsichtlich der europäischen Regelung der Staat-Kirche-

Beziehungen stärker aussystematisiert und beworben werden. Die Grundthese dabei könnte besagen, dass ein Prinzip, nach welchem Kirche und Staat zusammenwirken, aber die Kirche im Grunde keine staatliche Komponente hat (dem Staat
also nicht gleich-, sondern zugeordnet ist), dem Kooperationsprinzip zwischen
Staat und „Religionsgemeinschaften" auf europäischer Ebene (s. Art. 17 AEUV)
viel eher gerecht werde als etwa das deutsche Staatskirchenrecht (Alpirantis
2008). Wird der griechischen Kirche eine zu große Staatsnähe vorgeworfen, sollte
eben nicht übersehen werden, dass sie – verbleibt man einmal beim Vergleichs-
fall Deutschland – weder milliardenschwere soziale Dienstleistungsunternehmen
im Auftrag des Staates betreibt, noch an der staatlichen Grundschulversorgung
erheblich beteiligt ist und erst recht keinen Körperschaftsstatus in Anspruch nehmen kann, der ihr korporative Beteiligungsrechte in staatlichen Rundfunkräten
und sogar Steuererhebungsrechte, die der Staat für sie dann durchsetzte, einräumt.
Eine allzu pauschale westliche Kritik am Symphonieprinzip, wonach dieses den
im Westen vorherrschenden Dualismus von Staat und Kirche untergrabe, könnte
in dieser Perspektive sehr wohl entkräftet werden.

Literatur

Aliprantis, N. 2006. Orthodoxer Glaube: Kirche und Rechtsordnung. In: Dreier, H./Hilgendorf, E. (Hg.): *Kulturelle Identität als Grund und Grenze des Rechts*. Akten der IVR-Tagung vom 28.-30. September 2006 in Würzburg. Stuttgart: Franz-Steiner, S. 163–168.

Antoniou, T. 2007. Das Verhältnis zwischen Staat und Kirche in Griechenland. In: *Essener Gespräche zum Thema Staat und Kirche* 40 (Die Trennung von Kirche und Staat. Modelle und Wirklichkeit in Europa), S. 157–188.

Barker, P. W. 2009. *Religious Nationalism in Modern Europe. If God be for us*. London/New York: Routledge.

Basdekis, A. 2006. *Orthodoxe Kirche und ökumenische Bewegung. Dokumente – Erklärungen – Berichte*. Frankfurt a. M./Paderborn: Lembeck/Bonifatius.

Bremer, T. 2008. Geistliche Würdenträger und politische Macht. Orthodoxie in Russland. In: Oberdorfer, B./Waldmann, P. (Hg.): *Die Ambivalenz des Religiösen. Religionen als Friedensstifter und Gewalterzeuger*. Freiburg: Rombach, S. 247–265.

Bremer, T. 2000. Erben einer langen Tradition. Die Bedeutung von Staat und Nation für die Orthodoxie. *Herder Korrespondenz*, 54(9), 469–473.

Christodoulos, Erzbischof von Athen 2000. *Feststellungen und Problematisierungen im Kontext der Krise der Beziehungen zwischen Kirche und Staat anlässlich der Frage der Personalausweise: Theologische und politische Analyse und Perspektiven*. Athen. (gr.).

Demertzis, N. 1997. Greece. In: Eatwell, R. (Hg.): *European Political Cultures. Conflict or Convergence?* London/New York: Routledge, S. 107–121.

Georgiadou, V. 1995. Greek Orthodoxy and the Politics of Nationalism. *International Journal of Politics, Culture and Society*, 9(2), 295–315.

Giagkazoglou, S. 2013. Die Verantwortung der Kirche in der Krise, Artikel vom 24.09.2013. http://www.protagon.gr/?i=protagon.el.article&id=27841. Zugegriffen: 15.09.2014. (gr.).

Giannopoulos, B. 1996. Verhältnis von Kirche und Staat gemäß der Kriterien der orthodoxen Tradition, In: Centre orthodoxe du Patriarcat oecuménique (Hg.): *Église et état en Europe*, Genf, S. 153–172. (gr.).

Hahn, K. 2006. Orthodoxie und europäische Identität. In: Behr, H./Hildebrandt, M. (Hg.): *Politik und Religion in der Europäischen Union*, Wiesbaden: VS Verlag für Sozialwissenschaften, S. 77–94.

Heilige Synode der Kirche von Griechenland 2015. Verlautbarungen zu den Äußerungen von Nikos Filis. http://www.ecclesia.gr/epikairotita/main_epikairotita_next.asp?id=1411. Zugegriffen: 15.05.2015. (gr.).

Heilige Synode der Kirche von Griechenland 2011a. *Stellungnahme der Hierarchie zur ökonomischen Krise*, vom 07.10.2011. Athen. (gr.).

Heilige Synode der Kirche von Griechenland 2011b. Letter to HE The President of the European Commission Mr J. Barroso. 13.10.2011 http://www.ecclesia.gr/English/holysynod/press_releases/13_10_2011.html. Zugegriffen: 15.09.2014.

Heilige Synode der Kirche von Griechenland 2010. *An das Volk. Die Kirche angesichts der gegenwärtigen Krise*. Athen. (gr.).

Hieronymos, Erzbischof von Athen 2012a: Brief an Premierminister Lukas Papadimos vom 02.02.2012. http://www.amen.gr/article8284. Zugegriffen: 03.09.2014. (gr.).

Hieronymos, Erzbischof von Athen 2012b: Vielleicht urteilt die Krise über uns? 19.02.2012. http://www.amen.gr/article8452. Zugegriffen: 03.09.2014. (gr.).

Karagiannis, E. 2009. Secularism in Context: The Relations between the Greek State and the Church of Greece in Crisis. *European Journal of Sociology*, 50(1), 133–167.

Kisoudis, D. 2007. *Politische Theologie in der griechisch-orthodoxen Kirche*. Marburg: diagonal.

Kokosalakis, N. 1986. Populare, offizielle und Zivilreligion: Zur Soziologie des orthodoxen Christentums in Griechenland. In: Ebertz, M. N./Schultheis, F. (Hg.): *Volksfrömmigkeit in Europa. Beiträge zur Soziologie popularer Religiosität aus 14 Ländern*, München: Chr. Kaiser, S. 265–276.

Kostjuk, K. 2005. *Der Begriff des Politischen in der russisch-orthodoxen Tradition. Zum Verhältnis von Kirche, Staat und Gesellschaft in Rußland*. Paderborn et. al.: Ferdinand Schöningh.

Kyriazopoulos, K. N. 2001. The „Prevailing Religion" in Greece: Its Meaning and Implications. *Journal of State and Church*, 43(3), 511–538.

Maier, H. 2009. Symphonia – Zweigewaltenlehre – Trennung: Drei Modelle des Staatskirchenverständnisses. In: Veen, H.-J. et al. (Hg.): *Kirche und Revolution. Das Christentum in Ostmitteleuropa vor und nach 1989*. Köln/Weimar/Wien: Böhlau, S. 123–132.

Makrides, V. N. 2012. Orthodoxe Kirche, Kultur und Politik in Griechenland in Folge der Wende von 1989. In: Ivanišević, A. (Hg.), *Re-Sakralisierung des öffentlichen Raums in Südosteuropa nach der Wende 1989?* Frankfurt a.M.: Peter Lang, S. 179–200.

Makrides, V. N. 2005. Between Normality and Tension: Asessing Church-State Relations in Greece in the Light oft he Identity (Cards) Crisis. In: Ders. (Hg.): *Religion, Staat und Konfliktkonstellationen im orthodoxen Ost- und Südosteuropa. Vergleichende Perspektiven*. Frankfurt a.M.: Peter Lang, S. 137–178.

Martin, D. 2007. Integration und Fragmentierung. Religionsmuster in Europa, in: Michalski, Krzysztof (Hg.): *Woran glaubt Europa? Religion und politische Kultur in Europa*. Wien, S. 101–124.

Mavrogordatos, G. T. 2003. Orthodoxy and Nationalism in the Greek Case. *West European Politics*, 26(1), 117–136.

Meier, M. 2008. Das *Imperium Christianum* im Vorderen Orient: Die Entstehung des Byzantinischen Reiches. In: Pawelka, P. (Hg.): *Der Staat im Vorderen Orient. Konstruktion und Legitimation politischer Herrschaft*. Baden-Baden: Nomos, S. 99–125.

Miliopoulos, L. 2015. *Das Europaverständnis christlicher Kirchen im Zuge der Europäisierung – Ein Konvergenzprozess? Theoretische Einordnung und Inhaltsanalyse*. Paderborn: Ferdinand Schöningh.

Nikolakopoulos, K. 2012. Beziehungen zwischen Kirche und Staat in Deutschland und Europa. *Orthodoxes Forum*, 26(2), 187–196.

Nikolaos, Bischof von Mesogaia 2011. Unsere Würde wurde ausverkauft. http://www.amen.gr/article7538. Zugegriffen: 22.09.2014. (gr.).

Nikolaou, T. 2005. *Die orthodoxe Kirche im Spannungsfeld von Kultur, Nation und Religion*. St. Ottilien: Eos.

Nikolaou, T. 2002. Das Ideal der Synallilie. Staat und Kirche aus orthodoxer Sicht. *Orthodoxes Forum*, 16(2), 123–136.

Papachristos, N. 2010. Das Schreiben „An das Volk", die Hierarchie und die ökonomische Krise. http://www.amen.gr/article4206. Zugegriffen: 22.09.2014. (gr.).

Papagiannopoulos, I. 1999a. Ein geistesgeschichtlicher und theologischer Kommentar zu den Sozialwissenschaften. In: Zelger, J./Maier, M. (Hg.): *GABEK. Verarbeitung und Darstellung von Wissen*. Innsbruck/Wien: Studienverlag. S. 18–29.

Papagiannopoulos, I. 1999b. Die orthodoxe Kirche als innenpolitischer Faktor in Griechenland. In: Rill, B. (Hg.): *Griechenland. Politik und Perspektiven*. München: Akad. für Politik und Zeitgeschehen, S. 23–30.

Papastathis, C. 2005. Staat und Kirche in Griechenland. In: Robbers, G. (Hg.): *Staat und Kirche in der Europäischen Union*. 2. Auflage, Baden-Baden, S. 125–150.

Papoutsaki, M. 2011. Scheidung vom Staat aufgrund der Krise – Die Kirche sucht nach einer Veränderung des Status Quo, in: Eleftherotypía vom 06.06.2011. http://www.romfea.gr/diafora-ekklisiastika/2034-8329.Zugegriffen: 26.9.2014. (gr.).

Pinggéra, K. 2011. Unter Kaisern und Kalifen. Zum Verhältnis von Staat und Kirche in der Geschichte des östlichen Christentums. In: Dingel, I./Tietz, C. (Hg.): *Die politische Aufgabe von Religion. Perspektiven der drei monotheistischen Religionen*. Göttingen: Vandenhoeck & Ruprecht, S. 199–217.

Potz, R./Synek, E. 2007. *Orthodoxes Kirchenrecht. Eine Einführung*. Freistadt: Plöchl.

Prodromou, E. H., 2004. Negotiating Pluralism and Specifying Modernity in Greece: Reading Church-State Relations in the Christodoulos Period. *Social Compass*, 51(4), 471–485.

Rinvolucri, M. 1967. *Anatomie einer Kirche. Ein Journalist erlebt die griechische Kirche*. Graz/Wien/Köln: Styria.

Rizoulis, D. 2012. Interview mit dem Metropoliten von Siatista Pavlos. 04.05.2012. http://www.amen.gr/article9269. Zugegriffen: 03.09.2014. (gr.).

Roth, K. 2011. *Genealogie des Staates. Prämissen des neuzeitlichen Politikdenkens*. Berlin.

Roudometof, V. 2011. Eastern Orthodoxy Christianity and the Uses of the Past in Contemporary Greece. *Religions* 2(2), 95–113.

Stavrakakis, Y. 2003. Politics and Religion: On the Politicization of Greek Church Discourse. *Journal of Modern Greek Studies*, 21(2), 153–181.

Suttner, E. C. 2007. *Staaten und Kirchen in der Völkerwelt des östlichen Europa. Entwicklungen der Neuzeit*. Fribourg: Academic Press.

Tsakonas, D. 1965. *Geist und Gesellschaft in Griechenland*. Bonn: Bouvier.

Tzermias, P. 1997. *Politik im neuen Hellas. Strukturen, Theorien und Parteien im Wandel*. Tübingen: Francke.

Vachek, M. 2000. *Das Religionsrecht der Europäischen Union im Spannungsfeld zwischen mitgliedstaatlichen Kompetenzreservaten und Art. 9 EMRK*. Frankfurt: Peter Lang.

Vlantis, G. 2012. Die Reaktionen der griechischen Orthodoxie auf die Finanzkrise. *Religion und Gesellschaft in Ost und West*, 12(1), 3.

Weber, M. 1972. *Wirtschaft und Gesellschaft*. 5. Aufl. Tübingen.

Wenturis, N. 1990. *Griechenland und die EG. Die soziopolitischen Rahmenbedingungen griechischer Europapolitiken*. Tübingen: Mohr Siebeck.

Wittig, A. M. 1987. *Die Orthodoxe Kirche in Griechenland: Ihre Beziehung zum Staat gemäß der Theorie und der Entwicklung von 1821–1977*. Würzburg: Echter.

Yannaras, C. 2012. Das zeitgenössische Europa: Krise einer Existenzweise? *Orthodoxes Forum*, 26(2), 181–196.

Yannaras, C. 1999. *Orthodoxie und Westen im neueren Griechenland*. Athen: Domos. (gr.).

Yannaras, C. 1982. *Person und Eros: Eine Gegenüberstellung der griechischen Kirchenväter und der Existenzphilosophie des Westens*. Göttingen: Vandenhoeck und Ruprecht.

Das griechische Wunder

Postmoderne, Kollektivismus und abweichende Rationalität

Stamatios Gerogiorgakis

1   Einleitung: Versagen als Wunder

„Jesus Christus und uns ist die Erweckung eines Toten gelungen", höhnte der Milton-Friedman-Jünger Andreas Andrianopoulos am 11. Oktober 1993 nach der Abwahl der bürgerlichen Regierung, an der er teilgenommen hatte, mit Blick auf die Ultrakonservativen, die den Sozialisten zum Sieg verholfen hatten. Damit wollte er das, was in seinen Augen ein schwerwiegendes politisches Versagen war, als eine zielgerichtete und äußerst schwer durchzuführende Handlung erscheinen lassen; gewiss als mutwillige Destruktion, aber als eine Destruktion der besonderen Art: als eine Destruktion in einem Fall, in dem keine Destruktion möglich erschien – als Wunder. Sicherlich meinte das Andrianopoulos im Sinn einer rhetorischen Übertreibung.

Als ein destruktives Wunder möchte ich hier das Aussetzen der Rationalität in einer Gruppe, konkret im Griechenland der drei Jahrzehnte zwischen 1980 und 2010 aufzeigen. Die Existenz eines Wunders behaupte ich allerdings nicht mit Andrianopoulos im Sinn einer rhetorischen Übertreibung, sondern wörtlich. Das Aussetzen eines Naturgesetzes, eines sozialen Gesetzes, eines logischen Gesetzes wird traditionell als Wunder verstanden. Dergleichen ist aber das Aussetzen der Rationalität im Verhalten einer Gruppe. Gerade in Gruppen wird rationales Verhalten mit sehr großer Wahrscheinlichkeit erwartet – mit der Wahrscheinlichkeit eines Naturgesetzes. Mit anderen Worten liegt die Erwartbarkeit P(p), wenn p eine Konjunktion aus Sätzen darstellt, die rationales Verhalten in einer Gruppe beschreiben, beim höchsten Wert, d.h. bei 1. Bei Gruppen ergibt sich rationales Verhalten, so wenigstens die Erwartung, gemäß sozialen Gesetzen und nicht als

Folge einer freien oder aus freien Stücken getroffenen Entscheidung, die auch vor dem Hintergrund Zeit- oder Informationsmangels erfolgen kann. Das Verhalten von Gruppen ist nicht eingeschränkt, sondern klassisch rational.

In diesem Beitrag führe ich ein paar Tendenzen in der griechischen Ökonomie und Gesellschaft seit den 1980ern auf ein Aussetzen eines solchen sozialen Gesetzes zurück: des Strebens nach Gewinnmaximierung oder Verlustminimierung mit verkraftbarem Risiko. Damit behaupte ich, dass die griechische Wirtschafts- und Gesellschaftskrise mit dem Aussetzen der klassischen Rationalität zusammenhängt.

Meine Überlegungen konzentrieren sich auf drei, meiner Meinung nach im untersuchten Zeitraum wirksame Versagen: der Ökonomie, der Gesellschaft, der Rationalität. Obwohl ich davon ausgehe, dass es einen Zusammenhang zwischen ihnen gibt, möchte ich keine konkreten kausalen Verbindungen zwischen ihnen behaupten. Der vorliegende Beitrag ist keine empirische Studie – zumal der Rationalitätsbegriff nicht empirisch ist – wenn sie gleich empirisch zu bestätigende Modelle erstellt.

2   Das Versagen der Ökonomie

Knapp neun Jahre nach der oben angeführten, höhnischen Bemerkung von Andrianopoulos warb die Tageszeitung Patris, herausgegeben in Heraklion auf Kreta, einer sozialistischen Hochburg, um eine Reihe von Berichten in ihren Spalten, die endlich das „wahre Problem der Landwirtschaft der Präfektur Heraklion" aufdecken sollten. Die Berichterstatterin zitierte u.a. Giorgos Daskalakis vom örtlichen Amt für Landwirtschaftsentwicklung (Dieuthynsi Agrotikis Anaptyxis) mit folgenden Worten:

> „Auf Kreta, aber auch in ganz Griechenland, besteht das Problem, denke ich, in den niedrigen Preisen der Agrarprodukte. In den letzten 20 Jahren, vielleicht auch länger, haben sich reihenweise Fehler angehäuft. Es gab eine Denkweise, die ich oft erlebt habe. Diese besagte, Wachstum in der Landwirtschaft wäre nicht machbar. Lange Zeit hatten wir Vertrauen und viel Hoffnung in die Subventionen gesetzt. Wir glaubten, auf diese Weise den einzelnen Bauern unterstützen zu können – und vernachlässigten das Wachstum des Agrarsektors. Am Anfang hatten natürlich die Subventionen spektakuläre Auswirkungen. Allerdings reichen sie zur Deckung des Haushalts des einzelnen Bauern nicht aus. Zum Beispiel beträgt der Anteil der Subventionierung für Rosinen 90 %. Trotzdem muss der Rosinenproduzent eine schwere Zeit durchmachen. Ich sage nicht, dass die Subventionen abgeschafft gehören. Sie sind nötig. Aber wir brauchen Wachstum parallel dazu. In unserer Präfektur schreiten beide Instrumente nicht einher [...]" (Lassithiotaki 2002: 6).

Die Äußerungen des Beamten Daskalakis sind erstaunlich und doppelbödig. Sie überraschen den heutigen Leser, weil sie erstens eine von einem Funktionär einer sozialistischen Administration auf einer sozialistischen Hochburg wie Heraklion nicht zu erwartende Ernüchterung angesichts der EU-Subventionspolitik verraten. Zweitens stellen sie ein indirektes Geständnis von Subventionsbetrug dar. Die EG- bzw. EU-Subventionen wurden zur Überwindung von Strukturschwächen eingesetzt – zunächst also zum Zweck der Einführung von Innovationen wie Produktdiversifikation oder -differenzierung. Mit anderen Worten hatte sich „der einzelne Bauer", von dem Daskalakis spricht, verpflichten müssen, sich fortzubilden, um etwa neue Produktionsmethoden, neue Produkte, vielleicht eine neue Verpackung, Vermarktung usw. einzuführen, und erhielt dafür Geld als Gegenleistung für seine wegen seiner Fortbildung, Umorientierung usw. entgangenen Gewinne.

Ausgerechnet Daskalakis und seine Kollegen in 50 weiteren Präfekturen erfüllten die Funktion zu überwachen, ob die Subventionen dem vorgeschriebenen Zweck dienten.

Den Kontrollmechanismen des Staates oder der EG bzw. der EU zum Trotz stellte jedoch die Zweckentfremdung der öffentlichen Finanzmittel, wie Daskalakis zugab, eine jahrzehntelange Praxis dar. Die Gefahr der Einwirkung von Korruption in Fällen, in denen Grenzkostenpreise erst durch Subventionen zu Stande kommen, ist und war im untersuchten Zeitraum altbekannt (Marshall 1977: 392).

Marktverzerrende Auswirkungen des EG- bzw. EU-Agrarsubventionswesens auf die Preisbildung – was seit den 90ern sogar am Beispiel Griechenlands vielerorts zum ABC der Vorlesungen über Volkswirtschaft für die Studenten der ersten Semester gehörte – sehen folgendermaßen aus:

Nehmen wir zwei griechische Bauern an. Ich möchte sie Stanley und Oliver nennen.[1] Im Jahr 0 produzieren sie α (Tonnen Rosinen, Hektoliter Ziegenmilch usw.) und erzielen jeweils ein Einkommen in Höhe von E_0. Plötzlich erfahren Stanley und Oliver von Subventionen, die sie ab dem Jahr 1 nutzen können. Während nun Stanley keinen Subventionsbetrug zu betreiben gedenkt, ist genau das Olivers Absicht. Für das Jahr 1 verpflichtet sich Stanley, nur die Hälfte seiner bisherigen Produktion bis zum Punkt β zu realisieren (vgl. Abbildung 1)

---

1   Die Namen sind suggestiv für die zwei Charaktere von „Dick und Doof". Die Situation wird durch diese Andeutung so viel klarer, dass sie hoffentlich für die Kakophonie zweier griechischer Bauern mit ungriechischen Namen entschädigt.

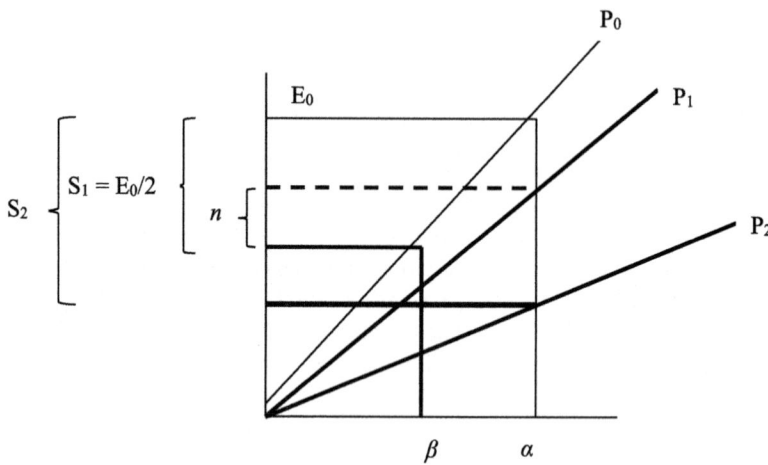

Abbildung 1 Subventionsbetrug

Stanley erzielt damit einen Erlös in Höhe von $E_0/2$, bezieht dafür zusätzlich Subventionen S_1 in Höhe von $E_0/2$ zur Aufrechterhaltung seines Einkommens und bemüht sich – zur Hälfte entlastet von den Mühen und Sorgen des Alltags – um Innovationen in seiner Arbeit.

Oliver dagegen geht dieselbe Verpflichtung ein, ohne sie zu erfüllen. Er nimmt zwar genauso wie Stanley die Subventionen S_1 in Höhe von $E_0/2$ ein, realisiert allerdings seine Gesamtproduktion wie im Jahr 0 bis zum Punkt α und beabsichtigt, die Hälfte regulär für $E_0/2$ zu verkaufen, um die verbleibende, „schwarz" produzierte Hälfte „unter der Hand" zum Spottpreis von $n < E_0/2$ loszuwerden (vgl. die gestrichelte Linie in Abbildung 1). Damit will er im Jahr 1 ein Einkommen in Höhe von E_0+n erreichen. Zunächst sieht es aus, als wäre der Unterschied zwischen den Freunden nur der zwischen einem langfristig (oder gütig-naiv) denkenden Stanley, der ein Risiko eingeht und vorerst einkommensmäßig stabil bleibt, einerseits und einem kurzfristig denkenden Oliver andererseits, der nach dem Motto „Lieber ein Spatz in der Hand als eine Taube auf dem Dach" sofort seine Einkommensverhältnisse verbessern kann. Allerdings ist Olivers Taktik nicht unerheblich für den Preis des Produkts. Olivers Preispolitik unterbietet nicht nur Stanley. Wäre es nur dabei geblieben, dann würde man von Oliver sagen können, er benutze die Subventionspolitik, um einen Preiskrieg gegen Stanley, seinen gütigen Freund und Nachbarn, zu eröffnen. Viel Schlimmeres ist allerdings der Fall. Gütigkeit hin oder her wird schließlich auch der um die Gunst seiner Kunden besorgte Stanley anfangen, Olivers Taktik anzuwenden. In einer Kettenreaktion setzen alle Bauern ihre Gesamtproduktion α vom Jahr 1 für $(E_0/2)+n < E_0$ um. Zwar ist es für jeden einzelnen Bauern vorerst erfreulich, dass er mit diesem Trick sein Einkommen von E_0 auf E_0+n aufbessert, aber der Stückpreis seines Produkts $(E_0/2)+n)/\alpha$ im Jahr 1 ist gesunken im Vergleich zum Stückpreis desselben Produkts im Jahr 0, denn aus $(E_0/2)+n < E_0$ folgt trivialerweise: $((E_0/2)+n)/\alpha < E_0/\alpha$. Die Preistendenz ist sinkend. Um das festzustellen, braucht der Leser nur die Preiskurven für die Jahre 0 und 1 in Abbildung 1: P_0 und P_1 miteinander zu vergleichen.

Da der Staat weiterhin gewillt ist, das Einkommen von Stanley und Oliver aufrechtzuerhalten, muss sogar der Anteil der Subventionen am Einkommen von Stanley und Oliver immer größer werden. Angenommen, Stanley und Oliver produzieren wie gewohnt auch für das Jahr 2, um trotzdem Subventionen zu erhalten und wie letztes Jahr für ihre Ware immer weniger zu verlangen, werden sich diese Subventionen in Höhe von S_2 belaufen und der Stückpreis wird auf das Niveau P_2 heruntergedrückt werden. Die Tendenz der Preiskurve für die Folgejahre wird stark sinkend sein.

Spieltheoretisch ähnelt die Situation von Stanley und Oliver den Spielern im Gefangenendilemma: Da jeder egoistischen Zielen nachgeht bzw. eine aggressive Dumpingpreispolitik gegen den Nachbarn auf Kosten des Staates betreibt, erzielen Oliver und Stanley ein stark suboptimales Ergebnis – gesamtwirtschaftlich wie individuell.

3   Das Versagen der Gesellschaft

Die Gründe zum Subventionsbetrug reichen allerdings nicht aus, um das Versagen der griechischen Gesellschaft zu erklären, mit ihren Kontrollmechanismen Entwicklungen wie die in Abbildung 1 geschilderten im Keim zu ersticken. Der Umstand, dass es von den Subventionsbetrügern ausgenutzte Lücken der Finanzpolitik gab, liefert diese Erklärung nicht. Man kann nicht einer Finanzpolitik die Schuld für das Versagen eines Rechtssystems bzw. einer Gesellschaft zuschieben. Darüber hinaus ist die Vorstellung der unter einer Decke steckenden Oliver und Stanley zu vereinfacht. Nicht alle Mitglieder einer Gesellschaft sind gleich reich und nicht alle haben die Hoffnung, Chancen oder Lücken auszunutzen. Bei einem geringen Interessenkonflikt hätte etwa Stanley Grund, Oliver anzuzeigen. Jedenfalls hätte Oliver weniger Grund, sich mit seiner kriminellen Energie in Sicherheit zu wähnen – um ganz von der Möglichkeit zu schweigen, dass Stanley für die Polizei arbeitet. Das zeigt, dass es eine Halbwahrheit meinerseits war, als ich die Situation der Akteure in der Abbildung 1 mit der beider Spieler im Gefangenendilemma verglich, wobei Oliver für die überzeugten Subventionsbetrüger und Stanley für die

Mitläufer sinnbildlich sind. In diesem Fall wäre es nicht zum Subventionsbetrug gekommen, da Stanley unter üblichen Rationalitätsannahmen Oliver beim „Sheriff" (in diesem Fall dem Staat) angezeigt hätte. Stattdessen akzeptierte Stanley zum Schluss Olivers Spielregeln. Das zeigt, dass das Spiel komplizierter als angenommen war. Wenn es keine vollständig irrationale Entscheidung von Stanley war, Mitläufer zu sein, wird sich Stanley auf Grund von vernünftigen Gedanken überzeugt haben können, dass Olivers Strategie auch für ihn die richtige war – es sei denn, die Zukunft war unterdeterminiert oder die Information genügte nicht oder ein oder mehrere Denkfehler lagen vor.

Um Stanleys Motive zur Kooperation mit Oliver zu verstehen, müssen wir die Erwartungen untersuchen, die Stanley und Oliver zu ihren Subventionsanträgen führten. Zusätzlich setze ich eine Ungleichheit zwischen beiden voraus.

Stanley versteht die Subvention als eine Investition in die Zukunft. Oliver versteht allerdings die Investition in die Zukunft, die durch das Subventionswesen ermöglicht wird, anders: „Der Staat gibt mir Geld jetzt, damit ich es in die Zukunft investiere, so dass Stanley und ich, beide, eine bessere Ausgangsbasis im Geschäft haben. D.h., ich muss Subventionen so anlegen, dass eine Rendite im Sinne eines Wertzuwachses unserer Produkte durch die Innovation erwartet werden kann. Einerseits glaube ich gar nicht an diesen Mehrwert, andererseits bin ich sowieso reicher als Stanley – und ich will nicht ungleichmäßig zu seinem künftigen Reichtum beitragen. Also behalte ich den Subventionsbetrag, ohne in die gemeinsame, künftige Konkurrenzfähigkeit von Stanley und mir zu investieren. Es kann natürlich sein, dass der Staat nach dem Jahr 2 einsieht, was ich tue, und die Hilfen einstellt. Diese Gefahr muss ich eingehen."

Um das Beispiel noch konkreter zu machen, nehmen wir an, dass Oliver für 3 Jahre 7.000 € pro Jahr erhält und 3.000 € davon in die gemeinsame Kasse beitragen muss, aus der eine zunächst zweijährige Rendite nach dem Jahr 3 finanziert wird. Stanley, der nicht so wohlhabend ist, soll 1.000 € pro Jahr für drei Jahre erhalten, von denen er 500 € pro Jahr in die gemeinsame Kasse zahlt, um den Wertzuwachs des Produktes zu erreichen. Nach dem Wertzuwachs ist eine Rendite zunächst für die Jahre 4 und 5 zu erwarten in Höhe von 2.770 € pro Jahr für Oliver und 730 € pro Jahr für Stanley.

Die Kontrollen in den ersten zwei Jahren sind nicht streng. D.h. Oliver und Stanley können dieses Geld für sich behalten. Wenn sie am Ende des zweiten Jahres erwischt werden, erhalten sie die Subvention des Jahres 3 nicht ausgezahlt.

Tabelle 1 Ergebnisse zu Stanleys und Olivers Erwartungen

	Jahr 1	Jahr 2	Jahr 3	Jahr 4	Jahr 5
Oliver	7.000 € oder 4.000 €	7.000 € od. 4.000 €	0 od. 7.000 € od. 4.000 €	0 od. 2.770 €	0 od. 2.770 €
Stanley	1.000 € od. 500 €	1.000 € od. 500 €	0 od. 1.000 € od. 500 €	0 od. 730 €	0 od. 730 €

Tabelle 1 stellt die Ergebnisse dar, die Stanleys und Olivers Erwartungen darstellen.

Tabelle 1: Stanley für statt gegen Oliver

Olivers maximaler Gewinn, wenn er unentdeckt betrügt (Jahre 1–3) = 21.000 €.
Olivers Gewinn, wenn sein Betrug nach dem Jahr 2 entdeckt wird = 14.000 €.
Olivers Gewinn, wenn er nicht betrügt (Jahre 1–6) = 17.540 €
Stanleys maximaler Gewinn, wenn er unentdeckt betrügt (Jahre 1–3) = 3.000 €.
Stanleys Gewinn, wenn sein Betrug nach dem Jahr 2 entdeckt wird = 2.000 €.
Stanleys Gewinn, wenn er nicht betrügt (Jahre 1–6) = 2.960 €.

Aus diesen Zahlen geht unmittelbar hervor, dass es für Oliver im Fall, dass er betrügt, einen sehr großen Gewinn für ein verkraftbares Risiko gibt, während der Subventionsbetrug umgekehrt für Stanley ein zu hohes Risiko für einen sehr geringfügigen (und unsicheren) Gewinn darstellt. Trotzdem ist es für Stanley unter Abwägung der möglichen Gewinne und des Risikos eine rationale Option, Oliver nicht wegen Subventionsbetrugs anzuzeigen, vielmehr nach dessen Regeln mitzuspielen – wenn er nämlich besonders risikofreudig ist. Aber das bedeutet, dass er risikofreudiger als sein Freund ist, und zwar mit der Aussicht auf einen geringeren Gewinn, der ihn aber davon abhält, aus der Konvention des kollektiven Subventionsbetrugs auszusteigen und diesen anzuzeigen. Offenbar genießt der große Nutznießer die Unterstützung des kleinen Nutznießers bzw. des Nutznießers in spe oder gar des „armen Schluckers". „Alle waren wir Diebe", meinte am 21. September 2010 in einer Kommission des griechischen Parlaments Theodoros Pangalos, langjähriger Minister in verschiedenen sozialistischen Kabinetten. Das bedeutete keineswegs, dass alle im selben Maß etwas davon hatten.

Unter welchen Bedingungen die Entscheidung des „armen Schluckers" (alias Stanley) rational ist, den Nutznießer (alias Oliver) nicht anzuzeigen und ihn vielmehr zu imitieren und politisch zu unterstützen, hängt von den konkreten Gewinnen und der Risikoabwägung ab. Hier erreichen wir einen wunden Punkt: Wie risikofreudig darf Stanleys Entscheidung sein, um rational zu bleiben? Und selbst wenn Stanley sehr risikofreudig ist: Es ist nicht naheliegend, dass alle, die keine Nutznießer waren im Griechenland der 30 Jahre „der großen Party", Mitläufer mit einer sei es schwindenden Chance auf vom Tisch herunterfallende Brotkrümmel waren. Es wird auch diejenigen gegeben haben, die damit rechneten, aus der Korruption gar keinen Nutzen zu ziehen. Wo sind diese geblieben?

4   Das Versagen der Rationalität

Noch früh in den hier geschilderten Prozessen erforschte Yanis Varoufakis die Risikofreudigkeit in aus klassischer Sicht irrationalen Entscheidungsmustern als Bedingung für gesamtwirtschaftlich optimale Lösungen. Mit folgendem Spiel zeigte er eine paradoxe Situation auf, die eine Herausforderung an die Rationalität – so jedenfalls seine Behauptung – darstellen soll (Varoufakis 1993: 374).

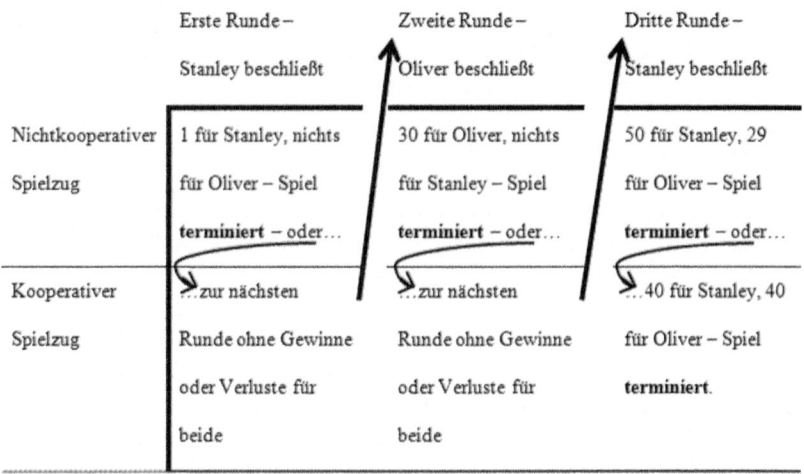

	Erste Runde – Stanley beschließt	Zweite Runde – Oliver beschließt	Dritte Runde – Stanley beschließt
Nichtkooperativer Spielzug	1 für Stanley, nichts für Oliver – Spiel terminiert – oder…	30 für Oliver, nichts für Stanley – Spiel terminiert – oder…	50 für Stanley, 29 für Oliver – Spiel terminiert – oder…
Kooperativer Spielzug	…zur nächsten Runde ohne Gewinne oder Verluste für beide	…zur nächsten Runde ohne Gewinne oder Verluste für beide	40 für Stanley, 40 für Oliver – Spiel terminiert.

Abbildung 2   Spiel nach Varoufakis 1993

Varoufakis empfiehlt als gesamtwirtschaftlich optimale Lösung Stanleys kooperativen Spielzug in der dritten Runde, der zwei kooperative Spielzüge in der ersten und zweiten Runde voraussetzt. Varoufakis lancierte diese Lösung nicht zum Zweck, eine originär griechische oder wie auch immer geartete, lokale Rationalität zu schildern. Vielleicht ist Stanleys sich abzeichnender Gewinn von 1 bereits in der ersten Runde kulturunabhängig nicht so verlockend, dass ein Akteur die später in Frage kommenden Gewinne vergisst.

Ferner wäre Mut nach Varoufakis das Handlungsmotiv, das Stanley in der ersten und Oliver in der zweiten Runde kooperativ spielen lässt (ebd.: 383). Selbst Mut reicht natürlich nicht aus, um Stanleys Unsicherheit in der ersten Runde bezüglich Olivers Spielzug in der zweiten Runde auszugleichen. Entsprechendes gilt für Olivers Unsicherheit in der zweiten Runde bezüglich Stanleys Spielzug in der dritten Runde. Zur Überwindung oder Bewältigung von Unsicherheiten (Achtung: es gibt keine expliziten Absprachen zwischen den Spielern) ist eine fragmentarische Vernunft vonnöten: „Ich handle vorerst kooperativ, und in einer späteren Phase werde ich sehen, was passiert." Diese Rationalität entspricht einer Vernunft, die Varoufakis zu Recht als postmodern bezeichnet (ebd.: 394ff). Postmoderne „Rationalität" stellt aus Sicht der Mainstream-Rationalität, deren Gesetzmäßigkeiten typischerweise von der Spieltheorie beschrieben bzw. postuliert werden, eine abweichende „Rationalität" dar.

Eine alternative Erklärung für die gesamtwirtschaftlich optimale Lösung des Spiels nach Varoufakis 1993 ist eine holistische Rationalität „à la Hegel", wonach sich die individuellen Akteure sich per List der Vernunft dumm stellen und stets gesamtwirtschaftlich rationale, kollektivistische Lösungen realisieren (ebd.: 397ff).

Olivers kooperativer Spielzug in der zweiten Runde und Stanleys kooperativer Spielzug in der dritten Runde des Spiels nach Varoufakis 1993 lässt einsehen, dass es möglich ist, im Sinn einer abweichenden Rationalität eine (jedenfalls scheinbar) gesamtwirtschaftlich optimale Lösung eines Spiels der von der Spieltheorie vorgeschriebenen vorzuziehen.

5 Schluss

Wenn die Analogie zwischen dem Spiel nach Varoufakis 1993 und dem Versagen der Kontrollmechanismen des Staates in Griechenland, dem Ruin vorzubeugen, korrekt ist, dann ist die postmodern- und idealistisch-abweichende Rationalität nicht nur möglich, sondern auch aktuell. Das Wirtschaftsmodell, dem selbst das Wunder gelang, Bürger, die keinen Nutzen daraus zogen, für einen korrupten und betrügerischen Staat, seine Oligarchen und seine kleinen Nutznießer zu engagieren: diese politisch zu stärken und mit ihrem Schweigen zu schützen, ihnen moralisch Verständnis entgegenzubringen, sucht weltweit seinesgleichen. Solche Bürger hofften vermutlich, so komme Geld ins Land, und zweifelten, ob der rechte

Weg tatsächlich offen sei. Ja, hätte die Welt im Jahr 2008 zu existieren aufgehört, dann wäre ihre abweichende Rationalität gesamtwirtschaftlich die beste Lösung gewesen. Wenn ich mit diesem Befund Recht habe, dann war der griechische Schiffsbruch eine Folge der postmodernen „condition" oder der idealistischen List der Vernunft als erlebte ökonomische Realität.

Die für Postmoderne und Idealisten gute (weil spektakuläre) Nachricht aus diesen Erkenntnissen ist, dass das Griechenland zwischen etwa 1980 und 2010 sich zu leicht zu einem riesigen sozialen Experiment zum Nachweis der These entwickelte, dass entweder die postmoderne Rationalität oder die idealistische List der Vernunft keine Hirngespinste von Intellektuellen sind, sondern mindestens eine von beiden stellt ein Geflecht von sozial umsetzbaren Vorstellungen dar. Das ist gleichzeitig die schlechte Nachricht.

Literatur

Lassithiotaki, P. 2002. „Auto einai to pragmatiko agrotiko problima" (Dies ist das wahre Problem der Agrarwirtschaft), Patris [Heraklion] vom 08.10.2002, S. 6. (gr.).

Marshall, A. 1977. Principles of Economics. London: Macmillan.

Varoufakis, Y. 1993. Modern and Postmodern Challenges to Game Theory. Erkenntnis 38, 371–404.

Teil IV

**Die europäische Troika-Politik
und ihre Folgen:
Kritische Gegenwartsanalysen**

Die Außerkraftsetzung der Verfassung in Griechenland

Kostas Chrysogonos[1]

1 Geschichtliche Vorbemerkungen

Die griechische Verfassungsgeschichte von 1821 bis 1974 ist durch die Instabilität der staatlichen Institutionen geprägt. In Bezug auf die Gesamtzahl der Verfassungstexte in diesem Zeitraum liegt Griechenland wahrscheinlich an erster Stelle in ganz Europa (Loewenstein 1975: 140), während die Gefahr der Schwächung staatlicher Souveränität anhand der häufigen Interventionen des Militärs und des Palasts in das öffentliche Leben auch in Zeiten der oberflächlichen Stabilität und Ruhe über dem Land schwebte.[2] Die längste Verfassungskontinuität in diesem Zeitraum beträgt 34 Jahre. Dabei handelt es sich um die 34 Jahre, die zwischen der Erklärung des Prinzips der Abhängigkeit der Regierung vom Parlament im Jahr 1875 und dem Staatsstreich in Goudi im Jahr 1909 liegen; aber auch diese Zeit wurde durch die Zahlungsunfähigkeit des griechischen Staates im Jahr 1893, die aufkeimende Verschwörung durch eine hauptsächlich militärische Organisation im Jahre 1894, die das Land in einen hoffnungslosen Krieg gegen das Osmanische

---

1   Kostas Chrysogonos ist seit Mai 2014 Abgeordneter im Europäischen Parlament für *SYRIZA* in der Fraktion *GUE/NGL* (Konföderale Fraktion der Vereinten Europäischen Linken/Nordische Grüne Linke). Er ist Professor für Verfassungsrecht an der Aristoteles-Universität in Thessaloniki.

2   Loewenstein erwähnt 17 französische Verfassungstexte von 1791 bis 1958 und 10 griechische von 1821 bis 1958. Wenn man aber die französischen des Zeitraums 1791–1814 nicht mitzählt und die „Verfassungen" der griechischen Militärdiktatur sowie die geltende griechische Verfassung von 1975 hinzufügt, dann kommt Griechenland an erster Stelle.

Reich im Jahr 1897 involviert hat, und die Einführung eines internationalen wirtschaftlichen Prüfungsverfahrens im Jahr 1898 gekennzeichnet. Bis 1974 wurde
die Stabilität des Landes somit in Wirklichkeit lediglich durch den Gebrauch von
offen oder verdeckt autoritären Methoden unterschiedlicher „Stärke" erreicht, sofern und soweit ein Gleichgewicht der Kräfte überhaupt erreicht wurde (angesichts
der Tatsache, dass in den Jahren 1944–1949 ein tödlicher Bürgerkrieg stattfand).
Daher sollte man sich nicht durch die hohe Anzahl (im Vergleich zum übrigen Balkan, aber auch im europäischen Vergleich) der stattgefundenen parlamentarischen
Wahlen zu einer Überschätzung der Funktionsfähigkeit der parlamentarischen Institutionen verleiten lassen, zumal die Wahlen oftmals durch Gewalttaten und Be-
trugsversuche überschattet wurden, während in anderen Fällen der erklärte Wille
der Wähler schlichtweg ignoriert wurde (wie in den Wahlen von 1915 und 1964).

2   Kleptokratie
   (Das Regime der persönlichen Bereicherung
   auf Kosten der Allgemeinheit)

Nach dem Sturz der Militärdiktatur im Jahre 1974 wurde sichtbar, dass das griechische politische System sich an den (westlichen) europäischen Vorgaben aus-
richten würde, nachdem auch direkt mit dem Aufnahmeantrag Griechenlands in
die EWG im Juni 1975 (umgehend nach dem Inkrafttreten der neuen Verfassung)
die Teilnahme des Landes am Prozess der europäischen Integration in Gang gesetzt wurde. Hierfür sprachen unter anderem die endgültige Klärung der Staatsform (zugunsten der Republik, durch Abschaffung der Erbmonarchie) durch das
Referendum im Dezember 1974, der Ansehensverlust der Armee als politischer
Faktor aufgrund der Zypern-Tragödie sowie die gesamte internationale Entwicklung, zumal die griechische Wende von 1974 mit dem Anfang einer weltweiten
Demokratisierungswelle (der dritten in den letzten zwei Jahrhunderten) zusammenfiel (Huntington 1991: 21ff). Es schien so, als ob die Verfassung von 1975,
trotz aller Kontroversen, die ihre Einführung begleitet haben, diese Erwartungen
erfüllen würde, da es sich im Allgemeinen um einen modernen Text handelte, der
sämtliche bisherigen griechischen Verfassungstexte sowie einige zeitgemäße europäische übertraf (Venizelos 2008: 92).

   In Wirklichkeit aber war die Abweichung Griechenlands von den Vorgaben
sogar der anderen Mittelmeerländer, bei denen die „Normalisierung" des öffentlichen Lebens fast gleichzeitig erreicht wurde (Portugal, Spanien), und stärker noch
von den Vorgaben der west- und nordeuropäischen Länder von vornherein enorm
und nahm im Laufe der Zeit sogar noch zu. Der wichtigste Unterschied lag im

Charakter der politischen Parteien und insbesondere derjenigen, die sich an der Macht befanden. Bei beiden Parteien Nea Demokratia (fortan ND) und PASOK handelte es sich um personengebundene Formationen, die unter einem charismatischen Gründer (jeweils Konstantinos Karamanlis und Andreas Papandreou) organisiert waren. Der Hauptunterschied in Bezug auf das, was vor 1967 geschah, war, dass während die jeweiligen Parteien in der Zeit vor 1967 (ERE und Zentrumsunion) „lose Partnerschaften mit stark klientelistischer Ausrichtung" (Zakalkas 1996: 166) waren, die Dominanz des Parteiführers nach 1974 unverhältnismäßig stark war. Würde man Analogien zwischen der Entwicklung des Staates in der europäischen Geschichte und der Partei in der modernen griechischen Geschichte ziehen wollen, so würde man feststellen, dass sich Letztere bis 1967 im Grunde in einem feudalen Stadium, entsprechend jenem des europäischen Spätmittelalters, befand, während es im Jahr 1974 in die Phase des innerparteiischen Absolutismus trat, entsprechend dem der europäischen Staaten des 16.–18. Jahrhunderts. Bezeichnend für den Mangel an innerparteilicher Demokratie ist die Tatsache, dass der erste Parteitag der ND erst im Jahr 1979 und der der PASOK erst 1984 stattgefunden haben. Die jeweiligen Satzungen der Parteien an der Macht hatten ohnehin einen Pro-forma-Charakter, da sie selektiv je nach der Interessenlage des Parteiführers entweder angewandt oder ignoriert wurden. Meinungsverschiedenheiten der Parteimitglieder mit dem Parteiführer wurden sowieso immer als ein „Majestätsverbrechen" gehandhabt und mit der Strafe des Ausstoßes aus der Partei geahndet, oft durch eine willkürliche persönliche Entscheidung des Parteiführers, oder nach Einleitung eines Scheindisziplinarverfahrens, durchgeführt durch Personen des Vertrauens des Parteiführers. Die ersten Erscheinungen dieser Art waren zunächst die Massenausschlüsse von PASOK im Frühjahr 1975 durch Andreas Papandreou betreffend die Parteimitglieder, die aus der ehemaligen Fraktion „Demokratische Abwehr" stammten, sowie der Hinauswurf des Abgeordneten Sawouras von der ND im Januar 1976, mit einer Erklärung des Parteivorsitzenden Konstantinos Karamanlis und ohne ein einziges Verfahren, nicht einmal eine Aufforderung zur Abgabe einer Erklärung (ebd.: 247ff).

Unter diesen Umständen war die Wahl des Parteivorsitzenden der einzige innerparteiliche Prozess, der von entscheidender politischer Bedeutung war. In der PASOK fand nur zweimal in den 39 Jahren des Bestehens der Partei ein Konkurrenz-Wahlkampf statt: einmal im Jahr 1996 im Rahmen eines Parteitags (damals gewann Kostas Simitis gegenüber Akis Tsochatzopoulos) und dann im Jahr 2007, als eine breite Wählerschaft von Hunderttausenden von Parteimitgliedern und Parteifreunden an dem Wahlkampf teilnahm (damals gewann Georgios Papandreou gegenüber Evangelos Venizelos und Kostas Skandalidis). Weitere zwei Male wurden die Mitglieder und Freunde von PASOK aufgefordert, einfach die Ernen-

nung des einzigen Kandidaten als Parteivorsitzenden in einem feierlichen Akt zu
ratifizieren (die „Wahl" von Georgios Papandreou im Jahr 2004 und von Evangelos Venizelos im Jahr 2012). Die ND hat auf diesem Gebiet bessere Leistungen er-
bracht, mit insgesamt sechs Konkurrenz-Wahlkämpfen: Drei davon betrafen Frak-
tionswahlen (Georgios Rallis gewann gegenüber Evangelos Averoff im Jahr 1980,
Letzterer gewann gegenüber Konstantinos Stephanopoulos und Ioannis Boutos im
Jahr 1981 und Konstantinos Mitsotakis gewann gegenüber Konstantinos Stephanopoulos im Jahr 1984). Ein weiterer Wahlkampf wurde mit einem etwas ver-
größerten Wahlgremium, bestehend aus der Parlamentsfraktion und einer Reihe
von anderen Parteifunktionären durchgeführt (Miltiadis Evert gewann gegenüber
Ioannis Varvitsiotis im Jahr 1993), ein weiterer von einem Parteitag (Konstantinos
Karamanlis gewann gegenüber Georgios Souflias im Jahr 1997) und ein letzter,
bei dem die Wählerschaft aus den Mitgliedern und Freunden der Partei bestand
(Antonis Samaras gewann die Wahl gegenüber Dora Bakoyanni und Panagiotis
Psomiadis im Jahr 2009). Bezeichnend jedoch für die innerparteiische Hegemonie
ist auch in dieser Partei die Tatsache, dass kurze Zeit nach drei von sechs Wahlkämpfen der Verlierer von dem Parteiführer aus der Partei ausgeschlossen wurde,
oder dazu veranlasst wurde, die Partei selbst zu verlassen (Konstantinos Stephanopoulos im Jahr 1985, Georgios Souflias im Jahr 1998 und Dora Bakogianni im
Jahr 2010).

Die Durchführung von Wahlkämpfen zur Ernennung des Parteivorsitzenden
ist zwar an sich ein Element der Institutionalisierung, sollte aber nicht mit innerparteilicher Demokratie verwechselt werden. Von innerparteilicher Demokratie
könnte die Rede sein, wenn die Politik einer Partei, vor allem wenn es sich um
die regierende Partei handelt, durch eine Reihe von institutionalisierten Verfahren, die mehr oder weniger eine Teilnahme an den Entscheidungen und ein Mit-
bestimmungsrecht für alle Parteimitglieder sicherstellen würde, gekennzeichnet
wäre. Dies ist jedoch bei keiner der Parteien, die in Griechenland an der Macht
waren, der Fall. Selbst wenn kollektive Verfahren stattfanden, war der politische
Sacheinsatz, der hierdurch bestimmt wurde, eingeschränkt oder gar nicht existent.
Das typischste Beispiel ist die erste Konferenz der PASOK, zehn Jahre nach ihrer
Gründung, in welcher der Gründer der Partei, Andreas Papandreou, zum „Präsidenten" durch Akklamation gewählt wurde, sodass rückwirkend die Theorie von
Carl Schmitt in Bezug auf die Akklamation als einem demokratischen Prozess
bestätigt wurde (Schmitt 1928: 243). Andreas Papandreou hielt eine dreieinhalb-
stündige Rede hinter verschlossenen Türen und räumte anschließend großmütig
jedem Parteitagteilnehmer 30 Sekunden für eine „Intervention" ein (Zakalkas
1996: 271). Bestenfalls konnte sich der Parteiführer vernünftigerweise zurückhal-
ten und eine Anzahl von Parteitagsmitgliedern zu Wort kommen lassen, dennoch

waren die Konferenzen geprägt von einem ausufernden Geschwätz über „Gott und die Welt", und es wurden keine bedeutungsvollen Sachentscheidungen getroffen. In Anbetracht all dieser Tatsachen war der Titel des Parteiführers, der „Präsident" genannt wurde, irreführend, da er der innerparteilichen Monarchie lediglich einen Anschein von Republikanismus verlieh. Die innerparteiliche „Verfassung" der beiden Parteien, die sich seit 1974 abwechselnd an der Macht befinden (und diese heute sogar gemeinsam ausüben) ist somit keineswegs eine Form der „res publica", sondern eine Art „principatum", in dem alle wichtigen politischen Entscheidungen durch den Parteiführer auf einer ganz personenbezogenen Art und Weise getroffen werden. Die Tatsache, dass es sich um eine Wahl-Monarchie handelt (Jellinek 1914: 691ff), mindert keineswegs den monarchischen Charakter der beiden Parteien.[3]

Der zweite Faktor der Abweichung ist die Ineffizienz der bestehenden Mechanismen in Bezug auf die Steuerung bzw. Kontrolle des politischen Geldflusses (es handelt sich hierbei um einen Ausschuss, bestehend größtenteils aus Abgeordneten, die diese Aufgabe als eine nebensächliche Tätigkeit betrachten, und dem es an der erforderlichen Infrastruktur fehlt, sodass die Erklärungen der Abgeordneten in Bezug auf die Herkunft ihrer Einnahmen und Bezüge praktisch nicht überprüft werden). Der Mangel an Überprüfung wird durch die institutionalisierte Straffreiheit verstärkt, insbesondere durch die Gewährung einer leicht verdeckten strafrechtlichen Freistellung für die amtierenden und die ehemaligen Minister gemäß Artikel 86 der Verfassung (Chrysogonos 2011: 83ff).

Drittes Element der Abweichung war für lange Zeit die äußerste Armut der Parteien an der Macht in Bezug auf Programm und Ideologie. Wie sogar der ehemalige PASOK-Chef und Ministerpräsident (1996–2004) Kostas Simitis unerwartet gestand: „Die Parteien ähneln sich immer mehr [...], also brauchen wir mehr Werbung. Die Unterschiede in der Darstellung [...] werden die Wähler (erneut) anziehen. [...] Die Parteien sind in Bezug auf Geldgeber nicht wählerisch, weil sie immer weniger Geld zur Verfügung haben, als sie benötigen. Die Geldgeber sind andererseits in der Regel daran interessiert, bestimmte Entscheidungen herbeizuführen und nicht interessiert, Ideologien zu verstärken. Insofern finanzieren sie alle Parteien ohne Ausnahme. Die aktuelle Situation birgt die Gefahr einer Oligarchie der Geldgeber. Sie führt zur Machtkonzentration bei unsichtbaren ökonomisch-politischen Kernen und erstellt ein Raster der Manipulation der Entscheidungen der Regierung" (Simitis 1993: 7ff). Mit anderen Worten: Es fand eine allmähliche Verschmelzung der privaten mit der öffentlichen Macht statt, da die direkte oder

---

3   Allerdings natürlich erst nach dem Abgang der beiden jeweiligen Parteigründer im
     Jahr 1980 in der ND und im Jahr 1996 bei der PASOK.

indirekte Teilnahme an der Staatsgewalt (und somit an der Staatskasse) offensichtlich das wirksamste Mittel zur eigenen Bereicherung in Griechenland war. Die Korruption, die durch immer mehr ans Licht kommende Skandale (wie zum Beispiel die Siemens-Affäre) aufgedeckt wird, bildet in Griechenland kein pathologisches Symptom, sondern eine organische Eigenschaft des politischen Systems, da auch der „private" Bereich weitgehend von staatlichen Geldern lebt. Auf diese Art und Weise wurde die griechische Demokratie langsam und fast unmerklich „privatisiert" (Tsatsos 2008: 134ff). Die Politik wurde in eine private Angelegenheit der großen politischen Dynastien[4] (Papandreou, Karamanlis usw.) und den starken wirtschaftlichen Interessen umgewandelt.

Das vierte Element der griechischen Abweichung ist die übermäßige Professionalisierung der politischen Klasse und deren Umwandlung in eine halb geschlossene privilegierte soziale Schicht, eine neue Art von „Adeligen". Während der letzten vierzig Jahre wird die griechische politische Szene von bestimmten „Typen" von Abgeordneten und allgemein Politikern mit eindeutig feudalen Elementen dominiert. Einen „Typus" dieser Art bilden die politischen Erben, nämlich diejenigen, die ihre Wahl hauptsächlich aufgrund ihrer Verwandtschaft mit anderen Abgeordneten sichergestellt haben (Chrysogonos 2009). Schätzungsweise hatten 193 von den 1.191 Abgeordneten, die im griechischen Parlament in der Zeit von 1974 bis 2004 vertreten waren, eine Blutsverwandtschaft untereinander (Tziovaras/Chiotis: 39). Wie also die Erbfolge im mittelalterlichen Europa zu Adelstiteln und Landeserträgen führte, so führt sie im heutigen Griechenland zu Parlamentssitzen und zu politischen Einkommen jeglicher Art. Ein anderer Typ ist der „Ernannte". Hierunter fallen Abgeordnete, die aufgrund ihrer Teilnahme an einer „starren" Kandidatenliste auf nationaler Ebene, also ohne Präferenzstimmen „gewählt" wurden. Analog hierzu hatten die Monarchen der Vergangenheit das Privileg, Adelstitel an Personen zu verleihen, die keine aristokratische Herkunft vorzuweisen hatten (Hattenhauer 1999: 269ff). Es ist bemerkenswert, dass Abgeordnete, die durch Präferenzstimmen (Anbringung eines Kreuzes auf dem Wahlzettel) gewählt werden, sich diesem Typus annähern, weil es sich manchmal um eine ferngesteuerte Stimmabgabe von Wählern handelt, die mit dem Parteiapparat auf einer klientelistischen Basis verbunden sind. Außerdem gibt es auch diejenigen, die ihre Wahl in das Parlament in Wirklichkeit käuflich erworben haben, indem sie Unmengen an Geld während ihres Wahlkampfs, oder auch schon davor, in die privaten Massenmedien und die „Meinungsbilder" jeglicher Art (*opinion leaders*) investiert haben. Sie entsprechen der „noblesse de la robe" des französischen Absolutismus, vor

---

4   Für die dynastische Idee und ihren Einfluss auf das griechische politische System siehe Chrysogonos 2009: 146–152.

allem des 17. und 18. Jahrhunderts, als der Verkauf von öffentlichen Ämtern eine der Haupteinnahmequellen der Monarchie war (Ertman 1997: 100ff, 126ff). Eine numerisch bedeutende Präsenz weisen außerdem die professionellen Parteimitglieder im Parlament vor. Diese Gruppe umfasst diejenigen, die bereits als Studenten oder Schüler ihre Parteimitgliedschaft zu ihrer Hauptbeschäftigung gemacht haben, indem sie von der Partei finanziert wurden, oder diverse öffentliche Ämter ohne einen konkreten Aufgabenbereich bekleidet haben. Oft lagen jedenfalls auch dieser Art von Aktivitäten feudale Elemente zugrunde, insbesondere eine informelle, aber allseits in der Partei bekannte, persönliche Beziehung der Unterordnung unter den Anführer der Partei oder einen der Partei-„Barone" (Kimminich 1987: 76ff).[5]

Die fünfte Abweichung stellt die in den späten 80er-Jahren beginnende und andauernde organisierte Anarchie der Rundfunklandschaft dar, mit dem Betrieb von Stationen ohne Genehmigung, ihrer illegalen Lizenzierung und der scheinbar endlosen Verlängerung der schwebenden Anwendung von Gesetzen. Dies hatte den willkürlichen Gebrauch von Rundfunkfrequenzen durch Funktionäre bestimmter oligarchischer Gruppen zur Folge. In der gleichen Weise wurde die Schaffung von ineinandergreifenden Beziehungen zwischen den Massenmedien und den verschiedenen Zentren der politischen Macht ermöglicht, wodurch die Einen ihr unrechtmäßiges Bestehen sicherten und den Anderen nicht bloß öffentliche Toleranz, sondern sogar tatkräftige Unterstützung garantierten. Es ist bezeichnend, dass durch das Urteil Nr. 3578/2010 der Vollversammlung des Obersten Verwaltungsgerichts entschieden wurde, dass die langjährige Tolerierung des Betriebs von Fernsehstationen, die illegal gegründet und betrieben wurden, gegen die Verfassungsgrundsätze der Rechtsstaatlichkeit und der Gleichheit verstößt. Vor allem hat die Verwaltung es absichtlich versäumt, die vorgeschriebenen Ausschreibungsverfahren, die die Gewährung von Lizenzen für den Betrieb von Fernsehsendern regeln sollten, durchzuführen. Vielmehr hat sie diese auf unbestimmte Zeit mittels einer Reihe von angeblich vorübergehenden „gesetzeskonformen" Verlängerungen aufgeschoben. Dessen ungeachtet weigern sich sowohl die Legislative als auch die Exekutive weiterhin hartnäckig, sich der Rechtsprechung zu fügen, sodass die Nutznießer der Fernsehfrequenzen in den Massenmedien weiterhin dominieren und ihre Funktionen erfüllen können.

Es kann behauptet werden, dass bereits am Anfang des 21. Jahrhunderts all dies zum Abschluss der ersten Phase der Außerkraftsetzung der Verfassung geführt hatte, nämlich zur eigentlichen Abwandlung der Regierungsform, trotz der

---

5   Kimminich beschreibt die persönlichen Knechtschaftsbeziehungen als Hauptelement des politischen Überbaus der feudalen Gesellschaften.

oberflächlichen Einhaltung der verfassungsrechtlichen Vorschriften. Die demokratische Staatsform (gemäß Artikel 1 der Verfassung) wurde in eine de facto
Kleptokratie verwandelt, indem die Machtzentren durch eine Klasse von Berufs-
politikern usurpiert wurde, die sich mit öffentlichen Geldern bereichern und sich
mit wirtschaftlichen Machtzentren verbündeten. Beide Seiten, die politische und
die wirtschaftliche Klasse, profitierten davon. Die Funktion der politischen Repräsentation wurde ins Gegenteil verkehrt, indem die politische Klasse nicht mehr
als Vertreter der Gesellschaft gegenüber dem Staat fungiert hat, sondern nunmehr
den Staat gegenüber der Gesellschaft vertrat. Ihre Durchsetzung wurde durch ein
vielschichtiges System des „Kundendienstes" und durch die Gewährung von diversen Vorteilen für verschiedene Gruppen von Einnahmejägern gewährleistet,
kombiniert mit der Kontrolle der Massenmedien. Den Kraftstoff des Systems der
Kleptokratie hat vor allem in den ersten Jahren der Eurozone die externe Kredit-
aufnahme in Verbindung mit dem Erhalt von jeglicher Art von europäischen Subventionen gebildet.

3   *Chreokratie* (Das Regime der Schulden): Die grundlegenden Parameter

Die zweite Phase der Außerkraftsetzung der Verfassung beginnt im Mai 2010 mit
der Aufnahme des Landes in das Regime der „Memoranda". Zu diesem Zeitpunkt
hatte die *Kleptokratie* bereits ihre Grenzen erreicht, da der künstliche Wohlstand,
von dem die regierenden Parteien und ihre Nutznießer profitierten und der auf
der zunehmenden Auslandskreditaufnahme basierte, nunmehr mit dem Verlust der
Kreditwürdigkeit des griechischen Staates auf den privaten Kapitalmärkten beendet wurde. Der griechische Staat wurde hierdurch gezwungen, um Kredite bei
anderen EU-Staaten und beim IWF zu betteln. Freilich stellen die „Memoranda"
aus rein rechtlicher Sicht weder eine Beschränkung der staatlichen Souveränität
dar, noch (in der Regel) eine Abgabe von verfassungsmäßigen Befugnissen an Organe der internationalen Organisationen im Sinne von Artikel 28 Abs. 2 und 3 der
Verfassung (Katrougkalos 2010: 157). Die griechische Republik ist nicht nur freiwillig beigetreten, sondern kann aus rechtlicher Sicht von der Einhaltung dieser
jederzeit zurücktreten, auch wenn dies zu einem Verlust der über diesen Zeitraum
hinaus fälligen Zahlungen aus den anderen Ländern der Eurozone und dem IWF
führen würde. In Wirklichkeit bedeuten die Memoranda jedoch, dass der griechische Staat die Formulierung und Umsetzung der Steuer- und Sozialpolitik des
Landes an die Troika (EU-Kommission, EZB, IWF) abgetreten hat (Chrysogonos
2011: 159ff, 170f). Die griechische Regierung und das Parlament unterliegen zu-

mindest in diesen Bereichen der unmittelbaren Kontrolle der Troika, da jede ernsthafte Weigerung, die Vorgaben der Troika zu erfüllen, die Nicht-Auszahlung der nächsten Rate des Darlehens herbeiführen wird, mit dem Ergebnis, dass hiermit das Risiko der Zahlungseinstellung von zumindest einigen der Zahlungsverpflichtungen des griechischen Staates verbunden ist. Es handelt sich daher um eine de facto Abtretung der externen Souveränität des Landes: Wenn (extern) souveräne staatliche Formationen diejenigen sind, die keine ihnen Übergeordnete kennen, dann zählt Griechenland, zumindest für die (unbestimmte) Dauer der Anwendung des Programms der Troika, nicht zu ihnen. In der Dreiecksbeziehung zwischen Troika, der griechischen Regierung und den (vermeintlich) „souveränen" Bürger-Verbrauchern, ähnelt die zweite weniger einer echten Regierung, sondern vielmehr einem Händler, der die Endverbraucher von der Notwendigkeit zu überzeugen versucht, dass die Einhaltung der Vorgaben notwendig sei.

Der übliche Einwand verschiedener Verteidiger der Knechtschaft der Memoranda, dass die Abtretung der äußeren Souveränität des Landes oder zumindest eines großen Teils davon bereits mit dem Beitritt Griechenlands zur damaligen Europäischen Wirtschaftsgemeinschaft (EWG) im Jahr 1979 (kraft des Gesetzes Nr. 945/1979) und später durch die Aufnahme in die Europäische Union durch den Vertrag von Maastricht im Jahr 1992 erfolgte, ist irreführend. Denn die EWG und anschließend die EU wurden auf einem Fundament der Gleichwertigkeit und -berechtigung errichtet, als eine „Union von Staaten und Völkern", und auf dieser Grundlage bis zum Ende des ersten Jahrzehnts des 21. Jahrhunderts betrieben (Tsatsos 2001: 23). Durch die Aufnahme jedoch einer Reihe von Ländern aus der „Peripherie" der Eurozone in die „Memoranden", ausgehend von Griechenland im Jahr 2010 (gefolgt, wie bekannt, von Irland, Portugal und zuletzt von Zypern), wurde die Verbindung von gleichberechtigten „Völkern und Staaten" de facto, wenn auch nur zum Teil, in eine Verbindung von Gläubigern und Schuldnern umgewandelt. Die Beziehung zwischen Schuldnern und Gläubigern ist, besonders wenn es sich hierbei um Staaten handelt, per Definition ungleich, da die Schuldner in Wirklichkeit von der Bereitschaft der Gläubiger abhängig sind, die Finanzierung fortzuführen.

Während der Periode der Memoranden, die wir durchlaufen, mutiert das Regime der *Kleptokratie* somit zu einem Regime der *Chreokratie*, oder, zumal die Gläubiger andere Länder und der IWF sind, zu einem Regime der *Fremdherrschaft*. Während dieser Periode ist die Außerkraftsetzung der Verfassung und die allgemeine Verletzung der inländischen politischen Institutionen, die jedes letzten substantiellen Inhalts beraubt wurden, also die Ent-Institutionalisierung des politischen Systems, noch deutlicher und stärker verbreitet als in der langen Phase der *Kleptokratie*. Gleichzeitig verkommt sogar der letzte Anschein der Rechtsstaatlichkeit, da eine Reihe von in der Verfassung verankerten Grundrechten missachtet wird, die übrigens auch in internationalen Verträgen verankert sind, die kraft Gesetzes ratifiziert worden sind und somit einen höheren Rang als jede entgegenstehende Vorschrift des Gesetzes genießen (Artikel 28 Abs. 1 der Verfassung). Das gilt insbesondere für soziale Rechte wie Rechte in Bezug auf die Arbeit. Es ist bemerkenswert, dass der europäische Ausschuss für soziale Rechte mehrmals geurteilt hat, dass die Austeritätsmaßnahmen, die Griechenland von der Troika aufgezwungen worden sind, gegen das Recht auf ein gerechtes Arbeitsentgelt, gegen das Recht auf berufliche Ausbildung und gegen das Recht auf soziale Sicherheit verstoßen (siehe Urteile 65/2011, 66/2011, 76/2012, 77/2012, 78/2012, 79/2012, 80/2012).

4 Der Verstoß gegen die Verfassung mit dem Eintritt in die Ära der Memoranda

Die Unterwerfung Griechenlands unter das Memorandum im Frühjahr 2010 war eine klare Umgehung des demokratischen Grundprinzips (Artikel 1 der Verfassung), zumal das Mandat des Volkes an PASOK im Oktober 2009 mit einem diametral gegenteiligen Inhalt erteilt wurde, wie dies im Wahlkampf mit den Worten „Geld ist vorhanden" (Georgios Papandreou) zum Ausdruck kam. Außerdem wurde die Vorgabe des Artikels 29 Abs. 1 der Verfassung betreffend die innerparteiliche Demokratie missachtet, da die entsprechende Entscheidung persönlich vom ehemaligen PASOK-Chef und Ministerpräsidenten Papandreou ohne vorherige Diskussion und Abstimmung in einem Parteigremium (wie z.B. bei dem für derartige Sachgebiete zuständigen Nationalrat von PASOK, in Übereinstimmung mit Artikel 36 der damals „geltenden" Satzung des Nationalrates) getroffen wurde. Sämtliche Abgeordneten, die nicht einverstanden waren und gegen das Gesetz 3845/2010 gestimmt haben, wurden umgehend aufgrund einer Erklärung des Ministerpräsidenten und einer Fehlauslegung des Artikels 16 Absatz 5 der Geschäftsordnung des Parlaments aus der Partei ausgeschlossen. Die Darlehensvereinbarung vom 08.05.2010 wurde ferner zwar dem Parlament zur Ratifizierung vorgelegt, aber zu keinem Zeitpunkt auf die Tagesordnung gesetzt, eventuell, weil es sehr schwierig gewesen wäre, dem Volk gegenüber den Verzicht des Kreditnehmers auf Immunität aus Gründen der Staatssouveränität zu rechtfertigen, der in Artikel 4 des Übereinkommens und Absatz 12 der begleitenden Gutachten für den Fall der Einleitung von Zwangsvollstreckungsmaßnahmen seitens der Kreditgläubiger vorgesehen war. Es versteht sich von selbst, dass die oben genannte Klausel des Vertrags, die dem griechischen Staat potentiell die Immunität seines öffentlichen (im Gegensatz zum privaten) Vermögens gegenüber etwaigen Vollstreckungsmaßnahmen der Gläubiger entzieht, eindeutig gegen den in den Artikeln 1 und 26 der griechischen Verfassung verankerten Kern der Staatssouveränität verstößt (Kasimatis 2011: 44ff).

5   Schlussfolgerung

Man könnte noch mehrfach weitere einzelne Verfassungsverstöße auflisten, die seit dem Frühling 2010 stattgefunden haben, aber dies würde die Schlussbilanz nicht ändern. Während der Phase der *Chreokratie* mutierte die Staatsform in eine verkappte Diktatur der internationalen Kapitalmärkte, vermittelt durch die Staaten-Kreditgeber (da diese sich ebenfalls von Privatpersonen beleihen lassen, solange es die heilige, wesensgleiche Dreifaltigkeit der großen Ratingagenturen zulässt) und den IWF. Das wichtigste Instrument der Rechtsdurchsetzung der *Chreokratie* sind nicht mehr die Kundenbeziehungen aller Art, wie während der *Kleptokratie*, sondern die Drohung mit der unkontrollierten Insolvenz und dem Ausstieg aus der Eurozone, die von den mit dem politischen System verflochtenen Massenmedien verbreitet und ausgeschmückt wird. Die Ent-Institutionalisierung verschärft sich jedoch, da nunmehr offensichtlich wird, dass sich die Funktion der inländischen politischen Institutionen lediglich auf die Durchsetzung von Befehlen der ausländischen Gläubiger beschränkt.

Der nächste Schritt

Das Regime der *Chreokratie* scheint auf lange Sicht nicht lebensfähig zu sein. Die griechische Wirtschaft befindet sich im Trudeln, zumal die Rezession in dem Zeitraum 2009–2014 zu einem Rückgang des Bruttoinlandsprodukts um 25 % führte und die Arbeitslosigkeit im Jahr 2014 bei über 27 % liegt, während die Arbeitslosigkeit bei den jungen Menschen noch höhere Prozentsätze (ca. 60 %) aufweist. Die historische Erfahrung zeigt, dass die Gesellschaften, die vor ähnlichen wirtschaftlichen Zusammenbrüchen stehen, entweder vollständig den Kurs wechseln, wie zum Beispiel die USA durch die Wahl von Roosevelt im Jahr 1932 und den Beginn des New Deal im Januar 1933, oder letztendlich zum radikalen Umsturz der bestehenden politischen Institutionen geführt werden, wie Deutschland im Jahr 1933. Es ist darauf hinzuweisen, dass in Deutschland damals, genau wie im heutigen Griechenland, ein Zeitraum des allmählichen Zusammenbruchs des Funktionierens der Institutionen und des Abgleitens der parlamentarischen Demokratie, die in der Weimarer Verfassung verankert war, voranging, und dann die Abschaffung der demokratischen Verfassung folgte, durch die „informelle"

Präsidialdiktatur Hindenburgs und anschließend durch den nationalsozialistischen Faschismus.

Unter diesen Umständen lautet die entscheidende Frage, was denn auf die Phase der *Chreokratie* folgen kann. Man könnte sehr schematisch zwei verschiedene Möglichkeiten skizzieren. Die erste umfasst die Möglichkeit einer zumindest vorübergehenden Rückkehr in diverse autoritäre Methoden der Ausübung staatlicher Macht. Ein Hinweis in diese Richtung ist zunächst der Einzug (erstmals nach den Wahlen von 2012) einer Partei mit einer offen faschistischen Ideologie (Chrysi Avgi oder Goldene Morgendämmerung) mit etwa 7 % der gültigen Stimmen (9,4 % bei den Europawahlen im Mai 2014) ins griechische Parlament. Noch alarmierender, da sie einen langfristigen Trend widerspiegelt, ist die Tatsache, dass bei den letzten Wahlen im Juni 2012 die Nichtwählerquote bei 38 % der eingetragenen Wähler (etwa 4 Mio. Wähler) lag und somit höher war als je zuvor. Freilich ist ein bedeutender Teil der Enthaltungsrate, schätzungsweise 10–12 %, fiktiv, da die Wahllisten nicht rechtzeitig aktualisiert werden, sodass in diesen viele bereits Verstorbene aufgeführt sind, während eine Vielzahl der Eingetragenen Auslandsgriechen sind, die verhindert waren, an der Wahl teilzunehmen.[6] Aber auch unter Berücksichtigung dieser Tatsache scheint sicher zu sein, dass die Nichtwähler die erste politische Kraft in Griechenland bilden, da die Stimmen ihrer potentiellen Wähler sogar die Stimmzahl, die die stärkste Partei (ND mit etwa 1,8 Mio. Stimmen im Juni 2012) erhalten hat, übersteigen. Es ist offensichtlich, dass die Enthaltungsrate in einer Zeit, in der die Wirtschaft aufgrund der Überschuldung, die die „Klasse" der Berufspolitiker verursacht hat, zusammenbricht, nicht auf eine Gleichgültigkeit der Wähler gegenüber den öffentlichen Angelegenheiten zurückzuführen ist. Vielmehr sollte sie als eine Manifestation der wachsenden Ablehnung dieser „Klasse" seitens des Volkes interpretiert werden (es ist bezeichnend, dass die Nichtwählerquote im Jahr 1981 lediglich bei 18 % lag, und seitdem einen stetigen Aufwärtstrend zeigt, der seinen Höhepunkt im Mai 2012 mit etwa 35 % und im Juni 2012 mit 38% erreichte). Dieser Trend hält Schritt mit der Verzweiflung, da diejenigen, die sich der Stimme enthalten haben und diejenigen, die einen leeren Stimmzettel abgegeben haben, zu glauben scheinen, dass eine Stimmabgabe zugunsten der einen oder der anderen Partei keinen Einfluss auf die Ausübung der Staatspolitik haben wird.

Diese Umstände scheinen ein förderliches Umfeld für das unverhohlene Kippen der demokratischen Institutionen zu bilden. Nach einer Umfrage, die in der

---

6   Bis heute existiert für die im Ausland lebenden griechischen Staatsbürger keine Möglichkeit der Briefwahl. Sie müssen nach Griechenland reisen, um dort an den Parlamentswahlen teilnehmen zu können.

griechischen Zeitung *To Vima* am 11.11.2012 veröffentlicht wurde, ist die Armee die Institution, der die Griechen mit 43,1 % der Befragten am meisten vertrauen, gefolgt von der Polizei und der Kirche mit jeweils 26 %, während das Parlament nur 8,7 % und die Parteien 3 % erhalten haben. Diese Schlussfolgerung spiegelt eine dauerhafte Verschiebung wider und bestätigt die Ergebnisse früherer Untersuchungen. Beispielsweise ging aus einer Umfrage, die am 27.09.2001 ebenfalls in derselben Zeitung veröffentlicht wurde, hervor, dass die Institution, die das größte Vertrauen der Öffentlichkeit genießt, wieder die Streitkräfte waren, mit einem Anteil von rund 82 %, gefolgt von der Kirche mit 70 % und der Polizei mit 55 %. Parteien und Politiker lagen auch damals am Ende der Rangliste, aber mit einem etwas anständigeren Anteil von 26 %. So wurden bereits im Jahr 2001, vor Beginn der Krise, die ersten Anzeichen des Misstrauens gegenüber dem Funktionieren des politischen Systems und der Demokratie im Allgemeinen aufgespürt, die im Laufe der Jahre intensiviert wurden und heutzutage die Ebenen der Existenzkrise und der Verzweiflung erreicht haben.

Die andere Möglichkeit wäre, ein politisches System mit mehreren und stärkeren Beweisen eines echten demokratischen Systems aufzubauen, im Vergleich zu dem, das nach 1974 eingeführt wurde (Chrysogonos 2011: 231ff). Hauptanliegen wäre in diesem Fall das Ende der belastenden Vormundschaft der Troika, die „Repatriierung" der eigentlichen politischen Macht und die Entstehung bzw. Stärkung von Parteien, die institutionalisierte kollektive Träger von politischen Programmen und Ideologien sein werden, anstatt Pyramiden des Klientelismus. Griechenland braucht Parteien, die in der Form eines Verbands funktionieren, in denen Kollektivität und Konsequenz zwischen Taten und Worten dominieren, anstatt der traditionellen Parteien, aufgebaut um einen „Messias"-Hegemon herum, der willkürlich entscheidet und gelegentlich ebenso willkürlich den ideologischen Charakter der Partei verändert. Es benötigt ferner einen breiteren wirtschaftlichen und sozialen Wandel, sodass die Verflechtung der politischen mit der ökonomischen Macht beendet wird. Das politische System muss rekonstruiert werden, und zwar durch das Ergreifen von einer Reihe von Maßnahmen sowohl auf der Ebene der Verfassung als auch auf der Ebene der einfachen Gesetzgebung, sodass das Funktionieren der politischen Institutionen effektiver und demokratischer gestaltet wird. Last, but not least, braucht die griechische Gesellschaft einen radikalen Wandel ihrer Mentalität, sodass das Gewicht auf die gerecht bezahlte Arbeit als Wert und als menschliches Ideal gelegt wird, ganz im Gegenteil zu der Memorandum-Politik, die auf die allseitige Abwertung der Arbeit zielt.

Literatur

Chrysogonos, K. 2011. *Der „lange Weg" zur Ent-Institutionalisierung.* Thessaloniki: Epikentro. (gr.).

Chrysogonos, K. 2009. *Die private Demokratie. Von den politischen Dynastien zur Kleptokratie.* Thessaloniki: Epikentro. (gr.).

Ertman, T. 1997. *Birth of the Leviathan. Building States and Regimes in Medieval and Early Modern Europe.* Cambridge: Cambridge University Press.

Hattenhauer, H. 1999. *Europäische Rechtsgeschichte.* Heidelberg: Müller.

Huntington, S. P. 1991. *The Third Wave. Democratization in the Late Twentieth Century.* Norman: University of Oklahoma Press.

Jellinek, G. 1914. *Allgemeine Staatslehre.* Berlin: O. Häring.

Kasimatis, G. 2011. *Die illegalen Darlehnsvereinbarungen Griechenlands.* Athen: Livanis. (gr.).

Katrougkalos, G. 2010. Memoranda sunt servanda? Die Verfassungsmäßigkeit des Gesetzes 3845/2010 und des Memorandums für die Durchführungsmaßnahmen der Vereinbarungen mit IWF, EU und EZB, *Zeitschrift für Verwaltungsrecht* (ΕφημΔΔ), 2/2010, 151–163. (gr.).

Kimminich, O. 1987. *Deutsche Verfassungsgeschichte.* Baden-Baden: Nomos.

Loewenstein, K. 1975. *Verfassungslehre.* Tübingen: Mohr Siebeck.

Schmitt, C. 1928. *Verfassungslehre.* Berlin: Duncker & Humblot.

Simitis, K. 1993. Die private Finanzierung der politischen Parteien. *Parlamentarische Zeitschrift*, 15/16. Athen. (gr.).

Tsatsos, D. 2008. *Die innerparteiliche Demokratie.* Athen: Gavrielides. (gr.).

Tsatsos, D. 2001. *Europäische Konföderation.* Athen: Kastaniotis. (gr.).

Tsiovaras, G./Chiotis, V. 2004. *Die politische Mappe der Metapolitefsi 1974 – 2004.* Athen: Livanis. (gr.).

Venizelos, E. 2008. *Verfassungslehre.* Athen: Sakkoulas. (gr.).

Zakalkas, D. M. 1996. *Die Forderung nach innerparteilicher Demokratie. Zwischen verfassungsrechtlichen Anweisungen und politischer Realität.* Athen: Sakkoulas. (gr.).

Die Institutionalisierung der Austerität und der Memorandum-Neoliberalismus: Griechenland als eine „marktkonforme Demokratie"

Maria Markantonatou

1 Einleitung

Karl Polanyi (1977) beschrieb das System des Marktliberalismus, das im 19. Jahrhundert begann, als jenes System, das mit der Unterstützung des Staates der neuen Industriegesellschaft die Orientierung und Form des freien Marktes, des Laissez-faire und der ökonomischen Gesellschaft gegeben hat. Der Niedergang des Systems in den 1930er-Jahren gab Polanyi einen optimistischen Anlass zu dem Glauben, dass der Marktliberalismus, die vermeintliche „Zivilisation des 19. Jahrhunderts", endgültig beendet war. Ob der Grund für Polanyis Optimismus dem Versäumnis, den Kapitalismus ernst zu nehmen, unterlag (Burawoy 2014), steht freilich zur Diskussion. Sicher aber ist, dass das, was er als eine vollendete historische Phase betrachtet hat, ab Mitte der 1970er-Jahre rasant wiederbelebt wurde. Nach einigen Jahrzehnten dieser letzten Liberalisierungswelle, die in den 1970ern in Gang gesetzt wurde, ist heutzutage deutlich geworden, dass die „Goldenen Jahre" der Nachkriegszeit keineswegs den normalen Fall, sondern die Ausnahme in dem – von diversen Krisen gezeichneten – Verlauf des Marktliberalismus darstellten.

Der Nachkriegskeynesianismus wurde stufenweise von einem neoliberalen Model ersetzt, dessen Mittelpunkt die Arbeitsderegulierung und im allgemeinen Kontext die Verschuldungswirtschaft war. Die Abschaffung des Bretton-Woods-Systems wurde mit einer Wirtschaftspolitik innerhalb der individuellen Länder verbunden, die auf der Kürzung von Staats- und Sozialausgaben basierte. Eine solche Wirtschaftspolitik führte zur Verschärfung der Rezession, aber auch zu intensiven Auseinandersetzungen zwischen den Arbeitgebern und den Gewerkschaften, die ihrerseits nun mit einer ständig zunehmenden Arbeitslosigkeit und abnehmendem politischen Einfluss konfrontiert waren. Und all das in einer Zeit, in der die technologischen Entwicklungen der 1930er- und 1940er-Jahre ihren Höchststand erreicht hatten, und daher nicht mehr in der Lage waren, eine Steigerung der Arbeitsproduktivität und ein weiteres Wirtschaftswachstum positiv zu beeinflussen (Panitch/Gindin 2011: 7).

Was folgt, war die Steigerung der unmittelbaren Auslandsinvestitionen (McNally 2011: 46–60) sowie der Investitionen im Dienstleistungssektor, der übrigens weniger gewerkschaftlich organisiert war (Pontusson/Raess 2012: 30). Insofern die Sozial- und Lohnabsicherung der Arbeitnehmer sich als weniger relevant für die kapitalistische Reproduktion erwies, zumindest in der Form, in der sie bis Mitte der 1970er stattfand, begann das keynesianische Model sozialer Regulierung an Bedeutung zu verlieren. Was den Staat angeht, führten die Deflationspolitik, die Steuererleichterungen für Unternehmen sowie die Arbeitslosigkeit zu einem zunehmenden Rückgang der Einnahmen, verglichen mit den Ausgaben; eine Lücke, die O'Connor (1973) im Kontext der „Fiskalkrise des Staates" sah, und die den Verlauf der freien kollektiven Verhandlungen sowie die sozialstaatlichen Rechte, die nach dem Zweiten Weltkrieg entstanden, grundlegend verändern sollte.

Die Lücke zwischen Staatsausgaben und -einnahmen, eine Tendenz, die für die meisten OECD-Länder seit den 1970er-Jahren typisch ist (Schäfer/Streeck 2013: 5), wurde einerseits durch Kürzungen in Sozialausgaben und andererseits durch eine erhöhte Staatsverschuldung bekämpft. Je mehr die Länder auf Kredite zurückgriffen, desto mehr unterlagen sie dem Druck der Kreditgeber, die nach mehr fiskalpolitischer Disziplin und Arbeitsderegulierung riefen. Auf der anderen Seite, je weiter der Liberalisierungsprozess voranschritt, zum Beispiel durch Gesetzgebungen, die ab Mitte der 1970er eine weitgehende Unabhängigkeit der Notenbanken gewährleisteten, die wiederum nichts anderes taten als die Abhängigkeit der jeweiligen Regierungen von den Geldmärkten und dem Zinsensatzspiel zu steigern (Lazzarato 2012: 18), desto gezwungener waren die Staaten, in einem Teufelskreis erneut Kredite aufzunehmen.

In den 1990er- und 2000er-Jahren wurde die Kreditmarktliberalisierung als eine neue Methode eingeführt, die das Wirtschaftswachstum vorantreiben und als Gegengewicht zur Deregulierung des Sozialstaates wirken sollte. Durch die Kreditmarktliberalisierung wurden der niedrigverdienenden Arbeiterklasse „Chancen" angeboten, ihre Kaufkraft aufzustocken, und das in einer Zeit der Privatisierung ehemaliger Staatsaufgaben auf den Gebieten der Gesundheit, der Bildung, der Rentenversicherung, der Sozialleistungen und so weiter. Das war auch der Hintergrund vor dem Ausbruch der Finanzkrise in den USA im Jahr 2008. Als die Krise die Eurozone erreichte, wurde die Vergesellschaftung der Verluste der Privatwirtschaft von Austeritätsprogrammen begleitet, die auf Länder abzielten, die

von internationalen Geldmärkten ausgeschlossenen wurden, wie z.b. Griechenland. Auf der EU-Ebene zeigen Interventionen wie der Fiskalpakt im Rahmen des
„Vertrages über Stabilität, Koordinierung und Steuerung in der Wirtschafts- und
Währungsunion" (SKS-Vertrag 2011), die Orientierung, die europäische Volkswirtschaften in der Nach-2008-Ära haben sollten. Im Folgenden werden die
Grundlagen des Fiskalpaktes sowie ihre Umsetzung in der Form des Memorandum-Neoliberalismus zusammengefasst.

2   Die Grundlagen des Fiskalpaktes

Der im Januar 2013 in Kraft getretene SKS-Vertrag zielt darauf ab, „die wirtschaftliche Säule der Wirtschafts- und Währungsunion durch Verabschiedung
einer Reihe von Vorschriften zu stärken, die die Haushaltsdisziplin durch einen fis-
kalpolitischen Pakt fördern, die Koordinierung ihrer Wirtschaftspolitiken verstärken und die Steuerung des Euro-Währungsgebiets verbessern sollen (SKS-Vertrag
2011). In der Praxis zeichnen sich folgende Regeln ab: erstens, „der gesamtstaat-
liche Haushalt einer Vertragspartei ist ausgeglichen oder weist einen Überschuss
auf"; zweitens, die Untergrenze eines „strukturellen Defizits" beträgt 0,5 % des
Bruttoinlandsproduktes; und drittens, das Verhältnis zwischen dem öffentlichen
Schuldenstand und dem Bruttoinlandsprodukt zu Marktpreisen liegt erheblich
unter 60 %.

Die Zielsetzung disziplinierter Staatsfinanzen, die angeblich die sogenannten
„verschwenderischen Länder", welche bis zum Ausbruch der Krise „über ihre Verhältnisse gelebt haben", in Ordnung brachte, war im griechischen Fall mit der Er-
bringung enormer Opfer verbunden. Im Rahmen der Memoranden, die ab 2010
zwischen Griechenland und der Troika (EZB, EU-Kommission, IWF) zwecks
eines ausgeglichenen Haushaltes vereinbart wurden, ist eine beispiellos schnelle und tiefgehende Reform in Kraft gesetzt worden, die vom Gesundheits- und
Bildungswesen bis zur Regionalpolitik und dem Steuersystem fast alle sozialen
Bereiche getroffen hat. Um einen unerheblichen Erstüberschuss zu erreichen, was
Ministerpräsident   Samaras von der Nea-Demokratia-PASOK-Koalitionsregie-
rung als eine „Erfolgsgeschichte" propagierte, musste die griechische Volkswirtschaft eine Reihe von Strategien „interner Abwertung" durch drastische Gehälter-,
Zulagen- und Rentenkürzungen verfolgen (für einen Überblick siehe Markantonatou 2013). Betroffen war auch der Sozialdienstleistungssektor, der nicht nur
geschrumpft – durch eine Reihe von Fusionen und die Abschaffung öffentlicher
Einrichtungen –, sondern auch – durch Personal- und Infrastrukturabbau – stark
abgeschwächt werden sollte. Das Staatsvermögen, welches auch nach zwei Jahr-

zehnten der Liberalisierung öffentlich geblieben war, musste durch ein intransparentes, eiliges und unkritisches Programm privatisiert werden.

Weitere vom Fiskalpakt vorgesehene Regeln lassen die Absicht erkennen, dass durch direkte Kontrollstrategien der nationalen Staatshaushalte die Märkte das „richtige Signal" erhalten sollten. Solche Regeln umfassen die Auslösung eines „automatischen Korrekturmechanismus" im Fall „erheblicher Abweichungen vom mittelfristigen Ziel", die „Überwachung der jährlichen Haushaltspläne" durch den Rat der EU und der EU-Kommision, die Erstattung eines Berichtes über die Ausgabe von Staatsschuldtiteln und so weiter. In Griechenland wurden diese Regeln am effektivsten unter der Aufsicht der Troika durchgeführt.

Die Stabilität des Euro durch Haushaltsdisziplin wurde als Hauptanliegen sogar über den traditionellen nationalstaatlichen Anspruch der Nicht-Intervention gestellt, was gleichzeitig zu einem bestimmten Verständnis der „europäischen Solidarität" führt, nämlich dem des Schutzes der Anleger vor EU-Ländern, die nicht so diszipliniert sind, wie sie sein sollten. Bezeichnend dafür sind Regelungen, die einer Vertragspartei die Möglichkeit bieten, sich an den Europäischen Gerichtshof zu wenden und Verhängung finanzieller Sanktionen zu verlangen, wenn nach eigener Einschätzung oder aufgrund der Bewertung der EU-Kommission, eine andere Vertragspartei nicht die richtigen Maßnahmen getroffen hat. Es handelt sich dabei um eine Erweiterung der Funktionslogik des „nationalen Wettbewerbsstaates", der nicht nur einem global immer flexibler agierenden Kapital günstige Verwertungsvoraussetzungen innerhalb seines Territoriums verschafft (Hirsch 1995: 103), sondern auch ein Interesse daran haben muss, ob die entsprechenden Voraussetzungen gleichermaßen in den übrigen Ländern gelten, damit die Eurozone stabil bleibt.

Die Logik, die hinter dem Fiskalpakt steckt, ist natürlich nichts Neues. Im Gegensatz zu der Ansicht, dass der Marktliberalismus keine staatliche Intervention benötige, eine Idee, die übrigens schon von Polanyi dekonstruiert wurde (Markantonatou 2014), reflektiert die Logik des Fiskalpakts gewisse Prinzipien der Public-Choice-Theorie wie auch neoliberale Forderungen, die Haushaltsdisziplin zu konstitutionalisieren. Charakteristisch dafür sind solche Anregungen, wie die von Buchanan und Wagner für die USA. Die Autoren schlagen eine Verfassungsänderung vor, nach der ein ausgeglichener Haushalt als Voraussetzung gelten sollte und im Falle eines Haushaltdefizits die Staatsausgaben automatisch gekürzt werden sollten (Buchanan/Wagner 2000: 187). Ein weiteres Beispiel, diesmal in Bezug auf das Vereinigte Königreich, bildet Buchanans, Burtons und Wagners (1978: 81) vorgeschlagene Gegenlösung zur „keynesianischen Revolution". Der Keynesianismus wurde als ein ökonomisch-soziales Regulationsmodell betrachtet, das die vermeintliche „Tendenz jeder demokratischen Gesellschaft zu exzessiver Defizitfinanzierung" vorantrieb (ebd.: 23). Die Autoren behaupteten auch, dass rational agierende Politiker, die ein Maximum an eigenem Wahlgewinn anstreben, nicht dem öffentlichen Interesse dienten (üblicherweise gleichgesetzt mit ausgeglichenem Haushalt und verminderten Ausgaben). Die Vision der Autoren war eine Wirtschaftsregierung, die angeblich über der Politik stehen und letztendlich die Konstitutionalisierung der Haushaltsdisziplin darstellen würde. Das gleiche Misstrauen gegenüber den Regierungen als Hauptverantwortlichen für den Haushaltsplan hegt auch der Fiskalpakt; nur ist, im Gegensatz zu der Maastricht-Ära, als die Staatsverpflichtungen bezüglich Defiziten und Schulden lockerer waren, die Haushaltsdisziplin nun Wirklichkeit geworden.

Selbst wenn manche große europäische Volkswirtschaften kurzzeitig von den Paktkriterien abweichen, wie es kürzlich der Fall mit Frankreich war, bleibt der große Druck bestehen und je nach Machtverhältnissen oder Sonderbeziehungen zwischen Staaten können die Folgen eines solchen Drucks für die Gesellschaft äußerst schmerzhaft werden. Das Hauptziel solcher Interventionen wie dem Fiskalpakt ist die Entpolitisierung der Finanzpolitik (Radice 2014: 322), nämlich ihre Technokratisierung und ihre Trennung von den Ansprüchen, Forderungen usw. bestimmter Sozialgruppen, die eventuell Druck ausüben und somit die Regierungen bei der Festlegung von Politikrichtlinien beeinflussen können. Im Folgenden wird diese Strategie der Entpolitisierung in Verbindung mit dem zuvor besprochenen Fiskalpakt innerhalb des griechischen Falls diskutiert.

3   Der Memorandum-Neoliberalismus und die Entpolitisierung

Die von Angela Merkel im Jahr 2010 dargelegte Idee, dass „Europa scheitert, wenn der Euro scheitert", hat auch ein griechisches Gegenstück, das gleichzeitig die Basis für einen mehr oder weniger offen ausgesprochenen Notstand darstellt: „Griechenland scheitert, wenn das Memorandum scheitert". Das war im Allgemeinen das Motto jeder Regierung nach 2010, zunächst einer technokratischen Regierung, gefolgt von anderen kurzfristigen Memorandum-spezifischen-Regierungen, deren fast ausschließliches Ziel die strukturelle Anpassung war. Durch anfällige Regierungskoalitionen, nicht-übereinstimmende und oft autoritäre politische Prozesse und durch die Aufsicht/Mitarbeit der Troika haben die griechischen Regierungen unter der Drohung des Austritts aus der Eurozone ein beispielloses Austeritätsprogramm in Gang gesetzt.

In diesem Zusammenhang ist die europäische Aufsicht in Griechenland zu Recht als ein ehrgeiziges, Ad-hoc-Beispiel der Entpolitisierung beschrieben worden[1].

Diese Ad-hoc-Strategie der Entpolitisierung innerhalb der von der Krise am schlimmsten getroffenen Länder könnte als Memorandum-Neoliberalismus beschrieben werden. Dieser ist bezeichnend nicht nur für die Lage der Menschen in Griechenland und andernorts, wo ein „Memorandum des Einvernehmens" zwischen den Ländern und ihren Kreditgebern abgeschlossen wurde. Es ist nicht das Memorandum *per se*, das diese Form des europäischen Neoliberalismus prägt. Inzwischen wurde Irland im Dezember 2013 vom Memorandum entbunden und im gleichen Monat ist Spanien aus dem EFSF-Programm ausgetreten; Portugal hat sich im Mai 2014 von seinen Verpflichtungen befreit und sogar für Griechenland ist eine Entbindung vom Memorandum vorgesehen. Das Auslaufen dieser Programme bedeutet aber nicht, dass die Länder der europäischen Aufsicht entgehen könnten oder, dass eine Rückkehr zum früheren Zustand zu erwarten wäre, was beispielsweise die Gehälter, die Arbeitsrechte, den Sozialstaat oder den Spielraum für das Gestalten der Wirtschaftspolitik durch die jeweilige Regierung betrifft. Die Funktion eines Kontrollmechanismus kann von anderen, in Reichweite und Dauer kleineren oder größeren, individualisierten, zielgerichteten oder aktualisierten Memoranden oder auch von Abkommen unter anderer Bezeichnung sowie von diversen Mechanismen im Rahmen des ESM ausgeübt werden.[2]

Auf einer ersten Ebene stellt der Memorandum-Neoliberalismus eine der vielen Formen des staatlich vermittelten Marktliberalismus dar. Er erinnert an eine ähnliche, wie die von Polanyi beschriebene Situation bezüglich der schwachen Länder, die im Rahmen des Goldstandards nicht viel wirtschaftlichen Spielraum hatten außer deren Abhängigkeit von den Kreditgebern, denen sie „Wohlverhalten" vorzeigen mussten:

---

1   „The 2012 TSCG takes the approach [of depoliticisation] much further, […] because within the Eurozone, the Fiscal Pact entails a transfer of ultimate control over member states' fiscal performance to the ECJ, rather than national parliaments (or indeed the European Parliament). Another more ambiguous and ad hoc example of depoliticisation is the assumption of troika control in the Eurozone periphery, under which the International Monetary Fund (IMF), the ECB and the European Commission in effect took powers of veto over national fiscal policy as a condition for providing loans" (Radice 2014: 32).

2   Nach Artikel 14 des ESM-Vertrags darf zum Beispiel der ESM „vorsorgliche Finanzhilfe" in Form einer „Kreditlinie mit erweiterten Bedingungen" gewähren (Schachtschneider 2012: 125). Im Grunde genommen sind zwar Geldübertragungen und Kreditaufnahmen vorgesehen, aber nur unter der Bedingung der Haushaltsdisziplin, der Marktliberalisierung und so weiter.

„Unter Ausnützung eines ihrer Einflußkanäle wirkte die Finanzwelt als mächtiger, mäßigender Faktor in den Gremien und in der Politik einer Anzahl kleinerer souveräner Staaten. Kredite und die Verlängerung von Krediten hingen von der Bonität ab, und die Bonität vom Wohlverhalten. Da sich im Rahmen konstitutioneller Regierungen (nicht konstitutionelle waren höchst ungern gesehen) das Verhalten im Budget widerspiegelt und der Wechselkurs der Währung von der Beurteilung des Budgets nicht zu trennen ist, taten die Schuldnerstaaten wohl daran, die Wechselkurse sorgfältig im Auge zu behalten und jegliche Politik zu vermeiden, die sich auf die Solidität der budgetären Lage ungünstig auswirken könnte" (Polanyi 1977: 30).

Die Nichteinhaltung der Verpflichtungen seitens der verschuldeten Länder könnte, wie Polanyi beschrieb, die härteste Strafe für die als zahlungsunfähig Betrachteten herbeiführen:

„Kurzfristige Zahlungen bewegten sich innerhalb einer Stunde von einem Ende der Welt zum anderen: Die Modalitäten des internationalen Zahlungsverkehrs zwischen Regierungen und Privatfirmen oder Individuen waren einheitlich geregelt; die Nichtanerkennung von Auslandsschulden oder Versuche der Manipulation mit Budgetgarantien wurden – auch wenn es sich um rückständige Regierungen handelte – als Ungeheuerlichkeit betrachtet und mit Verstoßung der Kreditunwürdigkeit ins Reich der Finsternis geahndet" (Polanyi 1977: 258).

Es gibt aber noch ein weiteres Element, das den heutigen Memorandum-Neoliberalismus kennzeichnet. Es handelt sich dabei um die gesetzliche Anordnung und die übernationale Institutionalisierung der Haushaltsdisziplin im Rahmen der spezifischen Struktur der Eurozone. Ein typisches Merkmal der Goldstandard-Ära, so wie von Polanyi beschrieben, war die wettbewerbsfähige Koexistenz verschiedener nationaler Währungen, die aber den Regierungen einen gewissen Grad an Flexibilität durch den Zugriff auf ihre Notenbanken erlaubte (Seccareccia/Correa 2013: 11). Im Gegensatz dazu erlaubt die Eurozone kaum Spielraum für wirtschaftspolitische Entscheidungen der nationalen Regierungen. Während die harten Strafen gegen die Regierungen der verschuldeten, schwachen Volkswirtschaften, die – wie Polanyi (1977: 259) beschrieb – typisch für die Goldstandard-Ära waren, einen mehr oder weniger sporadischen, unregelmäßigen oder inoffiziellen Charakter hatten, wird heute versucht, dass sie durch eine dafür geeignete Gesetzgebung wie den Fiskalpakt zu notwendigen institutionellen Instrumenten werden, durch welche die Märkte von der Bereitschaft des Staates, den richtigen Stabilitätsrahmen für den Kreditmarkt zu gewähren, überzeugt werden können.

Diese institutionellen Interventionen könnten aber einen Bumerangeffekt haben. Aufgrund der sozialen Unzufriedenheit, die sie hervorrufen, erwecken sie neue „Ängste" in den Märkten sowie die „Gefahr" einer möglichen Repolitisierung der Wirtschafts- und Fiskalpolitik (Radice 2014: 327). Im Grunde genommen ist das, was die liberalen Märkten zu befürchten haben, das wovor sie immer Angst hatten, nämlich die Entstehung eines sozialen Widerstands im Rahmen dessen, was Polanyi (1977) als „doppelte Bewegung" bezeichnete, Bezug nehmend auf den realistischen Selbstschutzversuch der Gesellschaft gegen den Expansionsdrang des Marktes sowie gegen die marktbegünstigenden staatlichen Interventionen.

Bezeichnend ist hier, dass ausgerechnet das Austeritätsprogramm, welches angeblich den Märkten die Botschaft vermitteln sollte, dass der griechische Neoliberalismus und seine Vertreter vertrauenswürdig und somit das Land wieder kreditwürdig ist, eine solche wirtschaftliche Trägheit und soziale Unzufriedenheit hervorgebracht hat, dass es SYRIZA, einer kleinen Linkspartei, in die parlamentarische Opposition verholfen hat, was wiederum aufs Neue Bedenken in den Märkten erweckte, dass im Falle einer Regierungsbildung mit Beteiligung von SYRIZA die Wirtschaftspolitik repolitisiert oder die Konditionen der Haushaltsdisziplin erschüttert werden könnten.

4   Der griechische Patrimonialismus und das Memorandum

Gemäß der Klassifizierung Beckers (2014: 266) der verschiedenen Typen des Kapitalismus sei Griechenland ein patrimonialer Typ im Unterschied zu den für andere Länder zutreffenden Typen wie dem Liberalen, dem Staatlichen und dem Korporatistischen. Laut Becker bezieht sich der patrimoniale Typ auf die klientelistischen Beziehungen zwischen den Staatsfunktionären und den Wirtschaftsakteuren, die politische Korruption, die Vetternwirtschaft, das schwache Rechtssystem usw. Griechenland kann tatsächlich als ein patrimonialer kapitalistischer Typ analysiert werden, obgleich heutzutage auch bei den restlichen Kapitalismustypen (Grundlage dessen nach wie vor der Liberale ist) zunehmend Merkmale des patrimonialen Typs zu erkennen sind. Grund dafür ist die Unfähigkeit oder Unwilligkeit des Staates, die Macht der globalen Konzerneliten zu begrenzen, den Fluss des globalen Geld- und Kreditkapitals zu regulieren oder in die intransparenten Beziehungen zwischen Regierungen und internationalen Organisationen einzugreifen.

Die Konzeption Griechenlands als eine patrimoniale Volkswirtschaft und der daraus resultierende Bedarf einer Reform, für welche das Memorandum als Gelegenheit erschien, wurden während der Wirtschaftskrise in den Massenmedien, unter Politikern und Wissenschaftlern sowohl inner- als auch außerhalb Griechenlands zum herrschenden Diskurs. Der Bedarf einer Modernisierung und einer tief-

gehenden Reform des griechischen Staates ist nach dem Ausbruch der Krise plötzlich so zwingend geworden, dass Meinungen geäußert wurden, die einige Jahre
zuvor überhaupt nicht vorstellbar waren, wie zum Beispiel die Lösung, Griechenland zu einem „europäischen Protektorat" zu machen:

> „Was dem Land fehlt, sind wirkungsmächtige staatliche Institutionen. Grie-
chenland ist ein ‚failed state', ein gescheiterter, gefallener Staat. [...] Klüger wäre
es, darauf hinzuarbeiten, Griechenland zu einem europäischen Protektorat zu
machen. Denn in aller Regel kann sich ein gescheiterter Staat nicht aus eigener
Kraft zu einem Neuanfang zusammenraufen. [...] Die Europäische Union ist beim
Aufbau tragfähiger staatlicher Strukturen in Griechenland gefordert. Das bedarf
enorm viel diplomatischen Fingerspitzengefühls, um nationalen Stolz, Eitelkeiten
und den Widerstand von Interessengruppen zu überwinden" (Straubhaar 2012).

Aber inwiefern hat der von der EU durchgesetzte Memorandum-Neoliberalismus zur Modernisierung, zur Demokratisierung, zur Erhöhung der staatlichen Ef-
fizienz oder auch zur Reduzierung der klientelistischen Beziehungen beigetragen?
Während zum Beispiel die Gehälter und die Renten durch blitzschnelle Gesetzgebung und trotz des gesellschaftlichen Protestes drastisch gekürzt wurden, sind die
Steuerbegünstigungen des Großkapitals (und vor allem des Reederkapitals), was
übrigens eine der Hauptursachen für den Zusammenbruch der staatlichen Einnahmen war, nicht nur beibehalten worden, sondern durch neue Regelungen wurden
die Reeder von steuerlichen Abgaben sogar komplett befreit.

Im Juli 2013 wurde zwischen der Regierung und der griechischen Reederunion
ein Abkommen über den „freiwilligen Beitrag" der Reeder zu staatlichen Einnahmen unterschrieben. Aus diesem Anlass gab Ministerpräsident Samaras folgende
Erklärung ab: „An diesem schwierigen Wendepunkt für unser Land, möchte ich
mich bei den griechischen Reedern für ihren freiwilligen Beitrag zu dem Staatshaushalt und zu den nationalen Bemühungen ganz herzlich bedanken. [...] Die
griechische Schifffahrt war in allen kritischen, allen schwierigen Phasen unseres
Landes als Nationaler Meister immer eine Kraft des Patriotismus".[3] Als dann die
erwarteten Einnahmen nicht generiert wurden, versuchte die Regierung den Ree-
derbeitrag in die allgemeine Verordnung der „außerordentlichen Abgaben" ein-
zugliedern, die Ende 2013 per Gesetz eingeführt wurde und von der die gesamte
griechische Bevölkerung betroffen war. Dieser Versuch ist aber gescheitert.

Durch eine entsprechende Gesetzesänderung, die im Oktober 2014 von den
Regierungsparteien Nea Demokratia und PASOK verabschiedet wurde, ist die

---

3   Mitgeteilt in der Nachrichtensendung des Fernsehsenders Skai am 18.07.2013, http://
www.skai.gr/news/politics/article/238048/sunadisi-samara-me-to-proedreio-tis-eno-
sis-ellinon-efopliston-upd/ (gr.) Zugegriffen: 20.01.2015.

Regelung der „außerordentlichen Abgaben" in ihrer obligatorischen Form abgeschafft worden. Zur gleichen Zeit, zu der viele Griechen wegen Steuerschulden
im Gefängnis gelandet sind, und während tausende andere eine dramatische Ver-
ringerung ihres Einkommen wegen einer Kombination aus Kürzungsmaßnahmen
und erhöhter neuer Steuern erleben mussten, durften die Reeder weiterhin ihre
Steuerfreiheit genießen. Deren Auffassung nach sind Steuerabgaben nicht Teil
ihrer Pflichten, sondern vielmehr eine Art Philanthropie. Laut einer offiziellen
Mitteilung der Reederunion Griechenlands: „Die griechischen Reeder haben sich
geeinigt, den Gesamtbetrag von 420 Millionen Euro zu bezahlen [...] in der Form
freiwilliger Beiträge für die nächsten vier Jahren, damit sie bei der Abbezahlung
der Schulden ihres Landes Hilfe leisten können".[4] Solche Steuerbeiträge bilden die
Grundlage der Berechnung, nach der die Besteuerung der Reedereien jährlich viel
weniger zu dem Staatshaushalt beiträgt, als die einmalig bezahlten Arbeits- und
Aufenthaltsgebühren der Ausländer.[5]

Bekannt ist im Rahmen des griechischen politischen Systems außerdem die
Rolle gewisser führender Medienunternehmen, die aufgrund von verschiedenen
Interessen bestimmte Parteien und Politiker entweder unterstützen oder ihnen ent-
gegenstehen. Im Juni 2013 verordnete die griechische Regierung über Nacht die
Schließung des ansonsten gewinnbringenden öffentlich rechtlichen Senders ERT
und somit die Entlassung Tausender Arbeitnehmer.[6] Direkt nach der Verordnung
erlebten die Zuschauer die abrupte Unterbrechung des Fernsehprogramms und das
Erscheinen eines schwarzen Bildschirms. Trotz des gegensätzlichen Beschlusses
des Staatsrates und der wochenlangen Proteste hatte die Regierung nicht nachge-
geben. An Stelle von ERT sendet nun ein regierungsfreundlicher Fernsehsender
namens NERIT, der geringe Einschaltquoten erreicht. Diese staatliche Intervention begünstigte verschiedene private Medienunternehmen, die seit Beginn der

---

4   „Was genau mit der Reedersteuer passiert ist", 05.10.2014, http://www.e-nautilia.gr/
     ti-akrivws-sinaivh-me-ton-foro-twn-efoplistwn/ (gr.). Zugegriffen: 20.01.2015.

5   Den Berechnungen von Milios (2012) gemäß: „Besonderes die ‚griechische Errungen-
     schaft' der Reederei, die dem kleinen Land Griechenland 16 % und in bestimmten
     Schiffskategorien sogar mehr als 20 % der Weltschifffahrt zuschreibt, trägt weniger
     zu dem Staatshaushalt bei, als die Arbeits- und Aufenthaltsgebühren der ausländi-
     schen Arbeitnehmer. [...] Sogar eine Befreiung von der Mehrwertsteuer genießt das
     Reederkapital in Griechenland, genauso wie die privaten Krankenhäuser, die pri-
     vaten Schulen und die Kasinos [...]". http://www.capital.gr/messages/showTopic.
     asp?id=3088316&pg=11&OrderDir= (gr.). Zugegriffen: 20.01.2015.

6   „Greece shuts down state broadcaster in search for new savings", 12.06.2013, The
     Guardian, http:// www.theguardian.com/world/2013/jun/11/state-broadcaster-ert-shut-
     down-greece. Zugegriffen: 20.01.2015.

Wirtschaftskrise die Politik des Memorandums unterstützten. Bemerkenswert ist auch die Tatsache, dass die größten Massenmedien zum ersten Mal seit dem Ende der Militärdiktatur so offensichtlich der Regierungsmanipulation ausgesetzt sind. Die täglichen Nachrichtensendungen der größeren Privatsender befürworteten offen und häufig an der Grenze zur Propaganda eine kritiklose Haltung zum Memorandum und die entsprechende Regierungspolitik, verteufelten diejenige, die sich dagegen aussprachen, und machten sie sogar verantwortlich für die Misserfolge des Austeritätsprogramms.

Auch die klientelistischen Beziehungen zwischen den Parteien und den Unternehmereliten wurden während des Memorandums fortgesetzt. Im Vergleich zu den vorigen Jahren ist die Korruption, die angeblich durch die marktfreundlichen Maßnahmen vermindert werden sollte, sogar gestiegen. Bezeichnend dafür ist, dass während Griechenland in dem Zeitraum zwischen 2006 und 2009 durchschnittlich auf den 59,5ten Platz der weltweiten Korruptionsklassifizierung nach dem „Corruption Perception Index" (2014) von Transparency International eingegliedert wurde, es zwischen 2010 und 2013 auf den 80,5ten Platz katapultiert wurde. Darüber hinaus belegt Griechenland im „Social Justice Index" (2014), dessen Berechnung auf Kriterien wie „Armutsprävention", „Bildungsgleichberechtigung", „Arbeitsmarktintegration", „sozialer Zusammenhalt", „Nichtdiskriminierung" und „generationsübergreifende Gerechtigkeit" beruht, um die Situation in den 28 EU-Mitgliedsländer zu beurteilen, den 28sten Platz und Schweden den ersten (Schraad-Tischler/Kroll 2014). Die Verschlechterung der bereits existierenden Verzerrungen anstelle der Modernisierung, die das Memorandum und die europäische Aufsicht vermeintlich erreichen wollten, wurde zu einem der Gründe für den starken Vertrauensverlust gegenüber den bis dahin führenden politischen Parteien. Ein Vertrauensverlust nach 2008 war zwar überall in Europa feststellbar, aber nirgendwo so intensiv wie in Griechenland (Gini Report for Greece 2012: 116). Dieser Vertrauensverlust spiegelt sich in den heftigen Veränderungen der politischen Landkarte Griechenlands wider.[7]

Im Verlauf der Wirtschaftskrise wurde in Griechenland das vorangetrieben, was Angela Merkel als „marktkonforme Demokratie" bezeichnet hat.[8] Es mag sein, dass der Begriff „marktkonforme Demokratie" die öffentliche Meinung

---

7   Siehe hierzu den Beitrag von Agridopoulos in diesem Band.

8   „Wir leben ja in einer Demokratie und sind auch froh darüber. Das ist eine parlamentarische Demokratie. Deshalb ist das Budgetrecht ein Kernrecht des Parlaments. Insofern werden wir Wege finden, die parlamentarische Mitbestimmung so zu gestalten, dass sie trotzdem auch marktkonform ist, also dass sich auf den Märkten die entsprechenden Signale ergeben". Siehe „Marktkonforme Demokratie? Oder demo-kratiekonformer Markt?", Frankfurter Allgemeine Zeitung, 15.04.2012, http://www.faz.net/

Deutschlands schockiert oder dass er als widersprüchlich erscheint, wegen des Ablaufes der Ereignisse ab 2010 gilt aber das Gleiche nicht für Griechenland. Die europäischen Eliten forderten von Griechenland die Bildung „stabiler" und „vertrauenswürdiger" Regierungen (für die Verhandlungen mit der Troika), welche die Abzahlung der Kredite, die Durchführung der neoliberalen Modernisierung und die Reduzierung der Verzerrungen der griechischen Volkswirtschaft garantieren würden. Was aber die Eliten Europas mehr oder weniger offen weiterhin förderten, waren genau diejenigen griechischen Regierungsparteien, die über Jahrzehnte diese Verzerrungen kultivierten und die letztendlich zu dem wirtschaftlichen Zusammenbruch und der beispiellosen gesellschaftlichen Destabilisierung seit 2010 beigetragen haben.

5   Abschlussbemerkungen

Die marktkonforme Demokratie, deren Erscheinungsform der Memorandum-Neoliberalismus ist, stellt eine Art des Zusammenhangs zwischen Kapitalismus und Demokratie dar, nach der eine Reihe von Ereignissen als bloße, unvermeidliche „Kollateralschäden" wahrgenommen werden. Darunter sind: die explodierenden Arbeitslosenzahlen mit mehr als einer Million verlorenen Arbeitsstellen und einem Anstieg von 7,7 % in 2008 auf 25,7 % in 2014, während die Arbeitslosigkeit der jungen Erwachsenen von 20,4 % in 2008 auf 49,8 % in 2014 auch enorm zugenommen hat (Eurostat 2015); die Steigerung der Kinderarmut und der Mangelernährung, die durch Ohnmachtsanfälle in den Schulen und andere Geschehnisse festgestellt wurde (European Union Agency for Fundamental Rights 2013: 128); der während der Krise heftige Anstieg von psychischen Störungen und der Depression (Economou u.a. 2013: 308); die Zunahme von Selbstmordfällen (Stuckler et al. 2011: 125).

Ungeachtet solcher „Kollateralschäden", die, wie Bauman (2011: 4) bemerkt, fälschlicherweise oft als „nicht vorhersehbare Konsequenzen" betrachtet werden, sind heutzutage diejenigen Länder bestraft, die einst enorm treu in der Verfolgung der Ziele waren, die sowohl vom globalen Geld- und Kreditsystem als auch von der WWU selbst vorgegeben wurden. In Verbindung mit der Finanzialisierung verursachte die Einführung des Euro hohe Arbeitslosigkeit in vielen Ländern, eine Verschiebung in der Einkommensaufteilung zugunsten des Kapitals und, das wichtigste, zwei unterschiedliche Wachstumsmodelle: das kreditgesteuerte und

---

aktuell/politik/harte-bretter/marktkonforme-demokratie-oder-demokratiekonformer-markt-11712359.html. Zugegriffen: 20.01.2015.

das exportgesteuerte Modell (Stockhammer und Onaran 2012: 200). Trotz der Bemühungen seitens der Austeritätsbefürworter, von der Überlegenheit des exportgesteuerten Modells zu überzeugen, sind beide Modelle, wie Stockhammer und Onaran (ebd.) betonen, langfristig nicht überlebensfähig. Es ist außerdem nicht verwunderlich, dass in den Krisenjahren ab 2008 die Wettbewerbsungleichmäßigkeiten zwischen den Ländern, die entweder dem einen oder dem anderen Modell folgten, nicht vermindert worden sind (Becker 2014: 265).

Die Reichweite der griechischen marktkonformen Demokratie sowie die dramatischen Auswirkungen der Austeritätsmaßnahmen und der Schocktherapie-Politik weisen auf die dringende Notwendigkeit eines politischen Kurswechsels hin. „*There is no alternative*" für Griechenland als das Aufgeben des Memorandum-Neoliberalismus und die Abschwächung des entsprechenden politischen Personals. Ein solcher Kurswechsel stößt jedoch auf eine Reihe von Hindernissen. Unter anderen: die griechischen sowie die europäischen neoliberalen politischen Kräfte, die zugunsten des kapitalistischen Wettbewerbs die Politik der Deregulierung des Sozialstaates, der Abwertung der Arbeit und der Schutzinstitutionen der Gesellschaft nicht so einfach aufgeben werden; die Kreditgeber, die sich viel mehr für die Rückzahlung ihres Gelds interessieren als für irgendwelche „Kollateralschäden" innerhalb einer Gesellschaft; die internationalen Organisationen, die sich fast ausschließlich an der Marktliberalisierung orientieren; die neuen europäischen institutionellen Instrumente für die Durchsetzung der Fiskaldisziplin usw.

Diejenigen politischen und sozialen Kräfte, die gegen die Austerität, den Memorandum-Neoliberalismus und die marktkonforme Demokratie sind, könnten versuchen, sich diesen Hindernissen entgegenzustellen; genauso wie sie sich mit der Politik auseinandersetzen könnten, welche die Staatsverschuldung als ein bloßes wirtschaftlich-technisches Problem statt als soziales und politisches zugleich betrachtet, und für welche die Austerität als Allheilmittel und nicht als Teil des Problems gilt. Ein Kurswechsel in der Politik der Fiskaldisziplin setzt eine tiefgehende Änderung in der politischen Machtartikulation vor allem innerhalb Griechenlands voraus. Angesichts der kontinuierlichen dramatischen sozialen Konsequenzen der Austeritätspolitik ist eine solche Änderung nicht mehr unrealistisch.

Literatur

Bauman, Z. 2011. *Collateral Damage, Social Inequalities in a Global Age*. Cambridge: Polity Press.
Becker, U. 2014. The Heterogeneity of Capitalism in Crisis-Ridden Europe. *Journal of Contemporary European Studies*, 22(3), 261–275.
Buchanan, J. M./Wagner, R. E. 2000. *Democracy in Deficit: The Political Legacy of Lord Keynes. The Collected Works of J. Buchanan*, Vol. 8., Indianapolis.
Buchanan, J. M./ Wagner, R. E./Burton, J. 1978. *The Consequences of Mr. Keynes*. London: Tranlantic Arts.
Burawoy, M. 2014. Marxism after Polanyi. In: Williams, M./Satgar, V. (Hg.): *Marxisms in the 21th Century: Crisis, Critique & Struggle*. Johannesburg: Wits University Press, S. 34–51.
Corruption Perceptions Index 2014. Results for Greece, Transparency International. http://www.transparency.org/research/cpi/overview, Zugegriffen: 20.01.2015.
Economou, M./Madianos, M./Peppou, L. E./Patelakis, A./Stefanis, C. N. 2013. Major depression in the Era of economic crisis: A replication of a cross-sectional study across Greece. *Journal of Affective Disorders*, 145(3), 308–314.
European Union Agency for Fundamental Rights, Fundamental rights: Challenges and achievements in 2012. http://fra.europa.eu/sites/default/files/annual-report-2012_en.pdf. Zugegriffen: 20.01.2015.
Eurostat 2015. Unemployment Statistics. http://ec.europa.eu/eurostat/documents/2995521/6454663/3-07012015-AP-DE.pdf/df418db0-7648-4a0c-a0e4-44c9cfc171e9. Zugegriffen: 20.01.2015.
Gini Report for Greece 2012. Growing Inequalities and Their Impacts in Greece, Katsimi, M./Moutos, T./Pagoulatos, G./Sotiropoulos, D. http://gini-research.org/system/uploads/447/original/Greece.pdf?1370090519. Zugegriffen: 20.01.2015.
Hirsch, J. 1995. *Der nationale Wettbewerbsstaat: Staat, Demokratie und Politik im globalen Kapitalismus*. Berlin: Edition ID-Archiv.
Lazzarato, M. 2012. *The Making of the Indebted Man*. Amsterdam: Semiotext(e).
McNally, D. 2011. *Global Slump: The Economics and Politics of Crisis and Resistance*. Oakland: PM Press.
Markantonatou, Maria 2014. Social Resistance to Austerity: Polanyi's "double movement" in the context of the crisis in Greece. *Journal für Entwicklungspolitik*, 30(1), 67–88.
Markantonatou, M. 2013. Fiscal Discipline through Internal Devaluation and Discourses of Rent-Seeking: the Case of the Crisis in Greece. *Studies in Political Economy*, 91, 59–83.
Ministerium für Inneres, Wahlergebnisse 2009, 2012 and EU-Wahlen 2014. http://ekloges.ypes.gr. Zugegriffen: 20.01.2015. (gr.).
O'Connor, James 1973. *The Fiscal Crisis of the State*, New York: St. Martin's Press.
Panitch, L./Gindin, S. 2011. Capitalist Crisis and the Crisis this Time. *Socialist Register*, 47, 1–20.
Polanyi, K. 1977. *The Great Transformation: Politische und ökonomische Ursprünge von Gesellschaften und Wirtschaftssystemen*. Wien: Europaverlag.
Pontusson, J./Raess, D. 2012. How (and Why) Is This Time Different? The Politics of Economic Crisis in Western Europe and the United States. *Annual Review of Political Science*, 15, 13–33.

Radice, H. 2014. Enforcing Austerity in Europe: The Structural Deficit as a Policy Target. *Journal of Contemporary European Studies*, 22:3, 318–328.

Seccareccia, M./Correa, E. 2013. Supra-National Money and the Euro Crisis: Lessons from Polanyi, Third Annual Meetings of the Association Française d'Économie Politique, Bordeaux, France, 03-05.07.2013. http://afep2013.gretha.u-bordeaux4.fr/IMG/pdf/seccareccia_-_correa_-_polanyi_afep_2013.pdf. Zugegriffen: 20.01.2015.

Schäfer, A./Streeck, W. 2013. Introduction: Politics in the Age of Austerity. In: Schäfer/Streeck (Hg.), *Politics in the age of austerity*. Cambridge: Polity, S. 1–25.

Schachtschneider, K. A. 2012. Euro-Rettungspolitik – unvernünftig, rechtlos und staatswidrig. In: Lachmann, W., *Die Zukunft des Euro: Zerbruch der Gemeinschaftswährung oder Aufbruch zur Politischen Union?*, Berlin: Lit Verlag, S. 90–217.

Schraad-Tischler, D./Kroll, C. 2014. Social Justice in the EU – A Cross-National Comparison, Social Inclusion Monitor Europe (SIM) – Index Report. http://www.bertelsmann-stiftung.de/cps/rde/xbcr/SID-4E9D223E-BB74391C/bst_engl/xcms_bst_dms_40363_40364_2.PDF. Zugegriffen: 20.01.2015.

SKS-Vertrag 2011. Vertrag über Stabilität, Koordinierung und Steuerung in der Wirtschafts- und Währungsunion. http://www.european-council.europa.eu/media/639244/04_-_tscg.de.12.pdf. Zugegriffen: 20.01.2015.

Stockhammer, E./Onaran, Ö. 2012. Rethinking wage policy in the face of the Euro crisis. Implications of the wage-led demand regime. *International Review of Applied Economics*, 26(2), 191–203.

Straubhaar, T. 2012. Griechenland braucht Fachkräfte aus dem Norden. Die Welt, 04.03.2012. www.welt.de/106041246. Zugegriffen: 20.01.2015.

Stuckler, D. et al. 2011. Effects of the 2008 recession on health: a first look at European data. *The Lancet*, 378(9786), 124–125.

Die Rückkehr des A(nta)gonismus?

Mouffes agonistisches Demokratiemodell und die politischen Umbrüche in Griechenland

Aristotelis Agridopoulos

> Eine demokratische Gesellschaft braucht eine Diskussion über mögliche Alternativen und muß politische Formen kollektiver Identifikation mit klar unterschiedenen demokratischen Positionen bieten. (Mouffe 2007: 43)

1 Einleitung: Umbrüche in Griechenland

Die Genese der modernen parlamentarischen Demokratie in Griechenland ist ein langwieriger, nicht leicht durchschaubarer und von vielen komplexen Zäsuren geprägter Prozess. Vielfältige historische Ereignisse im 20. Jahrhundert wie z.b. das diktatorische Metaxas-Regime (1936–1941), die deutsche Besatzungszeit im Zweiten Weltkrieg (1941–1944), der anschließende griechische Bürgerkrieg (1944–1949), der daraus resultierende rechte Parastaat (1950–1967) und die Militärdiktatur der Junta (1967–1974) haben erhebliche Folgen für die Entwicklung des politischen Systems, der Wirtschaft und der Gesellschaft, welche schließlich in einem „stark von der westeuropäischen Norm abweichenden, oft als anachronistisch angesehenen Sonderweg" (Zervakis 2009: 61) mündeten.

Seit 2010, nahezu 36 Jahre nach Beginn der demokratischen Transformation (*metapolitefsi*), befindet sich Griechenland in einem hochgradig-komplexen Reformprozess, der sich auf allen sozio-ökonomischen und politischen Ebenen bemerkbar macht. Der Anlass dessen war, dass der griechische Staat wegen einer zu hohen Überschuldung kurz vor der Staatsinsolvenz stand. Mit Blick auf die politische Entscheidungsebene können seit diesem Zeitpunkt vier zentrale Zäsuren nachgewiesen werden:

1. Der Eintritt in das Memorandum und die Aufnahme von Hilfskrediten unter der Obhut der Troika (EU-Kommission, EZB, IWF), die die PASOK-Regierung unter Ministerpräsident Georgios Papandreou im Mai 2010 eingeleitet hat.

2. Der Rücktritt Papandreous[1] und die Einsetzung des parteilosen Ökonomen und ehemaligen EZB-Vizepräsidenten Loukas Papadimos zum Ministerpräsidenten einer technokratischen Übergangsregierung am 11. November 2011.[2]

3. Die darauffolgenden Parlamentswahlen vom Mai bzw. Juni 2012[3] führten zu dem (vorläufigen) Ende der Alleinregierungen der sozialdemokratischen PASOK und der konservativen Nea Dimokratia (ND) und damit zur Notwendigkeit von Koalitionsbildungen durch den Einzug von sieben Parteien ins Parlament.

4. Der 25. Januar 2015 markiert die entscheidende vierte Zäsur: durch den errungenen Wahlsieg der linksradikalen Koalition von SYRIZA kann von einem endgültigen Ende des Zweiparteiensystems gesprochen werden, da die PASOK und die ND, die über 40 Jahre lang die Geschicke des griechischen Staates bestimmten, sich seitdem zum ersten Mal zusammen in der Opposition befinden. Damit wird deutlich, dass die Krise zu einem radikalen Wandel des griechischen Parteiensystems innerhalb kürzester Zeit geführt hat.

Eine klare hegemoniale Auseinandersetzung entwickelte sich zwischen den etablierten Volksparteien und SYRIZA, die infolge des Inkrafttretens der Memoranda bzw. der Austeritätspolitik ab 2010 begonnen hat und sich zum ersten Mal in der direkten Konfrontation während der Wahlen 2012 aufzeigen lässt. Diese aktuellen Phänomene des Wandels innerhalb des griechischen Parteienspektrums sollen im Folgenden mithilfe der agonistischen Demokratietheorie Chantal Mouffes analysiert und erörtert werden. Es soll auch aufgezeigt werden, inwieweit die Theorie Mouffes Analysepotenzial besitzt, um die politischen Umbrüche in Griechenland angemessen erklären zu können.

---

1   Papandreou wollte, fast eineinhalb Jahre nach dem Eintritt in das Memorandum, ein Referendum über weitere „Troika-Rettungspakete" durchführen. Nachdem er für seinen Vorschlag mit massiver Kritik von zahlreichen Regierungen in der EU konfrontiert wurde und zugleich auch der parteiinterne Druck auf ihn wuchs, trat Papandreou nur zehn Tage nach seiner Referendumsankündigung vom Ministerpräsidentenamt zurück.

2   Papadimos' technokratische Übergangsregierung (11.11.2011–17.05.2012) wurde dabei von der PASOK, der ND und der ultrarechten LAOS-Partei getragen. LAOS trat jedoch am 10.02.2012 aus der Übergangsregierungskoalition aus, weil sie weitere Sparreformen der Troika nicht mittragen wollte.

3   Zwischen den Wahlen leitete der Jurist Panajotis Pikrammenos die Übergangsregierung.

2   Das agonistische Demokratiemodell nach Chantal Mouffe

Chantal Mouffe gehört, vor allem innerhalb des jüngsten Diskurses über den Wandel der liberalen Demokratie, zu den vielfach rezipierten und kritischen Intellektuellen in Europa.[4] Ihre Theorien haben sich „als ein wichtiger Ansatz kritischer politischer Theorie etabliert" (Flügel-Martinsen/Marchart 2014: 197). In Anschluss an die Postdemokratie-Diagnose (Rancière 1996, 2002) spricht Mouffe ebenfalls von einem „Legitimitätsverlust demokratischer Institutionen" und einer „zunehmenden Entpolitisierung" unter den Bevölkerungen Europas (Mouffe 2011: 3). Mouffe sieht die Ursachen für das Aufkommen „postdemokratischer Gesellschaften" (ebd.) dabei in der finanzmarktgesteuerten Globalisierung, der Transnationalisierung des Staates und im „Dritten Weg" der sozialdemokratischen Parteien. Dabei richtet sie ihr Augenmerk gegen die „dominierenden Ansätze" der aggregativen und deliberativen Demokratietheorie, die den universellen „rationalen Konsens" zum Ziel haben (Mouffe 2014: 27, 2008: 101).

Im Folgenden sollen zunächst Grundbegriffe, Annahmen und Schlussfolgerungen der agonistischen Demokratietheorie von Mouffe nachgezeichnet werden, um sie im Anschluss daran auf den krisenbedingten Wandel des griechischen Parteiensystems anwenden zu können. Hierbei werden nur Mouffes eigene politiktheoretische Werke referiert.[5]

Die Anerkennung des Politischen: Vom Antagonismus zum Agonismus

Mouffes Konzeption des Politischen kann als ein Versuch von vielen im aktuellen Theoriefeld bezeichnet werden.[6] Das Politische kann als ontologische Kategorie

---

4   Allein 2014 wurden zwei Themenhefte (ein englisch- und ein deutschsprachiges) zu Chantal Mouffe publiziert: a) *Parallax*, Special Issue: Chantal Mouffe: Agonism and the politics of passion, Vol. 20, Issue 2; b) *Zeitschrift für politische Theorie*: Themenschwerpunkt Chantal Mouffe, Jg. 5, Heft 2. Im Jahr 2010 verlegte sogar die Bundeszentrale für politische Bildung Chantal Mouffes Werk *Über das Politische. Wider der kosmopolitischen Illusion* innerhalb ihrer Schriftenreihe (Band 1039).

5   Infolgedessen wird das gemeinsame Hauptwerk mit Ernesto Laclau (Laclau/Mouffe 2000) für diesen Beitrag soweit wie möglich ausgeblendet, da es einige Unterschiede zwischen Laclaus und Mouffes gemeinsamer und Mouffes eigener Theorieentwicklung gibt. Man kann eine differentielle Weiterentwicklung innerhalb Mouffes demokratietheoretischen Agonismus und Laclaus Theorien der Hegemonie und des Populismus konstatieren (Laclau 1996, 2005, Butler/Laclau/Žižek 2000).

6   Siehe für einen guten Überblick zu den diversen Denker/-innen des Politischen: Marchart, O. (2010): *Die politische Differenz. Zum Denken des Politischen bei Nancy, Lefort, Badiou, Laclau und Agamben*. Berlin: Suhrkamp; Röttgers, K./Bedorf, T.

des Konflikts verstanden werden, in dem die Kämpfe bzw. die Kontroversen um die Instituierung von Gesellschaft bzw. des Staates ausgetragen werden (Mouffe 2007: 15). Unter Politik hingegen wird die aktuell herrschende politische und soziale Ordnung mitsamt ihrer Institutionen und alltäglichen Praktiken verstanden (ebd.: 16). Insgesamt also differenziert Mouffe in Anlehnung an Heideggers ontisch-ontologische Differenz zwischen einer ontischen Ebene bzw. Sphäre, des zurzeit Existierenden, und einer ontologischen, einer stets seienden bzw. möglichen Sphäre. Das vorherrschende deliberative Demokratiemodell stellt für Mouffe jedoch kein konfliktuelles Modell dar, weil die entscheidenden Kategorien der Macht und des Antagonismus nicht anerkannt werden (Mouffe 2008: 102). Der „rationalistische und individualistische Ansatz" kann nicht „die pluralistische Natur der Welt des Sozialen, samt den Konflikten, die zum Pluralismus gehören", verstehen (Mouffe 2007: 17). Macht konstituiert dabei stets alle sozialen Verhältnisse und der Antagonismus ist hierbei die maßgebliche Kategorie, welche die Kämpfe um die Gestaltung der Verhältnisse kennzeichnen soll (Mouffe 2008: 102).

Im Mittelpunkt der Mouffe'schen Theorie steht die Sublimierung vom Feind zum Gegner. Ihren Ausgangspunkt findet sie hierbei in Carl Schmitts Konzeption des Politischen, die er in der „Unterscheidung von Freund und Feind" identifiziert (Schmitt 1963: 25). Diese Identitätskonstruktion einer bei Schmitt noch ethnisch-homogenen Wir-Sie-Unterscheidung hat Mouffe poststrukturalistisch zu einem ethnisch-heterogenen Pluralismus uminterpretiert, um diesen für ihre agonistische Demokratietheorie nutzbar zu machen (Mouffe 2007: 23). Relevant ist dabei für Mouffe, dass kollektive politische Identitäten mit subjektiven Leidenschaften einhergehen, d.h. die Affekte der Subjekte spielen für die agonistische Demokratie eine wesentliche Rolle (Mouffe 2002b: 8). Paulina Tambakaki behauptet, dass das Konzept der Leidenschaften bei Mouffe aus drei Gründen für ihren agonistischen Pluralismus entscheidend sei: (1) Leidenschaften stellen eine grundlegende Bedingung für eine demokratische Praxis des Agonismus dar, da kollektive Identitäten nur durch assoziative und dissoziative Affekte angetrieben werden, (2) wobei eine Zähmung der dissoziativen Affekte notwendig sei, die das Aufkommen von Antagonismen verhindern sollen, (3) um letztlich mithilfe unterschiedlich politisierter Subjekte alternative Hegemonieprojekte konstruieren zu können (Tambakaki 2014: 6f). Mouffe will auf diese Weise die Demokratie wiederbeleben, um sie gleichzeitig vor dem Ausbruch neuer Antagonismen zu schützen: „Einer der

---

(2010): *Das Politische und die Politik*. Berlin: Suhrkamp; Bröckling, U./Feustel, R. (Hg.) (2012): *Das Politische denken. Zeitgenössische Positionen*. Bielefeld: transcript; Hebekus, U./Völker, J. (2012): *Neue Philosophien des Politischen zur Einführung*. Hamburg: Junius.

Schlüssel zum Verständnis der These vom agonistischen Pluralismus ist, dass agonistische Konfrontation weit davon entfernt ist, Demokratie zu gefährden. Vielmehr ist sie deren eigentliche Existenzbedingung" (Mouffe 2008: 104). Mouffes Hauptkritik richtet sich dabei vor allem gegen die rationalistischen Ansätze von Jürgen Habermas und John Rawls, die die subjektiven Leidenschaften für demokratische Politik nicht anerkennen wollen (Mouffe 2008).

Mouffe stellt dabei ihr anti-essentialistisches Volksverständnis in den Mittelpunkt. Für sie steht der heterogene *demos* und nicht der homogene *ethnos*, wie in der Schmitt'schen Perspektive, im Fokus. Der Wir-Sie-Gegensatz innerhalb kollektiver politischer Identitäten soll dabei erhalten bleiben und eine pluralistische Demokratie ermöglichen. Gerade weil heute in den konsensorientierten liberalen Demokratien keine „agonistischen Kanäle" mehr für politische Konflikte bereit stehen, werden sowohl Parteienverdrossenheit und Entpolitisierungsprozesse gefördert als auch aus Mangel an politischen Identifikationsmöglichkeiten ethnische „Feinde" konstruiert, die erneute Antagonismen aufkeimen lassen (Mouffe 2008: 104). Vor allem erfährt der Rechtspopulismus infolgedessen wieder größeren Zulauf (Mouffe 2007: 87ff). „Die Rechtsparteien hatten immer dann Zulauf, wenn zwischen den traditionellen demokratischen Parteien keine deutlichen Unterschiede mehr erkennbar waren" (ebd.: 87). In einer agonistischen Demokratie gibt es jedoch einen „legitimen Feind", nämlich den politischen „Gegner", der als „legitimer Opponent" akzeptiert wird (Mouffe 2008: 103).

> „Aus agonistischer Perspektive ist die zentrale Kategorie demokratischer Politik die Kategorie des ‚Kontrahenten', des Opponenten, mit dem man grundlegende demokratische Prinzipien wie das Ideal ‚allgemeiner Freiheit und Gleichheit' teilt, bei deren Interpretation man jedoch unterschiedlicher Auffassung ist." (Mouffe 2014: 29)

Eine wichtige Voraussetzung für den Agonismus ist die Bildung eines Minimalkonsenses, den Mouffe als „konflikthaften Konsens" bezeichnet (ebd.: 50). Innerhalb der Gesellschaft und zwischen den Parteien soll es einen Konsens über die „konstitutiven Institutionen" und „über die ‚ethisch-politischen' Werte" der Demokratie geben, die mit den Begriffen der „Freiheit und Gleichheit für alle" gleichzusetzen sind (Mouffe 2007: 43). In welcher Art und Weise die grundlegenden Prinzipien jeglicher Demokratie jedoch von den unterschiedlichen Akteuren interpretiert und umgesetzt werden, bleibt Inhalt des Konflikts zwischen den diversen hegemonialen Projekten. Matthew Jones weist jedoch auf einen wichtigen Punkt hin, der bei Mouffe nicht klar ausgearbeitet ist, was mit denjenigen Akteuren in einer Gesellschaft passiert, die gegen die „ethisch-politischen Werten" stimmen. Er plädiert dafür, dass „es nicht notwendig sei, dass alle Bürger diese Werte unterstützen", aber eine „große Mehrheit" dies tun sollte (Jones 2014: 27f). Konsequenzen einer immer niedrigeren Zustimmung würden nach Jones' Ansicht „die soziale und politische Stabilität" zersetzen (ebd.: 28). Damit wird offensichtlich, dass es auch innerhalb einer Demokratie konstitutiv zu Ein- und Ausschlüssen von Bevölkerungsgruppen kommt (Mouffe 2010: 80f).

Wichtig ist noch anzumerken, dass der Begriff der Hegemonie von Mouffe von demjenigen, den sie mit Laclau konzipiert hat, abweicht, indem sie diesen vereinfacht.[7] In ihrer eigenen Theorieentwicklung eines agonistischen Pluralismus stellen wesentlich Parteien des gesamten Spektrums, die zugleich unterschiedliche Hegemonieprojekte sein sollten, die agonistischen Hauptakteure dar. Trotzdem vergisst Mouffe nicht, auch soziale Bewegungen und zivilgesellschaftliche Verbände als wichtige Akteure zu nennen, die als politisierte Subjekte ihren Unmut oder ihre Unterstützung untereinander ausmachen und bis ins Parlament zu den Parteien tragen können. Dieser Aspekt der Macht innerhalb der Zivilgesellschaft scheint in den weiteren Jahren ihrer Theorieentwicklung weniger berücksichtigt worden zu sein (Mouffe 1993: 100). Diese Reduzierung des Hegemoniebegriffs geht damit einher, dass Mouffe für den Erhalt der liberal-demokratischen und repräsentativen Institutionen plädiert, allen voran für den Parlamentarismus. Ihr Fokus hat sich jedoch im Vergleich zum Hauptwerk mit Laclau stärker auf die Parteien verschoben. Sie fordert lediglich eine „Umgestaltung", sodass die Institutionen „zu einem Vehikel für den Ausdruck des Volkswillens werden" (Mouffe 2014: 177). Sie bleibt damit klar innerhalb des „Kontext(s) der liberalen demokratischen Institutionen" (Mouffe 2007: 46). Infolgedessen versucht sie eine „Balancierung zwischen Republikanismus und Liberalismus" zu erreichen, der letztendlich „in der Tradition eines konfliktiven Liberalismus" verbleibt (Rzepka/Straßenberger 2014: 231f).

---

7   Laclau und Mouffe entwickeln in ihrem Hauptwerk den Hegemoniebegriff Antonio Gramscis poststrukturalistisch weiter. Jedoch modifiziert bzw. reduziert Mouffe diesen innerhalb ihrer agonistischen Demokratietheorie, ohne sich gleichzeitig vom alten Konzept ganz zu verabschieden, welches an vielen Stellen deutlich wird, wo sie auf Begriffe aus dem gemeinsamen Werk mit Laclau zurückgreift. Gramscis schillernder Hegemoniebegriff kann kurz zusammengefasst auf die bekannte Formel „politische Gesellschaft + Zivilgesellschaft = das heißt Hegemonie [Konsens], gepanzert mit Zwang" (Gramsci 1991-2002: B4, H6, §88, 783) reduziert werden. Gramsci will damit ausdrücken, dass die Etablierung eines Hegemonieprojekts neben Zwangsausübung auch immer auf den Konsens der Zivilgesellschaft in ihrem täglichen Handeln beruhen muss (vgl. Buckel/Fischer-Lescano 2007).

3 Die Parlamentswahlen 2015: Sieg eines alternativen Hegemonieprojekts

3.1 Rückblick: Die Wahlen von 2012

Während die Massendemonstrationen gegen die Austeritätspolitik seit 2010 massiv angestiegen sind,[8] kam es im Mai 2012 nach der technokratischen Übergangsregierung von Papadimos zu den ersten Parlamentswahlen in der Troika-Ära. Die Wahlergebnisse offenbarten deutlich den krisenbedingten Wandel des griechischen Parteienspektrums. Dabei polarisierte der Wahlkampf um die Regierung zwischen ND und SYRIZA. Die ND warb dabei um ein neues Modell für Griechenland, welches das Land wieder zu mehr Wettbewerbsfähigkeit und Wachstum führen sollte. Die linksradikale Koalition unter SYRIZA sprach sich klar gegen die enormen Sparauflagen der Troika und die soziale Krise sowie für eine Erneuerung der griechischen Demokratie aus. Zentrale Wahlkampfthemen waren bei allen Parteien die Memoranda der Troika, die Austeritätspolitik bzw. die Spar- und Reformauflagen, die Bewältigung der sozio-ökonomischen Krise und die Frage nach einem Verbleib Griechenlands in der Eurozone. Zwar konnte die konservative ND mit 18,85 % die meisten Stimmen erreichen, dicht gefolgt von SYRIZA mit 16,78 % und dem großem Verlierer dieser Wahlen, den griechischen Sozialdemokraten, mit 13,18 %. Eine Regierungsbildung scheiterte und es folgten Neuwahlen im Juni 2012.

Die Konsequenzen der Juni-Wahlen waren enorm: Zum ersten Mal seit der Gründung der Dritten Griechischen Republik im Jahre 1974 konnten sieben Parteien in das griechische Parlament einziehen. Der rasante Aufstieg SYRIZAs (von 4,6 % im Jahr 2009 auf 16,8 % im Mai bzw. 26,9 % im Juni) zur stärksten Oppositionspartei und der Einzug der neofaschistischen Chrysi Avgi (Goldene Morgendämmerung oder -röte)[9] ins Parlament zeugen vom völlig veränderten Wahlverhalten der Bevölkerung, welches „die Dynamik einer allseitigen gesamtgesellschaftlichen Radikalisierung" widerspiegelt (Tsianos/Parsanoglou 2012: 8). Die ND musste schon Anfang des Jahres die Abspaltung eines Teils ihres rechtskonservativen Flügels hinnehmen: Die neue Partei der ANEL („Anexartiti Ellines" – Unabhängige Griechen) wurde von Panos Kammenos, einem ehemaligen

---

8 Siehe hierzu den Beitrag von Tsomou in diesem Band und Prentoulis/Thomassen 2014.

9 Siehe hierzu den Beitrag von Kritidis in diesem Band und auch Psarras 2014.

Abgeordneten der ND, gegründet.[10] ANEL vertritt die Ansicht, dass Griechenland
wieder zu einem souveränen Staat werden und dafür den Vertrag der Memoranda
kündigen müsse. Sie erhielt im Juni 7,5 % der Wählerstimmen. Aus dem linken
Spektrum erreichte die gemäßigte Linkspartei DIMAR, die sich 2010 von SYRI-
ZA abspaltete, 6,25 %. Die Folgen der Wahlen von 2012 waren also die Fragmentierung des Parlaments und eine notwendig gewordene Koalitionsbildung, welche das griechische Parteiensystem bis dato nicht kannte. Keine der zwei großen
Volksparteien konnte mehr, wie es vorher immer üblich war, die absolute Mehrheit erreichen. Trotzdem gelang es der griechischen Bevölkerung nicht, die beiden
Volksparteien der ND und PASOK in die Opposition zu befördern. Vermutlich
war die Angst der Bevölkerung, bei einem Wahlerfolg SYRIZAs aus dem Euro
auszuscheiden, zu hoch (Vasilopoulou/Halikiopoulou 2013: 538). Die SYRIZA-
Führung bekannte sich erst im Laufe des Jahres 2011 für einen Verbleib im Euroraum. Schließlich bildete die ND unter Führung des neuen Ministerpräsidenten
Antonis Samaras zusammen mit der PASOK und der DIMAR („Demokratische
Linke") eine Koalitionsregierung. Die DIMAR trat jedoch nach einem Jahr, am 21.
Juni 2013, aus der Regierung zurück, weil die ND als stärkster Koalitionspartner
den öffentlich-rechtlichen Radio- und TV-Sender ERT am 11. Juni 2013 schließen
ließ.

Die Koalition von ND und PASOK endete jedoch vor Ablauf ihrer vollen Legislaturperiode, da die Wahl zum neuen Staatspräsidenten (einziger Kandidat war
der ehemalige EU-Umweltkommissar und ND-Mitglied Stavros Dimas) durch die
Nichterreichung der Mindestanzahl von 180 Stimmen in allen drei Wahlgängen
(vom 18.–29. Dezember 2014) im Parlament scheiterte. Dies führte gemäß Art. 32
der griechischen Verfassung zur Auflösung des Parlaments binnen zehn Tagen und
zu Neuwahlen innerhalb von 30 Tagen. Infolgedessen fanden am 25. Januar 2015
vorgezogene Parlamentswahlen statt, die zu einem Politikwechsel in Griechenland
führen sollten.

---

10   Kammenos trat mit weiteren neun Abgeordneten aus der ND aus, weil sie die weite-
     ren Sparreformen der ND, die zu dieser Zeit die technokratische Übergangsregierung
     von Papadimos unterstützten, nicht mehr mittragen wollten. Eine andere Abspaltung
     innerhalb der ND erfolgte schon 2010, als die frühere Bürgermeisterin von Athen und
     Außenministerin Dora Bakogianni ihre eigene Partei Demokratische Allianz („Dimo-
     kratiki Symmachia") gründete. Nachdem sie jedoch nur 2,55 % in den Wahlen im Mai
     2012 erhielt, löste sie ihre Partei auf und kehrte noch vor den Juni-Wahlen zurück zur
     ND.

3.2 Die Wahlen von 2015

Der Wahlkampf musste somit von den Parteien in kürzester Zeit gestaltet werden. Die Hauptfragen blieben den vorherigen Wahlen entsprechend: das Verhältnis zu den Gläubigern bzw. zur Troika, Fortsetzung oder Bruch mit der Austeritäts- und Reformpolitik, Lösungen für die sozialen bzw. humanitären Konsequenzen der Krise.

Das vorgestellte Wahlprogramm von SYRIZA, der stärksten Oppositionspartei, basierte hauptsächlich auf dem „Programm von Thessaloniki",[11] welches aus folgenden vier Säulen besteht:

1. Bekämpfung der humanitären Krise
2. Wiederaufbau bzw. Restrukturierung der griechischen Wirtschaft
3. Arbeitsmarktpolitik und Schaffung neuer Arbeitsplätze
4. Institutionelle und demokratische Transformation des politischen Systems

SYRIZA versprach der griechischen Bevölkerung ein Ende der Austeritätspolitik, den Wiederaufbau der griechischen Ökonomie, die Wiederanhebung des Mindestlohns auf 751 Euro und die Wiedereinführung des 13. Monatsgehalts für Bezieher niedriger Renten. Ihr Hauptwahlkampf-Slogan lautete: „Die Hoffnung kommt. Griechenland schreitet voran – Europa verändert sich". Die ND hingegen fokussierte sich innerhalb ihrer Wahlkampfkampagne auf den Begriff der Wahrheit und auf die aus ihrer Perspektive erfolgreichen Regierungspolitik der letzten zweieinhalb Jahren: „Wir sagen die Wahrheit" und „Wir lassen die Memoranda bzw. die Krise hinter uns" waren ihre Wahlkampf-Slogans.[12] Im gesamten Diskurs des Wahlkampfmonats nutzten alle Parteien vor allem die Begriffe der Wahrheit, Lüge, Angst und Hoffnung. Am deutlichsten erkennbar wurde dies im Wortkampf zwischen dem Ministerpräsidenten Samaras und seinem Herausforderer Alexis Tsipras. Ersterer sprach von einer „Rückkehr in die Zeit der Memoranda und der Krise", falls Tsipras die Wahl gewinnen würde. Letzterer versuchte die Begriffe der Angst und Wahrheit von Samaras zu dekonstruieren, indem er die „Success Story" von Samaras als Lüge darstellte, da sich die soziale Lage in der Regierungs-

---

11 Die Ausgaben des Programms sollen sich auf ca. 12 Mrd. € belaufen und u.a. durch die Eintreibung von Steuerrückständen, Bekämpfung von Steuerflucht und aus dem EU-finanzierten Fonds für die Bankenstabilisierung sowie aus EU-Struktur- und Investitionsfonds finanziert werden. http://www.syriza.gr/article/SYRIZA---THE-THESSALONIKI-PROGRAMME.html#.VTetDvD6iq4. Zugegriffen: 10.01.2015.

12 Die ND nannte sogar ihre Wahlkampf-Homepage „Wir sagen die Wahrheit" (www.lemetinalithia.gr).

zeit von Samaras nicht verbessert habe und die Troika-Politik der letzten fünf Jahre gescheitert sei. Hoffnung könne es nur mit einem alternativen und sozialen Projekt von SYRIZA geben. Die PASOK versuchte, ähnlich wie die ND, mit den Begriffen der Wahrheit und der Verantwortung Wählerstimmen zu gewinnen. Dies gelang ihr jedoch nicht, weil sie von der Bevölkerung als Hauptverursacherin für den gesamten Krisenausbruch verantwortlich gemacht wurde. Infolgedessen kann die PASOK als die große Verliererin der Wahlen gelten; mit nur 4,68 % erzielte sie das schlechteste Ergebnis seit ihrer Gründung.[13] Als zentrale Ursachen für den Wahlerfolg von SYRIZA (siehe Abbildung 1) können die Wahlversprechen gelten, mit denen eine Vielzahl der Bevölkerung Hoffnung auf eine bessere Zukunft verband. Samaras' Politik der „Success Story" konnte damit die Wähler/-innen nicht überzeugen und erhielt etwa 8,5 % weniger Stimmen als SYRIZA. In seiner Regierungszeit sind durch weitere drastische Sparreformen die Arbeitslosen- und Armutsquote sogar angestiegen, was zu einer Verschärfung der sozialen Krise geführt hat (Giannitsis/Zografakis 2015). Zweitens gelang es SYRIZA, sich als gegenhegemoniale Protestpartei und -bewegung zu etablieren. Ihre Politik kann dabei als linkspopulistisches Hegemonieprojekt im Anschluss an Ernesto Laclaus Populismustheorie verstanden werden (Stavrakakis/Katsambekis 2014). SYRIZA konnte mittels einer anti-elitären Rhetorik und einem populistischen Diskurs ein wirkungsvolles „Wir" des griechischen Volkes konstruieren, welches sich gegen das „Sie", sowohl der alten griechischen Politik- und Wirtschaftseliten als auch gegen die Troika und die „deutsche Hegemonie" in Europa, die allesamt für das Scheitern der griechischen Staatlichkeit und der „Griechenlandrettung" verantwortlich gemacht wurden, erfolgreich durchsetzen. Im Mittelpunkt standen hierbei auch die Kontakte SYRIZAs zu der außerparlamentarischen Opposition, den sozialen Protestgruppen, den verarmten Mittelschichten, den jungen Arbeitslosen, aber auch zu den Gewerkschaften. Hierbei soll die Zahl der Wechselwähler/-innen von PASOK zu SYRIZA in den Wahlen beachtlich hoch gewesen sein.[14] Eine dritte Kraft konnte sich nicht in der Nähe der beiden Pole etablieren. Dies deutet auf eine Kontinuität des alten Zweiparteiensystems hin, in dem der langjährige

---

13   Die Parteigründung „Kinima Dimokraton Sosialiston" (Bewegung der Demokraten und Sozialisten) des ehemaligen Ministerpräsidenten Georgios Papandreou und Sohn des PASOK-Gründers Andreas Papandreou nur einige Wochen vor den Parlamentswahlen schwächte das PASOK-Ergebnis sicherlich zusätzlich. Papandreou gelang es mit 2,44 % (bei einer Sperrklausel von 3 % in Griechenland) trotzdem nicht in das Parlament einzuziehen.

14   Insgesamt gab es ca. 1,1 Mio. WechselwählerInnen im Vergleich zu den Wahlen von 2012. Leider gibt es jedoch keine genaueren Angaben dazu. http://www.efsyn.gr/arthro/pano-apo-1100000-psifoforoi-allaxan-komma. Zugegriffen: 15.05.2015, (gr.).

Dualismus zwischen ND und PASOK derzeit von einer Polarität zwischen ND und SYRIZA langfristig ersetzt werden könnte. Was wiederum aufzeigt, dass SYRIZA sich nach Mitte-links orientiert hat.[15] Eine Zusammenarbeit mit Parteien, die die Austeritätspolitik mit umgesetzt haben, schloss SYRIZA schon vor den Wahlen aus. Infolgedessen kamen als mögliche Koalitionspartner nur die KKE (Kommunistische Partei Griechenlands), die rechtspopulistische ANEL und die neue Partei To Potami („Der Fluss") in Betracht. Die KKE war schon vor dem Wahlsieg SYRIZAs gegen eine Zusammenarbeit, weil SYRIZA sich nicht gegen das Kapital, die EU und die NATO wenden würde und die Memoranda-Ära weiter fortsetzen werde. To Potami als Partei der liberalen Mitte ist vom griechischen Journalisten Stavros Theodorakis im März 2014 gegründet worden. Sie fordert eine „Modernisierung und Europäisierung" Griechenlands. Für SYRIZA wäre eine Zusammenarbeit mit der, dem Medien- und alten Politik-Establishment sehr nahe stehenden, „postpolitischen Partei" eine „problematische Entscheidung gewesen" (Katsambekis 2015). Die ersten Koalitionsgespräche fanden schon am Tag nach der Wahl mit der ANEL statt. Noch am selben Tag einigten sich die beiden Parteiführer Tsipras und Kammenos auf eine gemeinsame Koalitionsregierung. Viele europäische Medienberichte bewerteten diese „Links-Rechts-Regierung" von SYRIZA und ANEL als ein Kuriosum, weil die beiden Parteien eigentlich ideologisch zu unterschiedlich seien. Anders war die Reaktion innerhalb der griechischen Medienlandschaft, denn die zahlreichen Gespräche zwischen den beiden Oppositionsparteien bzw. Anti-Austeritätsparteien waren schon seit 2012 bekannt.

---

15 http://www.huffingtonpost.gr/2015/01/18/politiki-syriza-kentroaristera-aristera_n_6492180.html (gr., zugegriffen: 15.05.2015).

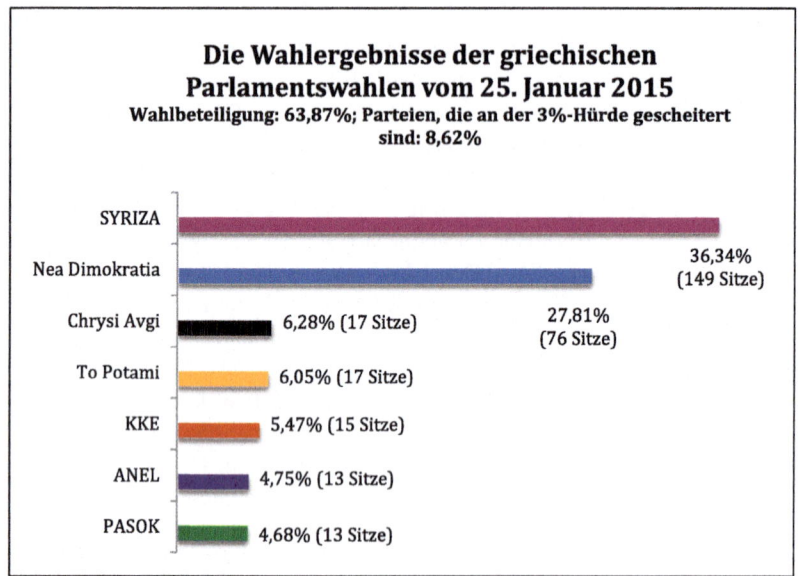

Die Wahlergebnisse der griechischen Parlamentswahlen vom 25. Januar 2015
Wahlbeteiligung: 63,87%; Parteien, die an der 3%-Hürde gescheitert sind: 8,62%

Abbildung 1   Eigene Darstellung, Quelle: Griechisches Innenministerium (http://eklo-ges.ypes.gr)

4   Ist Griechenland auf dem Weg zu einer agonistischen Demokratie?

Es wurde aufgezeigt, dass Griechenland sich seit 2008 bzw. 2010 in einer krisen-haften Phase der Umbrüche befindet. Der Zweiparteienwettbewerb des politischen Establishments von ND und PASOK (seit 1974) ist mit dem Sieg SYRIZAs An-fang 2015 zu einem Ende gekommen. Durch die sozioökonomische Missstände kam es seit 2008 – u.a. sind hier die landesweiten aber vor allem Athener Ri-ots im Dezember 2008 zu nennen (Kalyvas 2010) – zu einer Wiedererweckung des Politischen als Kategorie des Konflikts im Mouffe'schen Verständnis, die zu einer krisenbedingten Transformation des Parteiensystems geführt hat. Der Wahl-sieg von SYRIZA, die binnen fünf Jahren von einer unbedeutenden Splitter- zur stärksten Regierungspartei Griechenlands aufgestiegen ist, belegt diese besondere Dynamik des Wandels innerhalb eines parlamentarischen Systems in Europa. Das Politische ist damit auch auf die europäische Bühne zurückgekehrt. Die negative mediale Berichterstattung in den meisten EU-Staaten über SYRIZAs Forderun-gen, die Rückkehr des Themas „Grexit" und die harten Verhandlungen zwischen den europäischen Partnern und der neuen griechischen „Außenseiter"-Regierung zeugen von dieser neuen Konfliktualität.

Im Folgenden sollen nun die Ergebnisse zu den politischen Umbrüchen in Griechenland anhand des vorgestellten agonistischen Ansatzes von Chantal Mouffe erörtert werden. Zunächst sollen *vier Phänomene*, die für einen Agonismus in Griechenland sprechen, aufgezeigt werden.

1. Die Wahlergebnisse von 2012 bis 2015, die zu einer Fragmentierung des Parlaments geführt haben, können als agonistische Wahlergebnisse interpretiert werden, da sich klar unterschiedliche Parteien auf der Links-Rechts-Achse, die mit Mouffe als alternative Hegemonieprojekte bezeichnet werden können, gegenüberstanden.

2. Die Radikalisierung der griechischen Gesellschaft und die damit verbundenen sozialen Proteste und Streiks seit 2008. Vor allem die von der Sparpolitik betroffenen Mittel- und Unterschichten identifizierten sich affektiv mit den diskursiv konstruierten Gruppen des „Volkes", der „Armen" oder der „Empörten" gegen das politische und wirtschaftliche Establishment. Dadurch wurde deutlich, dass die Umbrüche auch die politischen Affekte der Bürger/-innen stark revitalisiert haben. Gleichzeitig haben aber auch Entpolitisierung und Misstrauen gegenüber den politischen Eliten und den Institutionen stark zugenommen, was sich in der stetig sinkenden Wahlbeteiligung zeigt.

3. Der Sieg SYRIZAs stellt einen Bruch mit der von Mouffe selbst kritisierten „postpolitischen Situation" der alternativlosen Postdemokratie innerhalb der EU dar (Mouffe 2015). Die gescheiterte neoliberale Krisenstrategie der Troika ist hauptverantwortlich für die Radikalisierung der griechischen Gesellschaft und für den Wahlerfolg von SYRIZA. SYRIZA fordert eine Wiederbelebung der Demokratie, eine sozial gerechtere EU und das Ende der Austeritätspolitik in Europa. Infolgedessen kann der Aufstieg SYRIZAs als eine agonistische Alternative und eine Antwort auf die Hegemonie des Neoliberalismus im kritischen Sinne Mouffes betrachtet werden.

4. Ein Agonismus innerhalb der EU: Harte Neuverhandlungen zwischen Gläubigern und der neuen griechischen Regierung. Durch den Sieg SYRIZAs und ihrer klaren Gegenposition zur Austeritätspolitik hat sich auf EU-Ebene zwischen Griechenland und den restlichen Ländern der Eurozone ein Agonismus etabliert. Dieser kam vor allem in den Treffen mit der Eurogruppe deutlich zum Vorschein. Die neue griechische Regierung steht mit ihren Forderungen jedoch isoliert da, da die restlichen 18 Euroländer, alle angeführt von großen Volksparteien, gegen die Pläne von SYRIZA Stellung beziehen. Trotz eines ersten Übereinkommens vom 20. Februar 2015 („Master Financial Assistance Facility

Agreement") haben sich die Differenzen zwischen „den Institutionen"[16] weiter
verschärft und eine Einigung ist nicht in Sicht. Für einen intensiveren Agonismus benötigt SYRIZA daher weitere Unterstützung; die linke Protestpartei Po-
demos könnte durch einen Sieg in den spanischen Parlamentswahlen im Herbst
2015 diesen Agonismus auf der EU-Ebene verstärken. Mouffe plädiert selbst
für eine „Politisierung des europäischen Projekts" und einen „agonistischen
Ansatz für die Zukunft Europas" (Mouffe 2014: 77, 92). Es bleibt abzuwarten
ob dieser Agonismus sich auch zu einem Antagonismus (Kapitalverkehrskont-
rollen, „Rauswurf" Griechenlands aus dem Euro etc.) zuspitzen wird.

Es folgen nun *sechs Phänomene*, die im Falle Griechenlands nachzuweisen sind
und Mouffes' agonistischer Demokratietheorie widersprechen.

1. Griechenland besitzt seit 2010 nur noch eine prekäre Souveränität, die als eine
   Art von Ausnahmezustand zu beschreiben ist. Dieser Zustand kann keinen
   „normalen" demokratisch-souveränen Status quo mehr darstellen. Grundlegend ist hierbei, dass das griechische Parlament seit dem Eintritt in die Memoranda-Ära keine Budgethoheit mehr innehat und Gesetzesvorlagen mit den
   Gläubigern abgesprochen werden müssen.[17]
2. Mit dem Fehlen eines „konflikthaften Konsenses" ist eine wesentliche Voraussetzung für einen Agonismus in Griechenland nicht gegeben. Griechenland
   befindet sich seit 2010 auf einer konflikthaften Suche nach einem neuen gesellschaftlichen und politischen Konsens, nachdem der alte Konsens über den Erhalt eines korrupten und klientelistischen Beamtenstaates, der sich in den Fol-
   gejahren der *metapolitefsi* etabliert hat, sich aus externen und internen Gründen
   seit 2010 allmählich aufzulösen scheint. Infolgedessen kann von gegenwärtigen Kämpfen um die Stiftung einer neuer symbolischen Ordnung innerhalb der
   griechischen Staatlichkeit gesprochen werden.
3. Die Rahmenbedingungen der liberal-demokratischen Institutionen sind in
   Griechenland nicht gegeben. Eine wesentliche Vorbedingung für einen Agonismus stellen die liberal-demokratischen Institutionen dar (Mouffe 2007: 46).
   In Griechenland bestehen diese zwar formal seit der *metapolitefsi* und dem
   Beitritt zur EWG (1981), sie sind jedoch durch Praktiken der schwachen Staatlichkeit, des Klientelismus, der Korruption und des Nepotismus stark beein-

---

16   Der SYRIZA-Regierung gelang es, den Begriff der Troika symbolisch zu negieren,
     der seitdem durch neue Signifikanten wie „der Institutionen" oder „Brussels Group"
     ersetzt wurde.
17   Siehe hierzu den Beitrag von Chrysogonos in diesem Band.

trächtigt. Die Troika-Maßnahmen haben jedoch nicht zum Ziel die schwachen Institutionen „demokratisch" neu zu gestalten. Vielmehr soll durch eine radikale Neoliberalisierung eine „effiziente" Minimalisierung des Staates und seines Eigentums erzielt werden. Hier überlappen sich interne prädemokratische und externe postdemokratische Dimensionen, die in Griechenland zu einer gefährlichen „Mixtur" für neue antagonistische Ausbrüche wurden, ohne wirklich eine gelungene Umgestaltung Griechenlands in die Wege geleitet zu haben.

4. Antagonismen existieren innerhalb der Gesellschaft und zwischen den Parteien. Neben der Neonazi-Partei der Chrysi Avgi und der Kommunistischen Partei Griechenlands, die als zwei verfassungsfeindliche Parteien zu charakterisieren sind, gibt es auch noch weitere antagonistische Akteure innerhalb der Gesellschaft wie z.B. zahlreiche anti-autoritäre Gruppen. Viele Antagonismen sind vor allem während der Krise erneut ausgebrochen und zeigen damit ihre Präsenz in vielen subinstitutionellen Bereichen auf. Sogar das Verhältnis zwischen ND und SYRIZA zeugt davon, dass sie sich nicht als „legitime Gegner" betrachten, sondern vielmehr als politische Feinde. Samaras' Aussage, dass SYRIZA die eine Seite von zwei Extremen (die andere sei die Chrysi Avgi) darstellen würde, untermauert dieses eher antagonistische Verhältnis. Dies wurde vor allem an der Weigerung Samaras' im Januar 2015 deutlich, der die Herausforderung Tsipras' einer öffentliche TV-Debatte kurz vor den Wahlen nicht annahm. Den symbolischen Höhepunkt erreichte Samaras damit, dass er bei der Amtsübergabe des Regierungssitzes (Megaro Maximou) an Tsipras nicht anwesend war. Infolgedessen kam es nicht einmal zu einem Austausch zwischen alter und neuer Regierung. Aber auch SYRIZA stimmte während der Regierungszeit von ND und PASOK keinem ihrer Gesetze zu und bezeichnet beide als die „Troika des Inlands". Seit die ND sich in der Opposition befindet, hat Samaras öffentlich auch die Bildung eines „proeuropäischen Projekts" unter ND, PASOK und To Potami gefordert, das die aktuelle Regierung jederzeit ablösen könne.

5. Die Kontakte SYRIZAs zu anderen Hegemonien in einer multipolaren Welt: Die Staatsbesuche von Tsipras in Russland und seinem Vize- und Außenminister in China deuten daraufhin, dass SYRIZA sich vor allem für Privatisierungsprojekte auch an andere Hegemonien innerhalb der multipolaren Weltordnung wendet. Überwiegende Gesprächspunkte sind vor allem Privatisierungsprojekte in Griechenland, die SYRIZA nach dem Wahlsieg erst einmal stoppen ließ, nun aber wiederum realisieren will. Auf EU-Ebene wurde Kritik darüber geäußert, dass die neue griechische Regierung Kontakte zu Russland aufbauen möchte, gerade in einer Zeit schlechter multilateraler Beziehungen (EU-Sank-

tionen gegen Russland) wegen des anhaltenden kriegerischen Konflikts in der Ukraine.

6. Das Zustandekommen der Links-Rechts-Koalitionsregierung zwischen SY-RIZA und ANEL kann als ein *Anti-Austeritätsprojekt* bezeichnet werden: Nach Mouffe wäre es in einer agonistischen Demokratie nicht möglich, dass unterschiedliche ideologische Hegemonieprojekte zusammenarbeiten (Mouffe 2007: 31). Dieser Aspekt ist m. E. nur mit einem Rückgriff auf Mouffes Zusammenarbeit mit Ernesto Laclau angemessen zu analysieren (Laclau/Mouffe 2000, Laclau 2005). Eigentlich sind die ideologischen Differenzen zwischen den beiden Regierungsparteien zu groß, um eine gemeinsame Regierungspolitik durchsetzen zu können. Für SYRIZA als auch für ANEL sind jedoch die Troika und die „deutsche Hegemonie" das „negative Außerhalb" ihres Diskurses, welches im Inland von der ND-PASOK-Koalition repräsentiert wird. In den Hauptthemen der Anti-Austeritätspolitik, der Erneuerung der griechischen Demokratie und der Bekämpfung der humanitären Krise sind sich beide Parteien einig, daher kann im Laclau'schen Sinne von der Bildung einer „Äquivalenzkette" (einer Allianz trotz ideologischer Differenzen) gegen das gemeinsame diskursive Außen gesprochen werden. Die entscheidende Frage ist hierbei, ob das Äquivalenzverhältnis zwischen den Regierungsparteien durch die Auflösung des „konstitutiven Außens" (wenn der Feind zum „Partner oder Freund" wird) oder wegen der Rückkehr ideologischer Differenzen innerhalb oder zwischen den Parteien zu einem bestimmten Zeitpunkt brechen wird.

5   Fazit und Ausblick

Die vorgestellten Phänomene haben aufgezeigt, dass die Bedingungen des agonistischen Demokratiemodells von Mouffe nur unzureichend erfüllt werden und deshalb nicht von einer agonistischen Demokratie in Griechenland gesprochen werden kann. Vor allem deutet das innergriechische Verhältnis zwischen ND und SYRIZA vielmehr auf einen *Antagonismus*, in der die politische Feindschaft klar zum Vorschein kommt. Auf europäischer Ebene weisen aber auch die Verhandlungen zwischen den Gläubigerinstitutionen und der griechischen Regierung auf einen unterschwellig existenten Antagonismus hin, da sich Griechenland in einem asymmetrischen Machtverhältnis gegenüber den Gläubigern befindet. Der wiederbelebte Diskurs des „Grexits" seit dem Sieg von SYRIZA kann als ein Erpressungsszenario bei Nicht-Einhaltung der Troika-Vereinbarungen von „den Institutionen" gegenüber Griechenland interpretiert werden. Als Äquivalent dazu stehen auf Seiten der griechischen Regierung die Einhaltung der „roten Linien des Volkes" (keine weiteren Gehalts- und Rentenkürzungen, Massenentlassungen, Einschränkungen des Arbeitsrechts, Privatisierungen von gewinnbringendem Staatseigentum wie z.b. die 14 griechischen Regionalflughäfen) und die Möglichkeit eines nationalen Referendums über weitere Sparmaßnahmen oder ggf. über den Euro selbst durchzuführen.

Ob ein Agonismus in Zukunft das griechische Parteiensystem prägen wird, hängt von den Entwicklungen der jetzigen Koalitionsregierung ab, die einem externen (Reformverpflichtungen und Kreditpakete) und einem internen Reformdruck (Reform- und Wahlversprechen) ausgesetzt ist. Voraussetzung dafür wird die Stabilisierung des ökonomischen, sozialen und politischen Systems sein, da die dargestellten Phänomene noch nicht dem agonistischen Modell entsprechen. SYRIZA steht hierbei vor gewaltigen Herausforderungen und Dilemmata. Auf der einen Seite müssen die prädemokratischen Altlasten des internen Systems (Klientelismus, Korruption, Steuerhinterziehung) abgeschafft und durch eine neue sozial gerechtere und effektivere Staatlichkeit ersetzt werden, auf der anderen Seite muss SYRIZA einen Weg innerhalb eines postdemokratisch-neoliberalen EU-Rahmens finden, den sie eigentlich aus einer sehr defensiven Position mit gegenhegemonialen Kräften demokratisch erneuern will. Es ist eher unwahrscheinlich, dass sie dabei Verbündete innerhalb der restlichen 27 EU-Regierungen finden und von deren „finanziellen Hilfen" sie gleichzeitig angewiesen bleiben wird. Innerhalb dieses Paradoxons wird der Erfolg oder das Scheitern dieses linken Projekts abhängen. Auch Slavoj Žižek bekräftige, in einem Interview die einmalige Chance SYRIZAs, eine neue griechische Staatlichkeit aufbauen zu können (Žižek 2015). Dabei müssen die akuten Liquiditätsprobleme des griechischen Staates durch ein wirtschaftliches Aufbauprogramm mit neuen Arbeitsplätzen und höheren Staatseinnahmen behoben werden. Neben der letzten noch nicht ausgezahlten Tranche aus dem zweiten „Hilfspaket" Griechenlands von Anfang 2012 ist auch noch ein „drittes Hilfspaket" von den Institutionen und den EU-Partnerländern in diesem Jahr ziemlich wahrscheinlich. Ausschlaggebend wird hierbei sein, ob SYRIZA sich durch die Möglichkeit eines nationalen Referendums über weitere Reformmaßnahmen bei einem gleichzeitigen Verbleib in der Eurozone neue Legitimation vom Volk beschaffen kann. Hiermit wird deutlich, dass das Wahlprogramm SYRIZAs nicht einfach umzusetzen ist, weil viele soziale Reformen von den Gläubigern nicht akzeptiert werden. Das Übereinkommen vom 20. Februar 2015 zeigt, dass SYRIZA sich von vielen eigenen Forderungen abgewendet hat. Ist dies der Anfang des „Dritten Weges" von SYRIZA? Diese erste Übereinkunft führte zu erheblichen Spannungen im Inneren der Partei, die sich weiter zuspitzen können.[18] Gleichzeitig ist jedoch ein starres Verhalten seitens der Gläubigerinstitutionen und Deutschland zu beobachten, die an dem gescheiterten Austeritätsweg und seinen bislang erkennbaren sozialen Konsequenzen weiterhin festhalten wollen. Das bedeutet, dass SYRIZA primär eine „gute" Einigung mit den Institutionen erzielen will und ihre eigene Politik auf die spätere Legislaturperiode verschieben muss. Zentral bleibt auch der Aspekt der sozialen Protestbewegungen: Werden diese SYRIZA weiterhin unterstützen oder sich auch auf der Straße gegen die neue Regierung wenden, wenn diese sich nicht an ihre Versprechen und eigene Politiklinie halten wird?

Obwohl Mouffe innerhalb ihres hegemonietheoretischen und ontologischen Konfliktrahmens Antagonismen für jede soziale Ordnung als konstitutiv anerkennt, verliert sie in ihrem konstruierten Idealtyp einer agonistischen Demokratie die Dimension der Gewalt aus den Augen. Nach einem Scheitern SYRIZAs oder eines Austritts Griechenlands aus der Eurozone könnten weitere Antagonismen ausbrechen. Die Gefahr von der rechtsextremen Seite darf hier nicht unterschätzt werden. Mouffes eigene Theorieleistung bleibt daher hinter ihrem und Laclaus Werk zurück, welches die Entstehung gegenhegemonialer Projekte und gesellschaftlicher Umbruchsituationen genauer zu erklären vermag. Friedrich Arndt sieht dies ähnlich: „Sie tritt gewissermaßen einen Schritt zurück, um die Umstrittenheit und Kontestation, die für den hegemonialen Politikstil entscheidend ist, für demokratietheoretische Zwecke expliziter in den Rahmen eines demokratischen Politikmodus zu stellen" (Arndt 2014: 137). Žižek kritisiert ebenfalls Mouffes Agonismus: „[S]o weit das Feld des agonalen Wettbewerbs auch sein mag, die Verwandlung des Antagonismus in Agonismus, von Feind in Gegner (kann) niemals vollständig sein" (Žižek 2002: 94). Eine offene Frage, die Mouffe nicht näher erläutert, ist, welche Umbrüche ein liberal-demokratisches System überhaupt benötigt, um zu einer agonistischen Demokratie transformiert werden zu können. Vielleicht stellen

---

18 Die linke Plattform von SYRIZA, um Energieminister Lafazanis und dem Abgeordneten Ökonomie-Professor Lapavitsas, spricht sich für intensivere Wirtschaftsbeziehungen zu anderen Hegemonien und eine gleichzeitige Rückkehr zur Drachme aus, um wettbewerbsfähiger, souveräner und demokratischer agieren zu können (Flassbeck/ Lapavitsas 2015, Lafazanis 2015, Lapavitsas 2015). Diese radikale links-nationale Strömung innerhalb SYRIZAs konnte sich bei weiteren internen Flügelkämpfen, die durch immer weitere Zustimmungen seitens der SYRIZA-Führung an die Gläubigerforderungen ausbrechen, auch durchaus abspalten und sich zu einer ersten linken pro-Drachme-Partei etablieren. Gleichzeitig wollen jedoch über 70 % der griechischen Bevölkerung im Euroraum bleiben. (Kapa Research April 2015: http://kaparesearch. com/index.php?option=com_k2&view=item&task=download&id=53_b3ef71698571 97b9d5fdd5588fd9ef1e&Itemid=137&lang=el. Zugegriffen: 27.04.2015).

die heutigen Umbrüche, die in Griechenland beobachtet werden können, einen notwendigen Schritt auf dem Weg zu einer agonistischen Demokratie dar. Daneben ist auch Mouffes „konflikthafter Konsens" ein zweifelhaftes Konzept: Mouffe will damit einen ethischen Anker für ihre agonalen Demokratietheorie schaffen, der in Wirklichkeit aber nicht innerhalb radikaler Demokratien existent sein kann, da sogar dieser Minimalkonsens nur im Konfliktmodus verbleibt.

Die strengen Gegensätze in den sub- und institutionellen Bereichen der griechischen Gesellschaft sind mit dem agonistischen Ansatz nicht zu erfassen. Der gesamtgesellschaftliche Krisenzustand Griechenlands ist von vielen Ursachen und Phänomenen gekennzeichnet, die schwierig zu analysieren sind. Deshalb reicht eine Theorie nicht aus, um dieses komplexe Forschungsfeld genauer untersuchen zu können. Der Antagonismus des Politischen kann nur innerhalb instabiler gesamtgesellschaftlicher Zustände sichtbar werden. „Wo eine Gesellschaft eine Krise erfährt, dort bilden sich sofort Konflikte um ihre Neuzusammensetzung" (Marchart 2013: 33). Die Phasen des Ausnahmezustands, die Dimensionen der Gewalt und die Transformationen der Demokratie müssen infolgedessen durch den Rückgriff auf weitere Theorien näher untersucht werden: Carl Schmitts und Giorgio Agambens Theorie der Souveränität und des Ausnahmezustands (Agamben 2004, Schmitt 2009, Voigt 2013), Joseph Vogls souveränitätstheoretische Analyse, die dem asymmetrischen Verhältnis zwischen globalen Finanzmärkten und der Staats- und Volkssouveränitäten nachgeht (Vogl 2015), als auch, wie kurz angedeutet, Ernesto Laclaus Hegemonie- und Populismustheorie[19] (Laclau 1996, 2005, Laclau/Mouffe 2000) könnten hierbei aufschlussreiche Ansätze für ertragreichere Analysen der neuen griechischen und europäischen Phänomene bieten.

Das politische System Griechenlands und seine Gesellschaft befinden sich inmitten eines chaotischen Wandlungsprozesses. Die Krisensymptome Griechenlands werden daher noch für viele weitere Jahre die politische Theorie bzw. die Sozialwissenschaften insgesamt beschäftigen müssen, da sie gleichzeitig auch die Symptome eines Europas im Umbruch charakterisieren.

---

19 Siehe hierzu auch den Beitrag von Stavrakakis in diesem Band und Stavrakakis/Katsambekis 2014.

Literatur

Agamben, G. 2004. *Ausnahmezustand. Homo sacer II.1.* Frankfurt a. M.: Suhrkamp.
Arndt, F. J. 2014. *Modi des Demokratischen. Zum Verhältnis von Macht und Demokratie.* Baden-Baden.
Butler, J./ Laclau, E./Žižek, S. 2000. *Contingency, Hegemony, Universality. Contemporary Dialogues on the Left.* London: Verso.
Flassbeck, H./Lapavitsas, C. 2015. *Against the Troika: Crisis and Austerity in the Eurozone.* London: Verso.
Flügel-Martinsen, O./Marchart, O. 2014. Chantal Mouffe in der Diskussion. *Zeitschrift für politische Theorie*, 5(2), 197–202.
Georgiadou, V. 2002. Parteireform in Griechenland. Am Beispiel der Panhellenischen Sozialistischen Bewegung (PASOK). *Zeitschrift für Politikwissenschaft*, 12(2), 585–609.
Giannitsis, T./Zografakis, S. 2015. *Greece: Solidarity and Adjustment in Times of Crisis,* Studie gefördert vom Institut für Makroökonomie und Konjunkturforschung (IMK) in der Hans-Böckler-Stiftung; IMK Study 38, März 2015. http://www.boeckler.de/pdf/p_imk_study_38_2015.pdf. Zugegriffen, 15.05.2015.
Gramsci, A. 1991-2002. *Gefängnishefte.* 10 Bände, hrsg. von K. Bochmann/W. F. Haug. Hamburg: Argument.
Jones, M. 2014. Chantal Mouffe's Agonistic Project: Passions and Participation. *Parallax*, 20(2), 14–30.
Kalyvas, A. 2010. An Anomaly? Some Reflections on the Greek December 2008. *Constellations*, 17(2), 351–365.
Katsambekis, G. 2015. A government of the Left in Greece: the coalition of SYRIZA with ANEL and what lies ahead. 30.01.2015. Online: http://www.criticatac.ro/lefteast/coalition-of-SYRIZA-with-ANEL-2/. Zugegriffen: 02.05.2015.
Laclau, E. 2005. *On populist reason.* London: Verso.
Laclau, E. 1996. *Emancipation(s).* London: Verso.
Laclau, E./Mouffe, C. 2000. *Hegemonie und radikale Demokratie. Zur Dekonstruktion des Marxismus.* Wien: Passagen.
Lafazanis, P. 2015. Wir sollen die „fünfte Phalanx" isolieren. Aufsatz des Ministers in der Zeitschrift Crash. Online: http://www.tovima.gr/files/1/2015/04/29/lafazan.pdf. Zugegriffen: 15.05.2015. (gr.).
Lapavitsas, C. 2015. To beat austerity, Greece must break free from the euro. *The Guardian*, 02.03.2015, http://www.theguardian.com/commentisfree/2015/mar/02/austerity-greece-euro-currency-SYRIZA. Zugegriffen: 18.03.2015.
Marchart, O. 2013. *Das unmögliche Objekt. Eine postfundamentalistische Theorie der Gesellschaft.* Berlin: Suhrkamp.
Mouffe, C. 2015. *Für einen linken Populismus.* 30.03.2015, IPG-Journal Online (Internationale Politik und Gesellschaft). http://www.ipg-journal.de/rubriken/soziale-demokratie/artikel/fuer-einen-linken-populismus-857/. Zugegriffen: 01.04.2015.
Mouffe, C. 2014a. *Agonistik. Die Welt politisch denken.* Berlin: Suhrkamp.
Mouffe, C. 2014b. Radikale Politik und die echte Linke. Plädoyer für eine agonistische Alternative. *Blätter für deutsche und internationale Politik*, 12/2014, 73–83.
Mouffe, C. 2011. „Postdemokratie" und die zunehmende Entpolitisierung. In: *Aus Politik und Zeitgeschichte*, 1-2/2011, 3–5.

Mouffe, C. 2010. Inklusion/Exklusion. Das Paradox der Demokratie. In: Weibel, P./Žižek, S. (Hg.): *Probleme des Postkolonialismus und der globalen Migration*. Wien: Passagen, S. 75–90.

Mouffe, C. 2008. *Das demokratische Paradox*. Wien: Turia + Kant.

Mouffe, C. 2007. *Über das Politische. Wider die kosmopolitische Illusion*. Frankfurt a. M.: Suhrkamp.

Mouffe, C. 2002. *Politics and Passions: The Stakes of Democracy*. London: Centre for the Study of Democracy, University of Westminster.

Mouffe, C. 1993. *The Return of the Political*. London/New York: Verso.

Prentoulis, M./Thomassen, L. 2014. Autonomy and Hegemony in the Squares. The 2011 Protests in Greece and Spain. In: Kioupkiolis, A./Katsambekis, G. (Hg.): *Radical Democracy and Collective Movements Today. The Biopolitics of the Multitude versus the Hegemony of the People*. Dorchester: Ashgate, S. 213–234.

Psarras, D. 2014. *Neofaschisten in Griechenland. Die Partei Chrysi Avgi*. Hamburg: Laika.

Rancière, J. 2002. *Das Unvernehmen. Politik und Philosophie*. Frankfurt a. M.: Suhrkamp.

Rancière, J. 1996. Demokratie und Postdemokratie. In: Rancière, J./Badiou, A.: *Politik der Wahrheit*. Wien: Turia + Kant, S. 119–156.

Rzepka, V./Straßenberger, G. 2014. Für einen konfliktiven Liberalismus – Chantal Mouffes Verteidigung der liberalen Demokratie. *Zeitschrift für politische Theorie*, 5(2), 217–233.

Schmitt, C. 2009 [1922]. *Politische Theologie. Vier Kapitel zur Lehre von der Souveränität*. Berlin: Duncker & Humblot.

Schmitt, C. 1963 [1932]. *Der Begriff des Politischen*. Berlin: Duncker & Humblot.

Stavrakakis, Y./Katsambekis, G. 2014. Left-wing populism in the European periphery: the case of SYRIZA. *Journal of political ideologies*, 19(2), 119–142.

Tambakaki, P. 2014: The Tasks of Agonism and Agonism to the Task: Introducing ʹChantal Mouffe: Agonism and the Politics of Passionʹ. *Parallax*, 20(2), 1–13.

Terizakis, G. 2006. *Zivilgesellschaft in Griechenland*. Baden-Baden: Nomos.

Tsianos, V./Parsanoglou, D. 2012. Metamorphosen des Politischen: Griechenland nach den Wahlen. *Aus Politik und Zeitgeschichte*, 35-37/2012, 8–15.

Vasilopoulou, S./Halikiopoulou, D. 2013. In the Shadow of Grexit: The Greek Election of 17 June 2012. *South European Society and Politics*, 18(4), 523–542.

Voigt, R. (Hg.) 2013. *Ausnahmezustand. Carl Schmitts Lehre von der kommissarischen Diktatur*. Baden-Baden: Nomos.

Vogl, J. 2015. *Der Souveränitätseffekt*. Zürich/Berlin: diaphanes.

Zervakis, P. A. 2009. Staat und Verwaltung im festen Griff der Parteien. Kontinuität und Wandel des griechischen Parteienstaates. In: Egner, B./Terizakis, G. (Hg.): *Das Politische System Griechenlands. Strukturen, Akteure, Politikfelder*. Baden-Baden: Nomos, S. 61–90.

Žižek, S. 2014. Interview mit der griechischen Zeitung Efsyn („Efimerida ton Syntakton" – Zeitung der Redakteure). Online: http://www.e-politikos.gr/content/slaboi-Žižek-slobenos-filosofos-i-efimerida-ton-syntakton. Zugegriffen: 17.03.2015.

Žižek, S. 2002. *Die Revolution steht bevor. Dreizehn Versuche über Lenin*. Frankfurt a. M.: Suhrkamp.

Teil V
Urbane Räume der Krise und ihre Metamorphosen

Der Name des Magens[1]

Aristide Antonas

1   Athen als ein System von Protokollen

Noch bevor Griechenland den anhaltenden Schuldenangriff der letzten Jahre erlebte, publizierte ich zwei Aufsätze, die sich mit der Stadt der Gegenwart im damaligen Westen beschäftigten. Sie konnten damals die Situation in Athen und Griechenland beschreiben. Denn auch wenn Athen in diesen zwei kurzen Texten nicht
als Protagonist auftrat, fügte sich die Stadt dennoch in die von mir vorgeschlagene,
allgemeine Beschreibung, ein. Um eine kurze Darstellung über das urbane Alltagsleben zu geben, behauptete ich damals, dass sich ein radikaler Wandel im Verhältnis der Gesellschaft zu ihrer Infrastruktur bereits lautlos zugetragen hatte. Der
alltägliche Charakter der Stadt der Gegenwart wurde nicht bloß durch die urbane
Infrastruktur *unterstützt*, sondern der soziale Kern ihres Alltagslebens vollzog
sich buchstäblich *in der Infrastruktur* selbst, als ob ihre Netzwerke einen inneren
Raum aufschlagen würden, der immer weniger Bezug zu einem „Außen" bedurfte.
Die Priorität der Dateninfrastruktur wurde nicht nur als etwas beschrieben, dass
die Materialität der Stadt reguliert. Darüber hinaus formte diese komplexe Infrastruktur bereits den „realen Hintergrund" des Alltags; sie unterstützte nicht nur
ein Leben außer sich, ganz im Gegenteil sie inszenierte ein eigenständiges Leben. Ferner wurde diese Infrastruktur zum Namen für ein Inneres, dem wir nicht
entkommen können. Ich will in diesem Zusammenhang von einer Prozedur oder
einem Magen sprechen, welcher nicht zu einem Organismus mit einem Kopf bzw.
Gehirn zu gehören scheint. In meinem zweiten Text schätzte ich die Konsequenzen

---

1   Aus dem Englischen übersetzt von Fabian Eckel und Maurits Heumann.

dieser wachsenden Kultur des Repräsentierens, Archivierens und Verknüpfens in einem gleichzeitig durchlebten Alltag ein; die sozialen Netzwerke gewähren diese Auto-Repräsentation des Lebens auf vorgefertigten Plattformen. Die Idee eines automatisierten Registers der Gesellschaft, das sich wie von selbst vollzieht, schuf eine merkwürdige und rigide Beschreibung jener Gesellschaft. Ich verglich diese freiwillige Repräsentation des Alltags, die nun von der Gesellschaft selbst betrieben wurde, mit den alten Spionagetechniken und schlussfolgerte daraus eine radikale Differenzierung von Archivierung, Identität und Geheimhaltung in diesen beiden sozialen Strukturen: Es ging also um den Übergang von einer Gesellschaft, die von traditionellen Spionagebehörden unterstützt wurde, zu einer sich selbst nun aufzeichnenden (vgl. Antonas 2008).

Eine große Veränderung in der Art, wie wir den Alltag repräsentieren, vollzog sich in den letzten Jahren im Süden Europas auf eindeutige Weise. Athen hatte einige bemerkenswerte Jahre in den ersten beiden Dekaden des 21. Jahrhunderts durchlebt. Zu dieser Zeit konnte ich einige Gegenden der Stadt, die ich doch so gut kannte, nicht wiedererkennen. Man sagt, Athen kehre wieder zur „Normalität" zurück; ich weiß nicht, wie hoch der Preis für diese Rückkehr ausfallen wird. Als ein instabiles Feld liefert Athen immer noch die Möglichkeit für eine radikale Neuinterpretation der Regeln, die den urbanen Charakter und die im Internet geformten Gemeinschaften strukturieren. Das Internet, als ein anderer legislativer Rahmen verstanden, ist stabiler als der „Staat", auch wenn es abstrakter, weniger bestimmend und flüssiger erscheint. Auch wenn ein Sozialvertrag für das Internet eine romantische Fantasie zu sein scheint, wird es dennoch das Internet und die Regulierung seiner Funktionen sein, die zukünftige Gesellschaften strukturieren werden. Während der Staat und der traditionelle Markt sich im Rückzug befinden, unternimmt das Internet auf undurchsichtige Weise den Versuch der Restrukturierung einer andersartigen Sozialität. Je eindeutiger dies geschieht, desto besser für eine bewusste politische Untersuchung.

Griechenland ist in diesem Zusammenhang der Ort einer Erzählung. Ich starte mit der optimistischen These, dass der Ort Griechenland sein könnte, an dem die Demokratie möglicherweise eine divergente Phase radikalen Wandels erfahren wird. Die extreme Dekadenz der sozialen Strukturen lässt uns über einen anderen Weg nachdenken, die kontigente urbane Zukunft zu verstehen. Die griechische Erzählung von *ademia* (gr. αδημία: „der Mangel am Gemeinsamen" wie Giorgio Agamben den allgemeinen Zustand des Westens in seinem Vortrag im Poulantzas-Institut im November 2013 in Athen bezeichnete) und die Frage der *Protokolle von Athen* dienen zur Beschreibung einer anderen postwestlichen Welt, in der wir bereits leben. Die Staatsgesetze fungieren in Griechenland heute mehr und mehr als unwichtiger Hintergrund, als ein ruinierter und beinahe verlassener Bereich, der kein soziales Leben mehr garantieren kann und der sich auf verschiedenen Ebenen als Fassade eines verödeten, konzeptuellen Bereiches darstellt. Alles ist möglich, kein Gesetz schützt die Bevölkerung wirklich vor einschneidenden Unglücksfällen. Das Gesetz, wie wir es kannten, fungiert nicht mehr als ein fundamentales Element unserer Gesellschaft. Es stellte sich nicht als Garantie für das Allgemeinwohl in diesen schlechtesten Zeiten des Südens heraus. Die griechische Regierung respektiert den Verfassungsrahmen nicht mehr, seitdem sie bereits angenommen und manchmal wortwörtlich erklärt hat, dass die Schulden Griechenland in einen Ausnahmezustand versetzt hätten; Griechenland ist, wie es auch der ehemalige Ministerpräsident Georgios Papandreou erklärte, kein souveräner Staat mehr, seitdem das Recht aufgrund der Schulden nicht mehr zum Wohle der Menschen beitragen kann. Wir müssen also notwendigerweise alternative Ideen zum Recht überdenken. Das Recht in einem Schuldenstaat reguliert die Innenpolitik nicht mehr von innen. Es wird vielmehr von der Troika, einem Akteur, der eigentlich für technische Detailfragen zur Regulierung einer Infrastruktur von unsichtbaren und unbenannten Strömungen verantwortlich ist, vorgeschlagen und muss notwendigerweise akzeptiert werden. Was könnte die Kontinuität von früheren Rechtsanwendungen ersetzen, die das Recht bisher garantierte?

In dieser besonderen Phase schlägt die postvernetzte Stadt ein Schema vor, in dem das Gesetz sich nicht als eine gemeinsame Plattform für alle darstellen würde; es könnte stattdessen in verschiedener Weise gleichzeitig gegenwärtig und abwesend sein, wie eine Vielzahl versteckter Regeln, die sich in einem eigensinnigen *Archipel von Protokollen* verorten ließe. Diese Protokolle, auf die ich mich beziehe, scheinen bereits stärkere legislative Einflüsse zu bekommen, auch wenn sie noch ohne Bezug zu jeglichem Konzept von sozialer Gesetzgebung stehen. Sie sind nur gültig für diejenigen, die freiwillig in ihrem Rahmen operieren. Sobald das Internet immer mehr mit der strukturellen und physischen Immobilität seiner Nutzer verbunden wird, kontrollieren diese Protokolle die Zeit der Stadtbewohner lautlos. Sie bilden clusterähnliche Strukturen aus, die zwar autonom arbeiten, aber dabei, jede für sich selbst, eine Reihe starrer Regeln definieren, die man akzeptieren muss, wenn man in ihnen operieren oder sich in ihren Sphären niederlassen möchte.

Die Geschichte der Post-Urbanisierung muss mit einer anderen Theorie der Infrastruktur verknüpft werden. Wenn wir behaupten können, dass die Urbanisierung mit einer Homogenisierung der Verteilung von Dienstleistungen zusammenfiel, können wir auch annehmen, dass die Perfektionierung der Dateninfrastrukturen und die angemessene Niederlassung in seinen Formen eine Fortsetzung des Urbanisierungsprojektes darstellt. Zirkulation und Netzwerke organisierten früher die Stadt; nun organisieren sie sich selbst. Die Stadt war der Bereich der Urbanisierung par excellence. Diese bewohnte Infrastruktur und die legislative Macht unabhängiger Protokolle formen ein Feld posturbanen Lebens im Internet und seiner Ausdehnung im globalen Norden.

In Athen und in vielen anderen Städten erkennen wir manche Merkmale, die jene Stabilität einer ähnlich bewohnten Infrastruktur beschreiben: Die Priorität des Datennetzwerks vor allen anderen materiellen Infrastrukturnetzwerken (Wasser, Kanalisation, Elektrizität), die Kontrolle der Zirkulation durch eine Regulation von Parametern, die Automatisierung des Marktes mithilfe der Logistik und einer starken Digitalisierung des Bankensystems (das in Griechenland bereits als ein System von Strömungen funktioniert) und die Abhängigkeit des sozialen Lebens von Internetprotokollen und sozialen Netzwerken des Web 2.0 formen das Wesen dieser Ansammlung von Protokollen, die nebenher bereits als erweiterte Umwelt dienen: Ihr Erfahrungsraum ist bestimmt durch die Struktur von Datennetzwerken und deren Bezug zum Alltagsleben.

Indem wir die in den letzten Jahren deutlich werdende Automatisierung der Stadt (vor der weiteren Anhäufung griechischer Schulden) zu den finanziellen Turbulenzen, in denen sich Griechenland zuletzt befand, in Beziehung setzen, fangen wir heute mit einer aufwändigen Untersuchung der politische Theorie an. In einer Hinsicht wurde Athen zu einem *Testfeld*, welches möglicherweise den Verfall des Westens oder die zynische Transformation einer Gesellschaft zu einer Struktur beschreiben kann, die nur aufgrund ihrer Verschuldung zu einer unbewussten, radikalen, legislativen Intervention genötigt wird. Jedoch sind Schulden keineswegs ein lokales Phänomen Griechenlands. Wie Maurizio Lazzarato bemerkte, führen Schulden zu einer Umwandlung des Marktes (die seit den 1970ern spürbar wird) und zur Produktion der zeitgenössischen Figur des „verschuldeten Menschen" (vgl. Lazzarato 2012). Der europäische Süden wird dem griechischen Beispiel folgen und auch der Norden Europas wird womöglich von diesem Prozess, der eine andere Automatisierung des Kapitalismus vorantreibt, nicht unberührt bleiben. Die europäische Vergangenheit scheint bereits weit weg zu sein; wir werden fortschreitend zu einem abgewandelten Gesellschaftsmodell getrieben. Ich versuche zu verstehen, wie dieses Modell in Relation mit dem „neuen" Konzept urbaner Infrastruktur funktionieren könnte.

Das automatisierte Leben, zu dem diese bewohnte Infrastruktur führt, wird hier definiert als Leben mit eingeschränkten Entscheidungsspielräumen; die laufenden Protokolle dieser wachsenden Infrastruktur diktieren die einzigen möglichen Wege zur Beantwortung vordeterminierter Fragen. Ein Protokoll wird hier verstanden als ein abstrakter Raum, in dem auf vorherbestimmte Fragen festgelegte Antworten zur Auswahl stehen. Der soziale Raum Athens, wird er als eine bewohnte Infrastruktur begriffen, korrespondiert mit einem unsichtbaren Raum, der akkurat beschrieben werden kann; dieser Raum von Protokollen hat eine feste (wenn auch immaterielle) Gestalt: Seine Struktur gleicht seiner Architektur. Er ist gegenwärtig und unsichtbar.

Innerhalb dieser Infrastruktur ist eine menschliche Person eine leere Funktion, die an ein System von Netzwerken angeschlossen ist; die Person fungiert als ein Apparat in einer bestehenden Ordnung. Die Person in der Infrastruktur ist zwar frei zu wählen, aber nicht frei, diejenige Situation zu erneuern oder zu radikalisieren, in der sie sich schon immer befindet. In den Städten der Gegenwart, in denen sich Menschen in dieser Infrastruktur treffen, sind wir verlassen und ohne Antwort auf die Frage nach der zivilen Zukunft des Einzelnen, der vormals Bürger dieser Stadt war; ein Individuum wurde in der Zeit des Humanismus noch durch seine Autonomie und seine Möglichkeiten zur Entscheidung über die Verhältnisse bestimmt, in denen es sich im Allgemeinen befand: Aufgrund der Entscheidungen, die im Reich der Infrastruktur getroffen werden, scheint dies jedoch eine ferne Vergangenheit darzustellen.

Der Begriff Infrastruktur bezeichnet also das System von Plattformen, welches zur gleichen Zeit die Materialität der Stadt (Wasser, Kanalisation, Elektrizität, Verkehrswege von Zug und Auto) als auch die durch das Internet vorgeschlagene soziale Struktur als eine Reihe von sozialen Räumen reguliert, in denen sich Menschen wortwörtlich treffen. Wir bewegen uns in Richtung eines eigentümlichen Verständnisses von einer Einheit der Vielheit. Dieses ungeordnete System von rigiden Plattformen, welches die Infrastruktur ist, kritisiert bereits in einer voreingenommenen Weise die Beschreibung einer Gesellschaft der „Multitude" (vgl. Hardt/Negri 2004). Die Analyse von Michael Hardt und Toni Negri deckt weder die versteckte metaphysische Einheit dieser vielfach-ähnlichen Gestalt der Gesellschaften auf, noch die Möglichkeiten automatischer Kontrolle von Leistungen innerhalb derselben. Die Einheit der Infrastruktur garantiert, dass die Teilung in Protokolle und Plattformen schon mittels einer bestimmten Kontrolle der Dateninfrastruktur operiert; dies ist der Ort, an dem die Vielheit als eine einzelne Leistung in einem starr abgesonderten immateriellen Raum durchgeführt wird. In diesem Rahmen sind die freien Entscheidungen der Bewohner jener Infrastrukturplattformen bloß Optionen zwischen vorgegebenen Alternativen. Es ist ihnen erlaubt zu operieren, damit die Infrastruktur am Wachsen bleibt. Dieses Verfahren beinhaltet und konsumiert allmählich alle Teile eines sozialen und privaten Lebens, die noch außerhalb seines Einflussbereiches existieren könnten. Die Infrastruktur verinnerlicht das Erfahren von Welt. Die Infrastruktur ist die operierende Kraft der Vielheit. Sie gibt die Möglichkeit scheinbar freier Entscheidungen vor, die sich allerdings auf das Auswählen von vorgefertigten Fragen und Antworten begrenzt. Fragen und Antworten öffnen hier keine enigmatischen Räume von Unbestimmtheiten, sie wiederholen vielmehr schon bestehende Routinen, die im allgemeinen Grundverständnis einer radikal unhinterfragten Ausübung des Sozialen eingeschrieben stehen.

Das Konzept einer wachsenden Infrastruktur, welche in ihrem Inneren viele Aspekte der menschlichen Sozialität konsumiert, neigt dazu, die gesamte urbane Erfahrung des ehemaligen Westens abzudecken, ohne dabei einen ersichtlichen Raum außerhalb dieses Einflussbereichs übrig zu lassen. Es gibt kein notwendiges Außen für diese Infrastruktur; keinen möglichen Raum mehr für Verantwortlichkeit, welche die Entscheidungen innerhalb dieser Infrastruktur betreffen. Wenn ein neues globales Königreich oder eine upgedatete urbane Struktur die Form einer Infrastruktur hat, dann können wir beginnen eine anonyme Figur ohne Gesicht zu zeichnen, einen unsichtbaren König, der als ein operierendes Subjekt die Gesellschaftsmaschine handhabt. Der unsichtbare König existiert nicht wirklich, wie eine Person existiert; der abstrakte Herrscher dieser Infrastruktur, die Operation des unsichtbaren Königs ist also nur durch die Negation jeder Operation bestimmt. Der Thron des Königs ist per Definition leer: Die Regierung dieser Maschine wird nach dem Prinzip einer reproduzierenden Selbsttechnisierung ausgeführt. Sie regiert als ein System, welches innere Brüche oder Diskrepanzen nur auf einer kontrollierbaren Ebene erlaubt. Es gibt ein Konzept der „Beharrlichkeit der Infrastruktur", welches seinem Funktionieren vorangestellt zu sein scheint. Wie in jeder Infrastruktur ist die einzig unternommene Handlung eine Regulation des Flusses und die Korrektur von Fehlfunktionen.

2   Die Herrschaft der Infrastruktur

Nicht zufällig beziehe ich mich auf einen unsichtbaren „König" oder ein verstecktes „Königreich" der Infrastruktur. Ich werde nun fortschreiten, einen Entwurf zu rekonstruieren, welcher sich aus den Schlussfolgerungen aus Giorgio Agambens *Herrschaft und Herrlichkeit* herleitet; diese gewagte Struktur soll in die Begründung der – sogenannten – griechischen Krise einbezogen werden, sodass sie vor einem lokalen Hintergrund lesbar wird. Außerdem generiert die konzeptuelle Konstruktion einer solchen Infrastruktur idiosynkratische Anmerkungen, welche die Erfahrungen der letzten athenischen Jahre unter Zuhilfenahme Agambens beschreiben können. Ich werde mich in zweifacher Weise auf *Herrschaft und Herrlichkeit* beziehen: Zuerst werde ich einige seiner Überlegungen im griechischen Rahmen erweitern und verorten, was einer lokalen Lesestrategie gleich käme; dann – in einem zweiten Schritt – plane ich jenes Schema der „historischen Vollendung", mit dem Agamben seine Analyse beendet umzukehren. Im letzten Satz des Anhangs schreibt Agamben: „Indem die Moderne Gott aus der Welt verbannt hat, ist sie nicht nur nicht der Theologie entkommen, sondern hat gleichsam nichts anderes gemacht, als das Projekt der providentiellen *oikonomia* zu vollenden." (Agamben 2010: 342)

Agamben insistiert auf die Kontinuität der christlichen Theologie und der modernen Politik; nicht immer nah zu denen von Max Weber und Carl Schmitt (vgl. Weber 1920, Schmitt 1922) führt seine Analyse jedoch zu einem kühn schematisierten Argument. Agamben spezifiziert in seinem Text die theoretischen Komplikationen, die, diskutiert in der Tradition des Christentums, als Probleme aufkommen, die durch die multiple Figur der heiligen Triade entstanden sind. Die Formfragen, die notwendig waren, um das unsichere Gleichgewicht eines theologischen Triptychons und den bilateralen Beziehungen zwischen Gottvater und Sohn zu verfestigen, ohne die durchgängige Referenz zu einem einzelnen Gott zu verlieren, sind in der christlichen Tradition als eine Reihe von Ausarbeitungen zum Konzept der Ökonomie beantwortet worden. Das griechische Wort *oikonomia* sollte eigentlich das zentrale Konzept formen, unter welchem die anspruchsvolle theoretische Behandlung der Triade geführt wird, die *einen* Gott in einem multiplen Schema behalten will. Agamben liest die Triade als Funktion zweier Kräfte, die in einer konstanten Neu-Bewertung stehen; die Eine wird durch eine stabile, vereinheitlichte und in bestimmter Weise leere Figur Gottes angezeigt, die hauptsächlich in den theatralischen Riten seiner Glorifizierung zum Ausdruck kommt. Die Andere bezieht sich auf die Regierung der Welt und ist durch ein theologisches Konzept der Ökonomie einerseits und dem Sohn, als Verwalter von Gottes Haus auftretend, andererseits gekennzeichnet. Durch das Beharren auf diese Entwicklung des Wortes Ökonomie in den Texten der Kirchenväter, untersucht Agamben die unklaren Beziehungen, die sich herausbilden, während die Welt gleichzeitig verwaltet wird. Sie entfalten sich, während die Modalitäten einer „providentiellen *oikonomia*" die Regierung der Welt übernimmt. Vom Titel her und auch durch das Lesen des Buches macht die Unterscheidung dieser beiden Kräfte eine Entzweiung der glorifizierten konstanten Kraft Gottes und der „providentiellen *oikonomia*", die die Welt regiert, erkenntlich. Der Verherrlichung entspringt die Figur Gottes, während die Ökonomie die komplexe Struktur der Regierung und der Verwaltung der Welt charakterisiert. Die Herrlichkeit gehört zu Gott, die Regierung aber wird in verwaltender Manier betrieben, welche zur gleichen Zeit die technische Seite dieser Verwaltung benennt und sie gleichsam verdunkelt und unklarer macht.

3   Über Herrschaft und Herrlichkeit

Die Figur Gottes ist für uns wichtig, da sie Macht darstellt und ihr Spektrum in einem Namen wahrnehmbar wird. Des Weiteren scheint Gott in Agambens Werk abhängig von seiner Verherrlichung oder ist sogar aus dieser Lobpreisung heraus konstruiert. Gott ist Gott, weil er verherrlicht wird; seine Verherrlichung erklärt eine Leistung der Ontologie Gottes.

> „Vielleicht kommt die Verherrlichung nicht einfach zur Herrlichkeit Gottes hinzu, sondern bringt als wirksamer Ritus die Herrlichkeit allererst hervor; und wenn die Herrlichkeit das Wesen und die eigentliche Bedeutung der Ökonomie Gottes ist, das heißt wesentlich auf Verherrlichung angewiesen ist, hat sie allen Grund, sie mit Improperien und Mahnungen einzufordern." (Agamben 2010: 271)

Die Substanz Gottes hängt von seiner Verherrlichung ab, seine Herrlichkeit ist essentiell mit Verherrlichung verknüpft. Die Praxis der Glorifizierung konstituiert die Macht Gottes. Alle Riten, Prozessionen und die Theatralität der Akklamation werden weder als notwendiges Ergebnis noch als Resultat von Gottes Existenz gesehen. Das Ritual folgt nicht dem Glauben, es konstruiert ihn durch einen einfachen Mechanismus, der Gott als herrlich bestätigt. Der religiöse Bezug führt direkt zum Politischen.

> „Auch hier [im politischen Reich, hinzugefügt von AA] bestanden die höchste Würde und die größte Freiheit in der Verherrlichung des Herrschers. Und auch hier wird die Verherrlichung dem Herrscher geschuldet, nicht weil er ihrer bedürfte, sondern weil er, wie seine strahlenden Abzeichen, sein Thron und seine Krone beweisen, bereits herrlich ist." (Agamben 2010: 258)

Die strahlenden Insignien, der Thron oder die Krone, als Symbole und Techniken seiner Verherrlichung, führen den Souverän zu seiner Herrlichkeit bzw. zu seinem Ruhm. Der Souverän wird durch eine Inszenierung der Herrlichkeit unterstützt oder sogar definiert. Des Weiteren ist die Verherrlichung als eine mehr oder weniger abstrakte Akklamation ausgeführt. Das Subjekt der Akklamation wird in Agambens Werk erkenntlich in Relation zu Carl Schmitt und der Möglichkeit eines Volkes seinen Willen unmittelbar auszudrücken.

> „Erst das wirklich versammelte Volk ist Volk, und nur das wirklich versammelte Volk kann das tun, was spezifisch zur Tätigkeit dieses Volkes gehört:

es kann akklamieren, d.h. durch einfachen Zuruf seine Zustimmung oder Ablehnung ausdrücken, Hoch oder Nieder rufen, einem Führer oder einem Vorschlag zujubeln, den König oder irgendeinen anderen hochleben lassen, oder durch Schweigen oder Murren die Akklamation verweigern. [...] Wenn nur überhaupt das Volk wirklich versammelt, gleichgültig zu welchem Zweck, sofern es nur nicht als organisierte Interessengruppe erscheint, etwa bei Straßendemonstrationen, bei öffentlichen Festen, in Theatern, auf dem Rennplatz oder im Stadion, ist dieses akklamierende Volk vorhanden und wenigstens potentiell eine politische Größe." (Schmitt 1928: 243f)

Eine erste Reihe von Anmerkungen betrifft bereits die Repräsentation Gottes und der Macht durch den Akt der Verherrlichung. Eine spezifische Theatralität ist notwendig, um einmal mehr die Macht aufzuzeigen, die als Souverän operiert. Diese theatralische Struktur, Macht zu präsentieren, wird auch in der Architektur vollzogen; heute kann sie in Relation zur deterritorialisierten Macht gesehen werden, die in der Stadt operiert.

In uns bekannten Städten finden wir vor Königspalästen oder Parlamenten gewöhnlich einen großen symbolischen Platz. „Wichtige" öffentliche Gebäude zeigen sich im Rahmen einer glorifizierenden, urbanen Leere, welche den Zugang zu einem Gebäude der Macht vorbereitet. Manchmal wurde dieser „Zugang bzw. diese urbane Leere" zum konstitutionellen Platz, wie es bei dem Palast des Königs von Griechenland war: der Syntagma-Platz in Athen. Große, offene Räume dienten auch in anderen Fällen als gigantische Empfangshallen, als Ouvertüre oder als vorbereitendes erbautes Ritual, welche die Macht verherrlichen, die durch ein Palast, ein Parlament, ein Theater oder eine Nationalbank repräsentiert wird. Ohne diese urbane Verherrlichungsstrategie würde die Macht noch abstrakter und unbestätigt bleiben. Die Stadt verneigt sich vor der hoheitlichen Macht durch die Gestaltung solch symbolischer Plätze. Sie formen eine Konstruktion von Herrlichkeit verbunden mit einer „architektonischen Machttechnik". Diese Machtstrategie betont die Präsenz der Macht und unterstreicht ihre symbolische Kraft durch eine einfache räumliche Anordnung. Jeder Typus der Macht wird durch diese verherrlichende Szenerie bestätigt; auch wenn derartige Räume leer sind, untergraben sie dennoch die unsichtbare Präsenz eines potenziell versammelten Volkes, das diese Macht beanspruchen könnte. Es ist kein Zufall, dass Proteste gegen die Macht in denselben Räumen stattfinden.

In diesem Sinne wurden mittels der städtischen Architektur große Sammelplätze vor symbolischen Gebäuden entworfen, nicht nur damit das Volk die Macht ihrer Gemeinde bestätigt (ihren König oder ihre Regierung); nicht nur um gegen dieselben zu protestieren oder sie durch neue Anordnungen zu ersetzen: Also nicht nur, um in diesen Räumen zu handeln, sondern vor allem, weil auch bei Abwesenheit des Volkes in diesen offenen Räumen immer noch eine abstrakte Rückkehr zu einer Akklamation der Ordnung inszeniert wird, auf die sich das Gebäude bezieht, welches diese Plätze verherrlichen.

4   Eine neue Frage in Bezug auf den letzten Satz

„Indem die Moderne Gott aus der Welt verbannt hat, ist sie nicht nur nicht der Theologie entkommen, sondern hat gleichsam nichts anderes gemacht, als das Projekt der
providentiellen *oikonomia* zu vollenden." (Agamben 2010: 342)

Ich kehre zu diesem letzten Satz von Agambens Buch zurück, um ihn in einem anderen Licht zu untersuchen. Die Vollendung, der sich Agamben zuwendet, ist mit
einem noch radikaleren Rückzug von Gott verbunden. Dieser Rückzug wird als
Projekt der Moderne par excellence vollzogen; die Position Gottes wurde innerhalb des Rahmens der heiligen Triade und einer unausgesprochenen Disposition
zwischen ihren Teilen in Beziehung zur Regierung der Welt immer fragwürdiger.
Gott wurde zur Funktion einer simplen Verherrlichung, während die technische
Seite der Verwaltung der Welt als etwas innerhalb des Rahmens einer „providentiellen *oikonomia*" Stattfindendes beschrieben wurde. Die technischen Details,
welche die Disposition der heiligen Triade entwickeln, bereiten bereits den Niedergang Gottes vor. Das ist, was Agamben in seinem interessanten letzten Satz zu
meinen scheint. Und er fügt zu dieser Beobachtung hinzu, dass die Moderne dem
gleichen Weg gefolgt ist und dieses Werk damit beendete, Gott zum Verschwinden
zu bringen. Dies ist die grobe Konkretisierung in Form eines Verdikts, welches im
Anhang formuliert wurde.

   Zurück zu Athen: Unsere Frage, die dieses Agamben'sche Argument, das Verschwinden Gottes und die schon beschriebene Infrastruktur verbindet, könnte wie
folgt lauten: Was hat es mit dem verschwindenden Namen Gottes in Relation zu
dieser sich aufrichtenden gigantischen und namenlosen Infrastruktur auf sich?
Wenn wir zustimmen, dass die Moderne das Projekt einer „providentiellen *oikonomia*", wie Agamben sie vorschlägt – durch das Ausweiten der Geschichte der
Kirche zu einer Geschichte des Kapitalismus, wie andere Denker es auch schon
taten – radikalisiert, wie können wir dann diese Abwesenheit innerhalb der Funktionsweise des Kapitalismus verstehen?

   Die Frage nach der Eklipse Gottes wird von großer Bedeutung sein, wenn man
die vom Westen produzierten Machtformen im Wechsel ihrer Geschichte in Betracht zieht. Wenn der Name Gottes verschwindet, verlieren wir nicht nur den souveränen König, wir verlieren auch die gemeine symbolische Figur, welche die Figur des Königs ersetzte, das Symbol einer Macht des Volkes also. Wir verlieren die
Form des Gemeinsamen. Was wir hier zu untersuchen beginnen, ist dann (immer
in Beziehung zu Athen), in welchem Sinne und durch welche Mechanismen diese
Abwesenheit Gottes die Macht einer regulierenden Infrastruktur, die wir schon
erleben, beeinflussen oder beeinträchtigen wird. Ist diese namenlose Infrastruk-

tur von Strömungen eine mögliche Bezeichnung für eine versteckte automatische Macht, die alle Antagonismen reguliert? Wie kompliziert ist es, den Kern seiner Funktionsweise zu verstehen oder zu verändern?

In diesem Essay werden wir auf zwei Aspekte dieser Erfahrung rekurrieren, die mit der Erfahrung Griechenlands zu Beginn des 21. Jahrhunderts verknüpft sind. Ich schreibe aus der Perspektive eines Zeitzeugen. Meine Aussage begann mit der Erwähnung Agambens. Er trennt in seinem Werk *Herrschaft und Herrlichkeit* den Namen Gottes von der „providentiellen *oikonomia*", den König von der Regierung, das Gehirn vom Magen; diese Unterscheidungen sind wichtig für seine theologische Untersuchung. Er ist der Meinung, dass sich bereits innerhalb der christlichen Tradition der entscheidende Charakter göttlicher Autorität ändert, während die labyrinthische und letztendlich unsichtbare Disposition, die die Regierung der Welt ordnet, zu einer eigentümlichen theologischen Struktur erhoben wird. In der Moderne treten Regierungen mit ihren bürokratischen, mehr oder weniger geheimen Prozeduren auf, während die Praxis der Verherrlichung Gottes verblasst und sich sein Name verliert. In der christlichen Vergangenheit hatten wir Gott und die „providentielle *oikonomia*"; nun haben wir eine finanzielle Ökonomie ohne Gott. Diese Analogie regiert als immerwährender Hintergrund in Agambens Werk. Wir können zu einem Gedanken fortschreiten, welcher dieser Analogie folgt, und explizit fragen: Wie können wir, wenn das verherrlichte Subjekt Gottes einmal verloren ist und wir mit einem Magen ohne Gehirn zurückgelassen werden, den Drang der wachsenden Infrastruktur, sich zu erhalten, konzeptualisieren? Gibt es eine Zukunft für die Herrlichkeit dieses Magens? Oder müssen wir eine andersartige Macht akzeptieren, die keine Verherrlichung mehr braucht, keine Nennung und kein Verständnis des Politischen, um zu operieren? Die unsichtbaren „Regulationsmechanismen" der Infrastruktur können eine technische Aufrechterhaltung und Korrektur von Fehlfunktionen vollziehen, welche nun auch politische Probleme und nicht mehr nur die Zirkulation von Wasser und Elektrizität adressieren. In diesem Zustand ist der Name der „*oikonomia*" in ihrem neuen Gewand einer theologischen Entität per se derjenige, der das Versagen einer jeden Souveränität garantiert. Keine Entscheidung scheint in diesem Rahmen noch wichtig zu sein, seit eine automatische Regulation immer wichtiger ist als das Eindringen irgendeiner „äußeren" Logik. Die die Infrastruktur betreffenden Entscheidungen sind schon getroffen, als hätten wir es mit einem namenlosen Satz an Regeln zu tun: *das Protokoll aller Protokolle*, das nie stabil, aber ausreichend mächtig ist, um einen verwirrenden Status quo zu garantieren. Die Infrastruktur – das könnte das letzte Wort des Neoliberalismus sein – scheint dazu in der Lage zu sein, jede Anspielung auf Entscheidungen zu vermeiden; sie benötigt das Auftreten von Dingen in ihrer eigenen Art und Weise, als ob diese zu einer unanfechtbaren Ordnung gehören würden. Können wir behaupten,

wir wären immer noch im Reich eines theologischen Schemas, wenn die operierende Macht eines kopflosen Magens immer schon verloren oder verdeckt sein würde?

5   Magen und Infrastruktur

Auf den ersten Blick verlangt Agambens Buch besonders im griechischen Kontext auf
eindringliche Art und Weise nach weiteren Überlegungen über den Begriff des Magens. Eine unfassbare Bestrafung für eine unbestimmte Schuld ist der Kern der politischen Erfahrung der letzten Jahre in Griechenland. Die Rhetorik dieser Erfahrung
entspringt einer technischen Sprache, die sogar unbegreiflich für die Intellektuellen
und den gebildeten Teil der Bevölkerung ist, nicht weil sie schwierig ist, sondern weil
sie auf Axiomen beruht, die nicht einer demokratischen Ordnung gemäß entschieden
wurden. Eine neue unsichtbare Macht befreit sich von jeder Rhetorik über Entscheidungen und fokussiert sich immer nur auf „Fehlfunktionen" und technische Details,
die verbindliche Maßnahmen verlangen. In diesem Imaginären der Gesellschaft werden Maßnahmen notwendig, sogar wenn sie vollkommen absurd sind. Zusätzlich ist es
für solche Maßnahmen nötig die legale Ordnung zu umgehen, welche zuvor durch das
Verfassungsrecht des Volkes geschützt war. Das Grundprinzip einer Macht, die um
das Wohl des Magens agiert, erlaubt nie einen systematischen Blick auf das gesamte
Bild. Der Magen ist der verborgene Mechanismus der Verdauung; die Verdauung ist
nicht durch bewusste Entscheidungen kontrolliert, sie folgt ihrer eigenen Agenda eines
typischen, zweckmäßigen, aber doch obskuren Mechanismus. Die Funktion eines Magens braucht einen Arzt und keine wissenschaftliche Untersuchung. Wenn wir mit
Agamben übereinstimmen, dass von den Dipolen Magen und Gehirn der Magen es geschafft hat, innerhalb dieser seltsamen Anatomie der Macht zu herrschen, dann geben
wir zu, dass ein unfreiwilliger automatischer Mechanismus bereits die Rolle der Entscheidung substituiert hat. Wenn wir bereits das Imaginäre der „Magengesellschaft"
kreiert haben, haben wir zur selben Zeit eine Gesellschaft eingeführt, die sich durch
Mechanismen selbst reguliert und bloß Fehlfunktionen durch Algorithmen korrigiert.
Diese Mechanismen bewegen sich vorwärts und können nie außerhalb des Rahmens
verbindlicher Entscheidungen handeln. Keine freie Entscheidung ist, egal von welchem Akteur der finanziellen Maschine auch immer, in diesem Kontext zulässig.

Agamben führt seine Bemerkungen auf eine Beobachtung, die unserer Aufmerksamkeit nicht entschwindet: „Der Liberalismus stellt eine Tendenz dar, die
Vorherrschaft des Pols ‚immanente Ordnung-Regierung-Bauch'[2] so weit zu trei-

---

2   Leider wurde der von Agamben verwendete italienische Begriff *stomaco* (engl. sto-
      mach) mit Bauch ins Deutsche übersetzt, was leider im hier besprochenen Kontext

ben, daß der Pol ‚transzendenter Gott-Herrschaft-Gehirn' fast gänzlich eliminiert wird." (Agamben 2010: 340)

Nach den Erfahrungen der letzten Zeit in Griechenland versuchen wir hier einen automatisierten Neoliberalismus zu definieren, der die Phase einer immanenten „Ordnung-Regierung-Gehirn" transzendiert, um eine operationale, gigantische und homogene Entität zu gestalten, eine Infrastruktur, die sich selbst als ein Feld konstituiert, das von Entscheidungen ausgenommen ist. Diese markiert nicht nur eine verschwindende Figur einer verherrlichten, königsgleichen Position; sie maskiert den operationalen Charakter einer beschlossenen Ordnung zu einer unübersehbaren, unvermeidlichen und zugleich unbegreiflichen Routine. Diese Routine mag vielleicht die mächtigste imaginäre Konstruktion sein, die der Neoliberalismus realisieren konnte. Des Weiteren hängt die Infrastruktur, die den Magen und seine Routinen organisiert, von einer notwendigen versteckten Materialität ab; riesige Gebiete und Hallen von Serverfarmen, Kabel- und Lichtleiternetzwerken garantieren die Funktion des Internets, unterstützen und repräsentieren die abstrakte Konstruktion von Protokollen, welche die gegenstandslose, immaterielle Seite eines operierenden Magens konstituieren.

Agamben zeigt auf, dass der Name des christlichen Gottes und die Macht des „Königs", die sich diesem anschloss, durch Verherrlichung konstruiert wurden. Das Verhältnis des Magens zu dem Namen eines gefallenen oder verborgenen Gottes ist heute eine der wichtigsten politischen Fragen. Die Erfahrung der griechischen Schuldenattacke war die absurde Erfahrung einer Gewalt *ohne Namen*. Diese gehörte nicht zur Tradition des Westens; der offensichtliche Mangel an Rationalität und die offene Abwesenheit jedes operierenden Subjekts macht sie jetzt schon zu einem postwestlichen Narrativ. Wenn wir diese als eine Erfahrung von Gewalt bezeichnen, dann meinen wir damit nicht nur starke Unterdrückungsmaßnahmen gegen eine Bewegung, die sich aus einer Mehrheit von Menschen gegen eine Regierung konstituiert hat. Gewalt wird in Griechenland immer noch als Rahmenkonstruktion eines Gefangenseins in *Schuld* und *Schulden* auf einer gesetzgebenden Ebene ausgeführt. Gewalt wird als Eingriff auf den Kapitalfluss durch radikale Besteuerung ausgeübt.

Es ist wichtig im jüngsten Athen den Magen, auf den sich Agamben bezieht, genauestens zu beobachten. Jener Begriff ist nicht eingeführt, um nach einem Namen zu fragen, vielmehr ist er der Machtraum für das Unnennbare selbst; Benennungs- und Verherrlichungsrituale gehören zur Kategorie eines Gottes. Ein Name für den Magen ist nicht vorstellbar, da eine Ökonomie und ihre bürokratischen Verwicklungen, die manchmal, obwohl sie zwischen benennbaren Entitäten auftauchen, Benennungen schlechterdings ersetzen. Das Verfahren, welches immer der Bezeichnung

---

sinnentfremdend wirkt. Antonas arbeitet hier mit dem Begriff des Magens, wie auch Agamben selbst diesen in seinem Werk einführt [Anm. der Hg.].

entgeht, wird hier nicht vorangetrieben, um verherrlicht zu werden. Wir denken nochmals an das Paradoxon, welches die „Vollendung" eines theologischen Prozesses konstituiert, den Agamben als letzten Satz aufführt. Der größte theologische Wechsel von einem System der „providentiellen *oikonomia*" zu einem neoliberalen automatisierten Magen ist vorwiegend mit dem Verschwinden eines Namens verbunden. Zumindest ist dies der gewöhnliche Weg, den abschließenden Satz Agambens zu verstehen. Der automatisierte Magen bietet hier den groben Entwurf einer nicht darstellbaren Macht. Die Erfahrung seiner Stärke wurde in Griechenland deutlich spürbar; sie weist keine Routinen auf, die einen neuen Status einer anders gearteten Macht vorschlagen würden. Im Gegensatz dazu schien er willentlich namenlos, abstrakt und unsichtbar zu bleiben, denn das scheint sein Weg zu sein, den Globus zu kolonialisieren und schließlich allgegenwärtig zu werden. Eine nicht repräsentierte Macht funktioniert durch ihre eigenen Regeln, die wir nicht verstehen, erklären oder beeinflussen dürfen. Wir kommen zurück zu der Gestalt dieser nicht repräsentierbaren Macht, weil ihre unerklärliche Gewalt wiederum einen fehlenden theologischen Status markiert. Jedoch sind Abwesenheit und Anwesenheit in theologischen Begriffen nicht so leicht zu trennen. Vielleicht weist Agamben deshalb bereits auf diese merkwürdige Macht endloser Prozeduren der Regierung hin, allein dadurch, dass er den Diskurs auf die „providentielle *oikonomia*" zurückführt. Es ist immer die Verwaltung der Welt Gottes, die die *oikonomia* realisiert. Die Figur Gottes legitimiert diese Verwaltung. Trotzdem erlebten wir nicht, wie Agamben noch vorschlägt, die Vollendung des theologischen Paradigmas der „providentiellen *oikonomia*", sondern vielmehr eine gewaltige Transformation jener theologischen Szenerie innerhalb Griechenlands, in Bezug auf eine nunmehr anders operierende Macht: Die Stabilität der eingeführten „providentiellen *oikonomia*" hat zu einer erschreckenden Automatisierung geführt. Die verblassten Routinen manch verherrlichter Pseudo-Königreiche füllen nur den leeren Raum dieses Vakuums. Sie sind hier, um den theatralischen Teil dieser alten Narration aufzuführen und den Eindruck vermeintlich existierender Mächte zu gewähren. Jedoch hinterlässt das Bewusstsein dieser Theatralität einen agnostischen, metaphysischen Raum für die Interpretationen eines automatisierten Magens. Und dieser Vollzug eines Lebens ohne Entscheidung geht vielleicht mit dem Versprechen einer alternativen Infrastruktur einher.

6   Teilnehmen an der Funktion des Magens

Können wir die Struktur der „Funktion des Magens" beschreiben? Können wir eine Darstellung dieser unsichtbaren Infrastruktur vorschlagen, in welcher sich das heutige westliche Subjekt verorten kann? Diese merkwürdige passive Teilnahme, die systematisch durch Fragmentierung herrscht, ist als ein neutrales, verlassenes Gebiet geschaffen, in dem unbenannte, organisierte Entitäten fließen. Wir nennen diese Entitäten *Protokolle*.

Der Begriff πρωτόκολλον („protokollon") bezieht sich im Griechischen auf ein Stück Papier, das an den Anfang der Papyrusrolle geleimt ist. Es stellt die erste (πρῶτον – „proton") inhaltliche Zusammenfassung der Papyrusrolle dar. Ein erweitertes Etikett, eine Notiz, die im Voraus den Inhalt des Papyrus darlegt, bevor man es aufrollen und lesen konnte. In Protokollen finden wir, von ihrem Anbeginn an, den Bedarf ein Inneres mit Schlüsselwörtern zu kennzeichnen. Ein Protokoll schematisiert notwendigerweise die Erfahrung eines endlichen Inneren. Das Konzept von Protokollen bezieht sich, so wie wir es hier einführen, zuerst auf dieses a priori Wissen eines nachfolgenden textlichen, organisierten Inneren. Das französische Wort *étiquette* verweist ebenso wörtlich auf einen Ausdruck, der zuerst um 1750 im Englischen auftrat, und einen Verhaltenscode, der bestimmte Erwartungen sozialen Verhaltens gemäß gegenwärtiger konventioneller Normen innerhalb einer Gesellschaft, sozialen Klasse oder Gruppe bezeichnete. In analoger Weise war der Begriff Protokoll mit einer Taxonomie des Gesetzes, aber auch mit der Beschreibung und dem Verbot, welches ein legales Verhalten impliziert, verbunden. Wir verwenden hier den Begriff Protokoll auch, um das System von Regeln zu bezeichnen, das eine rationale Verknüpfung jeder isolierten, clusterähnlichen, fließenden Entität in diesem verlassenen Feld konstruiert, das wir zu beschreiben versuchten. Dieses veranschaulicht bereits den leeren Hintergrund der gemeinsamen Sozialität. Zwischen den Protokollen nehmen wir nur Wüste wahr. In den Protokollen treffen wir auf einen vordeterminierten Rahmen eines Interaktionsverfahrens. Der Nutzer eines Protokolls ist der Bediener vorgegebener Reihen von Regeln. Die Identität des Nutzers in den Protokollen ist bestimmt oder sogar konstruiert durch die Teilnahme an diesen; der Nutzer braucht keine andere Identität, um in das Protokoll einzutreten, außer die Akzeptanz seiner Spielregeln – sie reicht für eine „Identität" des Nutzers aus. Das Protokoll entwirft sich als ein System von notwendigen, zugeordneten Antworten sogar bezüglich der Entfaltung seiner Evolution. Die immer vorläufige Identität des Nutzers innerhalb des Protokolls ist ähnlich strukturiert wie diejenige der Teilnehmer an einem Spiel: Ein Spiel gibt eine stabile, aber zeitlich autonome Rolle für jeden seiner Spieler vor. Eine Reihe von Regeln und ein System, in denen man wählen kann einzutreten und von denen man gleichzeitig dazu gezwungen wird, strukturiert das Protokoll. In einem seiner Vorträge in Athen sagte Jacques Derrida, dass nichts mehr und nichts weniger ersetzbar sei als ein Spiel. Beide Bedingungen lassen den Nutzer des Protokolls ohne jegliche Identität außerhalb des Protokolls zurück.

Die architektonische Darstellung von nebeneinandergestellten, inselartigen Entitäten, von ihren clusterähnlichen Formen und ihrer Organisation, die nicht durch Beschränkungen, sondern vielmehr durch interne Regeln konstituiert sind, stellen ein neues operationales Modell für die ruinierte Stadt der Gegenwart dar. Ein „Archipel von Protokollen" würde dann zunächst der rohe Name der Bedingung sein, die wir in Bezug auf die verfallende Stadt Athen in ihren schlimmsten Tagen versuchen zu beschreiben. Wenn sich der Staat in Griechenland bereits zurückzieht oder verschwindet, wie es gleichsam das handelnde Subjekt tut, gegen welches sich die Initiativen des Politischen bislang richteten, dann könnten wir vielleicht verschiedene urbane Strategien hinsichtlich einer anderen unsichtbaren Stadt berücksichtigen, die bereits existiert. Die unsichtbaren Realitäten der Stadt und ihre möglichen Zukünfte in Erwägung zu ziehen, wäre ein erster Schritt. Mit dem Begriff „Archipel aus Protokollen" definieren wir die Trägheit, die durch das Nebeneinander verschiedener, nicht miteinander interagierender Plattformen in dieser idiosynkratischen Ruine der Gesellschaft entsteht. Zugleich öffnen wir durch diesen Begriff ein weites Feld von Untersuchungen über diverse urbane Methodologien. Athen ist immer noch ein gutes Beispiel eines solchen verfallenen urbanen Feldes. Es zeigte sich die Bedeutungslosigkeit der staatlichen Gesetzgebung oder der Bürgerrechte und die Bedeutungszunahme einer wahrnehmbaren Aufteilung der sozialen Sphäre. Eine abwesende Prozedur mit abwesendem Namen, von der aus die Medizin für die soziale Sphäre indiziert werden kann, wird nur anhand eines Rituals organisierter Gewalt und durch das Opfer einer notwendig schuldigen und gespaltenen Vielheit vollzogen. Die Vielheit kann niemals das Resultat einer vorschriftsgemäßen Verwaltung der sozialen Sphäre sein. Sie ist nur der Raum, in dem es dieser namenlosen Macht eines abstrakten Magens gelingt, die Trägheit des Sozialen zu regieren. Die Protokolle spielen diese Rolle.

In diesem Sinne führt Athen einen divergenten praktischen Diskurs ein, welcher einer akademischen Diskussion folgt; indem wir den realen Bereich, in dem wir leben, überdenken, zeigen wir eine Deterritorialisierung der Macht als eine bewusste Gegebenheit Athens auf. Die Stadt wurde in ihrer jüngsten Zeit nicht von irgendeiner Macht gehalten, geordnet oder regiert, gegen die man noch protestieren konnte. Die Proteste führten zum Parlament, aber die Polizei war bewaffnet und ihre Strategie entschied sich auf viel abstraktere Weise. Die Polizei war dort, um eine neue chaotische Ordnung zu installieren, anstatt die Verfassung oder das Gesetz zu wahren. Das Parlament war nicht der Ort, in dem politische Entscheidungen getroffen wurden; nicht nur, dass das Volk nicht mehr über die Politik entscheiden darf, die ihr eigenes Leben betrifft. Die Regierung ist jetzt, in einem naiven Agamben'schen Sinne, nur durch das Theater einer verfälschten Verherrlichung konstituiert. Agamben zeigte, dass sich Macht auf einer leeren Verherrlichungstechnik gründet, die von einer entleerten Akklamation abhängt, die Regierungen nur als seltsame Notwendigkeit akzeptiert. Die griechische Regierung ist nicht mehr in der Lage zu entscheiden. Sie kann allerdings die regierenden Entscheidungsmöglichkeiten vortäuschen, indem sie Entscheidungen unterstützt, die bereits getroffen wurden, als ob sie diese selbst entschieden hätte. Die Regierung ist erwiesenermaßen unzuverlässig, nicht nur weil sich das Scheitern ihrer Machtpraxis erwiesen hat. Das hat den Medien eine neue Rolle in diesem Machtspiel zugunsten des externen politischen Faktors verliehen: Sie „decken" Korruption „auf" und führen die wütende Masse gegen ihre eigenen Eliten. Der bessere Weg, um die legislative Verwaltung des Landes einer externen Begründungslogik zu unterwerfen, ist das Bewusstsein der Gesellschaft, dass die eigene politische Elite zwangsläufig korrupt sein muss. Es ergibt sich daraus auch ein neuer Bereich für einen unerwarteten, stillen Wechsel der Gesetzgebung, in der die Bürgerrechte durch Mechanismen der Bestrafung ersetzt werden. Ein Verlust der Glaubwürdigkeit des Gesetzes selbst ist die Basis, auf die diese Phänomene gegründet werden können. Protokolle und das Internet strukturieren die Gesellschaft im Stillen und auf eine andere konsistente Art und Weise.

7   Das Double Bind des Archipels

Das Archipel aus Protokollen ist als eine präzise Darstellung der existierenden Situation gleichzeitig dazu fähig, zwei verschiedene Zustände zu beschreiben. Zunächst erfasst die Aufteilung der Stadt in verschiedene Verwaltungsmodi, ähnlich wie Protokollen, die neoliberale Strategie der Konfliktvermeidung; eine Nebeneinanderstellung von Schemata, die nur mit einem vorbestimmten Inhalt eine Distanz von Konflikten garantieren können. Die Verwirrung ist dem Konflikt vorgezogen; Protokolle unterstützen die neoliberale Konfliktregulierung in dieser neuen diffusen sozialen Sphäre. Im Gegensatz dazu und auf einer anderen Ebene spiegelt die Aufteilung der Protokolle auch die Strategie der Vielheit gegen die Hegemonie wider. Die Vielheit, aufgefasst als „Autonomie und Assoziation" vieler Protokolle, kann den internen Zusammenbruch einer hegemonialen Struktur erzeugen.

Es ist offensichtlich, dass diese Zwickmühle des Archipels, das zunächst das Top-down-Funktionsmodell einer postwestlichen Macht oder das Bottom-up-Modell einer dekonstruierenden Macht liefern kann, uns an die theologischen Untersuchungen erinnert, mit denen wir nach den Projektionen der Theologie auf die Politik vertraut sind (vgl. Weber 1920, Schmitt 1922). Das gleiche Konzept kann den Ausweg aus der hegemonialen Konstitution der Macht und das Regulationsprinzip dieser verborgenen Macht (jener Hegemonie) aufzeigen. Das ist, was wir hier als die Zwickmühle des Archipels bezeichnen. Diese Wirkungsweise von

Protokollen benennt das eigenartige Problem, auf das wir uns beziehen. In einem theologischen Aufbau ist es wiederum auf das Eine und auf das Multiple bezogen. Es führt uns zurück auf die Frage über Gottes Namen und dessen Verherrlichung. Aber aus einer anderen Perspektive: Die Infrastruktur verschiedener Protokolle, die wir hier als einheitliches Archipel bezeichnen, verbirgt seine entscheidende Seite. Seine Automatisierung verdeckt die regulative Praxis, welche durch die getroffenen Entscheidungen innerhalb der Internetregulierung selbst unterstützt wird. Der Magen ist nicht nur definitiv seines göttlichen Namens beraubt, er strukturiert jetzt die alternative Macht und die neuartige Theologie eines abwesenden Gottes. Die Gestaltung dieses Magens ist auf eine vorgetäuschte Vernichtung der Metaphysik gerichtet oder auf einen Moralismus, der es ablehnt, die Metaphysik dort zu erkennen, wo sie wahrscheinlich lokalisierbar ist. Der Moralismus eines sogenannten Endes der Metaphysik regiert in dieser Konstitution des Magens als eine nicht benennbare Macht. Der Magen operiert absolut perfekt, solange das Volk und die Politik keine „Fehlfunktionen" in seinem mechanischen Erfindungsreichtum erzeugen, die notwendigerweise von einer anderen metaphysischen Ordnung und immer jenseits der Messbarkeit liegen. Er kann nur deshalb automatisch operieren, weil eine verborgene Weisheit seine Funktion garantiert. Die Metaphysik ist gegenwärtig, aber operiert – wie in den meisten Fällen – unsichtbar, indem sie Gott mit seiner Abwesenheit ersetzt. Die Funktion des operierenden Magens ereignet sich im Geheimen. Wir können niemals wirklich Zeuge eines funktionierenden Magens sein. Die notwendige Unterscheidung zwischen dem Magen und der Weisheit einer anderen Ordnung erlaubt es uns geradezu nicht, seine Funktion zu kontrollieren. Ein abwesender Arzt kann diesen Magen nur korrigieren und heilen, aber weder einen neuen erfinden noch radikal in seine Operationen eingreifen. Der Gegensatz zwischen dem Kopf und dem Magen definiert beide Teile des menschlichen Körpers. Dieser Gegensatz basiert auf der Feststellung, dass ein Kopf bzw. ein Gehirn vielleicht das Symbol der bewussten Entscheidungen sei und der Magen als Blackbox eine versteckte Funktion ausübt. Trotzdem ist eine Macht vorausgesetzt, die auch für die Blackbox verantwortlich ist. Ein metaphysisch abwesender Kopf ist für den Magen notwendig, um als ein unanfechtbarer Vorgang verstanden zu werden. Dies ist, wie sich der Magen und der Kopf gegenseitig bestimmen. Das Eine ist nur durch die Existenz des (jeweils) Anderen möglich. Der Magen operiert aufgrund eines unsichtbaren Kopfes. Der Kopf regierte in der Vergangenheit die westliche Tradition. Die Gewalt einer nicht repräsentierten Macht in Griechenland, welche in der Lage ist, ohne in einer metaphysischen und logischen Abstraktion ein Refugium zu finden, deutet bereits auf das Ende dieser Tradition hin. Der Name des Magens konstituiert in sich selbst ein theologisches Paradox, das Ende einer typisch westlichen Frage. Die regulierende Macht einer blinden Automatisierung oder der agnostische Beweis der Existenz eines anderen Gottes wird unbedeutend. Wir projizieren diese theologische Untersuchung auf eine Stadt, die durch eine eigenartige Gewalt regiert wurde und offensichtlich keine Identität besaß. Ist es möglich, dass wir Gewalt ohne Identität vorfinden?

Agambens „*oikonomia*" sollte einen ungreifbaren Fluss erfassen; aber diese Ergreifung sollte der Name Gottes sein. Die Ökonomie war schon immer per Definition ungenügend für die theologische Aufgabe, die Verantwortung für die Funktion der Welt zu übernehmen. Die Erfassung des Prozesses der immerwährenden Verdauung würde uns zu einer andersartigen Ordnung einer Nicht-Benennung und zu einem konstruierten Verlust von Identität führen. Kein rational konstituiertes Subjekt trägt die Verantwortung dieses halb-mystifizierten Prozesses. In Athen wurde diese unsichtbare Macht als Epiphanie des Magens aufgezeigt. Die politische Aufgabe für morgen wäre dann, diese unsichtbare Macht, die immer als eine kryptische Entität verborgen liegt, zu benennen und zu beschreiben. Die Strategie ihrer Konstitution ist als bewusster, jedoch als mechanischer Mangel eines erkennbaren Gesichts organisiert. Bis wir es schaffen, die verschiedenen Schichten seiner diversen Masken zu „enthüllen", ohne irritiert zu sein, würde ein Widerstand ihm gegenüber sich nicht auf eine Konfrontation mit dieser wachsenden Macht gründen. Die Konfrontation ist immer in einer Fragmentierung aufgelöst, die im Programm einer unhinterfragten Infrastruktur inbegriffen ist, die wir immer schon erfahren. Lokales Handeln in dieser Infrastruktur mit der Ambition auf eine Gründung neu wachsender, unsichtbarer Nachbarschaften und die Formulierung eines Bedarfs einer bewusst gemeinsamen Regulierung der Infrastruktur ist vielleicht die einzig übriggebliebene Strategie, um diese nicht zu konfrontierende Macht doch noch zu konfrontieren. Die Möglichkeit der verborgenen, fragmentierten Gewalt der Infrastruktur macht ihre Fragmentierung bereits allgegenwärtig. Die Infrastruktur als vereinigten Mechanismus zu konfrontieren würde unmöglich sein, denn sie ist dafür programmiert, ohne ein lokalisierbares, auffindbares Zentrum zu agieren; sie hat viele Routinen entwickelt, um eine vollkommene Aufdeckung ihrer selbst zu vermeiden. Namen und Repräsentationen dieses unsichtbaren Magens werden eine Serie von Entwürfen und Architekturen provozieren, die sich mit seiner Beschreibung auseinandersetzen werden. Diese höchst provokative Rolle der politischen Theorie reicht nicht aus, um einen Widerstand gegen jene mächtige und ungreifbare Struktur zu organisieren. Der verschuldete Mensch ist machtlos angesichts der unmenschlichen, technischen Kraft dieser wachsenden Infrastruktur; nie in der Lage, ihren Bedürfnissen zu entsprechen, wird der verschuldete Mensch dazu aufgerufen sein, diesen zu entsagen und alternative mögliche Welten entweder parallel zu ihr oder parasitär in ihr zu bewohnen. Aber wie können diese Welten die Hegemonie einer Macht dekonstruieren, die sich bereits als dekonstruiert vorstellt?

Literatur

Agamben, G. 2010. *Herrschaft und Herrlichkeit. Zur theologischen Genealogie von Öko-nomie und Regierung. (Homo Sacer II.2)*. Berlin: Suhrkamp.
Antonas, A. 2008. A person as an Archive's Function. In: Cram, G./Zyman, D. (Hg.): *Other than Yourself. An investigation between Inner and Outer Space*. Thyssen-Bornemisza Art Contemporary, Köln: Verlag der Buchhandlung Walther König, S. 84-90.
Hardt, M./Negri, A. 2004. *Multitude. Krieg und Frieden im Empire*. Frankfurt a.M./New York: Campus.
Lazzarato, M. 2012. *Die Fabrik des verschuldeten Menschen. Ein Essay über das neoliberale Leben*. Berlin: b_books.
Schmitt, C. 1928. *Verfassungslehre*. Berlin: Duncker & Humblot.
Schmitt, C. 1922. *Politische Theologie. Vier Kapitel zur Lehre der Souveränität*. München/Leipzig: Duncker & Humblot.
Weber, M. 1920. Die protestantische Ethik und der Geist des Kapitalismus. In: *Gesammelte Aufsätze zur Religionssoziologie*. Band 1, Tübingen: Mohr Siebeck, S. 17–206.

Unverständlicher Demos?

Drei Bilder zu post-repräsentativen Politiken der „Aganaktismenoi" auf der Besetzung des Athener Parlamentsplatzes 2011

Margarita Tsomou

Der folgende Beitrag präsentiert drei Bilder, die im Zusammenhang mit meiner künstlerischen Forschung über die Besetzung des Parlamentsplatzes Syntagma durch die griechischen Empörten oder „Aganaktismenoi" in 2011 entstanden sind.[1] Darin operiere ich mit dokumentarischen Fragmenten, Szenenbeschreibungen, Kommentaren und Begriffen, die nicht immer ineinander integrierbar sind und die Perspektiven vorschlagen, deren Pfade verschiedene Fragen und Argumentationslinien aufwerfen. Durchkreuzt wird diese heterogene Zusammenführung durch Überlegungen über politische Subjektivierung in gegenwärtigen sozialen Bewegungen, der Verschiebung von politischer Sprache und Kultur, Fragen von kollektiver Mediennutzung und Historisierung sowie über Demokratiepraktiken und Selbstorganisation in der Krise. Dabei werden Thesen über eine praktische Aktualisierung der Kritik der Repräsentation aufgefächert, was sich auch in der Methode des Essays manifestiert, der als Montage in drei Teilen zu lesen ist.

---

[1] Die Ergebnisse dieser Forschung sind im Zusammenhang meiner Promotion mit dem Titel *Die Repräsentation der Vielen: von Syntagma zu SYRIZA* (im Erscheinen) entstanden; erarbeitet am Graduiertenkolleg „Versammlung und Teilhabe: urbane Öffentlichkeiten und performative Künste" (HafenCity Universität/Kampnagel HH/ Fundus Theater HH). Siehe ebenfalls zur Entstehung solidarischer Ökonomien im Griechenland der Krise: Tsomou 2013, 2014b und 2014c.

BILD 1

> WIR WERDEN NIE BEZAHLEN - WIR WERDEN NIE BEZAHLEN - - - STECKT
> EUCH DAS RETTUNGSPAKET IN DEN ARSCH UND ZWAR GANZ, UND
> ZWAR GANZ - - - DAS BORDELL DAS PARLAMENT SOLL BRENNEN - - -
> ICH FICKE DEN IWF, ICH FICKE AUCH DEN EURO - - - IHR SEID PENNER
> IHR SEID VERRÄTER BALD KOMMEN DIE GALGEN - - - NEHMT UNSERE
> EIER, WIR HABEN KEINE EUROS - - - POLITIKER WIR HABEN HUNGER,
> KOMMT RUNTER WIR FRESSEN EUCH AUF - - - WENN ICH MICH NICHT
> VERBRENNE, WENN DU DICH NICHT VERBRENNST, WIE SOLL DAS
> BORDELL, DAS PARLAMENT DANN BRENNEN?

Abbildung 1   Sammlung aufgenommener Slogans auf dem besetzten Syntagma-Platz.
© Margarita Tsomou.

Diese Sammlung an bedrohenden und beschimpfenden Slogans habe ich im Juni
2011 während der Platzbesetzung der Empörten auf dem Parlamentsplatz Syntagma in Athen aufgenommen. Ich war als Radiokorrespondentin dort, wollte aber
diese Audiofunde nicht im deutschen Radio ausstrahlen, ich hatte Angst, sie könnten missverstanden werden – stattdessen sind die Ausrufe Teil einer Performance
geworden, die ich „Journalistische Reste" oder der „Lärm der Plebejer" nenne.[2]
Ich selbst war schockiert und fasziniert von der Rhetorik der gemeinschaftlichen
Schreie, die anders als die herkömmlichen Slogans, weniger wie politische De-
klaration, sondern wie ein Ausdruck von Leiden, Wut, Empörung oder Revolte
klangen. Das höhnische und wütende Brüllen artikulierte keine Forderungen an
die Herrschenden und wollte nichts verhandeln. Es erinnerte mich vielmehr an die
von Jacques Rancière wiederaufgenommene und von Menenus Agrippa erzählte
Fabel über den Rückzug der Plebejer auf den Aventin, die von den Patriziern nicht
zur Ordnung gerufen werden konnten, da, weil sie sich nicht mit Sprache verstän-
digen konnten – die Sprache des Plebs klang lediglich wie Lärm für ihre Herren.
Die Plebejer hätten „eine Sprache, die eine Art flüchtiger Ton, eine Art Brüllen,
Zeichen des Bedürfens ist, nicht Manifestation der Intelligenz" (Ballanche zitiert
nach Rancière 2002: 35). Es gäbe, so Rancière, zwischen den Plebejern und den
Patriziern keinen Code, keine Regel für eine gemeinsam Diskussion – denn die
Plebejer „sprechen nicht, weil sie Wesen ohne Namen sind, ohne *Logos*" (ebd.:
35). Wesen ohne Namen sind schwierig zu identifizieren – ähnlich etwa mit der

---

2   Performance aufgeführt zum Beispiel bei Transmediale Resource 2012, Hebbel am
     Ufer 2012, Spielart Festival München 2013, The Art of Being Many-Konferenz, Kam-
     pnagel Hamburg 2014.

zusammengekommenen Menge auf dem Parlamentsplatz, die als höchst heterogene Menge (Douzinas 2014: 193 ff; Giovanopoulos 2011: 12), als keine Ganzheit,
keine identifizierbare Klasse (Raunig 2012: 113) oder als schlichtweg „alle" (Stavrou 2011: 23) beschrieben worden ist – oder, wie auf einem Plakat auf dem Syntagma-Platz bezeichnet, als die Menge der „Niemande". Selbst der hartnäckigste
Versuch, die Platzbesetzer/-innen in soziologische Kategorien einzuteilen und zu
benennen – etwa als zugehörig zu Einkommens- oder Berufsstand, Gender oder
Ethnie –, überzeugt mich nicht, da solche Ansätze die Dynamik, das gemeinsame
Werden jenseits von Identitäten, die neue Qualität und damit das Vermögen der
Menge nicht erklären kann, die sie befähigt eine Sprache zu sprechen, die nicht als
politische Artikulation de-codierbar ist und dennoch als populäre Wut von „allen
und niemand" mit geschrien wird. Es ist „keine Sprache, die von Wesen ohne Namen hervorgebracht werden könnte, von Wesen, von denen es keine Zählung gibt"
(Rancière 2002: 36). Es sind die Nicht-Zählbaren, die Nicht-Benennbaren und damit die unbestimmte Menge der Vielen als Viele, die, die einen Sprechakt ausführen, der nicht als Forderung, als Rede oder Politik verstanden wird. So spricht der
Herausgeber des wichtigsten Readers *Democracy under Construction* (2011) über
die griechischen Empörten, Christos Giovanopoulos, von einem neuen politischen
Alphabet des Lebens, von neuartigen, originellen und gemeinsamen Erfahrungen,
die sich auf dem Platz artikulierte und das nicht auf Anhieb als Politisches verstanden worden war. Dabei wirkt das Leer-Lassen des Ortes der politischen Rede
und des Ortes der Identität der Menge der unzählbaren, unbenennbaren Vielen
als Verschiebung unseres Verhältnisses zu Repräsentation – und zwar in beidem
Sinne, als „Vertretung" und „Darstellung". „Ihr repräsentiert uns nicht" – war ein
zentraler Slogan der Empörten auf dem Platz und das galt, wie wir sehen werden,
sowohl in politischer als auch medialer Hinsicht.

BILD 2.1[3]

Ein Ausdruck dieser Qualität der Platzbesetzer, als „Unzählbare" die Logik der
Repräsentation zu durchkreuzen, war ihre Weigerung, sich von den hegemonialen Medien fotografieren oder filmen zu lassen. Auf dem Platz war ein Bilder-
verbot für professionelle Fernsehteams und Journalisten ausgerufen worden. Das
Ergebnis war, dass internationale und griechische Fernsehteams dazu gezwungen

---

3   Ausführlicher Vortrag für die Konferenz Video Vortex 9, Leuphana Universität Lüne-
     burg, einzusehen unter: http://postmedialab.org/node/229.

waren, den Platz zu verlassen und von oben aus den sicheren Balkonen der umliegenden Hotels zu filmen.

Das von mir gemachte Bild hierzu, als Videostill:

Abbildung 2.1   TV-Teams auf den Balkonen eines umliegenden Hotels. © Margarita
Tsomou.

Das Ergebnis also dieses Bilderverbots war zum einen, dass die Bilder der etablierten Kameras alle aus dem gleichen Blickpunkt von außerhalb und oberhalb
des Platzes gemacht wurden, und umgekehrt, dass die vorherrschende Quelle der
Bilder, die wir von „innerhalb" des Platzes haben, von Mobiltelefonen oder billi-
gen Consumer-Electronics kamen, also von den Selbst-Aufnahme-Praktiken der
heterogenen und form- und namenlosen Menge der Real Democracy. Als jemand,
die den Platz und seine Spuren erforschen möchte, finde ich Syntagmas Überbleibsel heute in Webvideos aus der Zeit, die immer noch online sind – und um die soll
es hier gehen:

Bewegte Bilder, die mit Mobiltelefonen oder kleinen Consumer-Kameras aufgenommen worden sind. Verwackelte, gepixelte, schlechte Bilder, Dokument-
fetzen, die im willkürlich geordneten Nicht-Archiv, der Datenbank von Youtube
ruhen. Und es waren diese Überbleibsel, die mich faszinierten und die ich anfing,
zugegebenermaßen nicht ohne Pathos für die rhetorische Figur, „visuellen historischen Abfall" zu nennen, in Anlehnung an Walter Benjamins Liebe für den „Abfall der Geschichte" (Benjamin 1983: 575). Jene Bilder und Momente bezeichnet
Benjamin als „Abfall der Geschichte", die von den Historikern vernachlässigt und

von der Gesellschaft verdrängt worden sind. Dieser Begriff meint aber auch die unvollendeten und unvollständigen Momente der Geschichte, die, die ihre Ziele, ihre Berufung noch nicht erreicht haben, solche, die womöglich als gescheitert gelten, oder, wie ich es lese, solche, die auf ihre Erfüllung in der Zukunft verweisen und danach suchen, zu einem späteren Zeitpunkt verwirklicht zu werden.

Mit der Faszination für visuellen Abfall fing ich an, Web- und Handyvideos aus dem Platz zu sammeln, und habe einige der Überbleibsel als multiperspektivische und simultane Videowall zueinander montiert. Dabei habe ich versucht eine Form zu finden, dem gefundenen Material gerecht zu werden, d.h. ihren spezifischen Produktions- und Rezeptionsbedingungen Ausdruck zu verleihen. Die Arbeit ist sowohl Wahrnehmungsexperiment, als auch Ausdruck der Praktiken der Empörten, als auch Forschungsmaterial und -präsentation. Die Videos spielen alle gleichzeitig, sie bilden Momente ab, die auch mehr oder weniger zur gleichen Zeit auf dem Platz passierten, und spannen somit eine Art audio-visuelles Mapping des Platzes auf.

BILD 2.2

Abbildung 2.2   Sammlung anonymer Videos während der Platzbesetzung. Videocollage © Margarita Tsomou.

Was sehen wir nun auf dieser Videowall?

Zunächst sehen wir, dass während die etablierten Medien nur den einen Blickpunkt haben, die Perspektive innerhalb des Protestes eine multiple ist. Durch mobile Telefontechnologie steht uns heute eine „Multitude" von gleichzeitigen Bildern von Protestbewegungen zur Verfügung: die gleichen Szenen, die gleichen Räume sind von verschiedenen Quellen aufgenommen und können von verschiedenen Winkeln angeschaut werden. Hier entstand das symmetrische Gegenbild zu dem der Fernsehbalkone. Diese waren auf den Blickpunkt von der Ferne beschränkt, den, wenn man so will, klassischen Blickpunkt des allwissenden Erzählers. Das Bild hier ist das Gegenteil: Es hat mehrere Blickpunkte und zeigt das Geschehen von einer solch nahen, intimen Perspektive, dass man den Überblick verliert und fast nichts sehen kann. Die Bilder sind eine Enttäuschung für Riot-Fans. Der heroische Wurf des männlichen Molotowcocktail-Werfers ist nicht zu sehen, der Moment der Aktion, des visuellen Ereignisses wird möglicherweise verpasst.

Womit wir beim zweiten Punkt wären. Die einzelnen Clips erzählen nicht wirklich eine Geschichte. Sie sind eilig gemachte, spontane Shots und haben keinen Anfang und kein Ende, noch wichtiger, keinen Schnitt und daher auch keine Narration. Im Gegensatz etwa zu Kracauers Analysen zur historischen Fotografie, die behaupten, den historischen Totalitätszusammenhang in sich abbilden zu können, sind diese Clips unvollendete, fragmentierte Narrationen über das historische Ereignis, die den Zusammenhang nicht erklären können. Hier haben wir keine narrative Montage, die durch die Auswahl der Bilder, die historischen Momente nacheinander montiert, die erzählen können, „was passiert ist". Daher ist die Montage hier extra als nicht-narrative gewählt. Sondern als simultane Multimontage; die Montage geht in jede Richtung.

Schließlich soll der Videowall auch die Rezeptionsweise der Clips reflektieren. Ich habe versucht das Webinterface zu kopieren, in dem wir solche Clips rezipieren – meistens Youtube. Denn man schaut diese Bilder nie einzeln als Clips an. Da sie unvollendete Bilder sind, klicken wir auf den nächsten und suchen nach der Vervollständigung der Geschichte im nächsten und nächsten Clip, der von Youtube vorgeschlagen wird.

Meine hier gewählte Anordnung der Dokumente stellt die These auf, dass die vorherrschende Weise der Repräsentation der griechischen Empörten keine lineare, narrative Montage und so geschlossene, historische Narration zum Ergebnis hatte, sondern stattdessen eine simultane Multimontage, viele kleine Momente, statt der Kontinuität einer Geschichte, so viele, dass nur alle oder gar keines in der Lage wären, zu repräsentieren, was passiert ist. Dieses Bild bildet natürlich auch ein politisches Verhältnis ab, ich sehe eine Äquivalenz der Praxis der medialen Selbstrepräsentation mit dem Begehren nach politischer Selbstrepräsentation. Nicht nur Medien, sondern auch jedes Symbol von Parteien, Gewerkschaften oder anderen Organisationen war auf dem Platz verboten. Die Mobilisierung für die Platzbesetzung selbst erfolgte über die Kanäle der Social Media und war durch die Bilder der anderen internationalen Platzbesetzungen inspiriert. Die Kommunikation über Social Media gilt mittlerweile als zentraler Mobilisierungsagent für politische Mobilisierung neuerer Protestformen. Tendenziell können die Zirkulation der Bilder im Netz die politischen Repräsentanten ersetzen, die üblicherweise zu Protestbewegungen aufrufen – seien das Gewerkschaften, Parteien oder NGOs. Und das ist genau die Erfahrung der Empörten auf dem Weg zu der Formierung einer neuen politischen Subjektivierung. Die Erfahrung ist, dass ich, um mein Facebook-Profil zu bedienen oder um ein Video oder einen Aufruf zu teilen, keine Zwischenpersonen, keine Mittelmänner mehr brauche. Es gibt nur das personalisierte Ich und meine Freunde, die ich direkt mobilisieren kann, ohne politische Organisationen zu brauchen. „Jeder spricht für sich selbst", war der Slogan der Indignados überall auf der Welt. „Wir nehmen unsere Leben selbst in die Hände", war eine andere zentrale Aussage auf dem Syntagma-Platz – es braucht niemand, keine Mittelmänner, die das für uns tun. Äquivalent dazu könnte man den Slogan formulieren: „Wir nehmen unsere Mobiltelefone in unsere Hände" – es braucht niemand, keine Mittelmänner, die das für uns tun. Die Praxis des direkten Selbst-Broadcasting übersetzt sich in das Begehren für direkte selbstgemachte Demokratie – und natürlich vice versa.

Ihr vorherrschendes historisches Archiv ist die kommerzielle Onlinedatenbank Youtube. Man könnte auch sagen, dass dieses kaleidoskopische Archiv die adäquate historische Datenbank ist für diese nicht-repräsentierbaren Bewegungen. Ohne eine Autorität, die das Material ordnet und kategorisiert, entspricht das von der Menge generierte historische Kaleidoskop dem singulären Empörten, die die Repräsentation negieren.

Jedenfalls scheinen mir die Szenen aus dem Syntagma-Platz zumindest heute noch wie vergessene Zeugenschaften, „Abfall der Geschichte", die dort zurückgelassen irgendwann von Youtube offline genommen werden, ohne als Quelle kollektiver Erinnerung genutzt zu werden. Walter Benjamin würde sagen, dass man die Abfälle von den Straßenrändern der historischen Narration aufheben sollte – nicht um sie zu historisch zu ordnen, wie in einem klassischen Archiv, sondern um sie nutzbar zu machen. Diese Videowall ist so ein Versuch, diese „Abfälle der Geschichte" zu retten und sichtbar zu machen.

BILD 3[4]

Erinnerungen aus dem unteren Platz:
Schlafen, Essen, Wohnen, Demokratie performen

Es ist morgens auf dem Syntagma-Platz. Langsam kriechen verschlafene Menschen aus den rund 150 Zelten des Platzes. In der selbstverwalteten Küche wird Kaffee gekocht. Dort treffen auch die Lebensmittel für den Tag ein: Geschäfte aus der Nachbarschaft und Privatpersonen statten die Gruppe „Ernährung" mit dem Nötigen aus, um später das kostenlose Essen vorzubereiten. Einige aus der Arbeitsgruppe „Sauberkeit" sammeln den herumliegenden Müll auf. Ein Aktivist aus der Gruppe „technische Unterstützung" kämpft mit der Etablierung WLANs des Platzes, das immer wieder einbricht. Manche, die nicht einzuordnen sind, malen an einem Transparent, darauf steht „Wir nehmen unsere Leben in die eigenen Hände". Auf dem Treffen der Arbeitsgruppe „Versammlung" ist ein Streit ausgebrochen darüber, welche Themen in der Versammlung abgestimmt werden sollen. Gegen 18 Uhr kommen die Menschen von ihren Jobs und verbringen ihre Zeit als Protestler vor dem Parlament – manche sind Teil der Arbeitsgruppen und packen selbst an, kochen, organisieren, vernetzen, manche kommen vorbei, um Politiker zu beschimpfen, manche kommen zum Spazierengehen, weil man hier jeden trifft.

Die Versammlung

In der Mitte des aus Marmor bestehenden Areals auf dem unteren Teil des Platzes, umgeben von den Gartenflächen, wird nachmittags das Bürger/-innenmikro aufgestellt. Um dieses herum bildet sich ein weiter Halbkreis. Auf der Fläche von einigen Quadratmetern sitzen die Versammelten auf dem Boden, weiter hinten wird gestanden – einige Tausend finden in einer kreisförmigen Formation Platz. Es werden Lose mit Nummern ausgeteilt, die während der Versammlung von einem Orgateam wieder eingesammelt werden, um die Redner/-innen des Abends auszulosen. Der Moderator tritt ans Mikro und ruft die ausgelosten Nummern auf: „Nr. 25, Nr. 132, Nr. 553 und die Nr. 6". Nacheinander stellen sich diejenigen mit den aufgerufenen Losnummern in einer Reihe auf und warten, bis sie ans Mikro treten können, um in der ausgemachten Redezeit zur Versammlung zu sprechen.

---

4   Ausführlich zur Syntagma-Platz-Bewegung 2011 und Körperpolitiken siehe Tsomou
      2014a.

Präsenzdemokratie der Körper

Wie die Spanier/-innen, brachten die Griechen/-innen mit der Losung der Platz-
besetzungen „Echte Demokratie Jetzt!" ihr Unwohlsein mit den zeitgenössischen
Demokratien zur Sprache, dessen Aushöhlung vor dem Hintergrund der letzten
Finanz- und Eurokrise mit Begriffen wie Postdemokratie (Crouch 2008) oder
Krise der Repräsentation beschrieben und auf so eindringliche wie paradigmati-
sche Weise in Griechenland vorgeführt wird (vgl. Tsianos/Tsomou/Papadopoulos
2012). Die Empörten fungieren als symptomatische Reaktion auf diese sich vom
Souverän immer weiter ablösende Regierungsart – ein gesellschaftlicher Reflex
als praktische Kritik: Gegen ihre Repräsentant/-innen führten sie direkt vor dem
Parlamentsgebäude neue demokratische Umgangsformen auf, als ein Ausprobie-
ren für eine direkte Art der politischen Beteiligung, angewendet zunächst an den
eigenen und unmittelbaren reproduktiven Bedürfnissen zur Organisierung des Gemeinsamen auf dem Platz. Praktische Kritik heißt hier, dass diese nicht nur inhalt-
lich in und als Sprache formuliert, sondern – und das ist das Besondere an der
Bewegung der Platzbesetzungen – auch als tägliche Praxis direkter Demokratie
performativ vollzogen wurde, als eine Praxis also, die an die körperliche Präsenz
jeder und jedes Einzelnen gebunden war. Isabell Lorey liest diesen Aspekt als
praktische Anwendung der Kritik der Empörten gegenüber repräsentativen Organisationen und zitiert Rousseau, der als Kritiker der repräsentativen Demokratie
allein in der physischen Präsenz der gesamten Bürgerschaft die Grundlage für
demokratische Souveränität sah: „[D]er Souverän [kann] nur dann handeln, wenn
das Volk versammelt ist" (Rousseau 2011: 100) und das Volk als „[d]er Souverän
[...] kann nicht vertreten werden" (ebd.: 106).

In der Versammlungspraxis der Agora auf den Plätzen sieht Lorey das prak-
tisch angewandte Gegenteil der repräsentativen Demokratie, die behauptet, die
Nichtpräsenten, die Abwesenden zu vertreten. Lorey spricht hier von „präsenti-
scher" (Lorey 2012: 43) statt repräsentativer Demokratie, die bereits im Ausruf
„Echte Demokratie Jetzt!" zum Ausdruck komme. Das ›Reale‹ an dieser Demo-
kratiepraxis sei nicht, dass sie die einzig richtige Demokratieform sei, sondern der
Ausruf „Jetzt!". Eine Demokratieform, die gerade, jetzt, im Moment stattfindet.
Eine Praxis, die nicht bereits schon festgeschrieben, sondern sich vielmehr *in actu*
und somit im körperlichen *enactment* vollzieht (vgl. Lorey 2011). Die kreisförmig
sitzende Gemeinschaft des Demos artikuliert also performativ und körperlich ihre
Kritik an der repräsentativen Demokratie.

Als praktische Kritik lassen sich auch die täglichen Praktiken der Reproduktion
auf dem Platz lesen. Die seit 2010 andauernde Schuldenkrise hat in Griechenland
zu Teilen eine Versorgungsnot produziert. Die kollektive Aus- und Aufführung
der Sorgepraktiken auf dem Platz in der Not wurde zum alltäglichen Bestandteil

politischer Praxis. Sie etablierte ein Miteinander der prekären Körper in der Krise und auf dem Platz, eine Praxis der Solidarität und Reziprozität.

Für den Protestforscher Simon Teune entwickelt sich die Demokratie der Plätze „im Konflikt mit der repräsentativen Demokratie zu einer präfigurativen Politik, also einer Politik, die die angestrebte Gesellschaft im eigenen Handeln vorwegnimmt" (Teune 2013). Und dieses Handeln ist für Judith Butler vor allem eines, das sich Präsenz, über Performativität und Körperpraktiken artikuliert: „[They pose] the challenge in corporeal terms, which means that when the body speaks politically, it is not only in vocal or written language" (Butler 2011). Die Platzbesetzer/-innen also praktizieren, ja verkörpern das, worauf sie verweisen: Ihr Handeln ist somit präfigurativ, oder anders: *performativ*.[5]

Unverständlicher Demos?

Mit diesen drei Bildern habe ich versucht, das vorerst „unverständliche" politische Alphabet der Syntagma-Platz-Besetzung darzustellen, das erste stotternde Versuche der Selbstkonstituierung jenseits der Logik von Repräsentation artikuliert. Das Vokabular dieses Alphabets bzw. das Material dieser Politik ist Lärm, Schrei und Affekt, wackelige Selbstaufnahmen ohne Narration und ohne Darstellungsabsicht, das zerstreute historische Archiv von Youtube, aber auch Körper, performative demokratische Rituale, reproduktive Arbeiten, solidarisches Miteinander im Alltag. Diese Elemente lassen sich als Vorschläge für post-repräsentative Politiken denken, die sich begrifflich mit alternativen Konzepten wie mediale Partizipation in horizontaler Many-to-Many-Kommunikation, mit Performativität und Affekt verbinden lassen. Für griechische Kommentatoren wie Giovanopoulos, Douzinas (Giovanopoulos/Mitropoulos 2011: 19, Douzinas 2014) oder für Lorey, haben diese Praktiken die Sichtweise auf die Definition „des Politischen" verschoben und so Dimensionen des Politischen auf die Tagesordnung gebracht, die die politische Theorie sonst gemeinhin unberücksichtigt lässt: die gesellschaftsverändernde Macht von Alltagshandeln, von sozialen Beziehungen, von Weisen des Zusammenlebens – Dimensionen, die aus der Sphäre des Privaten und des Sozialen zurück ins Politische katapultiert worden sind (vgl. Lorey 2012: 31ff).

Die Erfahrung der Aktivist/-innen vom Syntagma-Platz diffundiert bis heute in den griechischen Alltag. Die Formen gemeinschaftlicher und unentgeltlicher (Re-) Produktion sind als „solidarische Ökonomien" nach dem Sommer 2011 im Land explodiert – als inoffizielle, populäre, oft kaum skandierte Praktiken, die begonnen haben, sich in Familien, Freundeskreisen, Nachbarschaften, sozialen und lokalen Milieus als Teil der Populärkultur im Alltag einzuschreiben. Syntagma 2011 hat in

---

5   Vgl. hierzu auch Butler/Athanassiou 2013.

diesem Sinne eine neue politische Kultur ins Leben gerufen. Die Platzbesetzung hat das angestoßen, was der Theoretiker der argentinischen Widerstandsbewegungen, Raul Zibechi, im Unterschied zum Begriff der sozialen Bewegungen „Gesellschaften in Bewegung" nennt (Zibechi 2011: 30): Das wären nicht die benennbaren und abgrenzbaren organisierten Kräfte, die mit bestimmten Mobilisierungsformen und Bewegungsrepertoires versuchen, Druck auf die Entscheidungszentren auszuüben, sondern meist informelle Prozesse von Selbstorganisation in Arbeit und Leben, die neue soziale Beziehungen im Alltag etablieren, unter Menschen, die nicht traditionellerweise zu den Subjekten der politischen Sphäre gehören. Die Namenlosigkeit dieser Subjekte und Unverständlichkeit ihrer Sprachartikulation bringt mit sich, dass sie für keinen partikularen Bevölkerungsteil sprechen konnten, aber dafür qualitativ für „alle" standen, etwa im Sinne des *demos* bei Rancière: „[The] democratic practice of inscription of the part of those who have no part – which does not mean the ‚excluded' but anybody whoever" (Rancière 2010: 60).

Über die Folgen für die griechische Gesellschaft werden nach wie vor nicht nur akademische Debatten geführt. Klar umrissene politisch organisierte Kräfte sind nicht unmittelbar entstanden, die Bewegung hat sich in sehr unterschiedlichen Formen transformiert und konstituiert – und dennoch oder vielmehr genau deswegen wird die Bewegung der Plätze heute als Zäsur in der Narration der Krisenkämpfe der letzten Jahre gelesen.[6] Kommentatoren räumen der Platzbesetzungsbewegung einen bedeutenden Einfluss im Hinblick auf den Aufstieg der linksradikalen Partei SYRIZA ein, da die Empörten als populäre Massenbewegung den Bruch mit dem politischen Status quo verallgemeinert postulierten und ein Klima geschaffen haben, in dem eine einst marginale und minoritäre politische Kraft als Alternative zu gelten begann.

Die nächste Frage wäre, inwiefern eine institutionelle Kraft wie SYRIZA für solche gesellschaftliche Dynamiken durchlässig sein wird, um nicht nur die ohnehin instabile Macht zu übernehmen, sondern vielmehr mit einer aktiv gewordenen Bevölkerung Regierungs- und Staatsweisen für ein nachhaltiges Transformationsprojekt innovativ zu verschieben.

---

6 Diskutiert wird auch, inwiefern die auf der Platzbesetzung artikulierte Wut auch von regressiven Kräften aufgenommen wurde, die die Empörung in nationalistische und faschistische Organisationsstrukturen binden und den Aufstieg der neofaschistischen Partei Goldene Morgenröte befördern konnten.

Literatur

Benjamin, W. 1983. *Das Passagen-Werk.* Bd. 1. Frankfurt a. M.: Suhrkamp.

Butler, J. 2011. Bodies in Alliance and the Politics of the Street. http://eipcp.net/transversal/1011/butler/en. Zugegriffen: 18.01.2015.

Butler, J./Athanasiou, A. 2013. *Dispossession: the Performative in the Political. Conversations.* Cambridge: Polity.

Crouch, C. 2008. *Postdemokratie.* Frankfurt a. M.: Suhrkamp.

Douzinas, C. 2014. *Philosophie und Widerstand in der Krise. Griechenland und die Zukunft Europas.* Hamburg: Laika.

Giovanopoulos, C./Mitropoulos, D. (Hg.) 2011. *Von den Straßen auf die Plätze. Demokratie under Construction. Erfahrungen, Analysen, Dokumente.* Athen: A/Synechia. (gr.).

Lorey, I. 2012. Demokratie statt Repräsentation. Zur konstituierenden Macht Besetzungsbewegungen. In: Dies. et al.: *Occupy! Die aktuellen Kämpfe um die Besetzung des Politischen.* Berlin/Wien: Turia + Kant, S. 7–49.

Lorey, I. 2011. Non-representationist, Presentist Democracy. http://eipcp.net/transversal/1011/lorey/en. Zugegriffen: 18.01.2015.

Rancière, J. 2010. *Dissensus. On Politics and Aesthetics.* London/New York: Bloomsbury.

Rancière, J. 2002. *Das Unvernehmen. Politik und Philosophie.* Frankfurt a. M.: Suhrkamp.

Raunig, G. 2012. n-1. Die Mannigfaltigkeit machen. Ein philosophisches Manifest. In: Lorey, I. et al.: *Occupy! Die aktuellen Kämpfe um die Besetzung des Politischen.* Berlin/Wien: Turia + Kant, S. 113–137.

Rousseau, J.-J. 2011. *Vom Gesellschaftsvertrag oder Grundsätze des Staatsrechts.* Ditzingen: Reclam.

Stavrou, A. 2011. Der obere Platz, wenn die Massen sprechen. In: Giovanopoulos, C./Mitropoulos, D.: *Von den Straßen auf die Plätze. Demokratie under Construction. Erfahrungen, Analysen, Dokumente.* Athen: A/Synechia, S. 23–31.

Teune, S. 2012. Platzbesetzungen als Laboratorien der Demokratie. http://protestinstitut.eu/2012/08/10/das-produktive-moment-der-krise/. Zugegriffen: 18.01.2015.

Tsianos, V./Tsomou, M./Papadopoulos, D. 2012. Athens: Metropolitan Blockade - Real Democracy. http://eipcp.net/transversal/1011/ptt/en/print. Zugegriffen: 18.01.2015.

Tsomou, M. 2014a. Der besetzte Syntagmaplatz 2011: Körper und Performativität im politischen Alphabet der Empörten. In: Burri, R. V./Evert, K./Peters, S./Pilkington, E./Ziemer, G. (Hg.): *Versammlung und Teilhabe. Urbane Öffentlichkeiten und performative Künste.* Bielefeld: transcript, S. 113–142.

Tsomou, M. 2014b. Last Exit. Zum Aufschwung solidarischer Ökonomien im Griechenland der Krise. *West End. Neue Zeitschrift für Sozialforschung.* 01/14. Exodus: Leben jenseits von Staat und Konsum. 79–92.

Tsomou, M. 2014c. Das Versuchskaninchen baut am eigenen Labor...! Zum Aufschwung solidarischer Ökonomien als Exoduspraktiken im Griechenland der Krise. *kultuRRevolution. zeitschrift für angewandte diskurstheorie,* Nr. 66/67. 7–17.

Tsomou, M. 2013. Die Krise in Griechenland: zwischen Entdemokratisierung und Selbstorganisation. In: Weiss, A. (Hg.): *Systemfehler: Spaltungsrhetorik als Entpolitisierung von Ungleichheit.* Wien: ÖGB, S. 159–170.

Zibechi, R. 2011. *Territorien des Widerstands. Eine politische Kartographie der urbanen Peripherien Lateinamerikas.* Berlin/Hamburg: Assoziation A.

Autorinnen und Autoren

Aristotelis Agridopoulos, Jg. 1987, wissenschaftlicher Mitarbeiter und Doktorand in der Politikwissenschaft am Lehrstuhl Internationaler Vergleich und Politische Theorie an der Universität Siegen. Forschungsschwerpunkte: Politische Theorie insb. Demokratie-, Hegemonie- und Populismustheorie, Vergleichende Politikwissenschaft, poststrukturalistische Diskurstheorie und -analyse, das politische System Griechenland. Er promoviert zum Thema „Krise, Austerität und Populismus. Der Wandel des Parteiensystems und der politische Diskurs in Griechenland" bei Prof. Dr. Robert Kaiser und Prof. (em.) Dr. Rüdiger Voigt. Letzte Publikation: Philosophische Reflexionen zur Postdemokratie mit Jacques Rancière. In: *Zeitschrift Politik Unterrichten*, Schwerpunkt: Politische Bildung in der Postdemokratie, 30(1), S. 5–10.
Email: agridopoulos@politikwissenschaft.uni-siegen.de

Aristide Antonas, Jg. 1963, Architekt, Künstler und Professor für Architekturtheorie und -design, Volos School of Architecture, Universität von Thessalien. Ph.D. in Philosophie an der Universität Paris X (Nanterre). Er hat an mehreren Universitäten im Ausland gelehrt und geforscht: Massachussets Institute of Technology (MIT), Instituto Universitario di Architetura de Venezia (IUAV), Bauhaus-Universität Weimar, Technische Universität München, Politecnico di Milano. Zahlreiche Ausstellungen und Kurator auf Biennalen (u.a. Barcelona, Sao Paulo, Thessaloniki, Venedig). Aktuelle Ausstellung: Spatial Positions 9: *Aristide Antonas. Protocols of Athens* (07.03. - 26.04.2015), *S AM Schweizerisches Architekturmuseum* in Basel.
Email: antonas@uth.gr, Homepage: www.aristideantonas.com

Kostas Chrysogonos, Jg. 1961, ist Professor für Verfassungsrecht an der Aristoteles-Universität Thessaloniki und derzeit Abgeordneter im Europäischen Parlament für SYRIZA. Promotion (1987) an der Juristischen Fakultät der Leibniz Universität Hannover mit dem Titel „Verfassungsgerichtsbarkeit und Gesetzgebung". Zahlreiche Aufsätze in griechischer, englischer und deutscher Sprache. Forschungsschwerpunkte: Griechisches und Europäisches Verfassungsrecht, Transformation griechischer und europäischer Staatlichkeit im Zuge der Eurokrise.
Email: goldlaw@otenet.gr

Stamatios Gerogiorgakis, Jg. 1966, PD Dr., ist Privatdozent für Religionsphilosophie an der Universität Erfurt. Promotion (1997) über die Kantische Erkenntnistheorie an der LMU München, Habilitation (2011) über Zeitphilosophie an der Universität Erfurt. Zahlreiche Publikationen zu Logikgeschichte, Religionsphilosophie und Rationalitätsparadoxien.
Email: stamatios.gerogiorgakis@uni-erfurt.de

Andreas Gkolfinopoulos, Jg. 1985, M.A., ist Doktorand an der Universität Siegen. Forschungsschwerpunkte: Politische Soziologie, Migration insb. Brain-Drain, das politische System Griechenland, Arbeitsmarktpolitik, Transformationsverhältnis zwischen Kapitalismus und Demokratie. Er promoviert zum Thema „Deutschland als Magnet für Hochqualifizierte aus Griechenland" bei Prof. Dr. Sigrid Baringhorst und PD Dr. Uwe Hunger.
Email: andreas.gkolfinopoulos@student.uni-siegen.de

Ioannis Kompsopoulos, Jg. 1977, ist Promotionsstipendiat der Hans-Böckler-Stiftung an der Eberhard Karls Universität Tübingen bei Prof. Dr. Hans-Jürgen Bieling. Er promoviert zum Thema: „Konvergenz durch einheitliche Vorgaben? - Eine vergleichende Analyse der Ziele und Auswirkungen der Troika-Politik auf die drei Staaten Griechenland, Irland und Portugal". Forschungsschwerpunkte: Internationale Politische Ökonomie, EU-Integration, Theoriearbeit zu Grundlagen kritischer Theorie. Letzte Publikation: The Collapse and Transformation of the Greek Party System, zusammen mit J. Chasoglou, in: *Socialism and Democracy*, (2014), 28(1), S. 90–112.
Email: ioannis.kompsopoulos@ifp.uni-tuebingen.de

Anne Konrad, Jg. 1984, ist wissenschaftliche Mitarbeiterin und Doktorandin am Lehrstuhl für Wirtschafts- und Sozialstatistik an der Universität Trier. Sie promoviert zum Thema „Ein integratives modulares Gewichtungssystem für Haushaltssurveys". Letzte Publikation: Kritikos, A.S./Konrad, A.: Der Forschungsstandort

Deutschland nach der Krise: *Editorial, Vierteljahrshefte zur Wirtschaftsforschung*, 3/2011, S. 5–12.
Email: konrada@uni-trier.de

Nikos Kotzias, Jg. 1950, ist seit 27.01.2015 amtierender Außenminister der Hellenischen Republik im Regierungskabinett von Ministerpräsident Alexis Tsipras und Professor für Politische Theorie und Internationale und Europäische Studien an der Universität von Piräus. Er forschte und lehrte an den Universitäten von Marburg, Oxford und Harvard. Forschungsschwerpunkte: Politische Theorie insb. Staatstheorie, Globalisierung und Demokratie, Internationale Beziehungen und Auslandspolitik Griechenlands. Letzte Publikationen: *Patriotismus und die Linke*. Athen 2014 (gr.), *Griechenland: Schuldenkolonie. Europäisches Imperium und das deutsche Primat*. Athen 2013 (gr.).
Email: nkotzias@otenet.gr

Gregor Kritidis, Jg. 1971, Dr., ist in der Erwachsenenbildung beim Verein Niedersächsischer Bildungsinitiativen VNB sowie beim DGB-Landesbezirk Niedersachsen - Bremen - Sachsen-Anhalt tätig. Promotion (2007) an der Leibniz Universität Hannover zur linkssozialistischen Opposition in der Ära Adenauer. Letzte Publikationen: *Griechenland – auf dem Weg in den Maßnahmestaat? Autoritäre Krisenpolitik und demokratischer Widerstand*, Hannover 2014. *Linkssozialistische Opposition in der Ära Adenauer. Ein Beitrag zur Frühgeschichte der Bundesrepublik Deutschland*. Hannover 2008.
Email: gregor@kritidis.de

Alexander S. Kritikos, Jg. 1965, Prof. Dr., ist seit 2011 als Forschungsdirektor am DIW Berlin und Professur für Industrie- und Institutionenökonomie an der Universität Potsdam. Ebenfalls ist er Research Fellow am Institut zur Zukunft der Arbeit (IZA) in Bonn, sowie am Institut für Arbeitsmarkt- und Berufsforschung (IAB) in Nürnberg. Promotion (1996) an der Humboldt-Universität Berlin. Habilitation (2003) in Volkswirtschaftslehre an der Europa-Universität Viadrina Frankfurt/Oder. Zahlreiche Beiträge und Veröffentlichungen. Forschungsschwerpunkte: Entrepreneurship und Innovation, experimentelle Wirtschaftsforschung und Verhaltensökonomik.
Email: akritikos@diw.de

Maria Markantonatou, Jg. 1974, Dr., ist Lektorin für Politische Soziologie, Department Soziologie auf der Insel Mytilene/Lesbos, Universität der Ägäis. Promotion (2005) an der Albert-Ludwigs-Universität Freiburg. Forschungsgast am

Kolleg Postwachstumsgesellschaften in Jena und am Max-Planck-Institut für Gesellschaftsforschung in Köln. Forschungsschwerpunkte: Staatstheorie, politische Transformationen unter dem Neoliberalismus und der Globalisierung, soziale Auswirkungen von ökonomischen Krisen. Letzte Publikation: Der Fall Griechenland, in: Le Monde diplomatique/Kolleg Postwachstumsgesellschaften: *Atlas der Globalisierung. Weniger wird mehr.* Berlin 2015, S. 98–101. Social Resistance to Austerity: Polanyi's "double movement" in the context of the crisis in Greece, in: *Journal für Entwicklungspolitik*, 30(1), 2014, S. 67–88.
Email: mmarkan@soc.aegean.gr

Lazaros Miliopoulos, Jg. 1976, PD Dr., ist Privatdozent am Institut für Politische Wissenschaft und Soziologie der Universität Bonn. Promotion (2001) zum Thema „Der Begriff der Atlantischen Zivilisation als politische Idee". Habilitation (2014) zum Thema „Das Europaverständnis der christlichen Kirchen im Zuge der Europäisierung: Ein Konvergenzprozess?" Forschungsschwerpunkte: Europäische Religionspolitik, Politische Kulturforschung, das politische System Griechenland. Letzte Publikation: *Das Europaverständnis christlicher Kirchen im Zuge der Europäisierung: Ein Konvergenzprozess? Theoretische Einordnung und Inhaltsanalyse.* Paderborn 2015.
Email: lmiliop@uni-bonn.de

Ilias Papagiannopoulos, Jg. 1970, Dr. phil., ist Assistant Professor für Zeitgenössische Politische Philosophie am Institut für Internationale und Europäische Studien der Universität Piräus. Promotion (1999) an der Universität Innsbruck zum Problem des Nihilismus im Werk von Melvilles Moby-Dick. Forschungsschwerpunkte: Politische Philosophie und Literaturtheorie, Politische Theologie, Politik und Erinnerung. Publikationen (auf Griechisch): Monografien zu Melvilles *Moby-Dick* (2000) und Sophokles' *König Ödipus* (2005), Aufsätze u.a. zu Machiavelli, Hannah Arendt, Walter Benjamin, neugriechischen politischen Denken und neugriechischer Literatur. Letzte Publikation: Die Poetik der Souveränitat. Der Machiavelli von Panajotis Kondylis, in: Reinhardt, V. et al. (Hg.): *Der Machtstaat. Niccolò Macchiavelli als Theoretiker der Macht im Spiegel der Zeit.* (Staatsverständnisse Band 74), Baden-Baden 2015, S. 269–296.
Email: idp@otenet.gr

Yannis Stavrakakis, Jg. 1970, ist Professor für Politische Theorie und Diskurstheorie an der Universität Thessaloniki. Promotion (1996) an der Universität Essex bei Ernesto Laclau zum Thema der „Grünen Ideologie". Forschungsschwerpunkte: Moderne Politische Theorie, Diskurstheorie und -analyse, Ideologieanalyse,

Populismus, Poststrukturalistische Sozialwissenschaften, Psychoanalyse Jacques Lacans und das Politische. Zahlreiche Beiträge und Veröffentlichungen. Zentrale Publikationen: mit Sevastakis, N.: *Populismus, Anti-Populismus und Krise*. Athen 2012 (gr.), *The Lacanian Left: Psychoanalysis, Theory, Politics*. Edinburgh 2007. *Lacan and the Political*. London/New York 1999.
Email: yanstavr@polsci.auth.gr

Georgios Terizakis, Jg. 1975, ist Projektleiter in dem „Qualitätspakt Lehre"-Projekt „Entwicklung Interdisziplinarität" und Projektkoordinator im BMBF geförderten Projekt „REformability of POlitical Systems in times of crisis: The example of the financial consolidation in German and Greek municipalities (REPOS)" beides an der TU Darmstadt. Promotion (2005) zum Thema Zivilgesellschaft in Griechenland und forscht seitdem zum politischen System Griechenlands. Letzte Publikationen: Verkappter Lokalismus und selbstregulierte Urbanität: Stadtentwicklung in Griechenland (am Beispiel Athens), in: *Südosteuropa*, 2012, 60/3, S. 387–409.
Email: terizakis.ge@kiva.tu-darmstadt.de

Margarita Tsomou, Jg. 1977, arbeitet als Autorin, Dramaturgin und Performerin in Berlin. Sie promoviert zum Thema „Die Repräsentation der Vielen – vom Syntagmaplatz zu SYRIZA" an der HCU Hamburg. Letzte Publikation: „The Art of Being Many" mit V. Tsianos, in: Malzacher, F. (Hg.): *Not Just a Mirror. Looking for the Political Theatre of Today*. Berlin 2015. Garbage of History – youtube Videos auf dem Syntagma-Platz 2011, in: *spheres: Journal for Digital Cultures/ Politics after Networks*, Digital Cultures Research Lab, Leuphana University Lüneburg. Sie kuratiert die Konferenz „This is not Greece" über Repräsentationen der Griechenlandkrise auf dem Internationalen Sommerfestival Hamburg 2015.
Email: margarita.tsomou@gmail.com

Staat – Souveränität – Nation

Herausgegeben von Rüdiger Voigt und Samuel Salzborn

Bisher in dieser Reihe erschienen:

N. Abbas · A. Förster ·
E. Richter (Hrsg.)
**Supranationalität und
Demokratie**
Die Europäische Union
in Zeiten der Krise
2015. XII, 235 S., Br. € 24,99
ISBN 978-3-658-05334-5

S. Hammer
Wie der Staat trauert
Zivilreligionspolitik in der Bundes-
republik Deutschland
2015. XII, 246 S. Br. € 39,99
ISBN 978-3-658-07710-5

R. Voigt (Hrsg.)
Legalität ohne Legitimität?
Carl Schmitts Kategorie
der Legitimität
2015. VIII, 292 S., Br. € 39,99
ISBN 978-3-658-06926-1

A. Vasilache (Hrsg.)
**Gouvernementalität, Staat
und Weltgesellschaft**
Studien zum Regieren
im Anschluss an Foucault
2014. VIII, 258 S., Br. € 29,99
ISBN 978-3-658-02576-2

O. Hidalgo (Hrsg.)
**Der lange Schatten
des Contrat social**
Demokratie und Volkssouveränität
bei Jean-Jacques Rousseau
2013. VI, 300 S., Br. € 29,99
ISBN 978-3-531-18642-9

S. Kiani
**Wiedererfindung der Nation
nach dem Nationalsozialismus?**
Konfliktlinien und Positionen in der
westdeutschen Nachkriegspolitik
2013. XIV, 334 S., Br. € 52,99
ISBN 978-3-658-00324-1

J. Schulze Wessel · C. Volk ·
S. Salzborn (Hrsg.)
Ambivalenzen der Ordnung
Der Staat im Denken
Hannah Arendts
2013. VI, 313 S., Br. € 29,99
ISBN 978-3-531-19828-6

R. Voigt (Hrsg.)
Sicherheit versus Freiheit
Verteidigung der staatlichen
Ordnung um jeden Preis?
2012. XII, 291 S., Br. € 29,99
ISBN 978-3-531-18643-6

Stand: August 2015. Änderungen vorbehalten.
Erhältlich im Buchhandel oder beim Verlag.

Einfach portofrei bestellen:
leserservice@springer.com
tel +49 (0)6221 345-4301
springer.com

Printed by Printforce, the Netherlands